形势与政策指导

XINGSHI YU ZHENGCE ZHIDAO

车 彤等◎主 编

北京师范大学出版集团
BEIJING NORMAL UNIVERSITY PUBLISHING GROUP
北京师范大学出版社

图书在版编目(CIP)数据

形势与政策指导/车彤等主编. —北京：北京师范大学出版社，2019. 8

ISBN 978-7-303-24134-7

Ⅰ. ①形… Ⅱ. ①车… Ⅲ. ①时事政策教育－高等学校－学习参考资料 Ⅳ. ①G641. 41

中国版本图书馆 CIP 数据核字(2018)第 192946 号

营 销 中 心 电 话 010-57654738 57654736
北师大出版社高等教育与学术著作分社 http://xueda. bnup. com

XINGSHI YU ZHENGCE ZHIDAO

出版发行：北京师范大学出版社 www. bnup. com
北京市西城区新街口外大街 12－3 号
邮政编码：100088

印 刷：北京京师印务有限公司
经 销：全国新华书店
开 本：730 mm×980 mm 1/16
印 张：19
字 数：360 千字
版 次：2019 年 8 月第 2 版
印 次：2019 年 8 月第 2 次印刷
定 价：35. 00 元

策划编辑：祁传华 责任编辑：王新焕
美术编辑：李向昕 装帧设计：李向昕
责任校对：李云虎 责任印制：马 洁

全国教育科学教育部重点课题组统一组织编写

《形势与政策指导》编委会

主　编　刘苍劲　郑博旺　李　芳

吕云峰　李嘉乐　车　彤

副主编　杨越明　石　晨　杜建国

吴素香　汪小云　刘英凤

刘　宇　饶　异

编　委　吴玉梅　兰　茹　梁升希

张平泉　邱丹阳　殷石龙

朱玉福　马梦驰　刘俊涛

刘　娟　程　文　杜建国

许楚玲　黎少青　张社强

前　言

教育部于2018年4月下发了《教育部关于加强新时代高校“形势与政策”课建设的若干意见》，对进入新时代高等学校开展“形势与政策”课的教学作了最新的详细规定。对照此文件，结合实际，对加强全国高校“形势与政策”课教学，教育部提出如下贯彻和落实意见：

（一）切实加强教学管理。要将“形势与政策”课纳入思想政治理论课管理体系，由各高校马克思主义学院统一组织开课、统一管理任课教师，党委宣传部、党委学生工作部、教务处等相关部门配合做好教学管理工作。独立设置“形势与政策”课教研室，定期组织任课教师开展集体备课，确定教学专题、明确教学重点、研制教学课件、规范教学要求。

（二）充分保证规范开课。必须将“形势与政策”课纳入学校教学计划，严格落实课程学分。要保证学生在校学习期间开课不断线。本科每学期不低于8学时，共计2学分；专科每学期不低于8学时，共计1学分。各高校应结合实际和学生需求，开设形势与政策教育类的选修课，完善思想政治理论教育课程体系，发挥“课程思政”的作用。

（三）准确把握教学内容。要紧密围绕学习贯彻习近平新时代中国特色社会主义思想，把坚定“四个自信”贯穿教学全过程，重点讲授党的理论创新最新成果，重点讲授新时代坚持和发展中国特色社会主义的生动实践，引导学生正确认识世界和中国发展大势，正确认识中国特色和国际比较，正确认识时代责任和历史使命，正确认识远大抱负和脚踏实地。要开设好全面从严治党形势与政策的专题，重点讲授党的政治建设、思想建设、组织建设、作风建设、纪律建设以及贯穿其中的制度建设的新举措新成效；开设好我国经济社会发展形势与政策的专题，重点讲授党中央关于经济建设、政治建设、文化建设、社会建设、生态文明建设的新决策新部署；开设好港澳台工作形势与政策的专题，重点讲授坚持“一国两制”、推进祖国统一的新进展新局面；开设好国际形势与政策专题，重点讲授中国坚持和平发展道路、推动构建人类命运共同体的新理念新贡献。

（四）遴选优秀教师上课。择优遴选教师队伍。要配备高素质专职教师负责“形势与政策”课组织工作，并使其承担一定的教学和科研任务。坚持高标准，按照“优中选优”原则，从思想政治理论课教师、哲学社会科学专业课教师、高校辅导员等教师队伍中择优遴选“形势与政策”课骨干教师。实行“形势与政策”课特聘教授制度，分层建立特聘教授专家库，选聘社科理论界专家、企事业单位负责人、各行业先进模范等参与“形势与政策”课教学。积极邀请党政领导干部上讲台讲“形势与政策”课。要完善“形势与政策”课教学评议制度，探索实行教师退出机制。

（五）创新设计教学方式。要坚持马克思主义立场、观点和方法，结合中华民族发展史、中国共产党史、中华人民共和国史、改革开放史和世界社会主义发展史，结合大学生思想实际，科学分析当前形势与政策，准确阐释习近平新时代中国特色社会主义思想。可采取灵活多样的方式组织课堂教学，积极运用现代信息技术手段，扩大优质课程的覆盖面，提升“形势与政策”课教学效果。

（六）注重考核学习效果。要保证课程覆盖所有在校本科生，学生听课要涵盖教学内容中的四大类专题。成绩考核以提交专题论文、调研报告为主，重点考核学生对马克思主义中国化最新成果的掌握水平，对新时代中国特色社会主义实践的了解情况。按照学期进行考核，缺课学生要及时补课，各学期考核的平均成绩为该课程最终成绩，一次计入成绩册。

由广东省高等学校思想政治教育研究会副秘书长、广东省高等学校思想政治理论课教学指导委员会委员刘苍劲教授为负责人申报的“高校思想政治理论课新方案课程体系构建与重点难点内容研究”科研课题，得到了教育部相关部门的高度重视。全国教育科学规划领导小组办公室正式把该项目作为教育部重点课题立项（课题批准号DEA050067），而“形势与政策”课的体系构建和重点难点内容研究作为该项目重要研究内容之一，得到了最权威的支持。时任教育部高等学校思想政治理论课教学指导委员会副主任、教育部全国高校马克思主义理论与思想政治教育学科学术委员会主席的郑永廷教授，在工作十分繁忙的情况下，对搞好此项研究、写好《形势与政策指导》一书作了详细的指导和要求，并对此书的编写内容作了详细的审定。负责《形势与政策指导》审稿和编写的专家、专业教师所在的高校有：中山大学、西安建筑科技大学、中国民用航空飞行学院、浙江育英职业技术学院、贵州警察学院、广东财经大学、广东岭南职业技术学院、中山大学新华学院、广东工业大学华立学院、广东培正学院、广东邮电职业技术学院、广东文艺职业学院、广州美术学院、广州现代信息工程职业技术学院、惠州工程职业学院、广州科技贸易职业学院、惠州工程技术学校、肇庆医学高等专科学校、仲恺农业工程学院、广东环境保护工程职业学院、湛江幼儿师范专科学校、广东江门中医药职业学院、南方医科大学、广东交通职业技术学院、暨南大学、广东开放大学、韶关学院医学院、汕头职业技术学院、广东松山职业技术学院、东莞理工学院城市学院、广东外语外贸大学南国商学院等。参加课题研究并承担《形势与政策指导》编写任务的有(按编写章节先后排序)：车彤、郑博旺、曹小平、李嘉乐、林耿林、朱玉福、马梦驰、吴素香、邢立宇、樊慧、张莹璐、殷石龙、刘俊涛、董小麟、邓奎伟、杨越明、官千翔、许楚玲、何振、周宏菊、阙龙云、吴佳联、梁健惠、陈绮莹、李嘉碧、张平泉、陈文韬、谭晓玉、程文、黄艳连、任映红、丁西泠、钟映荷、曾楠、李爱卿、陈伟平、石晨、张文风、殷鑫、饶异、肖仁龙、邱丹阳、张社强、汪小云、林文雄、范卉敏、唐道秀、李大毅、王家芳、刘苍劲。《形势与政策指导》的编写提纲由刘苍劲教授拟订，全国教育科学规划教育部重点课题组组织全书作者多次交流讨论修改形成。初稿形成后由主编、副主编分别修改，最后由刘苍劲教授定稿。

从事形势与政策教育的课程体系构建与重点难点内容研究，要随着形势的发展不停补充新内容。2018 年是贯彻党的十九大精神的重要之年，在“形势与政策”课教学中全面贯彻和体现党的十九大精神是重点内容，时间很短，任务很重，加上本书又是多位专家执笔，在写作风格和占有资料的条件上有所不同，难免有不足之处。《形势与政策指导》作为一项课题研究成果和全国通用的“形势与政策”课教材，更重要的意义是为高校形势与政策教育提出了一些思路，准备了一些教学的背景知识和重要资料，对形势与政策教育的基本体系框架和重点难点内容作了有实际教学指导意义的探索和研究，其开创作用和启发意义是不言而喻的。实践是检验真理的唯一标准，此书有无生命力，只能由读者来比较和回答。

全国教育科学规划教育部重点课题组

2018年6月

目录

第一讲　中国特色社会主义进入了新时代……………… 1

一、新时代基于现代化建设新成就 …………………… 1

二、新时代基于社会主要矛盾新判断…………………… 7

三、新时代基于确立社会主义新理论…………………… 8

四、新时代基于开启“三步走”新征程 ……………… 10

五、新时代基于坚定“四个自信”…………………… 11

六、新时代基于实现中华民族复兴新使命 …………… 14

第二讲　坚持改革开放，实现国家治理能力现代化……………………………………………………………… 17

一、中国改革开放四十年伟大成就 ………………… 17

二、党的十九大要求全面深化改革 ………………… 24

三、发展中国特色社会主义政治制度 ……………… 33

四、推进国家治理体系和治理能力现代化…………… 38

第三讲　加强社会建设，建设社会主义法治国家 …… 49

一、党的十九大强调全面推进社会建设……………… 49

二、建设社会主义法治国家 ………………………… 56

三、推进社会诚信建设 ……………………………… 60

第四讲　全面从严治党，提高党的执政能力和执政水平……………………………………………………………… 66

一、深入贯彻党的十九大精神，全面加强党自身建设 … 66

二、当前和今后一个时期全面从严治党的主要任务 …… 76
三、“赶考”路上全面从严治党 …… 84
第五讲　推进中国经济稳中向好，加快转变经济发展方式 …… 91
一、中国经济稳中求进，保持较快增长 …… 91
二、党的十九大为中国经济发展制定了宏伟目标 …… 97
三、准确理解五大发展理念，加快转变经济发展方式 …… 100
四、2019年中央经济工作的总体要求和主要任务 …… 104
第六讲　培育和践行社会主义核心价值观，建设社会主义文化强国 …… 112
一、文化自信：中国特色社会主义理论的文化源泉 …… 113
二、培育和践行社会主义核心价值观 …… 116
三、党的十九大强调大力加强中国特色社会主义文化建设 …… 121
第七讲　中国的民族政策与宗教政策 …… 127
一、中国的民族状况与民族政策 …… 127
二、中国的宗教状况与宗教政策 …… 134
三、党的十九大对加强党的民族、宗教工作提出了新要求 …… 143
第八讲　正确看待当前民生热点问题 …… 149
一、大学生就业问题 …… 149
二、城镇居民住房问题 …… 155
三、建立和健全社会保障体系问题 …… 159
第九讲　加大保护生态环境，推进生态文明建设 …… 166
一、中国的生态环境保护面临的形势与任务 …… 166
二、生态文明建设的重要意义 …… 172
三、党的十九大强调扎实推进生态文明建设 …… 177

第十讲　两岸关系的现状与最新发展 …………………… 183
一、台湾问题的由来与两岸关系的曲折发展 …………… 183
二、2018 年以来两岸关系出现了新变化 ……………… 189
三、坚持一个中国原则，实现祖国完全统一 …………… 192
四、党的十九大对台湾问题的六个“任何” …………… 200
五、习近平总书记发表关于两岸关系的最新讲话 ……… 202
第十一讲　当前世界经济形势与发展趋势 ………………… 209
一、当前世界经济发展总体形势和最新动向 …………… 209
二、国际社会应对世界经济变化的主要举措与效果 …… 226
三、中国应对世界经济变化的原则和举措 ……………… 233
第十二讲　当前世界政治的基本形势与最新趋势 …… 239
一、国际体系变革调整 …………………………………… 239
二、当前的大国关系正处于新一轮深刻调整中 ………… 243
三、世界政治发展面临的主要问题及其基本走向 ……… 246
四、美式民主的实质是霸凌主义 ………………………… 251
五、党的十九大对世界政治形势的最新判断 …………… 254
第十三讲　全球治理与中国方案 ………………………… 256
一、全球治理的含义和发展 ……………………………… 256
二、党的十九大提出“全球治理”的基本方案 ………… 259
三、中国参与全球治理面临的挑战 ……………………… 271
第十四讲　中国坚持和平发展道路，推动构建人类命运共同体 ……………………………………………… 274
一、中国当前总体外交态势 ……………………………… 274
二、构建合作共赢新伙伴，打造人类命运共同体 ……… 285
三、党的十九大对中国外交形势与对外政策的总体布局 …………………………………………………… 288
四、全面推进中国特色大国外交，构建人类命运共同体 …………………………………………………… 289

第一讲　中国特色社会主义进入了新时代

导语：2017年10月18日上午9点整，中国共产党第十九次全国代表大会在北京人民大会堂开幕，习近平总书记作了题为《决胜全面建成小康社会 夺取新时代中国特色社会主义伟大胜利》的报告(以下简称“报告”)。中国特色社会主义进入了新时代，这是党的十九大作出的一个重大政治判断。这一判断明确了改革开放40年我国发展新的历史方位，赋予党的历史使命、理论遵循、目标任务以新的时代内涵，为我们深刻把握当代中国发展变革的新特征，增强贯彻落实习近平新时代中国特色社会主义思想的自觉性和坚定性，提供了时代坐标和科学依据。新时代，我国社会主要矛盾已经转化为人民日益增长的美好生活需要和不平衡不充分的发展之间的矛盾；新时代，我党自觉增强四个自信，保持政治定力，坚持实干兴邦；新时代，我党与时俱进创立了习近平新时代中国特色社会主义思想，开启了全面建设社会主义现代化国家的新征程，带领人民进行伟大斗争，建设伟大工程，推进伟大事业，实现伟大梦想。

关键词：习近平新时代中国特色社会主义思想　社会主要矛盾新变化　四个自信

一、新时代基于现代化建设新成就

(一)贯彻新发展理念，经济建设取得重大成就

第一，经济实力增强。五年来，经济实力跃上新台阶。国内生产总值从54万亿元增加到82.7万亿元，年均增长7.1%，对世界经济增长的贡献率超过30.0%，稳居世界第二。财政收入大幅提高，居民消费价格指数保持较低水平。城镇新增就业6600万人以上，13亿多人口的大国

实现了比较充分的就业。

第二，创新驱动引领。着力激发社会创造力，整体创新能力和效率显著提高。实施创新驱动发展战略，优化创新生态，形成多主体协同、全方位推进的创新局面。载人航天、深海探测、量子通信、大飞机等重大创新成果不断涌现，天宫、蛟龙、天眼、悟空、墨子、大飞机等重大科技成果相继问世，高铁网络、电子商务、移动支付、共享经济等引领世界潮流。“互联网+”广泛融入医疗、养老、教育、文化、体育等领域，大众创业、万众创新蓬勃发展。

第三，经济结构优化。深入推进供给侧结构性改革，把经济发展的着力点放在实体经济上，抓好“三去一降一补”，优化营商环境，进一步激发市场主体活力，提升经济发展质量；经济增长实现由主要依靠投资、出口拉动转向依靠消费、投资、出口协同拉动，由主要依靠第二产业带动转向依靠三次产业共同带动。扎实推进新旧发展动能接续转换；实施“中国制造 2025”，推进工业强基、智能制造、绿色制造等重大工程，使先进制造业加快发展。

第四，宏观调控完善。优化投资结构，持续深化“放管服”改革，加快转变政府职能，减少微观管理、直接干预，注重加强宏观调控、市场监管和公共服务。坚持实施积极的财政政策和稳健的货币政策，调整财政支出结构，盘活沉淀资金，保障基本民生和重点项目。规范金融市场秩序，防范化解重点领域风险，守住了不发生系统性风险的底线，维护了国家经济金融安全。

第五，区域协调平衡发展。积极推进京津冀协同发展、长江经济带发展，编制实施相关规划，建设一批重点项目；促进西部开发、东北振兴、中部崛起、东部率先发展的改革创新举措；加大对革命老区、民族地区、边疆地区、贫困地区的扶持力度，加强援藏援疆援青工作；实施重点城市群规划，促进大中小城市和小城镇协调发展；绝大多数城市放宽落户限制，居住证制度全面实施，城镇基本公共服务向常住人口覆盖。城乡区域发展协调性显著增强。

(二)推动深化改革、全面开放新格局

第一，制度深化改革扎实推进。国有企业效益明显好转，放宽非公有制经济市场准入，建立不动产统一登记制度，完善产权保护制度；基本放开利率管制，建立存款保险制度，推动大中型商业银行设立普惠金融事业部，深化政策性、开发性金融机构改革，强化金融监管协调机制；完善城乡义务教育均衡发展促进机制，改革考试招生制度。建立统一的城乡居民基本养老、医疗保险制度，实现机关事业单位和企业养老保险制度并轨。改革全面发力、多点突破、纵深推进，重要领域和关键环节的改革取得突破性进展，体制机制中阻碍发展活力和社会活力状况的弊端得到明显改变。

第二，全面开放水平显著提升。倡导和推动共建“一带一路”倡议，发起创办亚洲基础设施投资银行，设立丝路基金，一批重大互联互通、经贸合作项目落地。设立上海等自贸试验区，一批改革试点成果向全国推广。改革出口退税负担机制、退税增量全部由中央财政负担，设立跨境电商综合试验区，外商投资由审批制转向负面清单管理，限制性措施削减三分之二。外商投资结构优化，高技术产业占比提高一倍。推进国际产能合作，高铁、核电等装备走向世界。新签和升级多个自由贸易协定。沪港通、深港通、债券通相继启动，人民币加入国际货币基金组织特别提款权货币篮子，人民币国际化迈出重要步伐。

第三，乡村振兴战略大力实施。推进农业供给侧结构性改革，促进农林牧渔业创新发展，加快建设现代农业产业园和特色农产品优势区，稳定和优化粮食生产。发展“互联网＋农业”，多渠道增加农民收入，促进农村第一、第二、第三产业融合发展；全面深化农村改革。落实第二轮土地承包到期后再延长30年的政策。探索宅基地所有权、资格权、使用权分置改革。改进耕地占补平衡管理办法，深化粮食收储、集体产权、集体林权、国有林区林场、农垦、供销社等改革，使农业农村充满生机活力；推动农村各项事业全面发展。改善供水、供电、信息等基础设施，稳步开展农村人居环境整治三年行动，推进“厕所革命”，促进农村移风易俗，健全自治、法治、德治相结合的乡村治理体系。

（三）创新社会治理格局，民主法治建设迈出重大步伐

第一，打造共建共治共享社会治理格局。完善基层群众自治制度，加强社区治理。发挥好工会、共青团、妇联等群团组织的作用。促进社会组织、专业社会工作、志愿服务健康发展。加强社会信用体系建设。完善公共法律服务体系，落实普法责任制。营造尊重妇女、关爱儿童、尊敬老人、爱护残疾人的良好风尚。创新信访工作方式，依法及时解决群众合理诉求。严格落实安全生产责任，坚决遏制重特大事故。做好地震、气象、地质等工作，提高防灾减灾救灾能力。推进平安中国建设，严密防范和坚决打击暴力恐怖活动，依法开展扫黑除恶专项斗争，惩治盗抢骗黄赌毒等违法犯罪活动，整治电信网络诈骗、侵犯公民个人信息、网络传销等突出问题，维护国家安全和公共安全。

第二，加强社会保障体系建设。全面建成覆盖全民、城乡统筹、权责清晰、保障适度、可持续的多层次社会保障体系。全面实施全民参保计划。完善城镇职工基本养老保险和城乡居民基本养老保险制度，尽快实现养老保险全国统筹。完善统一的城乡居民基本医疗保险制度和大病保险制度。完善失业、工伤保险制度。建立全国统一的社会保险公共服务平台。统筹城乡社会救助体系，完善最低生活保障制度。坚持男女平等基本国策，保障妇女儿童合法权益。完善社会救助、社会福利、慈善事业、优抚安置等制度，健全农村留守儿童和妇女、老年人关爱服务体系。发展残疾人事业，加强残疾康复服务。坚持房子是用来住的、不是用来炒的这一定位，加快建立多主体供给、多渠道保障、租购并举的住房制度，让全体人民住有所居。

第三，坚定不移推进法治建设。全面依法治国，有法不依、执法不严、司法不公问题严重的状况得到明显改变。提请全国人大常委会制定修订法律 95 部，制定修订行政法规 195 部，修改废止一大批部门规章。省、市、县政府部门制定公布权责清单。开展国务院大督查和专项督查，对不作为的严肃问责。科学立法、严格执法、公正司法、全民守法深入推进，法治国家、法治政府、法治社会建设相互促进，中国特色社会主义法治体系日益完善，全社会法治观念明显增强。国家监察体制改革试点取得实效，行政体制改革、司法体制改革、权力运行制约和监督体系建设有效实施。创新城乡基层治理。完善信访工作制度。扩大法律援助范围。

第四，民族、宗教、侨务等工作创新推进。支持民族地区加快发展，民族团结进步事业取得长足进展。积极引导宗教与社会主义社会相适应。海外侨胞和归侨侨眷在国家现代化建设中作出了独特贡献。

(四)坚定文化自信，思想文化建设取得重大进展

第一，党对意识形态工作的领导得到加强。培育和践行社会主义核心价值观，建设社会主义文化强国。马克思主义在意识形态领域的指导地位更加鲜明，中国特色社会主义和中国梦深入人心，社会主义核心价值观和中华优秀传统文化广泛弘扬，群众性精神文明创建活动扎实开展。

第二，全民族文化创新创造活力得到激发。公共文化服务水平不断提高，文艺创作持续繁荣，文化事业和文化产业蓬勃发展，互联网建设管理运用不断完善，全民健身和竞技体育全面发展。主旋律更加响亮，正能量更加强劲，文化自信得到彰显，国家文化软实力和中华文化影响力大幅提升，全党全社会思想上的团结统一更加巩固。

(五)以人民为中心，民生工作不断改善

人民群众不仅是物质财富的创造者，也是精神财富的创造者，更是社会变革的决定性力量。这是历史唯物主义最基本的观点。始终站在人民大众立场上，一切为了人民、一切相信人民、一切依靠人民，诚心诚意为人民谋利益，这是中国共产党坚持马克思主义立场的根本要求。

第一，加大精准脱贫力度。全面推进精准扶贫、精准脱贫，健全中央统筹、省负总责、市县抓落实的工作机制，脱贫攻坚取得决定性进展，中央财政五年投入专项扶贫资金2800多亿元，贫困人口减少6800多万，贫困发生率由10.2%下降到3.1%。

第二，推进社会体制改革。深化养老保险制度改革，建立企业职工基本养老保险基金中央调剂制度，持续合理提高退休人员基本养老金；深化公立医院综合改革，协调推进医疗价格、人事薪酬、药品流通、医保支付改革，提高医疗卫生服务质量，加快推进分级诊疗和医联体建设，下大力气解决群众看病就医难题；深入推进教育、文化、体育等改革，充分释放社会领域巨大发展潜力；完善社会救助制度，保障低保人员和特困群众基本生活；建立困难和重度残疾人“两项补贴”制度，惠及2100多万人。

第三，持续加大民生投入。实施积极的就业政策，坚持教育优先发展，财政性教育经费占国内生产总值比例持续超过4%。改善农村义务教育薄弱学校办学条件，提高乡村教师待遇，营养改善计划惠及3600多万农村学生。启动世界一流大学和一流学科建设。重点高校专项招收农村和贫困地区学生人数由1万人增加到10万人。加大对各类学校家庭困难学生资助力度，4.3亿人次受益。劳动年龄人口平均受教育年限提高到10.5年。

（六）建设美丽中国，生态文明建设成效显著

第一，健全生态文明体制。坚定不移推进生态文明建设，坚持人与自然和谐发展，改革完善生态环境管理制度，加强自然生态空间用途管制，推行生态环境损害赔偿制度，完善生态补偿机制，以更加有效的制度保护生态环境。

第二，推进污染防治取得更大成效。制定实施大气、水、土壤污染防治三个“十条”并取得扎实成效，推进重点行业节能减排，71%的煤电机组实现超低排放，重点地区细颗粒物（PM 2.5）平均浓度下降30%以上；优化能源结构，推动钢铁等行业超低排放改造，提高污染排放标准，实行限期达标。实施重点流域和海域综合治理，全面整治黑臭水体。加强重点流域海域水污染防治，推进重大生态保护和修复工程，加大污水处理设施建设力度，完善收费政策。开展中央环保督察，严肃查处违法案件。

（七）军民融合发展，强军兴军开创新局面

坚定不移推进国防和军队现代化，军民融合，人民军队不良政治状况得到明显改变。制定新形势下军事战略方针，召开古田全军政治工作会议，深入推进政治建军、改革强军、科技兴军、依法治军，人民军队实现政治生态重塑、组织形态重塑、力量体系重塑、作风形象重塑。有效遂行海上维权、反恐维稳、抢险救灾、国际维和、亚丁湾护航、人道主义救援等重大任务。各方配合基本完成裁减军队员额30万任务。军事装备现代化水平显著提升，军民融合深度发展。在党中央、中央军委领导下，强军兴军开创新局面。

（八）坚持“一国两制”，港澳台工作取得新进展

港澳台工作取得新进展。“一国两制”实践不断丰富和发展，宪法和基本法权威在港澳进一步彰显，内地与港澳交流合作深入推进，港珠澳大桥全线贯通，香港、澳门保持繁荣稳定；坚持一个中国原则和“九二共识”，加强两岸经济文化交流合作，推动两岸关系和平发展，实现两岸领导人历史性会晤。妥善应对台湾局势变化，坚决反对和遏制“台独”分裂势力，有力维护台海和平稳定。

（九）走和平发展道路，中国特色大国外交深入展开

中国成功举办首届“一带一路”国际合作高峰论坛、亚太经济合作组织领导人非正式会议、二十国集团领导人杭州峰会、金砖国家领导人厦门会晤等重大主场外交。习近平等国家领导人出访多国，出席联合国系列峰会、气候变化大会、世界经济论坛、东亚合作领导人系列会议等重大活动，全方位外交布局深入展开。倡导构建人类命运共同体，为全球治理体系变革贡献更多中国智慧。经济外交、人文交流卓有成效。坚定维护国家主权和海洋权益。中国作为负责任大国，在解决国际和地区热点问题上发挥了重要建设性作用，为世界和平与发展作出新的重大贡献。

（十）深入反腐，全面从严治党成效卓著

党的领导得到全面加强，党的领导地位进一步巩固。坚定不移推进从严治党，全面加强党风廉政建设。推进“两学一做”学习教育常态化制度化，认真开展党的群众路线教育实践活动、“三严三实”专题教育、“两学一做”学习教育和“不忘初心、牢记使命”主题教育，全党理想信念更加坚定。贯彻新时期好干部标准，选人用人状况和风气明显好转。党的建设制度改革深入推进，党内法规制度体系不断完善，党风廉政建设和反腐败斗争不断加强。深入开展、认真落实党中央八项规定精神，持之以恒纠正“四风”，坚决反对特权。坚持反腐败无禁区。坚决查处和纠正违法违规行为，严厉惩处腐败分子，反腐败斗争呈压倒性态势。坚定不移

“打虎”“拍蝇”“猎狐”，不敢腐的目标初步实现，不能腐的笼子越扎越牢，不想腐的堤坝正在构筑，反腐败斗争压倒性态势已经形成并巩固发展。

二、新时代基于社会主要矛盾新判断

(一)主要矛盾新判断的逻辑必然性

十九大报告明确指出：“中国特色社会主义进入新时代，我国社会主要矛盾已经转化为人民日益增长的美好生活需要和不平衡不充分的发展之间的矛盾。”这是继1956年党的八大及1981年党的十一届六中全会对我国社会主要矛盾作出规范表述以来，执政党对社会主要矛盾表述的再次改变。2017年习近平总书记“7·26”重要讲话指出：“党的十八大以来，在新中国成立特别是改革开放以来我国发展取得的重大成就基础上，党和国家事业发生历史性变革，我国发展站到了新的历史起点上，中国特色社会主义进入了新的发展阶段。”这一论断对于深化关于主要矛盾和社会发展规律的认识，明确下一阶段的工作方向和工作重点，推进新时代中国特色社会主义建设又好又快发展具有重大的现实意义。由此可见，新时代我国社会主要矛盾的新判断有其逻辑必然性。

(二)主要矛盾新判断的现实依据

十九大重新定位了我国社会主义所处的发展方位，也重新界定了我国社会的主要矛盾。从“人民日益增长的物质文化需要同落后的社会生产之间的矛盾”到“人民日益增长的美好生活需要和不平衡不充分的发展之间的矛盾”，我国社会的主要矛盾在社会需求和社会生产两个方面都发生了变化。

从社会需求看，以往人民群众的需求是基本的物质文化需要，新时代我国稳定解决了十几亿人的温饱问题，总体上实现小康，不久将全面建成小康社会，人民美好生活需要日益广泛，不仅对物质文化生活提出了更高要求，而且在民主、法治、公平、正义、安全、环境等方面的要求日益增长，人民群众需要“有更好的教育、更稳定的工作、更满意的收入、更可靠的社会保障、更高水平的医疗卫生服务、更舒适的居住条件、更优美的环境和更丰富的精神文化生活”。

从社会生产看，我国社会生产力水平总体上显著提高，经济实力、科技实力、国防实力、综合国力不断增强，社会生产能力在很多方面进入世界前列，更加突出的问题是发展不平衡不充分，这已经成为满足人民日益增长的美好生活需要的主要制约因素。不平衡是从发展的领域上来讲的，比如东部和西部发展不平衡、城乡发展不平衡等。不充分是从发展的层级和质量上来讲的，比如我国经济总量很大，但是经济发展的质量和效益不够高，创新能力不够强，生态环境保护任重道远；群众在就业、教育、住房、医疗、养老等方面仍面临不少难题等。

因此，我们必须认识到两个问题。一是必须认识到，我国社会主要矛盾的变化是关系全局的历史性变化，对党和国家工作提出了许多新要求。我们要在继续推动发展的基础上，着力解决好发展不平衡不充分问题，大力提升发展质量和效益，更好满足人民在经济、政治、文化、社会、生态等方面日益增长的需要，更好推动人的全面发展、社会全面进步。二是必须认识到，我国社会主要矛盾的变化，没有改变我们对我国社会主义所处历史阶段的判断，我国仍处于并将长期处于社会主义初级阶段的基本国情没有变，我国是世界上最大发展中国家的国际地位没有变。全党要牢牢把握社会主义初级阶段这个基本国情，牢牢立足社会主义初级阶段这个最大实际，牢牢坚持党的基本路线这个党和国家的生命线、人民的幸福线，领导和团结全国各族人民，以经济建设为中心，坚持四项基本原则，坚持改革开放，自力更生，艰苦创业，为把我国建设成为富强民主文明和谐美丽的社会主义现代化强国而奋斗。

三、新时代基于确立社会主义新理论

（一）习近平新时代中国特色社会主义思想的历史地位

习近平新时代中国特色社会主义思想是党的十九大报告的灵魂。习近平新时代中国特色社会主义思想，作为当代的中国化马克思主义，是指引实现民族复兴伟大征程、实现党担当的新的历史使命的理论灯塔。它是新的历史条件下我们党治国理政的伟大纲领，在指导具有许多新的历史特点的伟大斗争的道路上具有重要的理论意义和实践意义。这是对中国特色社会主义进入新时代的新的实践经验的科学概括，是对这些年来以习近平同志为核心的党中央治党治国治军提出的一系列新理念新思想新战略的理论总结。它紧密结合新的时代特点和实践要求，以全新的视野深化、丰富和发展了对共产党执政规律、社会主义建设规律、人类社会发展规律的认识，开拓了马克思主义理论的新境界。

（二）习近平新时代中国特色社会主义思想框架

第一，明确坚持和发展中国特色社会主义的总任务是实现社会主义现代化和中华民族伟大复兴。在全面建成小康社会、实现第一个百年奋斗目标的基础上，乘势而上开启全面建设社会主义现代化国家新征程，向第二个百年奋斗目标进军。从 2020 年到本世纪中叶可以分两个阶段安排。第一个阶段，从 2020 年到 2035 年，基本实现社会主义现代化。第二个阶段，从 2035 年到本世纪中叶，在基本实现社会主义现代化的基础上，再奋斗15年，把我国建成富强民主文明和谐美丽的社会主义现代化强国。这是新时代中国特色社会主义发展的战略安排。

第二，明确中国特色社会主义进入新时代后，我国社会主要矛盾是人民日益增长的美好生活需要和不平衡不充分的发展之间的矛盾。这是关系全局的历史性变化，但并没有改变我们对我国社会主义所处历史阶段的判断，我国仍处于并将长期处于社会主义初级阶段的基本国情没有变，我国是世界最大发展中国家的国际地位没有变。它对党和国家的工作提出了许多新要求。党必须坚持以人民为中心的发展思想，不断促进人的全面发展、全体人民共同富裕。

第三，明确中国特色社会主义事业的总体布局是“五位一体”，战略布局是“四个全面”。“五位一体”总体布局中经济建设是根本，政治建设是保证，文化建设是灵魂，社会建设是条件，生态文明建设是基础。“四个全面”战略布局把全面建成小康社会这一奋斗目标、全面深化改革这一发展动力、全面依法治国这一重要保障、全面从严治党这一根本保证科学统筹起来了。这两个布局确立了建设新时代中国特色社会主义的总方略，使把握社会主义建设规律、坚持和发展中国特色社会主义有了具体路径，使我们更加坚定道路自信、理论自信、制度自信、文化自信，不断开创中国特色社会主义事业新局面。

第四，明确全面深化改革总目标是完善和发展中国特色社会主义制度，推进国家治理体系和治理能力现代化。它以促进社会公平正义、增进人民福祉为出发点和落脚点，为人民幸福安康、为社会和谐稳定、为国家长治久安提供一整套更完备、更稳定、更管用的制度体系。这是一个涉及经济社会发展各领域的复杂系统工程，要坚决破除一切不合时宜的思想观念和体制机制弊端，突破利益固化的藩篱，吸收人类文明有益成果，加强宏观思考和顶层设计，更加注重改革的整体性和协同性。

第五，明确全面推进依法治国总目标是建设中国特色社会主义法治体系、建设社会主义法治国家。必须把党的领导贯彻落实到依法治国全过程和各方面，坚定不移走中国特色社会主义法治道路，完善以宪法为核心的中国特色社会主义法律体系，建设中国特色社会主义法治体系，建设社会主义法治国家，发展中国特色社会主义法治理论，坚持依法治国、依法执政、依法行政共同推进，坚持法治国家、法治政府、法治社会一体建设，坚持依法治国和以德治国相结合，依法治国和依规治党有机统一，深化司法体制改革，提高全民族法治素养和道德素质。

第六，明确党在新时代的强军目标是建设一支听党指挥、能打胜仗、作风优良的人民军队，把人民军队建设成为世界一流军队。坚持走中国特色强军之路，全面贯彻党领导人民军队的一系列根本原则和制度，确立新时代党的强军思想在国防和军队建设中的指导地位，坚持政治建军、改革强军、科技兴军、依法治军，更加注重聚焦实战，更加注重创新驱动，更加注重体系建设，更加注重集约高效，更加注重军民融合，实现党在新时代的强军目标，全面推进国防和军队现代化。

第七，明确中国特色大国外交要推动构建新型国际关系，推动构建人类命运共同体。始终不渝地走和平发展道路，奉行互利共赢的开放战略，坚持正确义利观，树立共同、综合、合作、可持续的新安全观，坚持共商共建共享的全球治理观，推动建设相互尊重、公平正义、合作共赢的新型国际关系，促进和而不同、兼收并蓄的文明交流，建设持久和平、普遍安全、共同繁荣、开放包容、清洁美丽的世界。

第八，明确中国特色社会主义最本质的特征是中国共产党领导，中国特色社会主义制度的最大优势是中国共产党领导。党是最高政治领导力量。提出新时代党的建设总要求，突出政治建设在党的建设中的重要地位。强调思想建党和制度治党同向发力，统筹推进党的各项建设，把制度建设贯穿其中。严肃党内政治生活，严明党的纪律，强化党内监督，发展积极健康的党内政治文化，全面净化党内政治生态，坚决纠正各种不正之风，以零容忍态度惩治腐败，不断增强党自我净化、自我完善、自我革新、自我提高的能力，推动全面从严治党向纵深发展，始终保持党同人民群众的血肉联系，不断提高党的执政能力和领导水平，把党建设成为始终走在时代前列、人民衷心拥护、勇于自我革命、经得起各种风浪考验、朝气蓬勃的马克思主义执政党。

习近平新时代中国特色社会主义思想，覆盖全面，内涵丰富，具有鲜明的时代性、科学性、革命性、实践性特征，是一个系统完整的科学理论体系。习近平新时代中国特色社会主义思想，是对马克思列宁主义、毛泽东思想、邓小平理论、“三个代表”重要思想、科学发展观的继承和发展。它作为最鲜活的中国化马克思主义，是党和人民实践经验和集体智慧的结晶，是中国特色社会主义理论体系的重要组成部分，是全党全国人民为实现中华民族伟大复兴而奋斗的行动指南，必须长期坚持并不断发展。

四、新时代基于开启“三步走”新征程

按照党的十八大提出的要求和党的十九大部署，到 2020 年，中国将全面建成小康社会，进入一个新的历史阶段。在新的历史阶段，如何更好更顺利地推进现代化，党中央在综合分析国内形势和我国发展条件的

基础上，明确提出从2020年到本世纪中叶，现代化可以分两个阶段来安排。第一个阶段，从2020年到2035年，在全面建成小康社会的基础上，再奋斗15年，基本实现社会主义现代化。到那时，我国经济实力、科技实力将大幅跃升，跻身创新型国家前列；人民平等参与、平等发展权利得到充分保障，法治国家、法治政府、法治社会基本建成，各方面制度更加完善，国家治理体系和治理能力现代化基本实现；社会文明程度达到新的高度，国家文化软实力显著增强，中华文化影响更加广泛深入；人民生活更加富裕，中等收入群体比例明显提高，城乡区域发展差距和居民生活水平差距显著缩小，基本公共服务均等化基本实现，全体人民共同富裕迈出坚实步伐；现代化社会治理格局基本形成，社会充满活力又和谐有序；生态环境根本好转，美丽中国目标基本实现。第二个阶段，从2035年到本世纪中叶，在基本实现现代化的基础上，再奋斗十五年，把我国建成富强民主文明和谐美丽的社会主义现代化强国。到那时，我国物质文明、政治文明、精神文明、社会文明、生态文明将全面提升，实现国家治理体系和治理能力现代化，成为综合国力和国际影响力领先的国家，全体人民共同富裕基本实现，我国人民将享有更加幸福安康的生活，中华民族将以更加昂扬的姿态屹立于世界民族之林。

五、新时代基于坚定“四个自信”

十九大报告指出，“全党要更加自觉地增强道路自信、理论自信、制度自信、文化自信，既不走封闭僵化的老路，也不走改旗易帜的邪路，保持政治定力，坚持实干兴邦，始终坚持和发展中国特色社会主义”。“四个自信”是中国人民精神状态的真实展现，“四个自信”为实现中国梦注入了精神动力，实现中华民族伟大复兴的中国梦，关键在坚守“四个自信”的前提下砥砺前行，撸起袖子加油干。

(一)“四个自信”是科学统一的整体，彼此之间相辅相成

十八大以来，习近平总书记高度关注培育民族自尊心，坚定建设中国特色社会主义的道路自信、理论自信、制度自信，在庆祝中国共产党成立95周年大会上，他又提出了文化自信，“四个自信”由此形成。“四个自信”充分展示了党应具备的信念，即在新的历史条件下，坚守自身信念，积极创建美好生活。2012年11月29日，习近平总书记在参观“复兴之路”展览时提出了中国梦，并且对其进行了系统阐释。习近平总书记指出，中国梦就是要实现中华民族伟大复兴，具体体现为国家富强、民族振兴、人民幸福。“四个自信”和中国梦，是习近平总书记结合我国国情提出的执政理念，鼓励我们坚定民族自信心，积极行动，弘扬实干精神。

习近平总书记提出的“四个自信”内涵丰富，其中道路自信关注发展方向、未来命运，强调坚持走中国特色社会主义道路是中华民族实现繁荣富强的科学保障；理论自信是对中国特色社会主义理论体系的坚守，坚定对共产党执政规律、社会主义建设规律、人类社会发展规律认识的自信；制度自信是对中国特色社会主义制度优越性的自信，依靠制度实现社会发展与稳定；文化自信是对中国特色社会主义先进文化的自信，既要对优秀传统文化产生强烈的自豪感，也要坚定对社会主义核心价值体系的认同。“四个自信”是科学统一的整体，彼此之间相辅相成。文化自信是道路自信、理论自信与制度自信的基础，而道路自信、理论自信、制度自信则是文化自信的重要表现。

(二)道路自信指明了中国梦的实现方向，理论自信为中国梦提供理论指引

道路自信指明了中国梦的实现方向。正确的道路是实现美好梦想的前提，实现中国梦应坚持走中国特色社会主义道路，这不仅是历史的选择，也符合现实的需要。坚持走中国特色社会主义道路，是中国人民在长期的思考与探索中得到的，不仅符合中国国情，也符合社会主义基本原则。坚持走中国特色社会主义道路，让我们在新的发展时期获得了新的发展机遇，实现了跨越式进步，使我国的面貌与广大群众的生活发生了巨大变化，迎来了中国梦的光明前景。坚持走中国特色社会主义道路使我国各项事业获得巨大成功，但是面对社会主义现代化建设事业取得的伟大成就，我们必须保持清醒头脑。在改革发展以及实现中国梦的路上，难免会存在诸多矛盾与问题，这些会干扰中国梦实现的脚步，因此，必须坚定中国特色社会主义的道路自信，不忘初心，确保方向正确，实现“两个一百年”奋斗目标，实现中国梦。道路自信进一步明确了实现中国梦的方向，方向正确，才能确保寻梦路上稳步前进。

理论自信为中国梦提供理论指引。理论在一个国家的实现程度主要是看这一理论对国家需求的满足水平。理论在被群众掌握后，就能转变为推动实践的强大力量。中国特色社会主义理论体系为我国改革、发展及稳定提供了科学理论指导，是全面建成小康社会的行动指南。要实现中华民族伟大复兴的中国梦，就需要坚持中国特色社会主义理论体系，用科学理论去武装广大人民群众。当下，只有不断用科学理论指导行动，才能掌握科学的行动指南，构筑团结奋斗的思想之基，才能实现思想上的统一、步调上的一致。实践、认知永无止境，而理论的创新也是永无止境的。在实现中华民族伟大复兴中国梦的伟大征程中，要理顺理论创新和理论自信之间的关系，以社会主义现代化建设中的具体问题、战略事务为中心，关注社会发展的现实需要以及广大人民群众的需求，从实践出发，强调理论创新，坚持中国化的马克思主义。总而言之，理论自信能够为实现中国梦提供高屋建瓴的理论指导，确保实践沿着正确方向前行。

（三）制度自信为中国梦提供根本保障；文化自信为中国梦提供原动力

制度自信为中国梦提供根本保障。制度是成就一番事业的根本保障，而我国实行社会主义制度不仅是由我国国情、性质决定的，也是由经济社会发展进程决定的。中国特色社会主义制度体系是我国发展的制度保障，强调制度自信需要完善中国特色社会主义制度。制度自信不仅表现为政治定力，也需要改革创新、不断完善，这是制度自信的基本要求，是制度自信的重要保证。习近平总书记曾明确指出，制度自信能激发全面深化改革的勇气，不断深化改革，制度自信才能更彻底、更久远。在新的时期，强调制度自信，需要在实现中华民族伟大复兴中国梦的实践中，继续坚持并完善中国特色社会主义制度体系，特别是围绕广大人民群众关注的热点问题完善这一制度体系，做到科学规范、系统完备、运转有效，确保每一个人都能展现聪明才智，调动一切积极因素，为实现中国梦增添力量。要明确中国特色社会主义制度是鲜明的、特色的、富有效率的，对其存在的问题，应有清醒的认识，要推动社会主义制度更为稳定、完备，才能为实现中国梦打好制度基础。

文化自信为中国梦提供原动力。文化是民族凝聚力之源，是国家实现兴旺发达的科学支撑。历史与现实充分表明，文化是民族之魂，而社会主义核心价值观更是文化的核心。文化自信的提出充分彰显了共产党人对文化的高度关注，标志着我国对文化功能、文化作用的认知已达到新高度。中华民族在发展的历史进程中创造了优秀的传统文化，在党领导广大人民群众开展斗争的过程中培育了社会主义先进文化，文化积淀了中华民族深层次的精神追求，是中华民族精神的标志。党提出文化自信有着深厚的根基，是对优秀传统文化的传承与发展，优秀传统文化深化了文化建设之基，夯实了文化自信的强劲底气。文化自信不仅源自对优秀传统文化的传承，更源自对中国梦美好未来的期待。改革开放后，全国人民一道创造了伟大的成就，国家实现了繁荣富强，文化实现兴盛。党的十八大以后，中央将建设中国特色社会主义文化摆在更为突出的位置，文化产业迎来新的发展机遇，文化发展迎来了新的春天。缺少共同的核心价值观，社会就缺乏维系的精神纽带，就难以形成凝神聚力的共识以及精神支撑。强调文化自信，就是要弘扬社会主义核心价值观，全面增强各族人民的精神力量，为中国梦提供持久动力。此外，文化自信就是要在统筹推进“五位一体”总体布局和“四个全面”战略布局的伟大实践中，构筑社会主义文化强国，全面实施文化“走出去”战略，创建中国话语体系，传播中国智慧，使中华文化屹立于世界民族之林，为实现中国梦提供源源不断的强劲动力。

总之，中国梦是近代以来中华民族最伟大的梦想，始终坚持“四个自信”对实现中国梦具有深远意义。

六、新时代基于实现中华民族复兴新使命

第一，实现中华民族伟大复兴，必须合乎时代潮流、顺应人民意愿，勇于改革开放，让党和人民事业始终充满奋勇前进的强大动力。中国共产党自成立以来，为了实现中华民族伟大复兴的历史使命，无论弱小还是强大，无论顺境还是逆境，都初心不改、矢志不渝，团结带领人民历经千难万险，付出巨大牺牲，敢于面对曲折，勇于修正错误，攻克了一个又一个看似不可攻克的难关，创造了一个又一个彪炳史册的人间奇迹。党团结带领人民进行改革开放新的伟大革命，破除阻碍国家和民族发展的一切思想和体制障碍，开辟了中国特色社会主义道路，使中国大踏步赶上时代。

第二，实现中华民族伟大复兴，必须进行伟大斗争。我们党要团结带领人民有效应对重大挑战、抵御重大风险、克服重大阻力、解决重大矛盾，必须进行具有许多新的历史特点的伟大斗争。全党要更加自觉地坚持党的领导和我国社会主义制度，坚决反对一切削弱、歪曲、否定党的领导和我国社会主义制度的言行；更加自觉地维护人民利益，坚决反对一切损害人民利益、脱离群众的行为；更加自觉地投身改革创新时代潮流，坚决破除一切顽瘴痼疾；更加自觉地维护我国主权、安全、发展利益，坚决反对一切分裂祖国、破坏民族团结和社会和谐稳定的行为；更加自觉地防范各种风险，坚决战胜一切在政治、经济、文化、社会等领域和自然界出现的困难和挑战。全党要充分认识这场伟大斗争的长期性、复杂性、艰巨性，发扬斗争精神，提高斗争本领，不断夺取伟大斗争新胜利。

第三，实现中华民族伟大复兴，必须建设伟大工程。这个伟大工程就是我们党正在深入推进的党的建设新的伟大工程。历史已经证明并将继续证明，没有中国共产党的领导，民族复兴必然是空想。我们党要始终成为时代先锋、民族脊梁，始终成为马克思主义执政党，自身必须始终过硬。全党要更加自觉地坚定党性原则，勇于直面问题，敢于刮骨疗

毒，消除一切损害党的先进性和纯洁性的因素，清除一切侵蚀党的健康肌体的病毒，不断增强党的政治领导力、思想引领力、群众组织力、社会号召力，确保我们党永葆旺盛生命力和强大战斗力。

第四，实现中华民族伟大复兴，必须推进伟大事业。中国特色社会主义是改革开放以来党的全部理论和实践的主题，是党和人民历尽千辛万苦、付出巨大代价取得的根本成就。中国特色社会主义道路是实现社会主义现代化、创造人民美好生活的必由之路，中国特色社会主义理论体系是指导党和人民实现中华民族伟大复兴的正确理论，中国特色社会主义制度是当代中国发展进步的根本制度保障，中国特色社会主义文化是激励全党全国各族人民奋勇前进的强大精神力量。全党要更加自觉地增强道路自信、理论自信、制度自信、文化自信，既不走封闭僵化的老路，也不走改旗易帜的邪路，保持政治定力，坚持实干兴邦，始终坚持和发展中国特色社会主义。

伟大斗争，伟大工程，伟大事业，伟大梦想，紧密联系、相互贯通、相互作用，其中起决定性作用的是党的建设新的伟大工程。推进伟大工程，要结合伟大斗争、伟大事业、伟大梦想的实践来进行，确保党在世界形势深刻变化的历史进程中始终走在时代前列，在应对国内外各种风险和考验的历史进程中始终成为全国人民的主心骨，在坚持和发展中国特色社会主义的历史进程中始终成为坚强领导核心。

使命呼唤担当，使命引领未来。党的十九大报告之所以深刻阐述新时代中国共产党的历史使命，是要增强全党的使命担当和忧患意识。尽管我们比历史上任何时代都更接近、更有信心和能力实现中国民族伟大复兴的目标，但是，“行百里者半九十”，中华民族伟大复兴，绝不是轻轻松松、敲锣打鼓就能实现的，全党必须准备付出更为艰巨、更为艰苦的努力。

◎**背景知识**

党的十九大会议主题

不忘初心，牢记使命，高举中国特色社会主义伟大旗帜，决胜全面建成小康社会，夺取新时代中国特色社会主义伟大胜利，为实现中华民族伟大复兴的中国梦不懈奋斗。

党的十九大重要意义

党的十九大是在全面建成小康社会关键阶段、中国特色社会主义发展关键时期召开的一次十分重要的大会，明确宣告中国特色社会主义进入新时代，揭示了我国社会主要矛盾的发展变化，对新的发展阶段作出了战略规划和全面部署，对于我们党在新时代更好肩负起历史使命，在中国特色社会主义道路上实现中华民族伟大复兴的中国梦具有十分重要的意义。

2019 年全国两会对经济社会发展的总体要求

2019 年是新中国成立 70 周年，是全面建成小康社会、实现第一个百年奋斗目标的关键之年。做好政府工作，要在以习近平同志为核心的党中央的坚强领导下，以习近平新时代中国特色社会主义思想为指导，全面贯彻党的十九大和十九届二中、三中全会精神，统筹推进“五位一体”总体布局，协调推进“四个全面”战略布局，坚持稳中求进工作总基调，坚持新发展理念，坚持推动高质量发展，坚持以供给侧结构性改革为主线，坚持深化市场化改革、扩大高水平开放，加快建设现代化经济体系，继续打好三大攻坚战，着力激发微观主体活力，创新和完善宏观调控，统筹推进稳增长、促改革、调结构、惠民生、防风险工作，保持经济运行在合理区间，进一步稳就业、稳金融、稳外贸、稳外资、稳投资、稳预期，提振市场信心，增强人民群众获得感、幸福感、安全感，保持经济持续健康发展和社会大局稳定，为全面建成小康社会收官打下决定性基础，以优异成绩庆祝中华人民共和国成立 70 周年。

◎相关链接

1. 人民网：http：//www.people.com.cn

2. 中国政协网：http：//www.cppcc.gov.cn/

3. 中国人大网：http：//www.npc.gov.cn/

◎深度阅读

1. 邓纯东：《新时代 新思想 新征程》，北京，人民日报出版社，2018。

2. 习近平：《谈治国理政》(第 2 卷)，北京，外文出版社，2017。

3. 本书编写组：《党的十九大报告辅导读本》，北京，人民出版社，2017。

4. 本书编写组：《习近平新时代中国特色社会主义思想三十讲》，北京，学习出版社，2018。

5. 本书编写组：《十九大精神十三讲》，北京，人民出版社，2017。

◎重点难点问题思考

1. 新时代中国特色社会主义现代化建设新成就有哪些？

2. 新时代中国主要矛盾的内容和主要矛盾转变的依据是什么？

3. 怎样认识中国特色社会主义进入新时代？

4. 怎样更好坚定“四个自信”？

第二讲　坚持改革开放，实现国家治理能力现代化

导语： 1978年召开的中国共产党十一届三中全会，开启了中国改革开放和社会主义现代化的伟大征程，实现了中华民族在探索社会主义建设道路上具有深远意义的伟大转折。改革开放40年来，我们取得了伟大的成就，积累了宝贵的经验，推动了中国特色社会主义事业的伟大飞跃。新的时代，围绕完善和发展中国特色社会主义制度、推进国家治理体系和治理能力现代化这个总目标深化改革，加强党的领导，坚持问题导向，突出重点领域，深化党和国家机构改革，为党和国家事业取得历史性成就、发生历史性变革提供有力保障。

关键词： 全面深化改革　国家治理体系　治理能力现代化

一、中国改革开放四十年伟大成就

2018年12月18日，在改革开放40周年之际，党中央在北京召开了隆重的纪念大会，回顾40年来的光辉历程，总结改革开放的伟大成就和宝贵经验。习近平总书记在纪念大会上做了重要讲话，指出："40年来，我们解放思想、实事求是，大胆地试、勇敢地改，干出了一片新天地。"

(一)改革开放四十年取得的伟大成就

1. 中国特色社会主义理论不断完善。十一届三中全会以后，党团结带领全党全国各族人民，摆脱"左"的错误思想的桎梏，开展真理标准大讨论，科学评价毛泽东思想，总结我国社会主义建设正反两方面经验，借鉴世界社会主义历史经验，果断结束"以阶级斗争为纲"，以逢山开路、遇水架桥的闯劲作出把党和国家工作重心转移到经济建设上来、实行改革开放的历史性决策，成功探索出一条中国特色社会主义道路。40年

来，党始终坚持解放思想、实事求是、与时俱进、求真务实，坚持马克思主义的指导地位和科学社会主义的基本原则，勇敢地推进理论创新、实践创新、制度创新、文化创新及各方面创新，不断赋予中国特色社会主义以鲜明的实践特色、理论特色、民族特色、时代特色，形成了中国特色社会主义道路、理论、制度、文化。尤其是十八大以后，党全面审视国内外的新形势，提出了一系列新理念新思想新战略，深刻回答了新时代坚持和发展什么样的中国特色社会主义、怎样坚持和发展中国特色社会主义这个重大时代课题，形成了新时代中国特色社会主义理论，彰显了科学社会主义的鲜活生命力。

2. 经济建设持续高速发展。40 年来，始终坚持以经济建设为中心，不断解放和发展生产力，综合国力和国际影响力显著提升。习近平总书记指出："我国是世界第二大经济大国、最大的货物出口国、第三大货物进口国、第二大对外直接投资国、最大外汇储备国、最大的旅游市场。"经济总量稳居世界第二位，制造业世界第一大国，货物贸易世界第一大国，商品消费世界第二大国，外资流入世界第二大国，外汇储备连续多年位居世界第一，全球第一大科技人力资源国家，全球最具改革精神的国家。根据国家统计局的资料，2017 年国内生产总值达到 82.7 万亿元，按不变价格计算，比 1978 年的 3679 亿元增长 33.5 倍，年均增长 9.5%，远高于同期世界经济 2.9%左右的年均增速。2017 年国内生产总值 12.3 万亿美元，占世界生产总值的比重由改革开放之初的 1.8%上升到 15.2%，多年来对世界经济增长贡献率超过 30%。我国人均国民总收入 2017 年达到 8690 美元，比 1978 年的 200 美元增长了 43 倍，超过中等偏上国家平均水平。我国货物进出口总额从改革开放之初的 206 亿美元增长到超过 4 万亿美元，累计使用外商直接投资超过 2 万亿美元，对外投资总额达到 1.9 万亿美元。2017 年末，外汇储备余额达到 31399 亿美元，居世界第一。

3. 民主法制建设取得重大成就。40 年来，始终坚持中国特色社会主义政治发展道路，不断深化政治体制改革，发展社会主义民主政治，建设服务型政府，发展基层民主政治，健全权力制约和监督机制，完善党和国家领导体制，中国特色社会主义民主政治制度走向定型和完善。深入推进全面依法治国基本方略，中国特色社会主义法治理论实现新飞跃，中国特色社会主义法律体系日益健全，中国特色社会主义法治道路日益完善。坚持依法治国、依法执政、依法行政共同推进，坚持全面推进科学立法、严格执法、公正司法、全民守法，坚持依法治国与以德治国相结合。人权事业全面发展，从制度和法治上保障公民依法享有和行使各项权力。中国特色社会主义法治体系从逐步形成到日趋完善，依法决策、简政放权、严格执法、优化服务，大幅提高政府工作的法治化水平，司法质量、效率、公信力大幅提升，全社会法治观念明显增强，开创国家治理现代化的“良法善治”新境界。

4. 思想文化建设取得重大成就。坚持科学理论的指导，继承和弘扬优秀的传统文化，发展先进的社会主义文化，培育和践行社会主义核心价值观，民族精神和时代精神的内涵得到了极大的丰富。教育事业全面发展，国民素质大幅度提高，精神文化生活日益丰富。现代公共文化服务体系和现代文化市场体系日渐完善，推动文化艺术日益繁荣，文化产业迅速发展。网络提速降费稳步推进，网信事业快速发展。中华民族的理想信念和文化自信不断增强，国家软实力和民族影响力显著提高。

5. 人民生活水平显著提高。40 年来，始终坚持以人民为中心，始终坚持在发展中保障和改善民生，全面推进幼有所育、学有所教、劳有所得、病有所医、老有所养、住有所居、弱有所扶，不断改善人民生活、增进人民福祉。

第一，人民收入稳步增长。全国居民人均可支配收入由 171 元增加到 2.6 万元，2017 年我国居民社会消费品零售总额达到 36.6 万亿元，增长 10.2%，最终消费支出达到 43.5 万亿元。2017 年全国居民恩格尔系数为 29.3%，进入了联合国划分的富足区面(20%—30%)，中等收入群体持续扩大。实施精准扶贫政策，在全面建成小康社会的道路上不让一个群众掉队，40 年来，我国贫困人口累计减少 7.4 亿人，贫困发生率下降 94.4%，创造了人类贫困治理的辉煌成就。居民预期寿命由 1981 年的 67.8 岁提高到 2017 年的 76.7 岁。常住人口城镇化率达到 58.52%，上升 40.6 个百分点。

第二，惠民政策力度不断加大。我国建成了包括养老、医疗、低保、住房在内的世界最大的社会保障体系，基本养老保险覆盖超过 9 亿人，医疗保险覆盖超过 13 亿人，养老金和农村低保标准增幅远超 GDP 增速。

第三，惠民工程取得重大成绩。2018 年底完成新改建农村公路 25 万公里，新增通硬化路建制村 5560 个，新增 7000 个以上的建制村通客车。完成乡道及以上公路安全生命防护工程 18.7 万公里，危桥改造 4263 座，建设改造普通国省干线公路服务设施 1000 个。完成 ETC 专用车道 2104 条，ETC 用户 1726 万，推进交通一卡通便捷支付。大力支持“互联网＋”运输服务新业态，推进网约车、互联网租赁自行车规范发展；提升冷链物流、城市配送等服务，推动快递和电商物流等新模式发展。继续推进“交通＋特色产业”“交通＋生态旅游”“交通＋电商快递”等交通脱贫攻坚建设任务。推进取消行政许可事项，压缩涉企证照，全面推行行政许可网上办理，清理规范各类认证、评估、检查、检测等中介服务事项，加快优化营商环境。农村地区从实行家庭联产承包责任制、乡镇企业异军突起、取消农业税牧业税和特产税到农村承包地“三权”分置、打赢脱贫攻坚战、实施乡村振兴战略，切实解决贫困人口的“两不愁三保障”等突出问题。

6. 生态文明建设取得显著成效。始终坚持保护环境和节约资源的基本国策，推进生态文明建设，推动形成绿色发展方式和生活方式。修复水陆生态系统，防风治沙，防治水土流失，生态保护和修复工程进展顺利，生态环境治理效果显著，形成人与自然和谐发展的新格局。尤其是近几年来，我国单位GDP能耗、用水量明显下降，主要污染物减排效果良好，保护环境、节约能源资源的绿色发展理念融入生产生活。加快生态文明体制改革，着力解决突出环境问题，加大生态系统保护力度，改革生态环境监管体制。引导应对气候变化国际合作，积极参与全球生态环境治理，为全球生态文明建设发挥重大贡献。“绿水青山就是金山银山”的生态理念已经成为全国人民的共识，中国人民的家园更加生态美丽宜居。

7. 强军兴军开创新局面。坚持党对军队的绝对领导，着眼于中国梦、强军梦，聚焦备战打仗，建设世界一流军队的目标制定新形势下军事战略方针，联合作战指挥能力和军事训练实战化水平大力提高，国防和军队现代化迅速推进。国防科技工业、武器装备取得历史性突破，治军方式发生根本性改变，制约国防和军队建设的体制性障碍、结构性矛盾、政策性问题得到有效解决，革命化现代化正规化水平显著提高。坚定不移正风肃纪、反腐惩恶，推进治军方式“三个根本性转变”，构建中国特色军事法规制度体系，官兵法治信仰和法治思维得到强化。我党我军的光荣传统和优良作风不断弘扬，固本开新，锻造成新时代的钢铁长城。加强国际军事交流与合作，深化与周边国家军事关系，与大国军事关系稳中求进，与发展中国家军事关系进一步巩固，有效履行国际义务，增强国际话语权影响力，为维护世界和平作出新贡献。

8. 祖国和平统一大业进入新阶段。牢牢掌握宪法和基本法赋予的中央对香港、澳门的全面管治权，深化内地与港澳地区的交流合作，保持香港、澳门的繁荣稳定。坚持一个中国的原则和“九二共识”，坚决反对和遏制“台独”分裂势力，加强两岸关系发展主导权和主动权，推动两岸关系和平发展，有力维护台海和平稳定。海内外中华儿女的民族认同感、文化认同感和民族自尊心、自信心大大增强，同心共筑中国梦的意志更加坚强。

9. 全方位的外交布局深入展开。始终坚持独立自主、互利共赢的外交战略，走和平发展道路。推进大国协调和合作，构建总体稳定、均衡发展的大国关系；推进与邻为善、以邻为伴的周边国家外交方针，深化同周边国家互利合作；秉持正确义利观和真实亲诚理念，深化同发展中国家务实合作；构建全球伙伴关系网络，拓展全方位、多层次、立体化外交布局。实施共建“一带一路”倡议，积极推进构建人类命运共同体，开创全方位对外开放新格局。促进全球治理体系的变革，在全球治理中勇于承担大国责任，积极贡献中国方案。加强公共外交和人文交流，增强中国软实力，为世界和平与发展作出新的重大贡献。

10. 党的建设开创新局面。始终坚持加强和改善党的领导，积极应对在长期执政和改革开放条件下党面临的各种风险考验，持续推进党的建设新的伟大工程，保持党的先进性和纯洁性，保持党同人民群众的血肉联系。积极探索共产党执政规律、社会主义建设规律、人类社会发展规律，不断开辟马克思主义中国化新境界。坚持党要管党、从严治党，净化党内政治生态，持之以恒正风肃纪，大力整治形式主义、官僚主义、享乐主义和奢靡之风，以零容忍态度严厉惩治腐败，反腐败斗争取得压倒性胜利。党在革命性锻造中坚定走在时代前列，始终是中国人民和中华民族的主心骨！

(二)改革开放四十年取得的伟大经验

1. 坚持党对一切工作的领导，不断加强和改善党的领导。中国共产党领导是中国特色社会主义最本质的特征，是中国特色社会主义制度的最大优势。始终坚持党的集中统一领导，实现伟大历史转折、开启改革开放新时期和中华民族伟大复兴新征程，成功应对一系列重大风险挑战、克服无数艰难险阻，开创中国特色社会主义道路。坚决维护党中央权威和集中统一领导，把党的领导贯彻和体现到改革发展稳定、内政外交国防、治党治国治军等各个领域。中国共产党和中国人民扎根中国大地，吸纳人类文明优秀成果，独立自主地实现国家发展战略。坚持党的领导，不断加强党的自身建设，从严治党，让党的领导更加适应实践、时代、人民的要求。提高党的执政能力和领导水平，不断提高党把方向、谋大局、定政策、促改革的能力和定力，确保改革开放这艘航船沿着正确航向破浪前行。

2. 坚持以人民为中心，不断实现人民对美好生活的向往。党来自人民、扎根人民、造福人民，全心全意为人民服务是党的根本宗旨，人民对美好生活的向往是我们的奋斗目标，人民立场是我们始终坚持的根本政治立场。贯彻党的群众路线，以广大人民根本利益为我们一切工作的根本出发点和落脚点，尊重人民主体地位，尊重人民群众在实践活动中所表达的意愿、所创造的经验、所拥有的权利、所发挥的作用、所蕴藏的创造力，共享改革开放成果。健全民主制度，拓宽民主渠道，依法保障人民享有的各项权利，顺应民心、尊重民意、关注民情、致力民生，让人民群众有获得感、幸福感、安全感，不断促进人的全面发展、全体人民共同富裕。

3. 坚持马克思主义指导地位，不断推进实践基础上的理论创新。马克思主义是我们立党立国的根本指导思想，背离或放弃马克思主义，中国共产党就会失去灵魂、迷失方向。解放思想是改革开放的前提，创新是改革开放的生命。党以巨大的勇气突破困扰和束缚实践发展的思想迷雾，坚持马克思主义指导地位，立足中国大地，植根于改革开放伟大实践，理论联系实际，不断推进马克思主义中国化时代化大众化，形成中国特色社会主义理论体系。新时代，党将马克思主义基本原理与实现中华民族伟大梦想、推进中国特色社会主义伟大事业、进行伟大斗争、开创伟大工程结合起来，深刻回答了坚持和发展什么样的社会主义，怎样坚持和发展中国特色社会主义，形成了习近平新时代中国特色社会主义思想，推动党和国家事业取得全方位、开创性历史成就。

4. 坚持走中国特色社会主义道路，不断坚持和发展中国特色社会主义。“中国特色社会主义道路是实现社会主义现代化、创造人民美好生活的必由之路，是实现中华民族伟大复兴的必由之路。”改革开放 40 年来，我们党全部理论和实践的主题是坚持和发展中国特色社会主义。中国特色社会主义道路是我们党长期探索的结果，是当代中国大踏步赶上时代、引领时代发展的康庄大道，必须毫不动摇走下去。坚持以新时代中国特色社会主义思想和党的十九大精神为指导，以完善和发展中国特色社会主义制度、推进国家治理体系和治理能力现代化为总目标，增强“四个自信”，牢牢把握改革开放的前进方向。坚持党的基本路线，把以经济建设为中心同坚持四项基本原则、坚持改革开放这两个基本点统一于新时代中国特色社会主义伟大实践，长期坚持，决不动摇。

5. 坚持完善和发展中国特色社会主义制度，不断发挥和增强我国制度优势。制度是关系党和国家事业发展的根本性、全局性、稳定性、长期性问题。不断丰富和发展中国特色社会主义制度，从把握制度优势上增强道路自信，才能更加坚定地走中国特色社会主义道路。巩固和发展公有制经济，毫不动摇鼓励、支持、引导非公有制经济发展，推动市场经济改革，充分发挥市场在资源配置中的决定性作用，优化政府的宏观调控，激发各类市场主体活力。成功开辟和坚持了中国特色社会主义政治发展道路，以更大的力度、更实的措施发展社会主义民主，坚持党的领导、人民当家作主、依法治国有机统一，建设社会主义法治国家。巩固和发展最广泛的爱国统一战线，确保人民享有更加广泛、更加充分的民主权利，充分显示社会主义民主的优越性。加强文化领域制度建设，牢牢掌握意识形态工作领导权，积极培育和践行社会主义核心价值观，传承和发扬优秀传统文化、革命文化，发展先进文化，坚定文化自信。加强社会治理制度建设，不断促进社会公平正义，保持社会安定有序。加强生态文明制度建设，实行最严格的生态环境保护制度。坚决破除一切妨碍发展的体制机制障碍和利益固化藩篱，加快形成系统完备、科学规范、运行有效的制度体系，推动中国特色社会主义制度更加成熟更加定型。

6. 坚持以发展为第一要务，不断增强我国综合国力。解放和发展社会生产力，增强社会主义国家的综合国力，是社会主义的本质要求和根本任务。坚持以经济建设为中心，发展为第一要务，坚持科学发展和高质量发展的战略思想，为坚持和发展中国特色社会主义、实现中华民族伟大复兴奠定雄厚物质基础。进入新时代，我国社会主要矛盾已经转化为人民日益增长的美好生活需要和不平衡不充分的发展之间的矛盾，坚决贯彻创新、协调、绿色、开放、共享的发展理念，深化供给侧结构性改革，转变发展方式、优化经济结构、转换增长动力，积极扩大内需，加快建设现代化经济体系，努力实现更高质量、更有效率、更加公平、更可持续的发展。实施区域协调发展战略，实施乡村振兴战略，努力实现脱贫攻坚目标，在全面建成小康的路上不让一个人掉队。实施创新驱动发展战略，完善国家创新体系，加快关键核心技术自主创新，为经济社会发展打造新引擎。

7. 必须坚持扩大开放，不断推动共建人类命运共同体。开放带来进步，封闭必然落后，中国的发展离不开世界，世界的繁荣也需要中国。坚持对外开放的基本国策，统筹国际国内两个市场、两种资源的能力，促进国内国际要素有序流动、资源高效配置，形成全方位、多层次、宽领域的全面开放新格局和良好国际环境。进入新时代，迈向高质量发展的新征程，中国开放的大门只会越开越大。恪守维护世界和平、促进共同发展的外交政策宗旨，推动建设新型国际关系。发挥负责任大国作用，支持广大发展中国家发展，积极参与全球治理体系改革和建设，建设新型国际秩序和多边贸易体制。以共建“一带一路”为重点，同各方一道打造国际合作新平台，为世界共同发展增添新动力。

8. 坚持全面从严治党，不断提高党的创造力、凝聚力、战斗力。办好中国的事情，关键在党，坚持党要管党、全面从严治党。党在领导改革开放和社会主义现代化建设伟大社会革命的同时，加强党的长期执政能力建设、先进性和纯洁性建设，坚定理想信念，全面推进党的政治建设、思想建设、组织建设、作风建设、纪律建设，深入推进反腐败斗争，敢于清除一切侵蚀党的健康肌体的病毒，使党不断自我净化、自我完善、自我革新、自我提高，不断增强党的政治领导力、思想引领力、群众组织力、社会号召力，才能确保党始终保持同人民群众的血肉联系。

9. 坚持辩证唯物主义和历史唯物主义世界观和方法论，正确处理改革发展稳定关系。辩证唯物主义是我们科学的世界观和方法论，是我们正确处理改革开放重大关系、分析和解决改革开放重大问题的一把“金钥匙”。坚持加强党的领导和尊重人民首创精神相结合，坚持“摸着石头过河”和顶层设计相结合，坚持问题导向和目标导向相统一，坚持试点先行和全面推进相促进，既鼓励大胆试、大胆闯，又坚持实事求是、善作善成，确保了改革开放行稳致远。自觉坚持和运用辩证唯物主义世界观和方法论，增强战略思维、辩证思维、创新思维、法治思维、底线思维，加强宏观思考和顶层设计，坚持问题导向，深入调查研究，大胆探索，提高解决我国改革发展基本问题的本领。

二、党的十九大要求全面深化改革

“改革”作为过去七年最为鲜明的标识，是当代中国最为显著的时代特征和坚持不变的方向。“坚持全面深化改革”是习近平总书记在党的十九大报告中作出的明确宣示，也是新时代坚持和发展中国特色社会主义的基本方略之一，作为习近平新时代中国特色社会主义思想的重要内容载入新修改的党章，成为引领全面深化改革伟大航程的灯塔。“始终牢记改革只有进行时、没有完成时”进一步彰显出党的十九大继续推进全面深化改革的坚定决心。

(一)全面深化改革的总目标

全面深化改革的总目标，是根本方向与根本路径的有机统一。党的十九大报告明确指出：“全面深化改革总目标是完善和发展中国特色社会主义制度、推进国家治理体系和治理能力现代化”。完善和发展中国特色社会主义制度，规定了全面深化改革的根本方向；推进国家治理体系和治理能力现代化，则指明了在根本方向指引下的实现路径。两者统一于中国特色社会主义的伟大实践。

党的十九大在明确新时代全面深化改革的总目标的同时，也明确了从现在起到2050年全面深化改革的阶段性任务，对未来30多年中国特色社会主义发展作出战略安排，对这个长过程的改革任务作出明确部署：从现在起到2020年，是全面建成小康社会决胜期；从2020年到2035年，基本实现社会主义现代化，各方面制度更加完善，国家治理体系和治理能力现代化基本实现；从2035年到本世纪中叶，把我国建成社会主义现代化强国，实现国家治理体系和治理能力现代化。

(二)全面深化改革基本要求

1. 全面深化改革要坚持合方向性与合目的性的统一

方向决定前途，道路决定命运。全面深化改革要始终确保改革正确方向，而为改革正确方向保驾护航的核心是坚持中国共产党对改革的集中统一领导。全面深化改革是一项复杂的系统工程，各项改革举措之间的关联性、耦合性非常高，必须充分发挥党总揽全局、协调各方的领导核心作用，坚决维护党中央权威和集中统一领导，确保政令畅通，坚定不移贯彻落实中央改革决策部署。党的十八大以来，以习近平同志为核心的党中央对全面深化改革作出一系列重大战略部署，成立中央全面深化改革委员会，负责改革的总体设计、统筹协调、整体推进、督促落实，形成了集中统一的改革领导体制、务实高效的统筹决策机制、上下联动的协调推进机制、追责问效的督察落实机制。实践证明，加强党对全面深化改革的集中统一领导，是艰巨复杂的改革工作得以沿着正确方向顺利推进的根本政治保证。

改革不是目的，只是手段，为人民而改革，这是改革的价值尺度，也是最根本、最核心的价值取向。改革为了人民、改革依靠人民、改革成果由人民共享，始终是改革的出发点和落脚点。习近平同志强调：要把以人民为中心的发展思想体现在经济社会发展各个环节，做到老百姓关心什么、期盼什么，改革就要抓住什么、推进什么，通过改革给人民群众带来更多获得感。要从人民利益出发谋划改革思路、制定改革举措。使改革发展成果更多更公平惠及全体人民。全面深化改革始终遵循以人民为中心的价值导向，把解决人民群众关心的重点难点问题作为改革突破口。要坚持从人民利益出发谋划改革思路、紧紧依靠人民推进改革进程、善于从人民的实践创造中完善改革政策、通过改革给人民带来更多获得感。

2. 全面深化改革要坚持以机遇为依托与以问题为导向的统一

经过长期努力，中国特色社会主义进入了新时代，这是我国发展新的历史方位。一方面，历经40年的改革开放，我国社会生产力水平总体上显著提高，社会生产能力在很多方面进入世界前列，各项事业取得重大成就，改革发展站在新的历史起点上，面临难得的历史机遇。另一方面，随着中国特色社会主义进入新时代，我国社会主要矛盾已经转化为人民日益增长的美好生活需要和不平衡不充分的发展之间的矛盾。习近平总书记在党的十九届一中全会上指出："新时代坚持和发展中国特色社会主义，根本动力仍然是全面深化改革。要适应新时代中国特色社会主义事业发展进程，牢牢把握全面深化改革总目标，统筹推进各领域各方面改革。"在新的历史机遇和历史方位下，解决社会主要矛盾，全面深化改革仍是必由之路。

改革是由问题倒逼而产生，又在不断解决问题中得以深化，能否有效解决经济社会发展面临的突出问题，是衡量改革成效的重要标准。新时代党中央在部署推进各项改革过程中，始终坚持强烈的问题意识，逢山开路，遇水架桥，着眼于切实解决体制机制中的突出问题。在方案的制订上，着眼于改革中的问题，有针对性提出方案和解决措施。在部署推动上，聚焦重要领域和关键环节，高度关注改革中的主要矛盾和突出问题。在督促落实上，解决改革中的重点、难点问题，让实践来检验、让群众来打分，确保改革举措落地见效。例如，改革进入深水区和攻坚期，既要大力破除妨碍解决发展不平衡不充分问题的各种桎梏，又要下大力气补齐社会、民生等领域的短板。

3. *全面深化改革要坚持全面发力、多点突破、蹄疾步稳、纵深推进*

全面深化改革是一项系统工程，覆盖经济、政治、文化、社会、生态文明、党的建设和国防军队等各领域，改革任务之全面、内容之深刻、影响之广泛前所未有，必须更加注重各项改革的相互促进、良性互动，注重系统性、整体性、协同性。经济体制改革是全面深化改革的重点，要继续发挥带动引领作用，但是同样要同步加快推进政治、社会、文化、生态、党的建设、国防军队等各个领域的改革。习近平同志强调：我们要统筹谋划深化改革各个方面、各个层次、各个要素，注重推动各项改革相互促进、良性互动、协同配合。要坚持整体推进，实现整体推进和重点突破相统一，形成继续推进改革开放的强大合力。改革越深入，越要注意协同，既抓改革方案协同，也抓改革落实协同，更抓改革效果协同，促进各项改革举措在政策取向上相互配合、在实施过程中相互促进、在改革成效上相得益彰。正确处理好改革发展稳定之间的关系，要坚持把改革的力度、发展的速度和社会可承受的程度统一起来，把改善人民生活作为正确处理改革发展稳定关系的结合点，在保持社会稳定中推进改革发展，通过改革发展促进社会稳定。

4. 全面深化改革要坚持运用法治思维和法治方式

全面依法治国是中国特色社会主义的本质要求和重要保障，也是全面深化改革的法治保障。习近平总书记强调，凡属重大改革都要于法有据。在全面深化改革过程中，要善于运用法治思维和法治方式，发挥法治的引领作用，加强对相关立法工作的协调，确保改革有法可依。同时在改革实践中，研究改革方案和实施步骤要兼顾立法需求和建议。实践证明行之有效的改革成果，要及时上升为法律。全面实施条件还不成熟、需要先行先试的，要按照法定程序作出授权。对不适应改革要求的法律法规，要及时修改或废止。通过法律法规的“立改废”落实改革决策，巩固发展改革成果。

（三）全面深化改革具体部署

站在新时代这个更高起点上，党的十九大对全面深化改革作出明确谋划——必须坚持和完善中国特色社会主义制度，不断推进国家治理体系和治理能力现代化，坚决破除一切不合时宜的思想观念和体制机制弊端，突破利益固化的藩篱，吸收人类文明有益成果，构建系统完备、科学规范、运行有效的制度体系，充分发挥我国社会主义制度优越性。同时从重点领域和关键环节对进一步坚持全面深化改革也做出了相应安排。

1. 深化经济体制改革，建设现代化经济体系

（1）深化供给侧结构性改革

建设现代化经济体系，必须把发展经济的着力点放在实体经济上，把提高供给体系质量作为主攻方向，显著增强我国经济质量优势。加快建设制造强国，加快发展先进制造业，推动互联网、大数据、人工智能和实体经济深度融合，在中高端消费、创新引领、绿色低碳、共享经济、现代供应链、人力资本服务等领域培育新增长点、形成新动能。支持传统产业优化升级，加快发展现代服务业，瞄准国际标准提高水平。促进我国产业迈向全球价值链中高端，培育若干世界级先进制造业集群。加强水利、铁路、公路、水运、航空、管道、电网、信息、物流等基础设施网络建设。坚持去产能、去库存、去杠杆、降成本、补短板，优化存量资源配置，扩大优质增量供给，实现供需动态平衡。激发和保护企业家精神，鼓励更多社会主体投身创新创业。建设知识型、技能型、创新型劳动者大军，弘扬劳模精神和工匠精神，营造劳动光荣的社会风尚和精益求精的敬业风气。

（2）加快建设创新型国家

创新是引领发展的第一动力，是建设现代化经济体系的战略支撑。要瞄准世界科技前沿，强化基础研究，实现前瞻性基础研究、引领性原

创成果重大突破。加强应用基础研究，拓展实施国家重大科技项目，突出关键共性技术、前沿引领技术、现代工程技术、颠覆性技术创新，为建设科技强国、质量强国、航天强国、网络强国、交通强国、数字中国、智慧社会提供有力支撑。加强国家创新体系建设，强化战略科技力量。深化科技体制改革，建立以企业为主体、市场为导向、产学研深度融合的技术创新体系，加强对中小企业创新的支持，促进科技成果转化。倡导创新文化，强化知识产权创造、保护、运用。培养造就一大批具有国际水平的战略科技人才、科技领军人才、青年科技人才和高水平创新团队。

(3) 实施乡村振兴战略

农业农村农民问题是关系国计民生的根本性问题，必须始终把解决好“三农”问题作为全党工作重中之重。要坚持农业农村优先发展，巩固和完善农村基本经营制度，深化农村土地制度改革，完善承包地“三权分置”制度。保持土地承包关系稳定并长久不变，第二轮土地承包到期后再延长三十年。深化农村集体产权制度改革，保障农民财产权益，壮大集体经济。确保国家粮食安全，把中国人的饭碗牢牢端在自己手中。构建现代农业产业体系、生产体系、经营体系，完善农业支持保护制度，发展多种形式适度规模经营，培育新型农业经营主体，健全农业社会化服务体系，实现小农户和现代农业发展有机衔接。促进农村一二三产业融合发展，支持和鼓励农民就业创业，拓宽增收渠道。加强农村基层基础工作，健全自治、法治、德治相结合的乡村治理体系。培养造就一支懂农业、爱农村、爱农民的“三农”工作队伍。

(4)实施区域协调发展战略

加大力度支持革命老区、民族地区、边疆地区、贫困地区加快发展，强化举措推进西部大开发形成新格局，深化改革加快东北等老工业基地振兴，发挥优势推动中部地区崛起，创新引领率先实现东部地区优化发展，建立更加有效的区域协调发展新机制。以城市群为主体构建大中小城市和小城镇协调发展的城镇格局，加快农业转移人口市民化。以疏解北京非首都功能为“牛鼻子”推动京津冀协同发展，高起点规划、高标准建设雄安新区。以共抓大保护、不搞大开发为导向推动长江经济带发展。支持资源型地区经济转型发展。加快边疆发展，确保边疆巩固、边境安全。坚持陆海统筹，加快建设海洋强国。

(5) 加快完善社会主义市场经济体制

经济体制改革必须以完善产权制度和要素市场化配置为重点，实现产权有效激励、要素自由流动、价格反应灵活、竞争公平有序、企业优胜劣汰。要完善各类国有资产管理体制，改革国有资本授权经营体制，加快国有经济布局优化、结构调整、战略性重组，促进国有资产保值增值，推动国有资本做强做优做大，有效防止国有资产流失。深化国有企业改革，发展混合所有制经济，培育具有全球竞争力的世界一流企业。全面实施市场准入负面清单制度，清理废除妨碍统一市场和公平竞争的各种规定和做法，支持民营企业发展，激发各类市场主体活力。深化商事制度改革，打破行政性垄断，防止市场垄断，加快要素价格市场化改革，放宽服务业准入限制，完善市场监管体制。创新和完善宏观调控，发挥国家发展规划的战略导向作用，健全财政、货币、产业、区域等经济政策协调机制。完善促进消费的体制机制，增强消费对经济发展的基础性作用。深化投融资体制改革，发挥投资对优化供给结构的关键性作用。加快建立现代财政制度，建立权责清晰、财力协调、区域均衡的中央和地方财政关系。建立全面规范透明、标准科学、约束有力的预算制度，全面实施绩效管理。深化税收制度改革，健全地方税体系。深化金融体制改革，增强金融服务实体经济能力，提高直接融资比重，促进多层次资本市场健康发展。健全货币政策和宏观审慎政策双支柱调控框架，深化利率和汇率市场化改革。健全金融监管体系，守住不发生系统性金融风险的底线。

(6) 推动形成全面开放新格局

要以“一带一路”建设为重点，坚持引进来和走出去并重，遵循共商共建共享原则，加强创新能力开放合作，形成陆海内外联动、东西双向互济的开放格局。拓展对外贸易，培育贸易新业态新模式，推进贸易强国建设。实行高水平的贸易和投资自由化便利化政策，全面实行准入前国民待遇加负面清单管理制度，大幅度放宽市场准入，扩大服务业对外开放，保护外商投资合法权益。凡是在我国境内注册的企业，都要一视同仁、平等对待。优化区域开放布局，加大西部开放力度。赋予自由贸易试验区更大改革自主权，探索建设自由贸易港。创新对外投资方式，促进国际产能合作，形成面向全球的贸易、投融资、生产、服务网络，加快培育国际经济合作和竞争新优势。

2. 积极稳妥推进政治体制改革，发展社会主义民主政治

(1)加强社会主义民主政治制度建设

发展社会主义民主政治，必须以保证人民当家作主为根本，坚持和完善人民代表大会制度、中国共产党领导的多党合作和政治协商制度、民族区域自治制度以及基层群众自治制度，更加注重健全民主制度、丰富民主形式，从各层次各领域扩大公民有序政治参与，充分发挥我国社会主义政治制度优越性。

推动人民代表大会制度与时俱进，坚持人民的主体地位，推进人民代表大会制度理论和实践创新，发挥人民代表大会制度的根本政治制度作用；构建程序合理、环节完整的协商民主体系，发挥统一战线、人民政协在协商民主中的重要作用，推进协商民主广泛多层制度化发展；发展基层民主，畅通民主渠道，开展形式多样的基层民主协商，推进基层协商制度化。

(2) 深化依法治国实践

全面依法治国是国家治理的一场深刻革命，必须坚持厉行法治，推进科学立法、严格执法、公正司法、全民守法。成立中央全面依法治国领导小组，加强对法治中国建设的统一领导。加强宪法实施和监督，推进合宪性审查工作，维护宪法权威。推进科学立法、民主立法、依法立法，以良法促进发展、保障善治。建设法治政府，推进依法行政，严格规范公正文明执法。深化司法体制综合配套改革，全面落实司法责任制，努力让人民群众在每一个司法案件中感受到公平正义。加大全民普法力度，建设社会主义法治文化，树立宪法法律至上、法律面前人人平等的法治理念。各级党组织和全体党员要带头尊法学法守法用法，任何组织和个人都不得有超越宪法法律的特权，绝不允许以言代法、以权压法、逐利违法、徇私枉法。

(3) 深化机构和行政体制改革

统筹考虑各类机构设置，科学配置党政部门及内设机构权力、明确职责。统筹使用各类编制资源，形成科学合理的管理体制，完善国家机构组织法。转变政府职能，深化简政放权，创新监管方式，增强政府公信力和执行力，建设人民满意的服务型政府。赋予省级及以下政府更多自主权。在省市县对职能相近的党政机关探索合并设立或合署办公。深化事业单位改革，强化公益属性，推进政事分开、事企分开、管办分离。

3. 深化文化体制改革，推动社会主义文化繁荣兴盛

推动社会主义文化繁荣兴盛，建设社会主义文化强国，增强国家文化软实力，必须坚持社会主义先进文化前进方向，坚持中国特色社会主义文化发展道路，牢牢掌握意识形态工作领导权，培育和践行社会主义核心价值观，巩固马克思主义在意识形态领域的指导地位，巩固全党全国各族人民团结奋斗的共同思想基础。坚持以人民为中心的工作导向，坚持把社会效益放在首位、社会效益和经济效益相统一，以激发全民族文化创造活力为中心环节，进一步深化文化体制改革。

推动文化事业和文化产业发展，要深化文化体制改革，完善文化管理体制，加快构建把社会效益放在首位、社会效益和经济效益相统一的体制机制。完善公共文化服务体系，深入实施文化惠民工程，丰富群众性文化活动。加强文物保护利用和文化遗产保护传承。健全现代文化产业体系和市场体系，创新生产经营机制，完善文化经济政策，培育新型文化业态。广泛开展全民健身活动。加强中外人文交流，以我为主、兼收并蓄。推进国际传播能力建设，提高国家文化软实力。

4. **深化社会体制改革，提高保障和改善民生水平**

(1)推进社会事业改革创新

实现发展成果更多更公平惠及全体人民，必须加快社会事业改革，优先发展教育事业，全面贯彻党的教育方针，推动城乡义务教育一体化发展，高度重视农村义务教育，办好学前教育、特殊教育和网络教育，普及高中阶段教育，完善职业教育和培训体系，加快一流大学和一流学科建设，实现高等教育内涵式发展，支持和规范社会力量兴办教育，加强师德师风建设，培养高素质教师队伍，办好继续教育，加快教育现代化，办好人民满意的教育。提高就业质量和人民收入水平，要坚持就业优先战略和积极就业政策，大规模开展职业技能培训，注重解决结构性就业矛盾，鼓励创业带动就业，坚持按劳分配原则，完善按要素分配的体制机制，促进收入分配更合理、更有序。加强社会保障体系建设，按照兜底线、织密网、建机制的要求，全面实施全民参保计划，统筹城乡社会救助体系，完善最低生活保障制度，完善社会救助、社会福利、慈善事业、优抚安置等制度，坚持房子是用来住的、不是用来炒的定位，加快建立多主体供给、多渠道保障、租购并举的住房制度，让全体人民住有所居，全面建成覆盖全民、城乡统筹、权责清晰、保障适度、可持续的多层次社会保障体系；坚决打赢脱贫攻坚战，动员全党全国全社会力量，坚持精准扶贫、精准脱贫，坚持中央统筹省负总责市县抓落实的工作机制，强化党政一把手负总责的责任制，坚持大扶贫格局，注重扶贫同扶志、扶智相结合，深入实施东西部扶贫协作，重点攻克深度贫困地区脱贫任务。实施健康中国战略，要实施健康中国战略，深化医药卫生体制改革，全面建立中国特色基本医疗卫生制度、医疗保障制度和优质高效的医疗卫生服务体系，健全现代医院管理制度等，解决好人民最关心最直接最现实的利益问题，努力为社会提供多样化服务，更好满足人民需求。

(2) 打造共建共治共享的社会治理格局

加强社会治理制度建设，完善党委领导、政府负责、社会协同、公众参与、法治保障的社会治理体制，提高社会治理社会化、法治化、智能化、专业化水平。加强预防和化解社会矛盾机制建设，正确处理人民内部矛盾。树立安全发展理念，弘扬生命至上、安全第一的思想，健全公共安全体系，完善安全生产责任制，坚决遏制重特大安全事故，提升防灾减灾救灾能力。加快社会治安防控体系建设，依法打击和惩治黄赌毒黑拐骗等违法犯罪活动，保护人民人身权、财产权、人格权。加强社会心理服务体系建设，培育自尊自信、理性平和、积极向上的社会心态。加强社区治理体系建设，推动社会治理重心向基层下移，发挥社会组织作用，实现政府治理和社会调节、居民自治良性互动。

5. 加快生态文明体制改革，建设美丽中国

建设生态文明，必须建立系统完整的生态文明制度体系，实行最严格的源头保护制度、损害赔偿制度、责任追究制度，完善环境治理和生态修复制度，用制度保护生态环境。

加快建立绿色生产和消费的法律制度和政策导向，建立健全绿色低碳循环发展的经济体系，着力解决突出环境问题，实施重要生态系统保护和修复重大工程，优化生态安全屏障体系，构建生态廊道和生物多样性保护网络，加大生态系统保护力度。要改革生态环境监管体制。加强对生态文明建设的总体设计和组织领导，设立国有自然资源资产管理和自然生态监管机构，完善生态环境管理制度，统一行使全民所有自然资源资产所有者职责，统一行使所有国土空间用途管制和生态保护修复职责，统一行使监管城乡各类污染排放和行政执法职责。

6. 深化国防和军队改革，全面推进国防和军队现代化

紧紧围绕建设一支听党指挥、能打胜仗、作风优良的人民军队这一党在新形势下的强军目标，着力解决制约国防和军队建设发展的突出矛盾和问题，创新发展军事理论，加强军事战略指导，完善新时期军事战略方针，构建中国特色现代军事力量体系。

继续深化国防和军队改革，深化军官职业化制度、文职人员制度等重大政策制度改革，推进军事管理革命，完善和发展中国特色社会主义军事制度。坚持富国和强军相统一，深化国防科技工业改革，形成军民融合深度发展格局。完善国防动员体系，建设强大稳固的现代边海空防。组建退役军人管理保障机构，维护军人军属合法权益。深化武警部队改革，建设现代化武装警察部队。

7. 加强和改善党对全面深化改革的领导

全面深化改革必须加强和改善党的领导，充分发挥党总揽全局、协调各方的领导核心作用，建设学习型、服务型、创新型的马克思主义执政党，提高党的领导水平和执政能力，确保改革取得成功。

要坚持严管和厚爱结合、激励和约束并重，完善干部考核评价机制，建立激励机制和容错纠错机制。深化国家监察体制改革，将试点工作在全国推开，组建国家、省、市、县监察委员会，同党的纪律检察机关合署办公，实现对所有行使公权力的公职人员监察全覆盖。改革审计管理体制，完善统计体制。构建党统一指挥、全面覆盖、权威高效的监督体系，把党内监督同国家机关监督、民主监督、司法监督、群众监督、舆论监督贯通起来，增强监督合力。

三、发展中国特色社会主义政治制度

党的十九大报告指出："中国特色社会主义道路是实现社会主义现代化、创造人民美好生活的必由之路，中国特色社会主义理论体系是指导党和人民实现中华民族伟大复兴的正确理论，中国特色社会主义制度是当代中国发展进步的根本制度保障，中国特色社会主义文化是激励全党全国各族人民奋勇前进的强大精神力量。"在新的历史起点上，不断推进中国特色社会主义伟大事业，需要不断完善和发展中国特色社会主义制度，特别是中国特色社会主义政治制度，增强中国特色社会主义制度自信。

（一）中国特色社会主义制度的主要内容

中国特色社会主义制度不是抽象的、笼统的，而是具体的，是在经济、政治、文化、社会等各个领域形成的一整套相互衔接、相互联系的制度体系。中国特色社会主义政治制度是其不可或缺的重要组成部分。新中国成立以来，中国人民在中国共产党的领导下，建立起以人民代表大会制度、中国共产党领导的多党合作和政治协商制度、民族区域自治制度和基层群众自治制度为基本框架的中国特色社会主义政治制度体系。

1. 人民代表大会制度

人民代表大会制度是我国的根本政治制度，它是符合中国国情、体现中国社会主义国家性质、能够保证人民当家作主的根本政治制度和最高实现形式，也是党在国家政权中充分发扬民主、贯彻群众路线的最好实现形式。它作为我国的政权组织形式，是按照民主集中制原则，由选民直接或间接选举代表组成人民代表大会作为国家权力机关，统一管理国家事务的政治制度。习近平在党的十九大报告中明确指出："人民代表大会制度是坚持党的领导、人民当家作主、依法治国有机统一的根本政治制度安排，必须长期坚持、不断完善。"

2. 中国共产党领导的多党合作和政治协商制度

中国共产党领导的多党合作和政治协商制度是我国现行的具有中国

特色的政党制度，是我国的一项基本政治制度，是巩固和发展中国特色社会主义制度的重要支柱。它是在长期的革命斗争和社会主义建设中形成和发展起来的，中国共产党是执政党，各民主党派是参政党，中国共产党与各民主党派合作的基本方针是“长期共存、互相监督、肝胆相照、荣辱与共”。人民政协是具有中国特色的制度安排，是社会主义协商民主的重要渠道和专门协商机构，也是中国政治生活中发扬民主、达成共识、凝聚力量的重要形式。

3. 民族区域自治制度

民族区域自治制度是中国共产党在创造性地解决我国民族问题的过程中所形成的一项基本政治制度，是巩固和发展中国特色社会主义制度的有力保证。民族区域自治制度就是在统一的祖国大家庭里，在政党和国家的统一领导下，以少数民族聚居的地区为基础，建立相应的自治机关，行使自治权，自主地管理本民族、本地区的内部事务，行使当家作主的权利。这一制度是中国特色解决民族问题正确道路的重要内容和制度保障，有利于巩固平等团结互助和谐的社会主义民族关系，促进各民族和睦相处、和衷共济、和谐发展，共同构筑中华民族命运共同体。

4. 基层群众自治制度

基层群众自治制度是实现人民当家作主最有效、最广泛的途径，是中国社会主义民主政治的重要内容，是中国基本政治制度和中国特色社会主义制度的有机构成。它是依照宪法和法律，在党和政府的主导下由基层群众选举成员组成基层群众组织，从而实行自我管理，自我教育，自我服务，自我监督。目前，中国已经建立了以农村村民委员会、城市居民委员会和企业职工代表大会为主要内容的基层民主自治体系，让广大人民群众享有广泛的管理国家事务和社会事务的民主权利，充分调动了人民群众参与的积极性，增强了我国人民民主的广泛性和真实性。

根本政治制度是社会制度系统的基础和核心，基本政治制度是在根本政治制度的基础上建立起来的，体现中国社会主义民主政治的基本特性，两者共同构成了中国政治制度的基本框架，是中国特色社会主义发展的政治保障。

（二）中国特色社会主义政治制度的优势

中国特色社会主义政治制度经过了长期的发展演变，特别是在中国特色社会主义进入新时代这一新的历史方位下，制度优势、制度自信不断彰显。

1. 中国共产党的领导是中国特色社会主义制度的最大优势

党的十九大报告指出：“中国特色社会主义最本质的特征是中国共产

党领导，中国特色社会主义制度的最大优势是中国共产党领导，党是最高政治领导力量，提出新时代党的建设总要求，突出政治建设在党的建设中的重要地位。”不断提高党把握方向、谋划全局、提出战略、制定政策、推进改革和驾驭社会主义市场经济的能力，是推动中国特色社会主义事业不断发展进步的最大政治优势。

中国共产党的领导之所以是中国特色社会主义制度的最大优势，体现在以下几个方面：从制度内容上看，中国特色社会主义制度的确立、发展和完善都是建立在党的领导的基础上的。我国的根本政治制度、基本政治制度、基本经济制度、具体制度以及中国特色社会主义法律体系的形成、发展和完善，都是在中国共产党正确领导的基础上建立起来的。从党自身的领导看，中国共产党领导地位的形成是历史和人民的选择，是在长期的革命、建设、改革实践中逐步形成并逐渐巩固的。中国共产党作为中国特色社会主义事业的领导核心，其政治领导、思想领导、组织领导是全方位的，覆盖了国家和社会生活的各个方面。社会主义现代化建设各项伟大的实践成就都是在中国共产党的领导下取得的，这正为中国特色社会主义制度的发展完善提供了实践基础。

2. 中国特色社会主义制度有利于保持党和国家的活力，调动广大人民群众的积极性、主动性、创造性

中国特色社会主义制度是马克思主义和中国实际相结合，不断中国化、时代化的重要成果，有利于保持党和国家的活力，调动广大人民群众和社会各方面的积极性、主动性、创造性。具体来讲，人民代表大会制度和基层群众自治制度既从总体上保证了人民当家作主的权利，又从具体层面上为人民依法直接行使民主权利，管理基层公共事务和公益事业提供了途径，有利于充分调动广大人民群众的积极性、主动性和创造性；中国共产党领导的多党合作和政治协商制度，坚持“长期共存、互相监督、肝胆相照、荣辱与共”的方针，有利于充分调动民主党派和无党派人士的积极性、主动性和创造性；民族区域自治制度保障了少数民族人民管理本民族本地区内部事务的权利，保障了少数民族同胞的政治、经济、文化、社会权利，因而能调动其积极性、主动性和创造性。

3. 中国特色社会主义制度有利于集中力量办大事，有效应对前进道路中的风险挑战

民主集中制是中国共产党和中华人民共和国的根本组织原则，中国特色社会主义制度正是在民主集中制的基础上建立和不断完善的，既强调发扬民主，调动各方面的能动性和创造性，又坚持合理的集中，保证国家和社会的各项决策部署能够得到迅速有效的贯彻执行；既能充分反映人民的意愿，又有利于形成统一意志，从而实现民主和集中的辩证统一。战胜汶川特大地震等自然灾害，有效应对国际金融危机冲击，成功举办“一带一路”国际合作高峰论坛、中国国际进口博览会等大事难事各个方面，都充分展示出中国特色社会主义制度的优越性。

4. 中国特色社会主义制度有利于调整各种政治关系，维护民族团结、社会稳定、国家统一

中国特色社会主义制度把马克思主义民族理论、国家学说等理论与中国具体实际相结合，创造性地解决了中国的民族问题、社会问题和国家统一问题，从而很好地促进了民族团结、社会稳定和国家统一。中国特色社会主义制度中的民族区域自治制度奉行民族平等、民族团结和各民族共同繁荣的原则，充分保障了少数民族的各项权利，促进了少数民族地区政治经济文化社会等的全面发展，维护了民族团结。中国共产党领导的多党合作和政治协商制度、基层群众自治制度也有效地保证了社会各个群体各个阶层的政治表达和利益诉求。社会领域的各项具体制度有效地保证了国家在发展经济的同时，以保障和改善民生为重点，着力解决好人民最关心最直接最现实的利益问题，从而确保社会的稳定。

（三）发展中国特色社会主义制度的主要思路

1. 在坚持和拓展中国特色社会主义道路的过程中坚持和完善中国特色社会主义制度

中国特色社会主义道路是中国特色社会主义的实现途径。中国共产党团结和带领全国各族人民，把马克思主义基本原理同中国具体实际和时代特征结合起来，历经千辛万苦，取得革命、建设和改革的伟大胜利，开创和发展了中国特色社会主义道路，从根本上改变了中国人民和中华民族的前途命运。实践已经证明：中国特色社会主义道路，是实现社会主义现代化的必由之路，是创造人民美好生活的必由之路，是历史的选择，是人民的选择。在新的历史条件下，坚持和完善中国特色社会主义制度，必须立足于坚持中国特色社会主义道路，在党和人民的创新性实践中拓展中国特色社会主义道路，以道路的不断自信进而推进和提升中国特色社会主义制度自信。

2. 在坚持和丰富中国特色社会主义理论体系的进程中坚持和完善中国特色社会主义制度

中国特色社会主义理论体系是实现中国特色社会主义的行动指南，也是坚持和完善中国特色社会主义制度的指导思想。改革开放以来，中国共产党围绕什么是社会主义、怎样建设社会主义，建设什么样的党、怎样建设党，实现什么样的发展、怎样发展等基本问题，坚持把马克思主义基本原理同中国实际结合起来，逐步形成了包括邓小平理论、“三个代表”重要思想、科学发展观等在内的马克思主义中国化的第二大理论成果。正是在中国特色社会主义理论体系的指导下，才形成了当前发展中国特色社会主义的新的制度。十八大以来，我们党围绕着新时代坚持和发展什么样的中国特色社会主义、怎样坚持和发展中国特色社会主义这一时代主题，进行艰辛理论探索，取得重大理论创新成果，形成了新时代中国特色社会主义思想。这是对马克思列宁主义、毛泽东思想、邓小平理论、“三个代表”重要思想、科学发展观的继承和发展，是马克思主义中国化的最新成果，是党和人民实践经验和集体智慧的结晶，是中国特色社会主义理论体系的重要组成部分，是全党全国人民为实现中华民族伟大复兴而奋斗的行动指南，必须长期坚持并不断发展。习近平新时代中国特色社会主义思想使中国特色社会主义理论体系不断完善发展。中国特色社会主义理论自信在不断推进，为中国特色社会主义制度自信的增强提供了源源不断的养分。

3. 在全面深化改革和不断开放的社会主义实践中坚持和完善中国特色社会主义制度

改革开放作为发展中国特色社会主义的必由之路，是决定当代中国命运的关键抉择，在推进中国现代化建设取得突出成绩的同时，也使我们在发展的同时看到我国当前面临的挑战问题。改革是由问题倒逼而产生的，又在不断解决问题中深化，党的十八大以来，全面深化改革、进一步解决我国发展面临的一系列突出矛盾和深层次问题，实现经济社会持续健康发展，成为发展壮大中国特色社会主义，实现当代中国发展的强大动力。特别是党的十八届三中全会以来，在以全面深化改革为主要议题的实践活动中，确立了全面深化改革的总目标，即完善和发展中国特色社会主义制度，推进国家治理体系和治理能力现代化。从深化经济体制改革、政治体制改革、文化体制改革、社会体制改革、生态文明体制改革以及党的建设体制改革六大方面入手，通过完善社会发展的具体制度进而完善中国特色社会主义制度。

当前的世界是一个开放的世界，不断强大的中国在影响世界的同时，也受到了世界的双向影响。基于中国的历史和现实，中国特色社会主义制度是在吸收借鉴古今中外制度建设成果的基础上形成发展起来的，其发展与完善也要在开放的环境中借鉴吸收人类文明的一切有益制度成果，在与世界各国的交流和竞争中以更加开放包容的姿态大胆吸收和借鉴人类社会创造的一切优秀的制度成果。

四、推进国家治理体系和治理能力现代化

党的十九大明确将“完善和发展中国特色社会主义制度，推进国家治理体系和治理能力现代化”作为全面深化改革的总目标，党的十九届三中全会《决定》再次明确指出“深化党和国家机构改革是推进国家治理体系和治理能力现代化的一场深刻变革”。把推进国家治理体系和治理能力现代化提到前所未有的战略高度。

(一)推进国家治理体系和治理能力现代化的意义

1. 推进国家治理体系和治理能力现代化是中国特色社会主义制度完善和发展的必然要求

习近平总书记在庆祝改革开放40周年大会上强调，“必须坚持完善和发展中国特色社会主义制度，不断发挥和增强我国制度优势”。中国特色社会主义制度是中国的立国之本和事业之基，必须随着社会发展不断完善和发展，为坚持和发展中国特色社会主义提供更加有效的制度保障。推进国家治理体系和治理能力现代化，就是要坚持和完善中国特色社会主义制度，使制度更加成熟、更加定型，为党和国家事业发展、为人民幸福安康、为社会和谐稳定、为国家长治久安提供一整套更完备、更稳定、更管用的制度体系，实现党、国家、社会各项事务治理制度化、规范化、程序化，提高党运用中国特色社会主义制度有效治理国家的能力，充分发挥我国社会主义制度的优越性。

2. 推进国家治理体系和治理能力现代化是实现社会主义现代化的应有之义

国家治理体系的完善程度及治理能力的强弱，是国家综合国力和竞争力的重要标志，也是国家现代化的应有之义。国家治理体系和治理能力现代化是我们党在社会主义社会治理方面的创新发展，将社会主义现代化建设理论提升到了一个新水平、新高度。推进国家治理体系和治理能力的现代化，体现了我们党以制度现代化推动国家现代化的努力。党的十九大报告宣告中国特色社会主义已经进入了新时代，指出在过去五年，国家治理体系和治理能力现代化水平明显提高，但也面临着不少新的困难和挑战，还有许多亟待改进的地方，在提高国家治理体系和治理能力上需要下更大气力。只有坚持全面深化改革，不断推进国家治理体系和治理能力的现代化，才能在新时代全面建设社会主义现代化国家新征程上夺取新胜利。

3. 推进国家治理体系和治理能力现代化是引领改革开放的路径选择

推进国家治理体系和治理能力现代化立足于社会存在，是以人民为

中心的发展理念实践。改革开放以来，围绕着满足人民日益增长的物质文化需要，以经济建设为中心，推动社会主义市场经济改革，确立了社会主义初级阶段的基本经济制度和分配制度，不断推进和完善社会主义制度，实现了中华民族从站起来到富起来，在实现人民对美好生活的向往中坚定道路自信。中国特色社会主义进入新时代，要适应主要矛盾的变化，必然对解放和发展生产力提出了更高要求，需要进一步深化经济政治体制改革，进一步加强与世界的联系，从而适应现代经济体系的发展和满足人民多样化的更高质量的需求，以增强国家治理能力为重点，努力加强顶层设计和提升执政能力，增强经济和社会的创新力和竞争力。

（二）推进国家治理体系和治理能力现代化的思路

1. 推进国家治理体系和治理能力现代化必须始终坚持中国共产党的全面领导

“中国特色社会主义最本质的特征是中国共产党的领导，中国特色社会主义最大优势是中国共产党领导，党是最高政治领导力量。”“党政军民学，东西南北中，党是领导一切的。”党的十九届三中全会《决定》明确指出：“党的全面领导是深化党和国家机构改革的根本保证。”中国共产党提出“两个一百年”和“中国梦”的奋斗目标，指明了新时代国家治理的总体目标，顺应时代潮流把握并制定了国家实现现代化的顶层方案与战略，提出了分步走的具体实施步骤。推进国家治理体系和治理能力现代化是以中华民族和全体中国人民的整体和长远利益为着眼点的宏图大业，只有中国共产党才能在新时代的洪流中担当此任，有能力将社会分散的各种力量整合到社会治理结构中，推动其积极参与社会治理。有效整合各种资源和人民的诉求，并使之上升为党的政策、路线、方针，并通过法定程序转化为国家的法律，为全社会遵循。此外，中国共产党还通过干部的选拔、反腐倡廉、法治建设、加强监督等方式实现对政府的监管，保证权力在阳光下运行，简政放权，权为民所用，利为民所谋。中国共产党致力于中国特色社会主义国家治理能力的提升，“坚持党要管党、全面从严治党，以加强党的长期执政能力建设、先进性和纯洁性建设为主线”，全面提高党的执政能力和执政水平。

2. 推进国家治理体系和治理能力现代化必须坚持以人民为中心的发展思想

中国共产党不代表某一阶层、某一集团利益的政党，而是代表全体中国人民利益的政党，全心全意为人民服务是其宗旨。党的十九届三中全会《决定》指出：“实现好、维护好、发展好最广大人民根本利益是党的一切工作的出发点和落脚点。必须坚持人民主体地位，坚持立党为公、执政为民，贯彻党的群众路线，健全人民当家作主制度体系，完善为民谋利、为民办事、为民解忧、保障人民权益、倾听人民心声、接受人民监督的体制机制，为人民依法管理国家事务、管理经济文化事业、管理社会事务提供更有力的保障。”推进国家治理体系和治理能力的现代化，深化党和国家机构改革，必须关注新时代社会主要矛盾的变化，集中各方面的力量解决发展不平衡不充分问题，落实以人民为中心的发展思想，将增进人民福祉、促进人的全面发展为出发点和落脚点，把全心全意为人民服务的根本宗旨贯彻到社会治理全部活动之中。

3. 推进国家治理体系和治理能力现代化必须坚持社会主义核心价值观为指引

治理是在一定价值观指引下实施的行为过程，改革开放40年来，我国实现了从站起来、富起来到强起来，经济结构和财富结构都出现了重大调整，社会阶层出现新的分化，不同的阶层诉求不同，价值观也会出现分化与差异。全球化发展浪潮下不同国家之间的文化交流和渗透日益频繁，不同地域、民族文化相互碰撞的过程中，存在不同的社会价值观已成为常态。党的十八大在有效整合多元价值观的基础上，超越个体差异化的利益和期待，确立了国家、社会和个人三个层次于一体的社会主义核心价值观，成为全体社会成员共同的价值追求。因此，推进国家治理体系和治理能力现代化必须以社会主义核心价值观为指引。

4. 推进国家治理体系和治理能力现代化必须坚持优化协同高效

国家治理体系和治理能力是一个国家制度和制度执行能力的集中体现，党和国家机构职能体系是中国特色社会主义的重要组成部分。推进国家治理体系和治理能力现代化，归根到底是为了完善和发展中国特色社会主义制度，实现党、国家、社会各项事务治理制度化、规范化、程序化。习近平总书记指出：“推进国家治理体系和治理能力现代化，必须完整理解和把握全面深化改革的总书标，这是两句话组成的一个整体，即完善和发展中国特色社会主义制度、推进国家治理体系和治理能力现代化。我们的方向就是中国特色社会主义道路。”从根本方向上讲，国家治理体系和治理能力现代化必须在中国特色社会主义制度的框架内进行，必须坚持走中国特色社会主义道路，既不走封闭僵化的老路，也不走改旗易帜的邪路。从实现路径上讲，完善和发展中国特色社会主义制度，必须不断完善国家治理体系和提升治理能力。推进国家治理体系和治理能力的现代化，必须坚定中国特色社会主义的制度自信，坚定制度自信不是故步自封，而是以巨大的勇气全面深化改革。十九届三中全会《决定》指出：“优化党和国家机构设置和职能配置，坚持一类事项原则上由一个部门统筹、一件事情原则上由一个部门负责，加强相关机构配合联动，避免政出多门、责任不明、推诿扯皮，下决心破除制约改革发展的体制机制弊端，使党和国家机构设置更加科学、职能更加优化、权责更加协同、监督监管更加有力、运行更加高效。”认真贯彻《决定》提出的改革思路，加快形成系统完备、科学合理、高效通畅的党和国家机构职能体系。

5. 推进国家治理体系和治理能力现代化必须坚持全面依法治国

全面依法治国是新时代中国特色社会主义的重要内容，是党领导人民治理国家的基本方略，法治化是国家治理现代化的重要标志。全面推进依法治国总目标是建设中国特色社会法治体系，法治国家、法治政府和法治社会为一体的社会主义法治国家。十九届三中全会《决定》指出：“依法依规完善党和国家机构职能，依法履行职责，依法管理机构和编制，既发挥法治规范和保障改革的作用，在法治下推进改革，做到重大改革于法有据，又通过改革加强法治工作，做到在改革中完善和强化法治。”

(三)推进国家治理体系和治理能力现代化的主要措施

1. 完善和发展中国特色社会主义制度，是推进国家治理体系和治理能力现代化的基础

中国特色社会主义制度是中国特色社会主义的立国之本和事业之基，习近平总书记在改革开放 40 周年大会上强调，“必须坚持完善和发展中国特色社会主义制度，不断发挥和增强我国制度优势”。完善和发展科学规范、运行有效的中国特色社会主义制度体系，是推进国家治理体系和治理能力现代化的基础。

党的十八大以来，我们党统筹推进“五位一体”总体布局，协调推进“四个全面”战略布局，不断完善和发展中国特色社会主义制度。中国共产党第十八届中央委员会第三次全体会议提出：“全面深化改革的总目标是完善和发展中国特色社会主义制度，推进国家治理体系和治理能力现代化。”具体部署了中国特色社会主义的经济、政治、文化、社会、生态保护和党的建设等方面的改革任务，提出了明确要求。党的十九大报告再次明确了新时代中国特色社会主义的新任务新要求，在此基础上，党的十九届三中全会提出深化党的国家机构改革，构建系统完备、科学规范、运行高效的党和国家机构职能体系。在全面深化改革的大格局中，深化党和国家机构改革，是社会主义制度的自我完善和发展的必然要求，对各领域的改革发挥着体制支撑和保障作用，必将全面推进国家治理体系和治理能力的现代化进程。

2. 完善坚持党的全面领导，保障国家治理体系和治理能力现代化的顺利推进

中国共产党的领导是中国特色社会主义最本质的特征，也是中国特色社会主义制度最大的政治优势。党是最高政治领导力量，在我国国家治理体系中处于领导核心地位。新时代党要领导人民进行伟大斗争、建设伟大工程、推进伟大事业、实现伟大梦想，实现"两个百年"奋斗目标，实现国家治体系和治理能力现代化必须从机构职能上解决好党领导的体制机制问题。

首先，要坚持党要治党，全面从严治党，发挥好党的领导核心作用，把政治建设摆在首位，全面推进党的思想建设、组织建设、作风建设和纪律建设，实现党内治理制度化、规范化和程序化。其次，完善保证党的全面领导的制度安排，建立健全党对重大工作的领导体制机制，加强党对涉及党和国家事业全局的重大工作的集中统一领导，发挥党总揽全局、协调各方和整体推进作用。再次，统筹设置党政机构，准确定位、合理分工、增强合力，更好发挥党的职能部门作用，强化党的组织在同级组织中的领导地位。最后，推进党的纪律检查体制和国家监察体制改革。按照十九届三中全会《决定》的精神，深化党的纪律检查体制改革，健全党和国家监督体系，巡视巡察工作常态化，完善权力运行制约和监督机制。

3. 优化政府机构设置和职能配置，推进国家治理能力现代化

政府治理是国家治理体系的重要组成部分，在推进国家治理体系和治理能力现代化的过程中扮演着重要角色。十九届三中全会指出："深化党和国家机构改革是推进国家治理体系和治理能力现代化的一场深刻变革。党和国家机构职能体系是中国特色社会主义制度的重要组成部分，是我们党治国理政的重要保障。"转变政府职能，优化政府机构设置和职能配置，全面提高政府效能，是深化党和国家机构改革的重要任务，为决胜全面小康社会提供保障。

首先，政府努力实现由管制行政向服务行政转变，完善公共服务管理体制，提高公共管理的效率。完善宏观调控，综合运用大数据、云计算等技术手段创新调控方式。理清政府职能的边界，简政放权，实现市场对资源配置起决定性作用，完善市场监管和执法体制，增加政府的透明度，实现政务公开化，让权力在阳光下运行，完善公众充分表达诉求的渠道，创造公众积极参与公共决策的良好环境。其次，中国特色社会主义进入新时代，治国理政面对新形势和新任务，对党的国家机构设置及职能配置提出了新的要求。党的十九届三中全会《决定》提出，要以国家治理体系和治理能力现代化为导向，统筹设置党政机构，优化政府机构设置和职能配置，统筹党政军群机构改革，合理设置地方机构，推进机构编制法定化，使党的国家机构设置和职能配置更加科学，职能更加优化、权责更加协同、监督更加有力、运行更加高效。

4. 继续深化改革开放，完善社会主义市场经济体制，是推进国家治理体系和治理能力现代化的主要内容

改革开放是决定中国前途命运的关键决策，是实现“两个百年”奋斗目标和中华民族伟大复兴的必由之路。改革开放就是通过不断改革国家治理体制和机制，提升治理能力的治理改革过程。继续深化改革开放，在改革开放中推进国家治理体系和治理能力现代化。

首先，中国特色社会主义进入新时代意味着改革开放进入了新的历史时期，我国的主要矛盾已经转化为人民日益增长的美好生活需要和不平衡不充分的发展之间的矛盾，人民不仅对物质文化生活提出了更高要求，而且在民主、法治、公平、正义、安全、环境等方面的要求也日益增长。经济由高速发展进入以质取胜的发展阶段，深化供给侧结构性改革，加快转变发展方式、优化经济结构，转换增长动力，完善社会主义市场经济体制，促进经济体系现代化，迫切需要从深层次去推动改革、扩大开放，搭建起四梁八柱的政策体系，满足人民群众多样化的需求。其次，城市化进程的加速，社会人员流动性增强，以政府为主体的多元主体参与下的社会治理，既要尊重传统的熟人社会形成的习惯和秩序，更要重视法律制度和科学规范，坚持依法治国和以德治国相结合，德治和法治并驾齐驱。再次，改革开放以来的国家治理改革拓展了民主的应用空间，进一步完善选举民主和协商民主并存的治理形态。

5. 全面落实依法治国基本方略，推进国家治理方式现代化

依法治国是中国特色社会主义的本质要求和重要保障，全面推进依法治国，总目标是建设中国特色社会主义法治体系，建设社会主义法治国家，推进国家治理体系和治理能力现代化需要在法律框架下进行，也需要法律体系来保障顺利进行。事关我们党执政兴国，事关人民幸福安康，事关党和国家长治久安。

首先，推进中国特色社会主义法治体系建设，完善以宪法为核心的中国特色社会主义法律体系，是推进国家治理体系和治理能力现代化的重要内容。完善立法体制，提高立法质量。依据宪法治国理政，按照有法必依、执法必严、违法必究的要求，加快建设执法、司法、守法等方面的体制机制，形成完备的法律规范体系、高效的法治实施体系、严密的法治监督体系、有力的法治保障体系和完善的党内法规体系。其次，深化依法治国实践。坚持法治国家、法治政府、法治社会一体化建设，加大全民普法力度，建设社会主义法治文化，树立法律面前人人平等的法治理念。坚持依法治国和以德治国相结合，依法治国和依规治党有机统一，实现科学立法、严格执法、公正司法、全民守法。

6. 以信息化为手段，**提高国家治理体系和治理能力现代化水平**

“没有信息化就没有现代化”，“网信事业代表着新的生产力量、新的发展方向”，“国家利益在哪里，信息化就要覆盖到哪里”，习近平总书记的一系列经典论述强调信息化是国家现代化的重要战略举措，在推进国家治理体系和治理能力现代化过程中具有重要意义。习近平总书记指出：“我们提出推进国家治理体系和治理能力现代化，信息是国家治理的重要依据，要发挥其在这个进程中的重要作用。要以信息化推进国家治理体系和治理能力现代化，统筹发展电子商务，构建一体化在线服务平台，分级分类推进新型智慧城市建设，打通信息壁垒，构建全国信息资源共享体系，更好地用信息化手段感知社会态势、畅通沟通渠道、辅助科学决策。”

首先，形成满足国家治理体系和治理能力现代化要求的政务信息体系，加强电子政务参与平台建设，党政部门将大政方针政策及时公之于众，并通过网络互动平台对社情民意做出及时回应，有助于提高政府的行政效率、公共服务的实效性，推动群众有序参与公共决策。其次，网络时代提供了公民更全面参与政府权力监督和帮助政府改进工作的重要技术手段和渠道，通过网络监督手段，促进政府行政流程的高效合理和权力使用的合法性与公共性。再次，构建形成大平台共享、大数据慧治、大系统共治的顶层架构，显著提升宏观调控科学化、政府治理精准化、公共服务便捷化、基础设施集约化水平，总体满足国家治理需要和社会公众服务期望。

◎背景知识

习近平总书记在纪念改革开放40周年大会上的讲话中总结了改革开放以来取得的伟大成就及伟大经验，并指出我们要建成社会主义现代化强国，实现中华民族伟大复兴，全党全国各族人民要更加紧密地团结在党中央周围，高举中国特色社会主义伟大旗帜，将改革进行到底，不断实现人民对美好生活的向往，在新时代创造中华民族新的更大奇迹。

40年来，我们始终坚持解放思想、实事求是、与时俱进、求真务实，坚持马克思主义指导地位不动摇，坚持科学社会主义基本原则不动摇，勇敢推进理论创新、实践创新、制度创新、文化创新以及各方面创新，不断赋予中国特色社会主义以鲜明的实践特色、理论特色、民族特色、时代特色，形成了中国特色社会主义道路、理论、制度、文化，以不可辩驳的事实彰显了科学社会主义的鲜活生命力，社会主义的伟大旗帜始终在中国大地上高高飘扬！

40年来，我们始终坚持以经济建设为中心，不断解放和发展社会生产力，我国国内生产总值由3679亿元增长到2017年的82.7万亿元，年均实际增长9.5%，远高于同期世界经济2.9%左右的年均增速。我国国内生产总值占世界生产总值的比重由改革开放之初的1.8%上升到15.2%，多年来对世界经济增长贡献率超过30%。我国货物进出口总额从206亿美元增长到超过4万亿美元，累计使用外商直接投资超过2万亿美元，对外投资总额达到1.9万亿美元。我国主要农产品产量跃居世界前列，建立了全世界最完整的现代工业体系，科技创新和重大工程捷报频传。我国基础设施建设成就显著，信息畅通，公路成网，铁路密布，高坝矗立，西气东输，南水北调，高铁飞驰，巨轮远航，飞机翱翔，天堑变通途。现在，我国是世界第二大经济体、制造业第一大国、货物贸易第一大国、商品消费第二大国、外资流入第二大国，我国外汇储备连续多年位居世界第一，中国人民在富起来、强起来的征程上迈出了决定性的步伐！

40年来，我们始终坚持中国特色社会主义政治发展道路，不断深化政治体制改革，发展社会主义民主政治，党和国家领导体制日益完善，全面依法治国深入推进，中国特色社会主义法律体系日益健全，人民当家作主的制度保障和法治保障更加有力，人权事业全面发展，爱国统一战线更加巩固，人民依法享有和行使民主权利的内容更加丰富、渠道更加便捷、形式更加多样，掌握着自己命运的中国人民焕发出前所未有的积极性、主动性、创造性，在改革开放和社会主义现代化建设中展现出气吞山河的强大力量！

40年来，我们始终坚持发展社会主义先进文化，加强社会主义精神文明建设，培育和践行社会主义核心价值观，传承和弘扬中华优秀传统文化，坚持以科学理论引路指向，以正确舆论凝心聚力，以先进文化塑造灵魂，以优秀作品鼓舞斗志，爱国主义、集体主义、社会主义精神广为弘扬，时代楷模、英雄模范不断涌现，文化艺术日益繁荣，网信事业快速发展，全民族理想信念和文化自信不断增强，国家文化软实力和中华文化影响力大幅提升。改革开放铸就的伟大改革开放精神，极大丰富了民族精神内涵，成为当代中国人民最鲜明的精神标识！

40年来，我们始终坚持在发展中保障和改善民生，全面推进幼有所育、学有所教、劳有所得、病有所医、老有所养、住有所居、弱有所扶，不断改善人民生活、增进人民福祉。全国居民人均可支配收入由171元增加到2.6万元，中等收入群体持续扩大。我国贫困人口累计减少7.4亿人，贫困发生率下降94.4个百分点，谱写了人类反贫困史上的辉煌篇章。教育事业全面发展，九年义务教育巩固率达93.8%。我国建成了包括养老、医疗、低保、住房在内的世界最大的社会保障体系，基本养老保险覆盖超过9亿人，医疗保险覆盖超过13亿人。常住人口城镇化率达到58.52%，上升40.6个百分点。居民预期寿命由1981年的67.8岁提高到2017年的76.7岁。我国社会大局保持长期稳定，成为世界上最有安全感的国家之一。粮票、布票、肉票、鱼票、油票、豆腐票、副食本、工业券等百姓生活曾经离不开的票证已经进入了历史博物馆，忍饥挨饿、缺吃少穿、生活困顿这些几千年来困扰我国人民的问题总体上一去不复返了！

40年来，我们始终坚持保护环境和节约资源，坚持推进生态文明建设，生态文明制度体系加快形成，主体功能区制度逐步健全，节能减排取得重大进展，重大生态保护和修复工程进展顺利，生态环境治理明显加强，积极参与和引导应对气候变化国际合作，中国人民生于斯、长于斯的家园更加美丽宜人！

40年来，我们始终坚持党对军队的绝对领导，不断推进国防和军队现代化，推进人民军队实现革命性重塑，武器装备取得历史性突破，治军方式发生根本性转变，革命化现代化正规化水平显著提高，人民军队维护国家主权、安全、发展利益的能力显著增强，成为保卫人民幸福生活、保卫祖国和世界和平牢不可破的强大力量！

40年来，我们始终坚持推进祖国和平统一大业，实施"一国两制"基本方针，相继恢复对香港、澳门行使主权，洗雪了中华民族百年屈辱。我们坚持一个中国原则和"九二共识"，加强两岸经济文化交流合作，推动两岸关系和平发展，坚决反对和遏制"台独"分裂势力，牢牢掌握两岸关系发展主导权和主动权。海内外全体中华儿女的民族认同感、文化认同感大大增强，同心共筑中国梦的意志更加坚强！

40年来，我们始终坚持独立自主的和平外交政策，始终不渝走和平发展道路、奉行互利共赢的开放战略，坚定维护国际关系基本准则，维护国际公平正义。我们实现由封闭半封闭到全方位开放的历史转变，积极参与经济全球化进程，为推动人类共同发展作出了应有贡献。我们积极推动建设开放型世界经济、构建人类命运共同体，促进全球治理体系变革，旗帜鲜明反对霸权主义和强权政治，为世界和平与发展不断贡献中国智慧、中国方案、中国力量。我国日益走近世界舞台中央，成为国际社会公认的世界和平的建设者、全球发展的贡献者、国际秩序的维护者！

40年来，我们始终坚持加强和改善党的领导，积极应对在长期执政和改革开放条件下党面临的各种风险考验，持续推进党的建设新的伟大工程，保持党的先进性和纯洁性，保持党同人民群众的血肉联系。我们积极探索共产党执政规律、社会主义建设规律、人类社会发展规律，不断开辟马克思主义中国化新境界。我们坚持党要管党、从严治党，净化党内政治生态，持之以恒正风肃纪，大力整治形式主义、官僚主义、享乐主义和奢靡之风，以零容忍态度严厉惩治腐败，反腐败斗争取得压倒性胜利。我们党在革命性锻造中坚定走在时代前列，始终是中国人民和中华民族的主心骨！

◎相关链接

1. 人民网：习近平在中国共产党第十九次全国代表大会上的报告，来源：http：//cpc.people.com.cn/n1/2017/1028/c64094－29613660.html，2017年10月28日。

2. 新华网：中国共产党十八届三中全会公报发布(全文），http：//news.xinhuanet.com/house/tj/2013－11－14/c_118121513.htm，2013年11月16日。

3. 习近平：在庆祝改革开放40周年大会上的讲话，新华网：http：//www.xinhuanet.com/politics/leaders/2018－12/18/c_1123868586.htm，2018年12月18日。

4.《中共中央关于深化党和国家机构改革的决定》，中国政府网：http：//www.gov.cn/xinwen/2018－03/04/content_5270704.htm，2018年3月4日。

◎深度阅读

1.《决胜全面建成小康社会 夺取新时代中国特色社会主义伟大胜利——在中国共产党第十九次全国代表大会上的报告》(2017年10月18日)。

2.《中共中央关于全面深化改革若干重大问题的决定》(2013年11月12日中国共产党第十八届中央委员会第三次全体会议通过)。

3.《中共中央关于全面推进依法治国若干重大问题的决定》(2014年10月23日中国共产党第十八届中央委员会第四次全体会议通过)。

4.《中国共产党第十八届中央委员会第六次全体会议公报》(2016年10月27日中国共产党第十八届中央委员会第六次全体会议通过)。

◎**重点难点问题思考：**

1. 中国改革开放40年取得了哪些伟大成就？
2. 中国改革开放40年取得了哪些伟大经验？
3. 全面深化改革的总目标是什么？
4. 全面改革开放的基本要求是什么？
5. 全面深化改革的具体部署是什么？
6. 中国特色社会主义政治制度的主要内容和优势有哪些？
7. 发展中国特色社会主义制度有哪些主要思路？
8. 推进国家治理体系和治理能力现代化的伟大意义是什么？
9. 推进国家治理体系和治理能力现代化有哪些思路和主要措施？

第三讲　加强社会建设，建设社会主义法治国家

导语： 加强社会建设，是中国特色社会主义“五位一体”总布局的重要组成部分，体现了中国共产党坚持以人民为中心的发展思想。加强社会建设，就是坚持在发展中保障和改善民生，让改革发展成果更多更公平惠及全体人民，不断促进人的全面发展、实现全体人民共同富裕。加强社会建设，要坚持全面依法治国，建设中国特色社会主义法治体系，建设社会主义法治国家。要把依法治国和以德治国相结合，建设诚信制度。把诚信融入社会发展各方面，并转化为人们的情感认同和行为习惯，形成褒扬诚信、惩罚失信的制度机制和社会风尚。大学生应是遵纪守法的公民，要努力学习和践行宪法和法律的规范要求，培养诚信品德，成为推进社会建设，建设社会主义法治国家的重要力量。

关键词： 社会建设　社会诚信　依法治国　社会治理

一、党的十九大强调全面推进社会建设

社会建设是由政府、社会组织、公民等多元主体共同推进的持续改善民生、化解社会矛盾、增进社会公共福祉、推动社会进步的社会行为和过程。“社会建设”是改革开放以来逐步形成的新理论新范畴。随着改革开放的深入，社会变迁加剧，出现了利益的多样化和矛盾的复杂化现象。我们党基于实践的发展而深化对社会发展规律、尤其是对中国特色社会主义建设规律的认识，提出了社会建设的理论范畴。党的十六届四中全会提出构建社会主义和谐社会的战略任务，指出要“加强社会建设和管理”，“社会建设”的概念随之进入人们关注的视野。党的十七大报告把社会建设作为我们的四大建设，即经济建设、政治建设、文化建设、社

会建设的主题之一，强调要加强以民生为重点的社会建设。党的十八大更是把社会建设作为中国特色社会主义建设“五位一体”总体布局中的重要内容，指出加强社会建设，必须以保障和改善民生为重点。党的十九大提出要全面推进社会建设，着重提高保障和改善民生水平，加强和创新社会治理，坚持总体国家安全观、建设平安中国等内容；并深刻阐述了社会建设的原则，对社会建设的推进作出了具体的安排和部署，从而进一步丰富和发展了我党关于社会建设的理论体系。

(一)全面推进社会建设的原则

党的十九大报告指出，坚持在发展中保障和改善民生。增进民生福祉是发展的根本目的。必须多谋民生之利、多解民生之忧；在发展中补齐民生短板、促进社会公平正义；在幼有所育、学有所教、劳有所得、病有所医、老有所养、住有所居、弱有所扶上不断取得新进展；深入开展脱贫攻坚，保证全体人民在共建共享发展中有更多获得感，不断促进人的全面发展，实现全体人民共同富裕。要建设平安中国，加强和创新社会治理，维护社会和谐稳定，确保国家长治久安、人民安居乐业。这些内容，指明了社会建设的主要任务，揭示了社会建设的基本原则。

第一，以人民为中心的原则。人民是历史的创造者，是决定党和国家前途命运的根本力量。必须坚持人民主体地位，坚持立党为公、执政为民，践行全心全意为人民服务的根本宗旨，把党的群众路线贯彻到治国理政全部活动之中，始终把人民对美好生活的向往作为奋斗目标，依靠人民创造历史伟业。中国共产党无论是进行革命、建设、改革开放，还是推进中国特色社会主义社会建设各项事业，都要坚持人民主体地位。坚持人民为中心的原则，决定了我们全面推进社会建设、全面建成小康社会、实现中华民族伟大复兴，必须立足于人民，也完全是为了人民。十九大报告强调，全党必须牢记，为什么人的问题，是检验一个政党、一个政权性质的试金石。带领人民创造美好生活，是我们党始终不渝的奋斗目标。党的一切工作必须以最广大人民根本利益为最高标准。我们要坚持把人民群众的小事当作自己的大事，从人民群众关心的事情做起，从让人民群众满意的事情做起，带领人民不断创造美好生活！

第二，共建共享的原则。坚持人人尽责、人人享有。人民群众是社会建设成果的享有者，也是全面推进社会建设的创造者。共同建设是全体社会成员的共同责任；共享建设成果是人民群众的应有权利。“共建”是“共享”的前提，“共享”是“共建”的目的。必须坚持把共同建设、共同享有贯穿于全面推进社会建设的全过程，真正做到在共建中共享、在共享中共建。我们要始终牢记中国仍然是一个发展中国家，地区之间、城乡之间、居民之间发展不平衡不充分，发展和改善民生的任务还很重。必须多谋民生之利、多解民生之忧，在发展中补齐民生短板、促进社会公平正义，保证全体人民在共建共享发展中有更多获得感，让改革发展成果更多更公平惠及全体人民，不断促进人的全面发展，实现全体人民共同富裕。

第三，实事求是，量力而行的原则。社会建设的最终目标是要实现社会公正，不断促进人的全面发展，实现全体人民共同富裕。由于我国是一个人口众多的发展中国家，现代化建设的历史还不长，我们不可能一口吃成个胖子，必须实事求是，量力而行。要估量自己的能力，做自己能做到的事。探索和遵循客观规律，量力而为，努力而为，全力而为。保障和改善民生要抓住人民最关心最直接最现实的利益问题，既尽力而为，又量力而行，一件事情接着一件事情办，一年接着一年干。中国特色社会主义进入新时代，我们在努力解决人民日益增长的美好生活需要和不平衡不充分的发展之间的矛盾。我们必须清晰地认识到，我国仍处于并将长期处于社会主义初级阶段的基本国情没有变，我国是世界最大发展中国家的国际地位没有变。我们必须从社会主义初级阶段这个最大实际出发，突出中国特色、实践特色、时代特色，既不能罔顾国情、超越阶段，急于求成；也不能因循守旧、墨守成规。要逐步地系统地全面地推进社会建设，解决社会建设领域存在的各种问题，满足人民对美好生活向往的需要。

第四，坚持党的领导的原则。党政军民学，东西南北中，党是领导一切的。党的领导是中国特色社会主义的最本质特征，也是全面推进社会建设各项事业的核心。党要总揽全局、协调各方，在社会建设方面也不例外。党要宏观把握，提出社会建设的目标，确立基本原则，明确主要任务，制定实施方略，实行科学决策。在社会建设的各主体活动中，要发挥党组织的引导作用、带头作用和监督作用，要发挥党员的先锋模范作用，确保党的路线方针政策在社会建设的各项具体工作中得到落实。

(二)全面推进社会建设的任务

党的十八大以来，我们在社会建设方面取得了巨大成就，人民生活不断改善。由于深入贯彻了以人民为中心的发展思想，一大批惠民举措落地实施，人民获得感显著增强。脱贫攻坚战取得决定性进展。全国农村贫困人口从 2012 年末的 9899 万人减少至 2018 年末的 1660 万人，累计减少 8239 万人；贫困发生率从 2012 年的 10.2%下降至 1.7% 。教育事业全面发展，中西部和农村教育明显加强。就业状况持续改善，城镇新增就业年均一千三百万人以上。城乡居民收入增速超过经济增速，中等收入群体持续扩大。覆盖城乡居民的社会保障体系基本建立，人民健康和医疗卫生水平大幅提高，保障性住房建设稳步推进。社会治理体系更加完善，社会大局保持稳定，国家安全全面加强。

在取得巨大成就的同时，我们也还存在着一些困难和问题。民生领域还有不少短板，脱贫攻坚任务到了最后攻坚的阶段；城乡区域发展的相对不平衡和由此形成的收入分配差距依然较大；群众在就业、教育、医疗、居住、养老等方面还有一些难题；社会文明水平尚需提高社会矛盾和问题交织叠加；全面依法治国任务依然繁重，国家治理体系和治理能力有待加强等。

党的十九大正是依据这些重点和难点，突出了我们今后社会建设中的三大任务，即提高保障和改善民生水平、加强和创新社会治理、建设平安中国。

第一，提高保障和改善民生水平。民生是人民幸福之基、社会和谐之本。带领人民群众创造幸福生活，要顺应人民群众对美好生活的向往，坚持以人民为中心的发展思想，以保障和改善民生为重点，发展各项社会事业。保障和改善民生是一项长期工作，没有终点站，只有连续不断的新起点。抓民生要抓住人民最关心最直接最现实的利益问题，抓住最需要关心的人群，一件事情接着一件事情办、一年接着一年干，锲而不舍向前走。在中国特色社会主义新时代，我们要以更大的力度、更实的措施保障和改善民生，坚决打赢脱贫攻坚战，促进社会公平正义。要在幼有所育、学有所教、劳有所得、病有所医、老有所养、住有所居、弱有所扶上不断取得新进展，让实现全体人民共同富裕在广大人民现实生活中更加充分地展示出来。

第二，加强和创新社会治理。社会治理是社会建设的重大任务，是国家治理的重要内容。在现代社会中，社会治理地位日益重要。解决我国在社会管理领域存在的问题，必须深入认识新时代社会治理规律，创新社会治理理念思路、体制机制、方法手段，提高社会管理能力。坚持完善党委领导、政府负责、社会协同、公众参与、法治保障的社会治理体制，提高社会治理社会化、法治化、智能化、专业化水平，推进社会治理精细化，打造共建共治共享的社会治理格局。要改进社会治理方式，坚持系统治理、依法治理、源头治理、综合施策。要加强预防和化解社会矛盾机制建设，完善社会矛盾排查预警机制，提高对各类社会矛盾的发现预警能力，及时排除、化解、处置各类矛盾风险。健全重大决策社会稳定风险评估机制。对直接关系群众切身利益且涉及面广、容易引发社会稳定风险的重大决策事项，要将风险评估列为必经的前置程序和刚性门槛。完善矛盾纠纷多元化解机制，积极推动人民调解、行政调解、司法调解联动工作体系形成。改革信访工作制度，建立涉法涉诉信访依法终结制度。

第三，坚持总体国家安全观，建设平安中国。新时代我国面临复杂多变的安全和发展环境，各种可以预见和难以预见的风险因素明显增多，各方面风险可能不断积累叠加甚至集中显露。这要求我们必须坚持以总体国家安全观为指导，审时度势、与时俱进，创新国家安全理念，完善国家安全制度体系，统揽国家安全全局，坚决维护国家主权、安全、发展利益，建设平安中国，从而维护社会和谐稳定，确保国家长治久安、人民安居乐业。

要完善国家安全体系。全面贯彻落实总体国家安全观，要求统筹外部安全和内部安全，对内求发展、求变革、求稳定、建设平安中国，对外求和平、求合作、求共赢、建设和谐世界；要统筹国土安全和国民安全，坚持以民为本、以人为本，坚持国家安全一切为了人民、一切依靠人民，真正夯实国家安全的群众基础；要统筹传统安全和非传统安全，构建一个集政治安全、国土安全、军事安全、经济安全、文化安全、社会安全、科技安全、信息安全、生态安全、资源安全、核安全等于一体的国家安全体系；要统筹发展问题和安全问题，发展是安全的基础，安全是发展的条件，富国才能强兵，强兵才能卫国；要统筹自身安全和共同安全，打造世界命运共同体，推动各方朝着互利互惠、共同安全的目标相向而行。

要推进平安中国建设。平安是老百姓解决温饱后的第一需求，是极重要的民生，也是最基本的发展环境。建设平安中国，要紧紧抓住人民群众反映强烈、影响社会和谐稳定、制约平安建设深入开展的突出问题和薄弱环节，坚持一手抓专项打击整治，一手抓源头性、基础性工作；要加快社会治安防控体系建设，依法打击和惩治黄赌毒黑拐骗等违法犯罪活动，保护人民人身权、财产权、人格权；要把人民群众的事当作自己的事，把人民群众的小事当作自己的大事，从让人民群众满意的事情做起，从人民群众不满意的问题改起，做到对群众深恶痛绝的事零容忍、对群众急需急盼的事零懈怠。

（三）全面推进社会建设的布局

全面推进社会建设，是一项系统工程，任重道远，需要我们长期努力。带领人民创造美好生活，是我们党始终不渝的奋斗目标。必须始终把人民利益摆在至高无上的地位，让改革发展成果更多更公平惠及全体人民，朝着实现全体人民共同富裕不断迈进。为此，党的十九大对今后的社会建设作出了如下的工作布局：

第一，优先发展教育事业。建设教育强国是中华民族伟大复兴的基础工程，必须把教育事业放在优先位置，深化教育改革，加快教育现代化，办好人民满意的教育；全面贯彻党的教育方针，落实立德树人根本任务，发展素质教育，推进教育公平，培养德智体美全面发展的社会主义建设者和接班人；推动城乡义务教育一体化发展，高度重视农村义务教育，办好学前教育、特殊教育和网络教育，普及高中阶段教育，努力让每个孩子都能享有公平而有质量的教育；完善职业教育和培训体系，深化产教融合、校企合作。加快一流大学和一流学科建设，实现高等教育内涵式发展；健全学生资助制度，使绝大多数城乡新增劳动力接受高中阶段教育、更多接受高等教育；支持和规范社会力量兴办教育；加强师德师风建设，培养高素质教师队伍，倡导全社会尊师重教；办好继续教育，加快建设学习型社会，大力提高国民素质。

第二，提高就业质量和人民收入水平。就业是最大的民生。要坚持就业优先战略和积极就业政策，实现更高质量和更充分就业。大规模开展职业技能培训，注重解决结构性就业矛盾，鼓励创业带动就业；提供全方位公共就业服务，促进高校毕业生等青年群体、农民工多渠道就业创业；破除妨碍劳动力、人才社会性流动的体制机制弊端，使人人都有通过辛勤劳动实现自身发展的机会；完善政府、工会、企业共同参与的协商协调机制，构建和谐劳动关系；坚持完善按劳分配与按要素分配并存的体制机制，促进收入分配更合理、更有序；鼓励勤劳守法致富，扩大中等收入群体，增加低收入者收入，调节过高收入，取缔非法收入；坚持在经济增长的同时实现居民收入同步增长、在劳动生产率提高的同时实现劳动报酬同步提高；拓宽居民劳动收入和财产性收入渠道；履行好政府再分配调节职能，加快推进基本公共服务均等化，缩小收入分配差距。

第三，加强社会保障体系建设。按照兜底线、织密网、建机制的要求，全面建成覆盖全民、城乡统筹、权责清晰、保障适度、可持续的多层次社会保障体系。全面实施全民参保计划；完善城镇职工基本养老保险和城乡居民基本养老保险制度，尽快实现养老保险全国统筹，完善统一的城乡居民基本医疗保险制度和大病保险制度，完善失业、工伤保险制度，建立全国统一的社会保险公共服务平台；统筹城乡社会救助体系，完善最低生活保障制度；坚持男女平等基本国策，保障妇女儿童合法权益，完善社会救助、社会福利、慈善事业、优抚安置等制度，健全农村留守儿童和妇女、老年人关爱服务体系；发展残疾人事业，加强残疾康复服务；坚持房子是用来住的、不是用来炒的定位，加快建立多主体供给、多渠道保障、租购并举的住房制度，让全体人民住有所居。

第四，坚决打赢脱贫攻坚战。让贫困人口和贫困地区同全国一道进入全面小康社会是我们党的庄严承诺。要动员全党全国全社会力量，坚持精准扶贫、精准脱贫，坚持中央统筹省负总责市县抓落实的工作机制，强化党政一把手负总责的责任制，坚持大扶贫格局，注重扶贫同扶志、扶智相结合，深入实施东西部扶贫协作，重点攻克深度贫困地区脱贫任务，确保到2020年我国现行标准下农村贫困人口实现脱贫，贫困县全部摘帽，解决区域性整体贫困，做到脱真贫、真脱贫。

第五，实施健康中国战略。人民健康是民族昌盛和国家富强的重要标志。要完善国民健康政策，为人民群众提供全方位全周期健康服务。深化医药卫生体制改革，全面建立中国特色基本医疗卫生制度、医疗保障制度和优质高效的医疗卫生服务体系，健全现代医院管理制度；加强基层医疗卫生服务体系和全科医生队伍建设；全面取消以药养医，健全药品供应保障制度；坚持预防为主，深入开展爱国卫生运动，倡导健康文明生活方式，预防控制重大疾病；实施食品安全战略，让人民吃得放心；坚持中西医并重，传承发展中医药事业；支持社会力量办医，发展健康产业；促进生育政策和相关经济社会政策配套衔接，加强人口发展战略研究；积极应对人口老龄化，构建养老、孝老、敬老政策体系和社会环境，推进医养结合，加快老龄事业和产业发展。

第六，打造共建共治共享的社会治理格局。加强社会治理制度建设，完善党委领导、政府负责、社会协同、公众参与、法治保障的社会治理体制，提高社会治理社会化、法治化、智能化、专业化水平；加强预防和化解社会矛盾机制建设，正确处理人民内部矛盾；树立安全发展理念，弘扬生命至上、安全第一的思想，健全公共安全体系，完善安全生产责任制，坚决遏制重特大安全事故，提升防灾减灾救灾能力；加快社会治安防控体系建设，依法打击和惩治黄赌毒黑拐骗等违法犯罪活动，保护人民人身权、财产权、人格权。加强社会心理服务体系建设，培育自尊自信、理性平和、积极向上的社会心态；加强社区治理体系建设，推动社会治理重心向基层下移，发挥社会组织作用，实现政府治理和社会调节、居民自治良性互动。

第七，有效维护国家安全。国家安全是安邦定国的重要基石，维护国家安全是全国各族人民根本利益所在。要完善国家安全战略和国家安全政策，坚决维护国家政治安全，统筹推进各项安全工作；健全国家安全体系，加强国家安全法治保障，提高防范和抵御安全风险能力；严密防范和坚决打击各种渗透颠覆破坏活动、暴力恐怖活动、民族分裂活动、宗教极端活动。加强国家安全教育，增强全党全国人民国家安全意识，推动全社会形成维护国家安全的强大合力。

二、建设社会主义法治国家

党的十八大以来，以习近平同志为总书记的党中央从坚持和发展中国特色社会主义全局出发，从实现国家治理体系和治理能力现代化的高度提出了全面依法治国这一重大战略部署。党的十八届四中全会通过了《中共中央关于全面推进依法治国若干重大问题的决定》；党的十九大提出了中国特色社会主义“八个明确”的思想，其中之一就是“明确全面推进依法治国总目标是建设中国特色社会主义法治体系、建设社会主义法治国家”。

(一)依法治国是社会建设的根本途径

社会是由不同利益、不同价值取向追求的人群组成的，因此就有了各种各样的社会差异、社会矛盾、社会摩擦，就需要对这些利益取向、矛盾冲突进行协调，来实现社会关系的和谐，确保社会的稳定繁荣。社会建设的根本任务就是要调整人们之间的利益关系，实现公共福祉的最大化，不断促进人的全面发展，实现全体人民共同富裕。而要做到这些，一个根本举措就是全面依法治国。依法治国对社会建设起着引领、规范和保障作用。

依法治国就是依照宪法和法律来治理国家，依照体现人民意志和社会发展规律的法律法规治理国家，而不是依照个人意志、主张治理国家；要求国家的政治、经济运作、社会各方面的活动依照法律进行，而不受任何个人意志干预、阻碍或破坏。因此，依法治国是中国共产党领导人民治理国家的基本方略，是人民当家作主的根本保证，是国家长治久安的必要保障。所以，十九大报告指出，明确全面推进依法治国总目标是建设中国特色社会主义法治体系、建设社会主义法治国家。

首先，法治对社会建设起引领作用。中华人民共和国宪法规定中华人民共和国是工人阶级领导的、以工农联盟为基础的人民民主专政的社会主义国家，一切权力属于人民。宪法作为国家的根本大法，其这一基本规定引领了我们一切社会建设都必须是为了人民的利益，实现公共福祉最大化。相应采取的一些具体的社会建设措施，也要坚持立法先行，让社会建设本身成为依法治理的过程。

其次，法治对社会建设起规范作用。社会建设的各项决定和程序都必须符合法律行为规范和法律程序规范，让社会矛盾、社会利益调整都在法制轨道内进行。一切打着社会建设旗号而实际谋私利的行为要坚决依法制止。如一度发生的西安秦岭打着“改善人民生活”旗号的违建别墅，实际上严重违反了环境保护法，本身就是对广大人民公共利益的严重破坏，就要坚决依法拆除。

再次，法治保障社会建设。一是要制定出具体的法律法规来保障“幼有所育、学有所教、劳有所得、病有所医、老有所养、住有所居、弱有所扶”等民生建设目标的实现。二是要执法必严，打击各类犯罪活动，建设平安中国，维护社会和谐稳定，确保国家长治久安、人民安居乐业。三是对于社会建设的成果，我们要以法律的形式固定下来，以保障其不因各级领导人的改变而改变。

进行社会建设和实行依法治国是统一的，相互促进的。全面依法治国是中国特色社会主义的本质要求和重要保障，当然也是社会建设的重要内容和重要保障。而社会建设也能促进和完善法治，因为社会建设使人民生活水平和质量提高，能大大增强人们的法纪意识，为建设社会主义法治国家打下坚实的社会基础。

(二)党的十九大作出全面依法治国的具体部署

党的十九大报告指出，全面依法治国，总目标是建设中国特色社会主义法治体系，建设社会主义法治国家。全面依法治国是国家治理的一场深刻革命，必须坚持厉行法治，推进科学立法、严格执法、公正司法、全民守法。为此，对全面依法治国作了具体的部署。

第一，强调了建设以宪法为核心的中国特色社会主义法治体系。法治体系作为法治建设的“纲”，是国家治理体系的骨干工程。建设中国特色社会主义法治体系，一是必须坚持以宪法为核心。推进全面依法治国涉及很多方面，在实际工作中必须有一个总揽全局、牵引各方的总抓手，这个总抓手就是建设以宪法为核心的中国特色社会主义法治体系。要维护宪法尊严、权威，健全宪法实施和监督制度，加强宪法实施和监督、推进合宪性审查工作。二是必须建设高效的法治实施体系。法律的生命力在于实施，法律的权威也在于实施。法律的有效实施，是全面依法治国的重点和难点。要依据宪法治国理政，坚决纠正一切违反宪法的行为。三是必须建立严密的法治监督体系。否则权力不论大小，只要不受制约和监督，都可能被滥用。四是必须进一步健全法制保障体系。既要有党的政治保障和组织保障，也要有法治专门队伍保障、经费保障和制度保障。五是必须加强党内法规制度建设。党内法规既是管党治党的重要依据，也是建设社会主义法治国家的有力保障。

第二，突出了坚持党的领导、人民当家作主、依法治国的有机统一。

党的领导是人民当家作主和依法治国的根本保证，人民当家作主是社会主义民主政治的本质特征，依法治国是党领导人民治理国家的基本方式，三者统一于我国社会主义民主政治伟大实践。在我国政治生活中，党是居于领导地位的，加强党的集中统一领导，支持人大、政府、政协和法院、检察院依法依章程履行职能、开展工作、发挥作用，这两个方面是统一的。要改进党的领导方式和执政方式，保证党领导人民有效治理国家；扩大人民有序政治参与，保证人民依法实行民主选举、民主协商、民主决策、民主管理、民主监督；维护国家法制统一、尊严、权威，加强人权法治保障，保证人民依法享有广泛权利和自由。巩固基层政权，完善基层民主制度，保障人民知情权、参与权、表达权、监督权。健全依法决策机制，构建决策科学、执行坚决、监督有力的权力运行机制。各级领导干部要增强民主意识，发扬民主作风，接受人民监督，当好人民公仆。

第三，要求推进全面依法治国，必须坚定不移走中国特色社会主义法治道路。全面推进依法治国就是广大人民群众在党的领导下，依照宪法和法律的规定，管理国家事务，管理社会事务，管理经济和文化事业，保证国家的一切工作都依法进行。全面依法治国具有包括中国特色社会主义法治道路、中国特色社会主义法治理论和中国特色社会主义法治体系在内的丰富内涵。法治道路、法治理论和法治体系，三位一体、相辅相成，共同构成了全面推进依法治国伟大战略的道路指引、理论支撑和制度保障，是中国特色社会主义道路自信、理论自信和制度自信的体现。

第四，重申全面依法治国是国家治理的一场深刻革命和中国特色社会主义的本质要求和重要保障。过去我们治理国家，主要是凭经验，凭行政命令，缺少科学性、规范性，已经不适应建设社会主义现代化国家和全面深化改革开放的需要。因此必须坚持厉行法治，推进科学立法、严格执法、公正司法、全民守法，建设社会主义法治国家，实现国家治理体系和治理能力的现代化。

第五，明确了全面依法治国的工作布局和加强党的领导、完善立法、执法、司法制度和推进全民守法的重点任务。要求坚持依法治国、依法执政、依法行政共同推进，坚持法治国家、法治政府、法治社会一体化建设，坚持依法治国和以德治国相结合，依法治国和依规治党有机统一。

第六，全面依法推进国家监察体制改革。我国以往权力结构中，对依法履行公职人员的监督，权力不够集中，难以形成合力。十二届全国人大常委会第二十五次会议，决定试点建立党统一领导下的国家反腐败工作机构。党的十九大报告提出，深化国家监察体制改革，将试点工作在全国推开，组建国家、省、市、县监察委员会，同党的纪律检察机关合署办公，实现对所有行使公权力的公职人员监察全覆盖。全面推开监察体制改革后，制定《国家监察法》。2018 年的全国人大会议，修改了宪法，正式设立了国家监察委员会。

(三)大学生应是遵纪守法的规范公民

大学生是社会的一个特殊群体，作为掌握社会新技术、新思想的前沿群体、国家培养的高级专业人才，是推动社会进步的栋梁，理应是全面遵纪守法的规范公民。

第一，遵纪守法是时代对大学生的要求。

遵纪守法是指对国家法律法规、党纪政纪和社会公约及单位或团队纪律的遵守。孟子说，不以规矩，不成方圆。任何人都必须讲秩序讲规矩讲法纪，依纪活动，依法办事。

当今中国特色社会主义发展到新时代。建设富强民主文明和谐美丽的社会主义现代化强国，实现中华民族伟大复兴，这是时代赋予我们当代大学生的历史使命和社会责任。社会主义现代化强国的重要内容和根本任务之一就是建设社会主义法治国家。随着科学技术的突飞猛进和生产力的迅速发展，不仅一个企业、一个部门分工细致，一环紧扣一环；而且社会协作越来越广，行业与行业之间的联系也更为密切，市场经济把世界密切联系为一个整体，这就迫切需要纪律和法治。没有纪律和法治，生产就不能正常进行，生活就无法正常有序，社会就不能正常发展，现代化强国就不可能实现。

当代青年大学生毕业后走向社会，参与国家的经济建设、政治建设、文化建设、社会建设、生态文明建设，是实现中华民族伟大复兴的主力军和实干者。大学生理应“以遵纪守法为荣、以违法乱纪为耻”，加强修养，自觉地形成遵纪守法的良好习惯，否则就无法完成历史赋予的使命。

第二，遵纪守法是大学生建功立业的基本素质。

大学生是祖国的明天，民族的未来，现代化建设的顶梁柱。大学生要建功立业，就要对自己的前途负责，不要因为眼前的苦乐而放弃了为将来要奠定的基础；要对家庭负责，不能辜负父母的苦心和期望；要对社会、对国家负责，不做危害国家、危害社会的事；要对学校负责，不给母校和大学生群体抹黑。因此，大学生要认真学习专业知识，也要涵养全面素质。遵纪守法就是其中的基本素质。有了这一基本素质，就能利用自己的专业知识，服务人民，服务国家，服务社会，建功立业，实现自身价值。

要实现服务人民、建功立业的梦想，就要养成遵纪守法的习惯。一是时刻注意培养自己遵纪守法的自觉性。遵纪守法贵在自觉，自觉是遵纪守法的关键。二是将遵纪守法的道德观念落在行动上。遵纪守法不是在口头上，而是在实际行动上，讲诚信守纪律。三是要从日常生活中的小事做起，言行举止文明守纪。

第三，大学生应为网络健康注入正能量。

今天，我国已经拥有7亿多网民、500多万家网站，建成了全球最大的4G网络。互联网既是信息大平台，也是思想文化大熔炉，对广大网民的求知途径、思维方式、价值观念产生着重要影响。近年来，习近平针对网络安全，发表了“互联网不是‘法外之地’”“没有网络安全就没有国家安全”等一系列高屋建瓴的重要论述，逐渐形成了新时代中国网络安全的总体战略框架和总体战略观。大学生是网络运用的主力军，网络言论不仅影响着青年学生群体，而且影响着社会的和谐稳定。因此，大学生要树立高度的责任意识。首先，要规范自身网络行为，依法依规上网，文明理性发声，不造谣传谣、不攻击谩骂，反对网上网下扮演“双面人”角色，做到诚实自律，同享权利，共担义务，一起建设文明理性网络社会，做符合文明社会规范的“中国好网民”。其次，要积极参与网络法制宣传教育，不仅做到自己严格遵守法律法规，遵守网络道德；而且要积极配合党团组织开展健康上网的宣传工作，自觉传递网络正能量，争当法律普及教育的尖兵。最后，要强化道德正义感，履行网络主力军的责任，举报和揭露网络谣言，主动配合党和国家有关部门依法打击利用网络传播谣言的行为，将自己打造成为网络建设的“绿色卫士”，让互联网在阳光下运行。

三、推进社会诚信建设

依法治国必须和以德治国相结合。坚持以德治国在当今社会就要加强诚信建设。人无信不立，业无信不兴，国无信不强。诚信是个人的美德，是企业的黄金资产，是社会的公序良俗，是国家重要的软实力。党的十八大报告将诚信与爱国、敬业、友善一起确立为社会主义核心价值观中关于公民个人层面的价值准则，明确了诚信这一核心价值观在国家、社会的建设和个人的发展中处于一个根本和基础的地位。党的十九大报告强调要加快推进诚信建设，把诚信融入社会发展各方面，转化为人们的情感认同和行为习惯，形成褒扬诚信、惩罚失信的制度机制和社会风尚。加强诚信教育，树立诚信为本、诚信为重的观念，对于构建和谐稳定的社会具有十分重要的意义。

(一)诚信的内涵及特点

1. 诚信的主要内涵

“诚信”在《现代汉语词典》中的解释为“诚实，守信用”。所谓诚实，即人的言行和内心思想一致，不自欺，也不欺人；所谓守信用，就是遵守共同的约定，不食言、不违约。在中国传统伦理学语境中，“诚”与“信”并不是合一的概念。“诚”是对个体思想品德、内在修养的要求，即“内诚于心”；“信”则强调道德品质外在的表现和普遍要求，即“外信于人”。因此，诚信本质上是人对自身言行的一种价值选择和人与人之间的一种信任需求。

诚信的丰富内涵主要表现在以下三个方面。

第一，诚信作为一个道德范畴，首先是指人的一种观念、意志和品质，是一种人品修养，是做人的根本准则。

第二，诚信是一种行为规范。诚信是诚实守信的简称，是人们行为的一种范式，是协调人际关系的基本要求。

第三，诚信是一种制度。所谓制度，是社会所需求的人们的行为模式。在现实的生活中，并不是所有的规范都以制度的形式存在。诚信制度化是建立长效机制的重要保障。

由“诚”和“信”的不同内涵和表现可知，二者之间存在着辩证统一的关系：“诚”是内因，“信”是外现。同时，“诚”与“信”之间既相互依存，又相互作用。当“诚”发展到一定程度、扩展到一定范围，“信”便会成为更多社会民众的共同操守，从而进一步促进更高层级、更大范围“诚”的出现，这是一种社会发展的良性循环。

2. 诚信的主要特点

诚信具有以下几个方面的特点：一是历史性。从诚信的起源看，诚信有悠久的历史，是人们在文化传统、风俗习惯、社会教化和价值取向等非正式制度环境中形成的。它从一开始就作为做人的基本准则，时至今日在人伦社会中仍占据着基础性作用。二是社会性。诚信用于调整人与人，以及人与社会之间的现实关系，它的本质作用在于其社会作用。因此，诚信是一种具有明显社会性的道德实践活动。三是普遍性。诚信在人类道德体系中具有基础性的地位。它不仅存在于世界各个民族和各种文化形式当中，而且植根于人类社会生活的各个角落，成为人类在不同社会形态中共同遵守的道德规范。四是发展性。诚信是社会发展变化的产物。从传统社会到现代社会，诚信的意义和内涵随着时代的变迁不断地丰富和发展。

(二)诚信使大学生一路畅通

诚信是大学生的基本素质要求。诚实守信是一种道德品质和道德观念，更是每一个公民的道德责任。大学生是社会的高素质群体，将担当社会的重任。诚信是大学生成功走向社会的前提。一个有诚信、讲信誉的大学生会更容易融入社会，更容易得到社会和身边人的认可和尊重。当前很多高校建立了大学生信用档案系统，并与用人单位合作。有诚信的大学生在实习、就业与创业中享有优先推荐权，更容易拿到用人单位的“长期饭票”。有些高校对接银行征信系统，将助学贷款的偿还情况及时通报，让守信的学生在校内评优评先及奖助贷方面畅行无阻。

(三)失信使大学生寸步难行

诚信缺失是当前大学生面临的一个重要问题，主要表现在考试作弊、作业抄袭、学术论文造假，以及恶意欠学费、欠助学贷款及网络失信等方面。清华大学近日公布的新版《清华大学学生纪律处分管理规定实施细则》(以下简称《细则》)格外引人关注。与其 2017 年的《细则》相比，此次修订的内容主要集中在对学术不端行为的处罚规定方面。新版《细则》明确区分了“非学位论文”与“学位论文”，对发生在学位论文上的学术不端行为给予更严厉的处分。例如，《细则》新增一条：学位论文、公开发表的研究成果中有抄袭、篡改、伪造等情形，情节严重的，或代写、由他人代写学位论文、买卖学位论文的，经学校学术委员会认定，将给予开除学籍处分。而上述行为原来的处罚是给予“记过以上处分”。

(四)加强诚信建设，努力提高大学生的诚信水平

大学生是中国特色社会主义事业的建设者和接班人，大学生的诚信意识、诚信行为、诚信品质事关社会诚信建设的推进，事关社会主义核心价值观的培育和践行，事关“两个一百年”奋斗目标和中华民族伟大复兴的中国梦的实现。提高大学生的诚信水平的总体思路可概括为以下几点。

1. 以诚信教育为基础

2018 年 5 月 2 日，习近平在五四青年节和北京大学建校 120 周年校庆日来临之际到北京大学考察并发表重要讲话。他的讲话通篇贯穿一个“德”字，强调大学教育要以树人为核心，以立德为根本，把立德树人的成效作为检验学校一切工作的根本标准。诚信教育作为德育教育的重要组成部分，应贯穿于学校教育的全过程，注重提高诚信教育的针对性和实效性。例如，低年级的重点是进行诚信认知教育，以此唤醒诚信意识。高年级则注重加强职业道德教育与诚信教育的融合，在传授学生技能的同时培养学生的诚信品质。也可以举办“诚信考场”等形式多样的诚信实践活动，将诚信教育渗透到教学活动过程中。

2. 以构建诚信机制为抓手

高校要深入推进在校大学生诚信档案建设工作，重点考核评估学生在考试、论文写作、申请与偿还助学贷款、学杂费缴纳以及择业方面的诚信行为，将其记录在案，把考核结果作为大学生德育测评的重要依据，并将信用档案与教育部门、社会中介组织和银行等机构信息共享，使得学生充分重视诚信的重要性，使个人信用档案真正成为学生的通行证。

3. 以营造良好的校园诚信文化为要务

大学生即是诚信文化建设的接受者，也是校园诚信文化的创造者。校园诚信文化对大学生的影响水滴石穿、日积月累，可以达到润物细无声的作用。因此建立诚信文化体系，首先，一方面要体现在有形物质方面，加强校报、学校官方网络平台、图书馆、学生活动中心等对诚信文化的宣传，在教学区和学生宿舍等适当的位置设置诚信格言；另一方面要广泛开展“诚信教育月”等活动，将诚信教育日常化。其次，要把诚信教育寓于各种教学活动、校园文化生活中，以潜移默化的方式进行诚信教育，提高诚信道德教育的吸引力和感召力。

◎背景知识

新时代社会建设的丰富内涵和实践路径(节选)

社会建设，关乎民生，关乎国家长治久安，是中国特色社会主义“五位一体”总体布局的重要组成部分，在“四个全面”战略布局中具有举足轻重的地位和作用。党的十八大以来，习近平总书记高度重视社会建设，从党和人民事业发展的高度，作出一系列重要论述和重大部署，不断推动社会建设理论和实践取得一系列重大成就。在中国特色社会主义新时代，必须深入学习领会习近平总书记关于社会建设系列重要讲话的丰富内涵，根据时代发展的新形势新要求创新社会建设实践，进一步推动实现人的全面发展、社会全面进步。

坚持以人民为中心的发展思想。党的十八大以来，习近平总书记多次强调，把人民放在心中最高位置，坚持一切为了人民、一切依靠人民，为人民过上更加美好生活而矢志奋斗。在党的十八届五中全会上，以习近平同志为核心的党中央明确提出了“坚持以人民为中心的发展思想”。党的十九大报告明确将坚持以人民为中心，作为新时代坚持和发展中国特色社会主义的基本方略。

社会建设工作是直接服务群众的工作，与群众冷暖息息相关，是我们党人民立场、人民情怀的集中体现。在推动社会建设过程中，要认真贯彻落实习近平总书记关于社会建设的重要论述，结合中国特色社会主义进入新时代的新形势新要求，不断实现好、维护好、发展好最广大人民根本利益，真正做到发展为了人民、发展依靠人民、发展成果由人民共享。这既是开展社会建设工作的出发点和落脚点，也是检验社会建设工作质量和成效的最高标准。

把握“提高保障和改善民生水平”“加强和创新社会治理”两个方面重点。社会建设要坚持服务为先，以保障和改善民生为重点，着力解决人民最关心最直接最现实的利益问题。要按照十九大报告确定的社会建设工作基本思路、目标要求，锲而不舍、久久为功，在优先发展教育事业、提高就业质量和人民收入水平、加强社会保障体系建设、打赢脱贫攻坚战、实施健康中国战略等方面，取得突破性进展。加强和创新社会治理是社会建设的时代课题，是国家治理体系和治理能力现代化的重要内容。要坚定不移走中国特色社会主义社会治理之路，善于把党的领导和我国社会主义制度优势转化为社会治理优势。促进社会公平正义，切实解决群众合理合法的利益诉求，加强预防和化解社会矛盾机制建设。牢固树立安全发展理念，牢记公共安全是最基本的民生的道理。深入推进社会治安综合治理，保护人民群众的人身权、财产权、人格权。

加强党建引领、改革创新、抓基层打基础三个着力点。党政军民学，东西南北中，党是领导一切的。在社会建设工作中，要切实加强党的领导，把加强党的建设、巩固党的执政基础贯穿社会建设各项工作始终。不断扩大社会领域党的组织和党的工作的有效覆盖，巩固党的执政基础。要通过社会体制改革创新，不断完善在党组织领导下，政府组织、市场组织、社会组织、基层组织、自治组织共建共治共享体系，不断提高系统治理、依法治理、综合治理、源头治理能力。党的工作最坚实的力量支撑在基层，经济社会发展和民生最突出的矛盾和问题也在基层，社会建设过程中，要把抓基层打基础作为长远之计和固本之策，丝毫不能放松。要推动社会治理重心向基层下移，完善以基层党组织为核心、全社会共同参与的基层社会治理新格局，健全城乡社区的服务功能和管理功能。

不断提高社会治理社会化、法治化、智能化、专业化水平。社会治理体系和治理能力现代化，离开社会化就没有出路，离开法治化就没有保障，离开智能化就没有支撑，离开专业化就不可能上水平。提高社会化水平，就是要充分调动人民群众的积极性、主动性、创造性，把社会力量广泛动员起来，把社会活力充分激发出来；提高法治化水平，就是要加快推进社会建设立法，坚持法治国家、法治政府、法治社会一体建设，切实把依法治理贯穿于社会治理全过程；提高智能化水平，就是要加快推进智慧城市建设，把“互联网＋”、大数据、云计算、物联网等现代信息技术广泛运用到社会建设实际工作中；提高专业化水平，就是要打造一支专业化的社会建设领导干部队伍和基层工作者队伍。

总之，中国特色社会主义新时代的社会建设，要以习近平总书记社会建设系列重要论述为指导，密切结合时代特征、中国特色、各地特点，一步一个脚印向前推进，让改革发展成果更多更公平惠及全体人民，不断推进社会治理体系和治理能力现代化。（作者：宋贵伦，北京市委社会工委书记、市社会办主任）

《光明日报》（2018 年 04 月 02 日 11 版）

◎关于诚信的名言警句

1. 志不强者智不达，言不信者行不果。——墨子
2. 内外相应也，言行相称也。——韩非子
3. 善不由外来兮，名不可以虚作。——屈原
4. 真者，精诚之至也，不精不诚，不能动人。——庄子
5. 人背信则名不达。——刘向
6. 言忠信，行笃敬。——孔子
7. 让受信者受益，让失信者受限。——习近平

◎相关链接

1. 中国人大网：http：//www.npc.gov.cn/npc/xinwen/2018－03/20/content_2052202.htm
2. 中国政府网：http：//www.court.gov.cn/zixun－xiangqing－84942.html
3. 人民论坛网：http：//www.rmlt.com.cn/2018/0131/510357.shtml
4. 信用中国：https：//www.creditchina.gov.cn/home/index.html

◎深度阅读

1.《习近平关于社会主义社会建设论述摘编》
2.《习近平关于全面依法治国论述摘编》
3. 党的十九大报告
4.《中共中央关于全面推进依法治国若干重大问题的决定》
5.《中华人民共和国宪法》

◎重点难点问题思考

1. 加强社会建设为什么要坚持以人民为中心的原则？
2. 全面推进社会建设要做好哪些工作？
3. 十九大关于建设社会主义法治国家有哪些新思想？
4. 大学生怎样加强诚信建设？
5. 结合本人实际，谈谈怎样遵纪守法。

第四讲　全面从严治党，提高党的执政能力和执政水平

导语： 伟大的事业必须有坚强的党来领导，治党务必从严，全面从严治党永远在路上。2017 年 10 月，党的十九大提出“全面推进党的政治建设、思想建设、组织建设、作风建设、纪律建设，把制度建设贯穿其中，深入推进反腐败斗争”党的建设新的总布局。2019 年 1 月，习近平总书记在十九届中央纪委三次全会上提出，接下来全面从严治党总体要求是：要以新时代中国特色社会主义思想为指导，增强“四个意识”、坚定“四个自信”、做到“两个维护”，以党的政治建设为统领全面推进党的建设，取得全面从严治党更大战略性成果，巩固发展反腐败斗争压倒性胜利，一体推进不敢腐、不能腐、不想腐，健全党和国家监督体系，确保党的十九大精神和党中央重大决策部署坚决贯彻落实到位，以优异成绩庆祝中华人民共和国成立 70 周年。

关键词： 全面从严治党　“四个意识”　“四个自信”　“两个维护”　监督体系

一、深入贯彻党的十九大精神，全面加强党自身建设

党和人民的事业发展到什么阶段，党的建设就要推进到什么阶段。党的十八大以来，党和国家事业之所以能取得历史性成就、发生历史性变革，根本原因就在于以习近平同志为核心的党中央全面加强和改善了党的领导。

(一)全面从严治党展现新成就、呈现新特点、凸显新问题

党的十八大以来，以习近平同志为核心的党中央经过不断探索、不断实践，在全面从严治党和加强党的建设方面积累了许多宝贵经验。全

面从严治党展现新成就、呈现新特点，但也凸显出一些新问题。

1. **新成就**

党的十九大报告指出，十八大以来的五年，全面从严治党成效卓著。表现为：全面加强党的领导和党的建设，坚决改变管党治党宽松软状况。推动全党尊崇党章，增强政治意识、大局意识、核心意识、看齐意识，坚决维护党中央权威和集中统一领导，严明党的政治纪律和政治规矩，层层落实管党治党政治责任。坚持照镜子、正衣冠、洗洗澡、治治病的要求，开展党的群众路线教育实践活动和“三严三实”专题教育，推进“两学一做”学习教育常态化制度化，全党理想信念更加坚定、党性更加坚强。贯彻新时期好干部标准，选人用人状况和风气明显好转。党的建设制度改革深入推进，党内法规制度体系不断完善。把纪律挺在前面，着力解决人民群众反映最强烈、对党的执政基础威胁最大的突出问题。出台中央八项规定，严厉整治形式主义、官僚主义、享乐主义和奢靡之风，坚决反对特权。巡视利剑作用彰显，实现中央和省级党委巡视全覆盖。坚持反腐败无禁区、全覆盖、零容忍，坚定不移“打虎”、“拍蝇”、“猎狐”，不敢腐的目标初步实现，不能腐的笼子越扎越牢，不想腐的堤坝正在构筑，反腐败斗争压倒性态势已经形成并巩固发展。

伟大的实践诞生伟大的理论。在领导全面从严治党的实践中，习近平党建思想得以形成。这是习近平新时代中国特色社会主义思想的重要组成部分，是新时代全面加强党的领导和党的建设的根本遵循和行动指南。习近平党建思想内涵丰富、系统完整、逻辑严密，鲜明提出从严治党要统揽伟大斗争、伟大工程、伟大事业、伟大梦想，这是习近平党建思想的总体背景；坚持和加强党的全面领导，这是习近平党建思想的灵魂；新时代党的建设总要求，这是习近平党建思想的主干和最新成果；全面从严治党，这是习近平党建思想的主题；坚持制度治党、依规治党，这是习近平党建思想的重要抓手。其中体现了理论继承与理论创新相结合，思想建党与制度治党相结合，全面从严治党与完成伟大事业相结合，党的意识与人民主体意识相结合，问题导向与责任担当相结合。习近平党建思想实现了马克思主义党建理论体系的重大创新，取得了党的领导和党的建设的重大成效，对党的长期执政和国家长治久安，已经产生并将继续产生重大而深远的影响。

2. **新特点**

十八届六中全会是全面从严治党历程中的重要里程碑，它抓住了“治国必先治党，治党务必从严”这个治国理政的核心问题，并在这个问题上取得了历史性突破。在十八届中央纪委七次全会上，习近平总书记指出：

“全面加强纪律建设，持之以恒抓好作风建设，把反腐败斗争引向深入，不断增强全面从严治党的系统性、创造性、实效性。”系统性、创造性、实效性是全面从严治党的突出新特点，推动全面从严治党向纵深发展。

(1)系统性

十八大以来，党中央全面从严治党的系统性很强，紧紧围绕纪律建设、作风建设和反腐败斗争，着力从思想、管党、执纪、治吏、作风、反腐等层面积极稳步推进。

从治本出发，抓思想从严。要求党员要坚持共产党人价值观，不断坚定和提高政治觉悟和宗旨意识；要坚定理想信念，铸牢理想信念这个共产党人的魂，最终不断增强道路自信、理论自信、制度自信、文化自信。

落实主体责任，抓管党从严。全面从严治党，核心是加强党的领导，关键在严。各级党委要肩负起主体责任，落实管党治党责任，党委书记要当好第一责任人，对本地区本单位的政治生态负责；同时，强调各级纪委要担负起监督责任，勇于监督执纪问责。对主体责任落实不力，监督责任落实不到位的，要强化问责。

严明党的纪律，抓执纪从严。全面从严治党，首先要严明纪律。保证党的团结统一、步调一致，必须把纪律挺在前面。严明党的政治纪律和政治规矩，全党牢记“五个必须”、防止“七个有之”，对违纪问题发现一起查处一起，提高纪律执行力，维护纪律严肃性，强化纪律的刚性约束，使纪律真正成为“带电的高压线”。

坚持正确用人导向，抓治吏从严。深化干部人事制度改革，着力整治选人用人上的不正之风和腐败现象，坚决抵制官场关系学、厚黑学、“潜规则”等庸俗为官哲学，对一些“为官不为”、不能担当负责的干部予以调整，一大批忠诚干净担当的干部得到提拔和重用，坚决纠正了“劣币驱逐良币”的逆淘汰现象，促进了吏治环境、政治生态的山清水秀。

从作风建设切入，抓作风从严。党中央坚持以上率下，从出台中央八项规定开始，接着开展党的群众路线教育实践活动、“三严三实”专题教育，抓住重要时间节点，着力解决许多过去被认为解决不了的问题，刹住了许多人认为不可能刹住的歪风，端正了党员干部的公私观、是非观、义利观，推动了党风政风的好转。

以零容忍的态度，抓反腐从严。腐败，是百姓最痛恨的事情，是党执政地位的最大威胁。坚持以零容忍的态度反腐败，反腐败斗争没有禁区、没有特区，不定指标、上不封顶，老虎要打，苍蝇也要打。腐败蔓延势头被有效遏制，反腐败斗争压倒性态势已经形成。

(2)创造性

全面从严治党是在党领导全面深化改革进入深水区和攻坚期的“自我革命”，本质上是管党治党体制机制制度的重大改革与全面创新。

开拓了创造性治党思路。坚持一切从实际出发，遵循管党治党规律，以问题为导向，从战略和全局高度谋划布局，以切实改进作风为突破点，以严厉惩治腐败为重点，以从严管理干部为关键点，以制度治党为根本点，既整体推进，又重点突破。

提出了创造性治党观点。全面从严治党管党不断推进，不仅形成了成效明显的新态势，而且出现了不少涵义清晰的新词语。这些新词运用形象生动的语言，表达全面从严治党的新理念、新内容和新观点，充分体现了新一届党中央管党治党思想的创造性特征。如“打铁还需自身硬”的打铁论、“补精神之‘钙’”的补钙论、“把权力关进制度的笼子”的笼子论、“永远在路上”的路上论等。

设定了创造性治党策略。在推进全面从严治党的各环节中运用一系列具体方法和手段，坚持顶层设计与底线限定有机统一，坚持严厉惩治和有效预防紧密结合，坚持攻坚战与持久战辩证统一，坚持自律和他律双管齐下。

(3)实效性

经过全党的努力，管党治党从宽松软走向严紧硬，全面从严治党取得重要阶段性成果。具体表现为：党的各级组织管党治党主体责任明显增强，中央八项规定精神得到坚决落实，党的纪律建设全面加强，腐败蔓延势头得到有效遏制，反腐败斗争压倒性态势已经形成，不敢腐的目标初步实现，不能腐的制度日益完善，不想腐的堤坝正在构筑，党内政治生活呈现新的气象。

党的建设必须全面从严，管党治党主体责任从党风廉政建设到全面从严治党，以严肃问责推动责任落实，促使各级党组织和负责人更加主动地把抓好党建作为分内之事，把党的领导落到实处，主体责任意识明显增强。

中央从立规矩开始，以上率下、率先示范遵守中央八项规定，中央纪委定期公布各地区、部门违反中央八项规定情况，该问责的问责，该处理的处理，无论职位高低，一律不留情面，对全党上下形成强大震慑作用，在全社会都形成了监督落实中央八项规定精神的氛围。

加强纪律建设，通过健全完善制度，扎紧党纪党规的笼子，深入开展纪律教育，形成尊崇党章的氛围，狠抓执纪监督，提高纪律执行力。

构建不敢腐、不能腐、不想腐的体制机制。抓住思想教育这个根本，通过理想信念教育、理论教育和党性教育，筑牢信仰之基、补足精神之钙、把稳思想之舵，不想腐的堤坝正在构筑。

3. 新问题

习近平总书记在十九大报告中指出：“同时，必须清醒看到，我们的工作还存在许多不足，也面临不少困难和挑战。主要是：发展不平衡不充分的一些突出问题尚未解决，发展质量和效益还不高，创新能力不够强，实体经济水平有待提高，生态环境保护任重道远；民生领域还有不少短板，脱贫攻坚任务艰巨，城乡区域发展和收入分配差距依然较大，群众在就业、教育、医疗、居住、养老等方面面临不少难题；社会文明水平尚需提高；社会矛盾和问题交织叠加，全面依法治国任务依然繁重，国家治理体系和治理能力有待加强；意识形态领域斗争依然复杂，国家安全面临新情况；一些改革部署和重大政策措施需要进一步落实；党的建设方面还存在不少薄弱环节。这些问题，必须着力加以解决。”

党的十九大报告指出：“我们党面临的执政环境是复杂的，影响党的先进性、弱化党的纯洁性的因素也是复杂的，党内存在的思想不纯、组织不纯、作风不纯等突出问题尚未得到根本解决。”

习近平总书记在十九届中央纪委二次全会上指出，要全面贯彻党的十九大精神，重整行装再出发，以永远在路上的执着把全面从严治党引向深入，开创全面从严治党新局面。同时，他还强调，要坚持问题导向，保持战略定力，以“越是艰险越向前”的英雄气概和“狭路相逢勇者胜”的斗争精神，坚定不移抓下去。

(二)党的十九大要求全面加强党自身建设

十九大要求：全面从严治党永远在路上。一个政党，一个政权，其前途命运取决于人心向背。人民群众反对什么、痛恨什么，我们就要坚决防范和纠正什么。全党要清醒地认识到，我们党面临的执政环境是复杂的，影响党的先进性、弱化党的纯洁性的因素也是复杂的，党内存在的思想不纯、组织不纯、作风不纯等突出问题尚未得到根本解决。要深刻认识党面临的执政考验、改革开放考验、市场经济考验、外部环境考验的长期性和复杂性，深刻认识党面临的精神懈怠危险、能力不足危险、脱离群众危险、消极腐败危险的尖锐性和严峻性，坚持问题导向，保持战略定力，推动全面从严治党向纵深发展。

新时代党的建设总要求是：坚持和加强党的全面领导，坚持党要管党、全面从严治党，以加强党的长期执政能力建设、先进性和纯洁性建设为主线，以党的政治建设为统领，以坚定理想信念宗旨为根基，以调动全党积极性、主动性、创造性为着力点，全面推进党的政治建设、思想建设、组织建设、作风建设、纪律建设，把制度建设贯穿其中，深入推进反腐败斗争，不断提高党的建设质量，把党建设成为始终走在时代前列、人民衷心拥护、勇于自我革命、经得起各种风浪考验、朝气蓬勃的马克思主义执政党。

1. 思想建设

用新时代中国特色社会主义思想武装全党。思想建设是党的基础性建设。革命理想高于天。共产主义远大理想和中国特色社会主义共同理想，是中国共产党人的精神支柱和政治灵魂，也是保持党的团结统一的思想基础。要把坚定理想信念作为党的思想建设的首要任务，教育引导全党牢记党的宗旨，挺起共产党人的精神脊梁，解决好世界观、人生观、价值观这个“总开关”问题，自觉做共产主义远大理想和中国特色社会主义共同理想的坚定信仰者和忠实实践者。弘扬马克思主义学风，推进“两学一做”学习教育常态化制度化，以县处级以上领导干部为重点，在全党开展“不忘初心、牢记使命”主题教育，用党的创新理论武装头脑，推动全党更加自觉地为实现新时代党的历史使命不懈奋斗。

“欲事立，须是心立。”党的思想建设，是指党为保持自己的创造力、凝聚力和战斗力而在思想理论方面所进行的一系列工作。党的思想建设的基本内容和主要任务，是用马克思列宁主义、毛泽东思想、中国特色社会主义理论体系武装全党，改造和克服党内一切非无产阶级思想；对党员进行党的基本理论、基本路线、基本纲领和基本经验教育，保证党的基本路线的贯彻执行。党的思想建设的实质是坚持马克思主义的思想领导，保持全党在思想上政治上的高度一致和党的先进性。加强党的思想建设，最根本的是要用马克思主义理论武装全党。

加强对习近平新时代中国特色社会主义思想的学习，坚持入脑入心，反躬自省，结合思想实际和工作实际，提高警觉，防微杜渐，从根本上防止思想滑坡。加强党的思想建设必须深入开展社会主义核心价值体系学习教育，坚定对中国特色社会主义的道路自信、理论自信、制度自信、文化自信。深入开展社会主义核心价值体系学习教育，是我们党巩固共同思想基础的重要措施，是我们党防止西方国家渗透的重要保证，是我们党提高广大党员干部群众思想道德素质的重要途径。要把社会主义核心价值体系融入国民教育、精神文明建设和党的思想建设全过程，贯穿于社会主义现代化建设的各个领域，体现到精神文化产品创作生产传播的各个方面。充分运用大众传媒的独特优势，大力宣传建设社会主义核心价值体系的战略意义和重要内容，宣传广大党员干部群众学习社会主义核心价值体系的生动实践和鲜活经验。在开展学习教育中，要密切联系广大党员干部群众的学习、工作和生活，采用喜闻乐见的方式，有计划和高效率地抓住重大纪念日、民族传统节日的契机，搭建深入学习社会主义核心价值体系的平台，营造有利于全面弘扬社会主义核心价值体系的氛围，让广大党员干部群众在生活中感悟社会主义意识形态的本质和全党全国各族人民的共同思想基础，在潜移默化中进一步坚定对社会主义和共产主义的信念。

2. 组织建设

党的组织建设主要包括民主集中制建设、党的基层组织建设、干部队伍建设和党员队伍建设等内容。党的组织体系是依据党的纲领和章程，按照民主集中制的原则，自下而上组织起来的统一整体。党要实现各个历史时期的政治任务，必须始终把加强党的组织建设摆在突出位置。

党的基层组织是确保党的路线方针政策和决策部署贯彻落实的基础。要以提升组织力为重点，突出政治功能，把企业、农村、机关、学校、科研院所、街道社区、社会组织等基层党组织建设成为宣传党的主张、贯彻党的决定、领导基层治理、团结动员群众、推动改革发展的坚强战斗堡垒。党支部要担负好直接教育党员、管理党员、监督党员和组织群众、宣传群众、凝聚群众、服务群众的职责，引导广大党员发挥先锋模范作用。坚持“三会一课”制度，推进党的基层组织设置和活动方式创新，加强基层党组织带头人队伍建设，扩大基层党组织覆盖面，着力解决一些基层党组织弱化、虚化、边缘化问题。扩大党内基层民主，推进党务公开，畅通党员参与党内事务、监督党的组织和干部、向上级党组织提出意见和建议的渠道。注重从产业工人、青年农民、高知识群体中和在非公有制经济组织、社会组织中发展党员。加强党内激励关怀帮扶。增强党员教育管理针对性和有效性，稳妥有序开展不合格党员组织处置工作。

一是创新基层党建工作，必须确保党的组织和党的工作全覆盖。在强化农村、城市社区等传统领域党组织建设的同时，加大非公有制经济组织、社会组织党建工作力度，加大在农民专业合作社、专业协会、产业链、外出务工经商人员相对集中点建立党组织的力度，给指导、给资源、给手段，提高党的工作的辐射力、影响力，实现“有形覆盖”和“无形覆盖”的统一。改革完善以党组织为核心的基层组织架构，本着便于参与、功能实用的思路，集信息服务、学习培训、开展活动于一体，加强党员活动阵地建设。利用互联网、手机等新兴传播媒体，拓展基层党建工作渠道阵地。

二是健全社会主义协商民主制度。把握中国特色社会主义政治发展道路这个根本方向，不断坚持完善中国共产党领导的多党合作和政治协商制度，充分运用人民政协这个重要渠道，不断完善各种协商形式，扩大民主的范围，丰富民主的形式，提升民主的层次，推进协商民主广泛、多层、制度化发展。

三是加强党员干部队伍建设。党的干部是党和国家事业的中坚力量。要坚持党管干部原则，坚持德才兼备、以德为先，坚持五湖四海、任人唯贤，坚持事业为上、公道正派，把好干部标准落到实处。坚持正确选人用人导向，匡正选人用人风气，突出政治标准，提拔重用牢固树立“四个意识”和“四个自信”、坚决维护党中央权威、全面贯彻执行党的理论和路线方针政策、忠诚干净担当的干部，选优配强各级领导班子。注重培养专业能力、专业精神，增强干部队伍适应新时代中国特色社会主义发展要求的能力。大力发现储备年轻干部，注重在基层一线和困难艰苦的地方培养锻炼年轻干部，源源不断选拔使用经过实践考验的优秀年轻干部。统筹做好培养选拔女干部、少数民族干部和党外干部工作。认真做好离退休干部工作。坚持严管和厚爱结合、激励和约束并重，完善干部考核评价机制，建立激励机制和容错纠错机制，旗帜鲜明为那些敢于担当、踏实做事、不谋私利的干部撑腰鼓劲。各级党组织要关心爱护基层干部，主动为他们排忧解难。

人才是实现民族振兴、赢得国际竞争主动的战略资源。要坚持党管人才原则，聚天下英才而用之，加快建设人才强国。实行更加积极、更加开放、更加有效的人才政策，以识才的慧眼、爱才的诚意、用才的胆识、容才的雅量、聚才的良方，把党内和党外、国内和国外各方面优秀人才集聚到党和人民的伟大奋斗中来，鼓励引导人才向边远贫困地区、边疆民族地区、革命老区和基层一线流动，努力形成人人渴望成才、人人努力成才、人人皆可成才、人人尽展其才的良好局面，让各类人才的创造活力竞相迸发、聪明才智充分涌流。

3. **作风建设**

持之以恒正风肃纪。党的作风建设，是指端正党组织和党员的思想作风、工作作风和生活作风，树立与党的性质和宗旨相适应的良好风尚的工作。党的作风关系到党的性质，关系到人心向背，影响着社会风气，决定着党的命运，党风建设是党的建设的一个十分重要的问题。

作风建设是党的建设的重要组成部分。我们党历来高度重视作风建设。在改革开放和发展社会主义市场经济的新形势下，由于经济利益、就业形式和生活方式的多样化，价值观念的多元化，特别是市场经济负面效应和各种剥削阶级腐朽思想的影响，作风问题成为更加突出的问题。

党的十八大以来，以习近平同志为核心的党中央，在推进中国特色社会主义伟大事业和党的建设新的伟大工程的实践中，把作风建设摆在优先位置，发扬踏石留印、抓铁有痕的坚韧精神，扎实推进作风建设，令党风政风为之一新、党心民心为之一振，正以累积作风建设的点滴成效，营造着风清气正的政治生态。

我们党来自人民、植根人民、服务人民，一旦脱离群众，就会失去生命力。加强作风建设，必须紧紧围绕保持党同人民群众的血肉联系，增强群众观念和群众感情，不断厚植党执政的群众基础。凡是群众反映强烈的问题都要严肃认真对待，凡是损害群众利益的行为都要坚决纠正。坚持以上率下，巩固拓展落实中央八项规定精神成果，继续整治“四风”问题，坚决反对特权思想和特权现象。重点强化政治纪律和组织纪律，带动廉洁纪律、群众纪律、工作纪律、生活纪律严起来。坚持开展批评和自我批评，坚持惩前毖后、治病救人，运用监督执纪“四种形态”，抓早抓小、防微杜渐。赋予有干部管理权限的党组相应纪律处分权限，强化监督执纪问责。加强纪律教育，强化纪律执行，让党员、干部知敬畏、存戒惧、守底线，习惯在受监督和约束的环境中工作生活。

4. **制度建设**

增强党自我净化能力，根本靠强化党的自我监督和群众监督。要加强对权力运行的制约和监督，让人民监督权力，让权力在阳光下运行，把权力关进制度的笼子。强化自上而下的组织监督，改进自下而上的民主监督，发挥同级相互监督作用，加强对党员领导干部的日常管理监督。深化政治巡视，坚持发现问题、形成震慑不动摇，建立巡视巡察上下联动的监督网。深化国家监察体制改革，将试点工作在全国推开，组建国家、省、市、县监察委员会，同党的纪律检查机关合署办公，实现对所有行使公权力的公职人员监察全覆盖。制定国家监察法，依法赋予监察委员会职责权限和调查手段，用留置取代“两规”措施。改革审计管理体制，完善统计体制。构建党统一指挥、全面覆盖、权威高效的监督体系，把党内监督同国家机关监督、民主监督、司法监督、群众监督、舆论监督贯通起来，增强监督合力。

“法与时转则治，治与世宜则有功。”全面从严治党靠教育，也靠制度，必须坚持思想建党和制度建党紧密结合、刚柔相济。《深化党的建设制度改革实施方案》提出了 26 个方面的改革任务。一些改革措施已产生阶段性效果，党的建设制度改革正在向纵深推进。全面实施《干部任用条例》，构建科学有效、简便易行的选人用人机制；改进地方政绩考核工作，促进领导干部树立正确的政绩观；按照中央总体部署，制定实施培养选拔优秀年轻干部的意见，推进常态化培养、合理化配备、制度化运行。《党的纪律检查体制改革实施方案》则对中国共产党十八大和十八届三中全会提出的纪律检查体制进行了具体部署。党风廉政建设中主体责任和监督责任得到明显强化，巡视制度改革迈出新步伐，专项巡视成为常态，派驻机构全覆盖提速。各级纪检监察机关攥紧拳头，把监督执纪问责的责任切实担起来，不断健全和强化党内监督体制机制。

“欲知平直，则必准绳；欲知方圆，则必规矩。”2014 年，在党内法规制度建设史上具有重要意义。随着《中共中央关于再废止和宣布失效一批党内法规和规范性文件的决定》的发布，中国共产党历史上第一次中央党内法规和规范性文件集中清理工作已全部完成，这是党内法规制度建设中一件重要的大事。2016 年中国共产党十八届六中全会聚焦全面从严治党的重大主题，通过了《关于新形势下党内政治生活的若干准则》《中国共产党党内监督条例》，直面当前党内政治生活和党内监督存在的突出问题，聚焦党员领导干部特别是高级干部这个“关键少数”，形成了新的制度安排，实现了党内政治生活和党内监督制度化、规范化、程序化，为推进全面从严治党、提高党的创造力凝聚力战斗力提供了更加有力的制度保障。而随着党内法规制度建设科学化、制度化、规范化水平的不断提升，制度的笼子必将越扎越紧密、越用越给力，为全面从严治党提供更加坚强的制度保障。

5. **反腐倡廉**

人民群众最痛恨腐败现象，腐败是我们党面临的最大威胁。只有以反腐败永远在路上的坚韧和执着，深化标本兼治，保证干部清正、政府清廉、政治清明，才能跳出历史周期率，确保党和国家长治久安。当前，反腐败斗争形势依然严峻复杂，巩固压倒性态势、夺取压倒性胜利的决心必须坚如磐石。要坚持无禁区、全覆盖、零容忍，坚持重遏制、强高压、长震慑，坚持受贿行贿一起查，坚决防止党内形成利益集团。在市县党委建立巡查制度，加大整治群众身边腐败问题力度。不管腐败分子逃到哪里，都要缉拿归案、绳之以法。推进反腐败国家立法，建设覆盖纪检监察系统的检举举报平台。强化不敢腐的震慑，扎牢不能腐的笼子，增强不想腐的自觉，通过不懈努力换来海晏河清、朗朗乾坤。

腐败是人类尚未攻克的顽疾，十八大以来反腐新常态用事实证明了“把权力关进制度的笼子”、“踏石留印抓铁留痕”不是空话和口号。党中央反腐态度坚决，反腐成为党和国家历次会议的焦点和热点，更加注重顶层整体设计和系统规划，扎实推进；高层领导亲自带头倡廉，中央领导集体身体力行，率先垂范，用行动践行了“减少陪同”“简化接待”“不安排宴请”“不封路、不清场闭馆”“不题词题字”等庄严承诺，用果断行动开启了反腐倡廉的新征程；坚持“老虎”“苍蝇”一起打；毫不松懈狠刹歪风；案件处置快速、曝光及时；反腐倡廉信息公开透明；人民群众积极参与反腐。

党的十八届六中全会指出：要坚持有腐必反、有贪必肃，坚持无禁区、全覆盖、零容忍，党内决不允许有腐败分子藏身之地。反腐工作要保持足够“定力”，力度不减节奏不变，紧盯重点领域和关键节点，让反腐利剑时刻高悬，形成不敢腐、不能腐、不想腐的体制机制。反腐斗争永远在路上，没有“休止符”。

二、当前和今后一个时期全面从严治党的主要任务

习近平在十九届中央纪委三次全会上发表重要讲话强调，2019 年是中华人民共和国成立 70 周年，是全面建成小康社会、实现第一个百年奋斗目标的关键之年。我们要继续推进全面从严治党，继续推进党风廉政建设和反腐败斗争。习近平就此提出 6 项任务。一是深入贯彻落实党的十九大精神，不断强化思想武装。坚持用新时代中国特色社会主义思想武装头脑，经常对表对标，及时校准偏差。各级党组织要旗帜鲜明坚持和加强党的全面领导，坚持党中央重大决策部署到哪里，监督检查就跟进到哪里，确保党中央令行禁止。二是加强党的政治建设，保证全党集中统一、令行禁止。要贯彻落实新形势下党内政治生活若干准则，发展积极健康的党内政治文化。要把力戒形式主义、官僚主义作为重要任务。各地区各部门党委(党组)要履行主体责任，紧盯形式主义、官僚主义新动向新表现，拿出有效管用的整治措施。三是弘扬优良作风，同心协力实现小康。要把刹住“四风”作为巩固党心民心的重要途径，对享乐主义、奢靡之风等歪风陋习要露头就打，对“四风”隐形变异新动向要时刻防范。四是坚决惩治腐败，巩固发展压倒性胜利。要坚持靶向治疗、精确惩治，聚焦党的十八大以来着力查处的重点对象，紧盯事关发展全局和国家安全的重大工程、重点领域、关键岗位，加大金融领域反腐力度，对存在腐败问题的，发现一起坚决查处一起。要深化标本兼治，夯实治本基础，一体推进不敢腐、不能腐、不想腐。五是强化主体责任，完善监督体系。要深化国家监察体制改革，高质量推进巡视巡察全覆盖，发挥派驻机构职能作用。各级党委(党组)特别是书记要强化政治担当、履行主体责任，把每条战线、每个领域、每个环节的党建工作抓具体、抓深入。六是向群众身边不正之风和腐败问题亮剑，维护群众切身利益。要做深做实做细市县巡察和纪委监委日常监督，在实践中拓展整治群众身边腐败和作

风问题工作，从具体人、具体事着手，将问题一个一个解决。

(一)增强“四个意识”、坚定“四个自信”、做到“两个维护”

党的十八大以来，党中央鲜明强调“四个意识”、“四个自信”、“两个维护”，提出一系列明确要求，取得的效果是非常明显的。习近平总书记在领导新时代党和国家事业发展中，在审视和把握日益复杂的国内外发展大势中，在带领全党全国各族人民奋进新时代的伟大实践中，战略判断高瞻远瞩，政治领导娴熟高超，人民立场鲜明坚定，历史担当强烈坚定，充分证明不愧为党中央的核心、全党的核心。新时代全党全国必须保持高度的思想自觉、政治自觉、行动自觉，增强“四个意识”，坚定“四个自信”，做到“两个维护”。这是保证全党团结统一、步调一致，带领全国各族人民决胜全面建成小康社会、奋力夺取新时代中国特色社会主义伟大胜利的根本政治保证。

1. 政治意识、大局意识、核心意识、看齐意识

“四个意识”是2016年1月29日中共中央政治局会议最早提出来的。党的十九大报告也强调：“必须增强政治意识、大局意识、核心意识、看齐意识，自觉维护党中央权威和集中统一领导，自觉在思想上政治上行动上同党中央保持高度一致。”

增强政治意识，就是要求全体党员一定要坚定正确的政治方向，始终与党中央保持政治上的高度一致，这是对党员干部第一位的要求。坚守党的政治属性，始终不能忘记中国共产党是中国工人阶级的先锋队，同时是中国人民和中华民族的先锋队；坚定党的政治立场，始终不能忘记全心全意为人民服务的根本宗旨；坚定党的理想信念，始终不能忘记共产主义的远大理想和中国特色社会主义的共同理想；坚持党的政治地位，始终确保党是中国特色社会主义的坚强领导核心；严格遵守党的政治纪律和政治规矩，始终把党章作为全党必须共同遵循的根本大法和总规矩，把党的各种规章制度作为自己的行为规范和规则。

增强大局意识，就是要求全体党员一定要确立正确的大局观，把握党的工作大局和中心工作，站在党和国家大局上思考和处理问题，自觉地认识、服从和维护大局，毫不动摇地贯彻落实中央的决策部署。自觉认识和把握大局，就是要在党中央的统一领导下，在新的历史起点上坚持和发展中国特色社会主义，按照“五位一体”的总体布局，协调推进“四个全面”的战略布局，贯彻落实“五大发展理念”，为实现中华民族伟大复兴的中国梦而努力奋斗；自觉地服从党的工作大局，就是要善于处理眼前与长远、局部和整体、个人和集体的关系，牢牢抓住党的中心工作，坚持以经济建设为中心，把发展作为党执政兴国的第一要务，在优先和重点解决主要矛盾的同时推动各方面工作的开展；自觉地维护党的工作大局，就是要切实把思想和行动统一到以习近平为总书记的党中央的科学判断和决策部署上来，自觉适应我国经济社会发展的新常态，维护国家安全、社会稳定，推动我国经济社会的全面健康发展。

增强核心意识，就是要求全体党员一定要毫不动摇地维护、发展和巩固党在国家事业发展中的领导核心地位，党中央在全党中的领导核心地位，坚决维护习近平总书记在全党中的崇高威信。全党必须始终明确，办好中国的事情，关键在党，中国特色社会主义最本质的特征是中国共产党的领导，中国特色社会主义制度的最大优势是中国共产党的领导。坚持和完善党的领导，是党和国家的根本所在、命脉所在，是全国各族人民的利益所在、幸福所在，必须要不断加强和改善党的领导，确保党始终成为中国特色社会主义事业的坚强领导核心；全党必须始终坚决维护党中央的绝对权威，统一服从党中央的决策部署，自觉坚持党的基本理论、基本路线、基本纲领、基本经验，绝不允许在党内形成特殊的利益集团和小组织派别，同党中央离心离德；习近平总书记是我们党长期培养的、全党全国人民共同推举的领导人，在领导全党全国人民发展中国特色社会主义的过程中，已经成为全党全国人民的领导核心，全党必须坚决维护习近平总书记的威信和地位，使党的领导更加坚强有力，确保党和人民事业无往而不胜。

增强看齐意识，就是要求全体党员一定要自觉主动地以高标准严格要求自己，向党中央看齐、向党的领袖看齐、向党的决策看齐，跟上步伐，保持一致，确立标准，不能偏离。全党同志必须向党的理论和路线方针政策看齐，深入学习领会习近平总书记系列重要讲话精神，以十八大以来党中央和习近平总书记治国理政的新观点新思想新战略为标准，审视自己的思想、行动和工作成绩，在思想上政治上行动上同以习近平同志为核心的党中央保持高度一致。看齐关键是要落实在行动上，全党同志必须要敢于担当，勇于负责，真抓实干，开拓创新，把党中央的理论创新成果和重大决策部署落到实处，推动各项工作取得新成绩、实现新发展。看齐还要敢于和善于同各种错误思想和行为进行坚决的斗争，真正做到对党忠诚，为党分忧，为党担责，为党尽责，突出重点抓好落实党中央部署的各项工作。

党中央强调的“四个意识”，最终都要落脚到核心意识、看齐意识，在思想上政治上行动上同中央保持高度一致。全体党员、干部特别是高级干部必须增强党的意识，时刻牢记自己的第一身份是党员，更要自觉地增强党的观念、党员意识，在党爱党，在党言党，在党护党，严守党的纪律要求，维护核心权威，向党中央看齐。

2. 中国特色社会主义道路自信、理论自信、制度自信、**文化自信**

习近平总书记在庆祝中国共产党成立95周年大会上明确提出：中国共产党人“坚持不忘初心、继续前进”，就要坚持“四个自信”即“中国特色社会主义道路自信、理论自信、制度自信、文化自信”。党的十九大报告强调，“全党要更加自觉地增强道路自信、理论自信、制度自信、文化自信”。

自信是开拓奋进的强大动力，是通往光明的精神支撑。足够自信，一个国家、一个民族、一个政党，才能真正安身立命，坚定走向未来。

中国共产党人要有“四个自信”。其中，道路自信是对发展方向和未来命运的自信。坚持道路自信就是要坚定走中国特色社会主义道路，这是实现社会主义现代化的必由之路，是为近代历史反复证明的客观真理，是党领导人民从胜利走向胜利的根本保证，也是中华民族走向繁荣富强、中国人民幸福生活的根本保证。理论自信是对马克思主义理论特别是中国特色社会主义理论体系的科学性、真理性的自信。坚持理论自信就是要坚定对共产党执政规律、社会主义建设规律、人类社会发展规律认识的自信。制度自信是对中国特色社会主义制度具有制度优势的自信。坚持制度自信就是要相信社会主义制度具有巨大优越性，相信社会主义制度能够推动发展、维护稳定，能够保障人民群众的自由平等权利和人身财产权利。文化自信是对中国特色社会主义文化先进性的自信。坚持文化自信就是要激发党和人民对中华优秀传统文化的历史自豪感，在全社会形成对社会主义核心价值观的普遍共识和价值认同。“四个自信”是一个有机统一体，既相对独立，又相辅相成。文化自信是更基础、更广泛、更深厚的自信，道路自信、理论自信、制度自信，是文化自信的具体表现。

中国共产党人之所以有“四个自信”，首先是因为有马克思主义这一先进理论的指导。马克思主义理论是对自然社会思维一般规律的科学揭示，是关于人的解放和人类解放的科学理论，更是正确认识世界改造世界的根本方法指南。其次是因为有成功实践的证明。从1840年鸦片战争开始，中国一步步沦为半殖民地半封建社会，中华民族饱受列强欺侮。正是在中国共产党的领导下，实现了中国人民从站起来到富起来、强起来的伟大飞跃。这三次伟大飞跃，是中国共产党人“四个自信”的资本，也是中国共产党人“四个自信”的源泉。最后是因为有理想的不断激发。无论是2020年全面建成小康社会、2035年基本实现社会主义现代化、到本世纪中叶把我国建成富强民主文明和谐美丽的社会主义现代化强国，还是最终实现共产主义；中国共产党人的理想都是既一以贯之、又切实可行的，它们是历史、人民和真理的选择，从而成为不断激发“四个自信”的力量源泉。

3. 坚决维护习近平总书记党中央的核心、全党的核心地位，坚决维护党中央权威和集中统一领导

政治建设是党的根本性建设，“两个维护”是党的政治建设的首要任务。2018 年新修订的《中国共产党纪律处分条例》把政治建设摆在首位，将“两个维护”作为最根本的政治纪律和政治规矩予以明确。

历史和实践反复证明，有没有一个成熟稳定的领导核心，能否确保党中央权威和集中统一领导，关乎党的事业成败，关系党的前途命运。改革开放初期，正是在以邓小平同志为核心的党中央坚强领导下，我们党才可能开创中国特色社会主义的伟大事业。邓小平同志深有感触地指出：“任何一个领导集体都要有一个核心，没有核心的领导是靠不住的。”党的十四届四中全会在《中共中央关于加强党的建设几个重大问题的决定》中郑重写道：“党的历史表明，必须有一个在实践中形成的坚强的中央领导集体，在这个领导集体中必须有一个核心。如果没有这样的领导集体和核心，党的事业就不能胜利。”党的十八届六中全会通过的《关于新形势下党内政治生活的若干准则》也指出：“一个国家、一个政党，领导核心至关重要。”党的十八大以来，我们党的事业之所以取得全方位、开创性历史成就，发生深层次、根本性历史变革，就是因为有以习近平同志作为党中央的核心、全党的核心的坚强领导，有党中央的权威和集中统一领导。

党的十八大以来发现的管党治党的所有问题，从本质上看都是政治问题，都是“四个意识”不强的问题，都是对党不忠诚不老实的问题。综观党的十八大以来中管干部有关违纪问题通报，“违反政治纪律和政治规矩”一词频繁出现。有的理想信念根基不牢，在重大原则问题上立场不坚定；有的在贯彻执行中央决策部署上打折扣、做选择、搞变通，有令不行、有禁不止；还有的搞宗派主义、圈子文化、码头文化，将组织关系扭曲成庸俗的人身依附关系；等等。这些问题警示全党，必须严肃政治纪律和政治规矩。遵守党的政治纪律是遵守党的全部纪律的重要基础，“两个维护”是最根本的政治纪律和政治规矩。每一个党的组织、每一名党员干部，无论处在哪个领域、哪个层级、哪个部门和单位，都要服从党中央、习总书记集中统一领导，做到党中央提倡的坚决响应、党中央决定的坚决照办、党中央禁止的坚决杜绝，确保令行禁止、步调统一。

树牢“四个意识”，坚定“四个自信”，坚决做到“两个维护”，一要提高政治站位，切实把思想和行动统一到党中央部署要求上来，不折不扣把党中央的决策部署落到实处。二要强化科学理论武装，深入学习贯彻习近平新时代中国特色社会主义思想，坚持全面系统学、及时跟进学、联系实际学。三要勇于担当主动作为，结合自身实际进一步细化工作措施，全面落实在具体行动上、体现在实际工作中，在实践中增加才干、锤炼本领。四要涵养政治生态，领导班子成员以身作则、率先垂范，保持清正廉洁政治本色，营造风清气正务实高效的工作环境。五要锲而不舍转作风，严格落实中央八项规定精神，下大力气解决形式主义、官僚主义、享乐主义、奢靡之风的“四风”问题，把查摆出来的问题一个一个整改到位，推动全面从严治党不断向纵深发展。

(二)巩固发展反腐败斗争压倒性胜利

“党的十九大以来，以习近平同志为核心的党中央一以贯之、坚定不移推进全面从严治党，党内政治生态展现新气象，反腐败斗争取得压倒性胜利，全面从严治党取得重大成果。”2018 年 12 月 13 日，中共中央总书记习近平主持中央政治局会议，代表党中央作出的这一最新论断，令全党上下倍感振奋、备受鼓舞。

民心是最大的政治，正义是最强的力量。“人民群众最痛恨腐败现象，腐败是我们党面临的最大威胁。”党的十八大以来，我们党从抓落实中央八项规定精神破题，从腐败和反腐败两军对垒，呈“胶着状态”，到“反腐败斗争压倒性态势正在形成”，到“压倒性态势已经形成”，再到“取得压倒性胜利”；以习近平同志为核心的党中央以“得罪千百人，不负十三亿”的责任担当、“越是艰险越向前”的英雄气概和“狭路相逢勇者胜”的斗争精神，刮起前所未有的反腐风暴，向全党全社会表明了与腐败问题斗争到底的坚定态度，赢得了党心民心和人民群众对党的信心、信任和信赖。根据国家统计局的调查数据，党的十八大以来，人民群众对党风廉政建设和反腐败工作的满意度每年都在上升，已超过了 90%。

1. **落实中央八项规定**

2013 年 12 月 4 日，中共中央政治局召开会议并出台了《关于改进工作作风、密切联系群众的八项规定》，全国掀起了以“八项规定”为重点的反腐倡廉风暴。

中共中央关于改进工作作风、密切联系群众的八项规定具体内容如下：

第一，中央政治局全体同志要改进调查研究，到基层调研要深入了解真实情况，总结经验、研究问题、解决困难、指导工作，向群众学习、向实践学习，多同群众座谈，多同干部谈心，多商量讨论，多解剖典型，多到困难和矛盾集中、群众意见多的地方去，切忌走过场、搞形式主义。

第二，要轻车简从、减少陪同、简化接待，不张贴悬挂标语横幅，不安排群众迎送，不铺设迎宾地毯，不摆放花草，不安排宴请。

第三，要精简会议活动，切实改进会风，严格控制以中央名义召开的各类全国性会议和举行的重大活动，不开泛泛部署工作和提要求的会，未经中央批准一律不出席各类剪彩、奠基活动和庆祝会、纪念会、表彰会、博览会、研讨会及各类论坛；提高会议实效，开短会、讲短话，力戒空话、套话。

第四，要精简文件简报，切实改进文风，没有实质内容、可发可不发的文件、简报一律不发。

第五，要规范出访活动，从外交工作大局需要出发合理安排出访活动，严格控制出访随行人员，严格按照规定乘坐交通工具，一般不安排中资机构、华侨华人、留学生代表等到机场迎送。

第六，要改进警卫工作，坚持有利于联系群众的原则，减少交通管制，一般情况下不得封路、不清场闭馆。要改进新闻报道，中央政治局同志出席会议和活动应根据工作需要、新闻价值、社会效果决定是否报道，进一步压缩报道的数量、字数、时长。

第七，要严格文稿发表，除中央统一安排外，个人不公开出版著作、讲话单行本，不发贺信、贺电，不题词、题字。

第八，要厉行勤俭节约，严格遵守廉洁从政有关规定，严格执行住房、车辆配备等有关工作和生活待遇的规定。

习近平总书记指出："打铁还需自身硬。"改进作风的八项规定正是按照从严治党、从严要求的指导思想，通过制度方式推动党员干部求真务实、密切联系群众、防止种种不良作风，进而在改革发展的时代洪流中，在全球化、市场化等浪潮的激荡中，进一步把我们党锻造成为引领中国前行的坚强领导核心。截至 2018 年 10 月底，全国累计查处违反中央八项规定精神问题 254808 起，处理 349552 人，给予党纪政务处分 206428 人。新加坡《联合早报》这样描述八项规定：当时很少人预见到，公款吃喝、文山会海等中国官场的"老大难"问题，竟然出现如此明显的改善。今天，八项规定已成为我们党作风建设的代名词，成为全面从严治党的亮丽名片，成为再塑我们党自身形象的"第一行动"。

2. 一体推进不敢腐、不能腐、不想腐

反腐败斗争的长期性复杂性艰巨性，决定了必须一体推进不敢腐、不能腐、不想腐。党的十九大报告作出"强化不敢腐的震慑，扎牢不能腐的笼子，增强不想腐的自觉，通过不懈努力换来海晏河清、朗朗乾坤"的战略部署。2019 年 1 月 11 日，在十九届中央纪委三次全会上，习近平总书记强调，不敢腐、不能腐、不想腐是一个有机整体，要深化标本兼治，用好治标利器，夯实治本基础，一体推进不敢腐、不能腐、不想腐。

强化不敢腐的氛围。要持续保持惩治腐败高压态势，坚持无禁区、全覆盖、零容忍，坚持重遏制、强高压、长震慑，坚持受贿行贿一起查，聚焦党的十八大以来不收敛、不收手，问题线索反映集中、群众反映强烈，政治问题与经济问题交织的腐败案件，紧盯选人用人、资源开发、金融信贷、工程招投标等重点领域和关键环节，严惩贪污贿赂、滥用职权等职务违法和职务犯罪，精准有力惩治腐败，有力削减存量、有效遏制增量，持续强化“不敢”、“知止”氛围。

扎牢不能腐的笼子。要强化制约，保证权力规范运行；依法细化建立各部门、各层级、各岗位的权力清单，科学配置机关部门的权力和职能，认真抓好规章制度“废改立”。要强化监督，促使廉洁公正用权；紧盯“关键少数”、“敏感地带”、“重点窗口”，完善党务、政务和各领域办事公开制度，构建“五位一体”党内监督体系。要强化防控，着力化解廉政风险；探索构建权责清晰、流程规范、风险明确、措施有力、预警及时、追责严厉的防控机制，最大限度清除腐败滋生的土壤条件、最大限度减少党员干部犯错误机会。

增强不想腐的自觉。要始终坚持加强思想政治建设、锤炼党员干部道德修养，加强警示教育。要强化党员领导干部牢固树立理想信念，不断加强党性修养，恪守廉洁自律的道德操守，把对法治的尊崇、对法律的敬畏转化成思维方式和行为方式，实现从他律到自律，真正做到从内心深处“不想腐”。

(三)健全党和国家监督体系

党的十九大报告明确提出：“构建党统一指挥、全面覆盖、权威高效的监督体系，把党内监督同国家机关监督、民主监督、司法监督、群众监督、舆论监督贯通起来，增强监督合力。”与国家机关监督、民主党派监督、群众监督、舆论监督等结合起来，党内监督就会得到全方位的支撑，确保来自人民的权力始终服务人民。监督形式和内容也必须根据党治国理政的现实需要而进行创新性发展，促进监督体系向纵深发展，不断提高监督工作质量。

以构建巡视巡察监督网络为抓手，为实现党内监督全覆盖奠定组织基础。巡视巡察是党章赋予有职责权限党组织的重要职责，其实质就是要强化上级党组织对下级党组织的监督，充分发挥巡视巡察利剑作用而对腐化堕落分子形成有效震慑，从而达到管党治党兴党的目的。要找准政治巡视定位，着力发现党的政治领导弱化、党的政治建设缺失、党风廉政建设不力等突出问题，严肃党内政治生活，净化党内政治生态。要以发现解决问题为导向，建立常规巡察、专项巡察与问题巡察相结合的巡察运行机制。要坚持巡视与巡察并举，健全巡视与巡察联动机制，以横向拓展、纵向延伸、监督联动的系统思维，完善监督网络，提升监督功能。

以深化国家监察体制改革为导向，为实现国家监察全覆盖提供制度保障。监察体制改革的深化要求彰显法治权威的力量，法治权威的实现离不开监察体制改革的推动。制定国家监察法，依法赋予监察委员会职责权限和调查手段，用留置取代“两规”措施，不仅在于整合反腐败力量、提高反腐败工作法治化水平，也在于实现对所有行使公权力的公职人员监察全覆盖。要严格规范监察权运用程序和运行机制，依法公开监察工作信息，强化对监察机关和监察人员的自我监督，提高监察委员会行使监察权的权威性。着力打造纪检监察机关与行政司法机关执纪执法相衔接的保障机制，通过联席会议、案件查处互相抄报、司法机关提前介入等制度载体，建立查办违纪违法案件的证据收集与转化规则，完善党政纪案件与刑事案件的衔接程序，提高执纪执法的衔接效率。

以增强党内外监督合力为遵循，为构建中国特色监督体系注入科学内涵。党内监督是最根本的、第一位的，只有以党内监督带动和促进其他监督，发挥党内监督核心引领作用，才能使监督体系的制度优势充分释放出来。反之亦然，只有其他监督融入进来，与党内监督同时同向发力，才能激活推进国家治理现代化的监督动能。要加强党对纪检监察工作的集中统一领导，深化落实党内法规与国家法律，探索执纪监督与执纪审查以及执纪与执法的衔接贯通，保证执纪与执法主体既各司其职又相辅相成，形成纪法贯通、法法衔接有效机制。要实现监督全覆盖，坚持监督不留死角、没有盲区，尤其需要关注监督体系的完善和运行的高效性。通过创新组织制度，把党内监督、国家监督与群众监督等监督力量整合协调起来，使这些监督形式既精准发力又相得益彰。要努力提升治理效能，坚持制度治党与依法治国的辩证统一，以流程再造和效能导向为路径优化监督体制机制以降低监督成本问题，将全覆盖组织制度创新转化为党和国家的治理效能。

三、“赶考”路上全面从严治党

1949 年 3 月，在即将打败国民党、建立新中国的前夜，毛泽东和他的战友们率领中共中央机关离开党的最后一个农村指挥所——西柏坡的中共中央所在地，浩浩荡荡地开向北平。临行前，毛泽东风趣地说："今天是进京的日子，进京赶考去!"周恩来会意地笑道："我们应当都能考及格，不要退回来。"领袖们在胜利前夜仍然不忘告诫全党全军，一定严格要求自己，保持和人民的血肉联系，以免重蹈覆辙，功败垂成。他们经受住了历史和人民的考验。2016 年 7 月，在庆祝中国共产党成立 95 周年大会上，习近平总书记提醒全党："这场考试还没有结束，还在继续。"2017 年 10 月，习近平总书记在十九大报告中再次强调："全面从严治党永远在路上。"我们必须不忘初心，继续前进，在赶考路上做无愧于新时代的"答卷人"。

(一)十九大以来全面从严治党取得新的重大成果

习近平在十九届中央纪委三次全会上发表重要讲话强调，党的十九大以来，我们贯彻落实新时代党的建设总要求，坚持把党的政治建设摆在首位，深化运用监督执纪"四种形态"，夺取反腐败斗争压倒性胜利，着力惩治群众身边的腐败问题，完善党和国家监督体系，取得了新的重大成果，为实现党和国家事业新发展提供了坚强保障。一年多来，经过全党共同努力，党的集中统一领导更加坚强有力，党的建设新的伟大工程全方位加强，全面从严治党实效性不断提高，党内政治生态进一步改善，党在新时代新征程中焕发出更加强大的生机活力。

持续保持惩治腐败高压态势。各级纪检监察机关用行动落实"两个维护"，从讲政治的高度严肃监督、执纪、问责；深化运用监督执纪"四种形态"，坚持"惩前毖后、治病救人"方针；精准有力惩治腐败，持续强化"不敢""知止"氛围。2018 年 1 至 9 月，全国纪检监察机关共接受信访举报 259.9 万件次，处置问题线索 117.6 万件，谈话函询 24.2 万件次，立案 46.4 万件，处分 40.6 万人(其中党纪处分 34.2 万人)。处分省部级及以上干部 39 人，厅局级干部 2500 余人，县处级干部 1.7 万人，乡科级干部 6.1 万人，一般干部 7.5 万人，农村、企业等其他人员 25.1 万人。各项数据均比 2017 年同期有较大增长幅度，充分印证了全面从严治党越往后越严的趋势。2018 年，中央先后开展两轮巡视，分别对 14 个省区、10 个副省级城市和 16 个单位党组织开展常规巡视，对 13 个省区市和 13 个单位党组织开展脱贫攻坚专项巡视。截至 2018 年 11 月 30 日，先后从 120 多个国家和地区追回外逃人员 4997 人，其中党员和国家工作人员 1015 人，追回赃款 105.14 亿元人民币，"百名红通人员"迄今追回 56 人。

党和国家监督体系更健全。各级纪检监察机关坚决践行"两个维护"，推动"两个责任"落实落细落地，巡视巡察工作巩固深化提质增效，派驻监督体制机制逐步完善，党的纪律建设和日常监督得到加强。国家监察体制改革扎实推进，全国省、市、县三级监察委员会全部完成组建，这标志着深化国家监察体制改革工作取得重要阶段性成果。制定《中国共产党纪律检查机关监督执纪工作规则》，为纪检监察机关定制度、立规矩，督促纪检监察机关扎紧制度笼子、强化自我约束，依规依纪依法履行职责。2018 年 1 至 11 月，全国共有 1.1 万个单位党委(党组)、党总支、党支部，224 个纪委(纪检组)，5.3 万余名党员领导干部被问责，失责必问、问责必严成为常态。制定《中央巡视工作规划(2018—2022 年)》，确定了十九届巡视工作的“路线图”和“任务书”。中央纪委国家监委统一设立 46 家派驻纪检监察组，监督中央一级党和国家机关 129 家单位。出台了《党组讨论和决定党员处分事项工作程序规定(试行)》《国家监察委员会与最高人民检察院办理职务犯罪案件工作衔接办法》《国家监察委员会管辖规定(试行)》《公职人员政务处分暂行规定》等 30 余项法规制度。

正风肃纪，久久为功。中央纪委国家监委坚持严格执纪，推动中央八项规定精神落细落实；聚焦重点，集中整治形式主义、官僚主义；发力“拍蝇”，狠刹群众身边不正之风。作风建设不断深入，成为党的建设一张金色名片。党的十九大以来，截至 2018 年 11 月底，全国共查处违反中央八项规定精神问题 6.9 万起，处理党员干部 9.7 万人，给予党纪政务处分 6.9 万人。党的十九大以来，截至 2018 年 11 月底，全国共查处扶贫领域腐败和作风问题 13.31 万个、处理 18.01 万人。2018 年以来，中央纪委先后分两批通报曝光了 13 起形式主义、官僚主义问题。

刀刃向内，锻造铁军。中央纪委国家监委严肃查处机关党员干部违纪违法问题。各地纪检监察机关坚持刀刃向内，自我监督，决不护短遮丑；坚持抓早抓小，警示教育，绷紧纪律规矩之弦；坚持制度管人，选用锤炼，提升队伍能力素质。对执纪违纪、执法违法者坚持“零容忍”，立案查处了吉林省纪委原副书记、省监委原副主任邱大明，辽宁省纪委原副书记、省监委副主任杨锡怀，陕西省纪委原预防腐败室主任胡传祥，重庆市纪委原驻市环保局纪检组组长陶志刚，广东省清远市纪委原书记、市监委原主任邓梁波，山西省晋煤集团原纪委书记王良彦等“内鬼”，坚决清除害群之马。2018 年 11 月，中共中央政治局召开会议审议《中国共产党纪律检查机关监督执纪工作规则》，把《规则》上升为中央党内法规，由党中央给纪检监察机关定制度、立规矩，充分体现了党中央对纪检监察机关自身建设的高度重视。

(二)全面从严治党只有进行时，没有完成时

中国共产党历经了 90 多年沧桑岁月，成为拥有 8800 多万党员的世界第一大党，在世界上人口最多的国家连续执政 70 年，在“四大考验”

“四种危险”的环境中，始终保持党的先进性和纯洁性，其艰难性和艰巨性世所罕见。“天下何以治？得民心而已！天下何以乱？失民心而已！”历史告诉我们：吏治清明，勤政爱民，就能得民心。十八大以来，我们全面从严治党，厚植政治基础，织铁网、挥利剑、出重拳、敲警钟，党风廉政建设和反腐败斗争取得重大阶段性成果，也凝聚了党心民心，赢得了人民群众的衷心拥护和广泛赞誉，增强了人民群众对党的高度信任和坚定信赖。

但是，我们还必须清醒地认识到，从党的十八大以来中央及各地巡视组持续不断发现曝光的问题看，当前党风廉政建设和反腐败工作仍然存在不少新问题，形势依然严峻复杂，人民群众还有许多不满意的地方。比如，一些“四风”问题出现新的“变种”：从直接受贿变间接利益输送；从下基层到跑上层，岗位在乡镇、心思在城市；既然吃不了拿不着，干脆少做事、不挑担；既然不能公开吃喝，就关门奢腐……同时，一些关于反腐的认识误区也依然存在：反腐反得党员干部人人自危、为官不为；反腐自曝家丑，损害党和政府的形象，影响经济和社会发展；反腐只是“一阵风”，等风声一过，腐败现象又会卷土重来……

对此，习近平在党的十九大上明确指出：“全党要清醒认识到，我们党面临的执政环境是复杂的，影响党的先进性、弱化党的纯洁性的因素也是复杂的，党内存在的思想不纯、组织不纯、作风不纯等突出问题尚未得到根本解决。”党面临的执政考验、改革开放考验、市场经济考验、外部环境考验依然存在，面临的精神懈怠危险、能力不足危险、脱离群众危险、消极腐败危险依然存在。只有以反腐败永远在路上的坚韧和执着，深化标本兼治，保证干部清正、政府清廉、政治清明，才能跳出历史周期率，确保党和国家长治久安。当前，反腐败斗争形势依然严峻复杂，我们巩固压倒性态势、夺取压倒性胜利的决心必须坚如磐石。习近平总书记强调：“坚持全面从严治党。勇于自我革命，从严管党治党，是我们党最鲜明的品格。”

“路漫漫其修远兮”，全面从严治党是一场长期的、复杂的、艰巨的持久战，不可能毕其功于一役。越是长期而复杂的工作，越需要保持政治定力，反腐败斗争尤其如此。“道虽迩，不行不至；事虽小，不为不成。”面对这样一场只能赢、不能输的斗争，我们只要坚持党要管党、全面从严治党，以党的政治建设为统领，以坚定理想信念宗旨为根基，以调动全党积极性、主动性、创造性为着力点，全面推进党的政治建设、思想建设、组织建设、作风建设、纪律建设，把制度建设贯穿其中，深入推进反腐败斗争，就一定能够夺取全面从严治党的新胜利，一定能够夺取全面建成小康社会的新胜利，一定能够实现中华民族伟大复兴的中国梦。

领导十三亿多人的社会主义大国，我们党既要政治过硬，也要本领高强。要增强学习本领，在全党营造善于学习、勇于实践的浓厚氛围，建设马克思主义学习型政党，推动建设学习大国。增强政治领导本领，坚持战略思维、创新思维、辩证思维、法治思维、底线思维，科学制定和坚决执行党的路线方针政策，把党总揽全局、协调各方落到实处。增强改革创新本领，保持锐意进取的精神风貌，善于结合实际创造性推动工作，善于运用互联网技术和信息化手段开展工作。增强科学发展本领，善于贯彻新发展理念，不断开创发展新局面。增强依法执政本领，加快形成覆盖党的领导和党的建设各方面的党内法规制度体系，加强和改善对国家政权机关的领导。增强群众工作本领，创新群众工作体制机制和方式方法，推动工会、共青团、妇联等群团组织增强政治性、先进性、群众性，发挥联系群众的桥梁纽带作用，组织动员广大人民群众坚定不移跟党走。增强狠抓落实本领，坚持说实话、谋实事、出实招、求实效，把雷厉风行和久久为功有机结合起来，勇于攻坚克难，以钉钉子精神做实做细做好各项工作。增强驾驭风险本领，健全各方面风险防控机制，善于处理各种复杂矛盾，勇于战胜前进道路上的各种艰难险阻，牢牢把握工作主动权。

征尘未洗，号角又响。让我们再一次回顾习近平总书记在党的十九大报告中那些铿锵有力的话语："伟大的事业必须有坚强的党来领导。只要我们党把自身建设好、建设强，确保党始终同人民想在一起、干在一起，就一定能够引领承载着中国人民伟大梦想的航船破浪前进，胜利驶向光辉的彼岸！"

◎**背景知识**

一、党的十八大以来出台或修订的全面从严治党有关法规

(1)2012 年 12 月，《十八届中央政治局关于改进工作作风、密切联系群众的八项规定》。

(2)2014 年 2 月，《配偶已移居国(境)外的国家工作人员任职岗位管理办法》。

(3)2015 年 10 月，《中国共产党廉洁自律准则》。

(4)2015 年 10 月，《中国共产党纪律处分条例》。

(5)2016 年 7 月，《中国共产党问责条例》。

(6)2016 年 10 月，《关于新形势下党内政治生活的若干准则》。

(7)2016 年 10 月，《中国共产党党内监督条例》。

(8)2017年7月，《中国共产党巡视工作条例》。

(9)2017年12月，《中国共产党党务公开条例(试行)》。

(10)2017年10月，中国共产党第十九次全国代表大会报告。

(11)2018年2月，《中央党内法规制定工作第二个五年规划(2018—2022年)》

(12)2019年4月，《党政领导干部考核工作条例》。

二、中共中央"六项禁令"

(1)严禁用公款搞相互走访、送礼、宴请等拜年活动。各地各部门要大力精简各种茶话会、联欢会，严格控制年终评比达标表彰活动，单位之间不搞节日慰问活动，未经批准不得举办各类节日庆典活动。上下级之间、部门之间、单位之间、单位内部一律不准用公款送礼、宴请。各地都不准到省、市机关所在地举办乡情恳谈会、茶话会、团拜会等活动，已有安排的，必须取消。各级党政干部一律不准接受下属单位安排的宴请，未经批准不准参与下属单位的节日庆典活动。

(2)严禁向上级部门赠送土特产。各地各部门各单位一律不准以任何理由和形式向上级部门赠送土特产，包括各种提货券。各级党政干部不得以任何理由，包括下基层调研等收受下属单位赠送的土特产和提货券。各级党政机关要严格纪律要求，加强管理，杜绝在机关收受和分发土特产的情况发生。

(3)严禁违反规定收送礼品、礼金、有价证券、支付凭证和商业预付卡。各级领导干部一定要严格把关，严于律己，要坚决拒收可能影响公正执行公务的礼品、礼金、有价证券、支付凭证和商业预付卡，严禁利用婚丧嫁娶等事宜借机敛财。

(4)严禁滥发钱物，讲排场、比阔气，搞铺张浪费。各地各部门不准以各种名义年终突击花钱和滥发津贴、补贴、奖金和实物；不准违反规定印制、发售、购买和使用各种代币购物券(卡)；不准借用各种名义组织和参与用公款支付的高消费娱乐、健身活动；不准用公款组织游山玩水、安排私人度假旅游、出国(境)旅游等活动；不准违反规定使用公车、在节日期间公车私用。

(5)严禁超标准接待。领导干部下基层调研、参加会议、检查工作等，要严格按照中央和省委的有关要求执行。

(6)严禁组织和参与赌博活动。各级党员干部一定要充分认识赌博的严重危害性，决不组织和参与任何形式的赌博活动。

◎相关链接

中共中央纪律检查委员会、中华人民共和国国家监察委员会网站：

http：//www.ccdi.gov.cn/

党建网——中宣部主管全国性党建网站：http：//www.dangjian.cn/

◎深度阅读

罗宗毅总主编：《新时代全面从严治党丛书》，北京，方正出版社，2018。

十九大报告文件起草组：《党的十九大报告辅助读本》，北京，人民出版社，2017。

电视专题片：《永远在路上》，中央电视台，2017。

罗昌平：《高官反腐录》，广州，南方日报出版社，2013。

◎重点难点问题思考

如何理解你身边的反腐倡廉形势？

中央八项规定等一系列措施为什么能够取得显著效果？

青年学生如何参与到全面从严治党的伟大工程中去？

第五讲　推进中国经济稳中向好，加快转变经济发展方式

导语：2019年是新中国成立70周年，是全面建成小康社会关键之年，做好经济工作至关重要。坚持稳中求进工作总基调，坚持新发展理念，坚持推动高质量发展，坚持以供给侧结构性改革为主线，坚持深化市场化改革、扩大高水平开放，加快建设现代化经济体系，继续打好三大攻坚战，着力激发微观主体活力，创新和完善宏观调控，统筹推进稳增长、促改革、调结构、惠民生、防风险工作，保持经济运行在合理区间，进一步稳就业、稳金融、稳外贸、稳外资、稳投资、稳预期，提振市场信心，增强人民群众获得感、幸福感、安全感，保持经济持续健康发展和社会大局稳定，为全面建成小康社会收官打下决定性基础，以优异成绩庆祝中华人民共和国成立70周年。

关键词：2019中央经济工作会议　经济发展方式　党的十九大经济工作总要求

一、中国经济稳中求进，保持较快增长

（一）中国经济保持了较快的增长

2018年以来，面对严峻的国际形势和国内艰巨的改革发展任务，中国按照高质量发展总要求，以深化供给侧结构性改革为主线，打好三大攻坚战，统筹推进稳增长、促改革、调结构、惠民生、防风险各项工作，国民经济运行总体平稳、稳中有进。

经济运行保持在合理区间。国内生产总值增长6.6%，总量突破90万亿元。经济增速与用电、货运等实物量指标相匹配。居民消费价格上涨2.1%。国际收支基本平衡。城镇新增就业1361万人、调查失业率稳

定在5%左右的较低水平。近14亿人口的发展中大国，实现比较充分就业至关重要。

经济结构不断优化。消费拉动经济增长作用进一步增强。服务业对经济增长贡献率接近60%，高技术产业、装备制造业增速明显快于一般工业，农业再获丰收。单位国内生产总值能耗下降3.1%。质量和效益继续提升。

发展新动能快速成长。嫦娥四号等一批重大科技创新成果相继问世。新兴产业蓬勃发展，传统产业加快转型升级。大众创业万众创新深入推进，日均新设企业超过1.8万户，市场主体总量超过1亿户。新动能正在深刻改变生产生活方式、塑造中国发展新优势。

改革开放取得新突破。国务院及地方政府机构改革顺利实施。重点领域改革迈出新的步伐，市场准入负面清单制度全面实行，简政放权、放管结合、优化服务改革力度加大，营商环境国际排名大幅上升。对外开放全方位扩大，共建"一带一路"取得重要进展。首届中国国际进口博览会成功举办，海南自贸试验区启动建设。货物进出口总额超过30万亿元，实际使用外资1383亿美元、稳居发展中国家首位。

三大攻坚战开局良好。防范化解重大风险，宏观杠杆率趋于稳定，金融运行总体平稳。精准脱贫有力推进，农村贫困人口减少1386万，易地扶贫搬迁280万人。污染防治得到加强，细颗粒物(PM2.5)浓度继续下降，生态文明建设成效显著。

人民生活持续改善。居民人均可支配收入实际增长6.5%。提高个人所得税起征点，设立6项专项附加扣除。加大基本养老、基本医疗等保障力度，资助各类学校家庭困难学生近1亿人次。棚户区住房改造620多万套，农村危房改造190万户。城乡居民生活水平又有新提高。

回顾过去一年，成绩来之不易。我们面对的是深刻变化的外部环境。经济全球化遭遇波折，多边主义受到冲击，国际金融市场震荡，特别是中美经贸摩擦给一些企业生产经营、市场预期带来不利影响。我们面对的是经济转型阵痛凸显的严峻挑战。新老矛盾交织，周期性、结构性问题叠加，经济运行稳中有变、变中有忧。我们面对的是两难多难问题增多的复杂局面。实现稳增长、防风险等多重目标，完成经济社会发展等多项任务，处理好当前与长远等多种关系，政策抉择和工作推进的难度明显加大。经过全国上下共同努力，我国经济发展在高基数上总体平稳、稳中有进，社会大局保持稳定。

(二)中国经济发展困难不可低估

在经济平稳运行的同时，中国出现了民营企业困难增加、基建投资回落过快、房地产泡沫加大等问题。中美发生贸易摩擦后，中国对外贸易、利用外资、科技合作等受到影响，科技创新能力薄弱、产业链和供应链脆弱等深层次问题开始暴露。这些问题相互叠加、相互影响，导致金融风险不断积累显现，经济下行压力加大。

(三)民营企业经营困难

中国正处于由高速增长阶段转向高质量发展阶段，经济结构调整转型势在必行。在这一过程中，一些在传统产业过度扩张的企业出现经济困难是在所难免的，也是正常的市场出清过程。2016 年以来的供给侧结构性改革就是要解决这个问题。但也要看到，钢铁、煤炭、有色、建材等价格大幅度上升，在债转股、剥离不良资产等举措带来国有企业杠杆率下降的同时，处于中下游行业的民营企业受到上游价格上涨、去杠杆后融资难融资贵、“一刀切”环保治理、出口预期下降、消费结构升级等多重因素挤压，利润增长缓慢，资产负债率不降反升。2018 年 4 月 27 日，《关于规范金融机构资产管理业务的指导意见》等金融监管政策正式出台后，银行表外融资受到抑制，金融机构风险偏好明显降低，民营企业的融资成本有所上升，引发股市暴跌、债市下滑，部分企业资金链断裂并出现信用违约，一些上市企业的股权质押被强制平仓。与此同时，否定民营经济的言论也不时出现，严重影响了企业的信心和社会预期。

(四)房地产泡沫危害越来越大

在土地财政和土地制度的约束下，中国的房地产调控一直是重需求、轻供给，甚至人为限制供给以抬高地价和房价。同时，为鼓励房地产去库存，2016 年以来，国家采取了棚户区改造货币化安置政策，鼓励居民增加按揭贷款，居民杠杆率迅速攀升，导致房地产价格特别是三、四线城市房价不断上升。房地产持续火爆拉动了经济增长和财政收入增加，却大大推高了实体经济的生产经营成本，提高了居民的杠杆率，加剧了财产和收入分配不平等，挤出了消费和制造业投资，影响了产业结构升级和经济可持续发展。从 2016 年以来居民按揭贷款、居民杠杆率、居民消费等指标看，房地产价格上涨对经济发展和金融稳定的负面影响已越来越大。2018 年以来，汽车消费下降的主要原因就是三、四线城市居民信贷增长过快和房价上涨对居民消费的挤出效应。

(五)处置地方隐性债务与稳定基建投资两难

在“稳增长”和“惠民生”的驱使下，不少地方政府依托政府融资平台、政府与社会资本合作(PPP)、产业投资基金等渠道，通过明股实债、购买服务、担保等手段，大规模融资用于基建投资，政府隐性债务数量可观。支撑债务偿还能力的地方财政收入也存在虚高问题，地方政府的债务率和偿债率被低估。在2018年年初把规范地方政府隐性债务作为去杠杆的重点任务后，从地方政府融资平台融资受到制约，基础设施建设投资开始下降。地方政府隐性债务和基建投资资金来源，成为多年来难以解决的难题之一。

(六)中美贸易摩擦不确定性较大

中美经贸摩擦涉及双边贸易、知识产权保护、补贴、市场准入、国有企业等多个问题。从双边贸易看，加征关税对中国经济影响并不大。我们的数量经济模型估计，短期内由于出口产品不可替代，中国对美国出口的短期价格弹性为0.7%，也就是说出口价格提高10%，对美国出口下降7%；由于出口合同往往提前3—6个月签订，因此，短期出口出现回落有3—6个月的滞后期。中期内，由于商品可以部分替代，中国的出口价格弹性会提高到1.5%，即出口价格提高10%，对美国出口下降15%。关税调整对中国出口的影响要持续大约两年左右。美国对中国500亿美元商品征收25%的关税和2000亿美元商品征收10%的关税，影响中国对美出口减少约500亿美元，中国GDP减少0.4个百分点左右，考虑出口的乘数效应，对经济的影响会更大一些。如果美国对所有出口商品加征25%的关税，对美出口就会减少2000亿美元，中国GDP直接减少1.6个百分点左右。对美国500亿美元进口商品加征关税，中国CPI上涨0.3%左右。但从长期看，贸易摩擦、知识产权保护、市场准入、补贴等问题，会影响双边贸易、投资、技术转移、人员交流，进而影响中国科技创新能力和产业链、供应链安全。我们估计，改革开放40年，通过对外贸易、利用外资、科技交流等的技术外溢效应对中国经济增长的贡献每年在0.8个百分点左右，中美经贸摩擦对我国科技进步和产业链、价值链提升的影响不可低估。

(七)稳中求进，开创中国经济发展新局面

今年是新中国成立70周年，是全面建成小康社会、实现第一个百年奋斗目标的关键之年。做好政府工作，要在以习近平同志为核心的党中央坚强领导下，以习近平新时代中国特色社会主义思想为指导，全面贯彻党的十九大和十九届二中、三中全会精神，统筹推进"五位一体"总体布局，协调推进"四个全面"战略布局，坚持稳中求进工作总基调，坚持新发展理念，坚持推动高质量发展，坚持以供给侧结构性改革为主线，坚持深化市场化改革、扩大高水平开放，加快建设现代化经济体系，继续打好三大攻坚战，着力激发微观主体活力，创新和完善宏观调控，统筹推进稳增长、促改革、调结构、惠民生、防风险工作，保持经济运行在合理区间，进一步稳就业、稳金融、稳外贸、稳外资、稳投资、稳预期，提振市场信心，增强人民群众获得感、幸福感、安全感，保持经济持续健康发展和社会大局稳定，为全面建成小康社会收官打下决定性基础，以优异成绩庆祝中华人民共和国成立70周年。

综合分析国内外形势，今年我国发展面临的环境更复杂更严峻，可以预料和难以预料的风险挑战更多更大，要做好打硬仗的充分准备。困难不容低估，信心不可动摇，干劲不能松懈。我国发展仍处于重要战略机遇期，拥有足够的韧性、巨大的潜力和不断迸发的创新活力，人民群众追求美好生活的愿望十分强烈。我们有战胜各种困难挑战的坚定意志和能力，经济长期向好趋势没有也不会改变。

今年经济社会发展的主要预期目标是：国内生产总值增长6%—6.5%；城镇新增就业1100万人以上，城镇调查失业率5.5%左右，城镇登记失业率4.5%以内；居民消费价格涨幅3%左右；国际收支基本平衡，进出口稳中提质；宏观杠杆率基本稳定，金融财政风险有效防控；农村贫困人口减少1000万以上，居民收入增长与经济增长基本同步；生态环境进一步改善，单位国内生产总值能耗下降3%左右，主要污染物排放量继续下降。上述主要预期目标，体现了推动高质量发展要求，符合我国发展实际，与全面建成小康社会目标相衔接，是积极稳妥的。实现这些目标，需要付出艰苦努力。

要正确把握宏观政策取向，继续实施积极的财政政策和稳健的货币政策，实施就业优先政策，加强政策协调配合，确保经济运行在合理区间，促进经济社会持续健康发展。

积极的财政政策要加力提效。今年赤字率拟按2.8%安排，比去年预算高0.2个百分点；财政赤字2.76万亿元，其中中央财政赤字1.83万亿元，地方财政赤字9300亿元。适度提高赤字率，综合考虑了财政收支、专项债券发行等因素，也考虑为应对今后可能出现的风险留出政策空间。今年财政支出超过23万亿元，增长6.5%。中央对地方均衡性转移支付增长10.9%。改革完善县级基本财力保障机制，缓解困难地区财政运转压力，决不让基本民生保障出问题。

稳健的货币政策要松紧适度。广义货币M2和社会融资规模增速要与国内生产总值名义增速相匹配，以更好满足经济运行保持在合理区间的需要。在实际执行中，既要把好货币供给总闸门，不搞"大水漫灌"，又要灵活运用多种货币政策工具，疏通货币政策传导渠道，保持流动性合理充裕，有效缓解实体经济特别是民营和小微企业融资难融资贵问题，防范化解金融风险。深化利率市场化改革，降低实际利率水平。完善汇率形成机制，保持人民币汇率在合理均衡水平上的基本稳定。

就业优先政策要全面发力。就业是民生之本、财富之源。今年首次将就业优先政策置于宏观政策层面，旨在强化各方面重视就业、支持就业的导向。当前和今后一个时期，我国就业总量压力不减、结构性矛盾凸显，新的影响因素还在增加，必须把就业摆在更加突出位置。稳增长首要是为保就业。今年城镇新增就业要在实现预期目标的基础上，力争达到近几年的实际规模，既保障城镇劳动力就业，也为农业富余劳动力转移就业留出空间。只要就业稳、收入增，我们就更有底气。

要继续坚持以供给侧结构性改革为主线，在“巩固、增强、提升、畅通”八个字上下功夫。更多采取改革的办法，更多运用市场化、法治化手段，巩固“三去一降一补”成果，增强微观主体活力，提升产业链水平，畅通国民经济循环，推动经济高质量发展。

要继续打好三大攻坚战，精准发力、务求实效。防范化解重大风险要强化底线思维，坚持结构性去杠杆，防范金融市场异常波动，稳妥处理地方政府债务风险，防控输入性风险。精准脱贫要坚持现行标准，聚焦深度贫困地区和特殊贫困群体，加大攻坚力度，提高脱贫质量。污染防治要聚焦打赢蓝天保卫战等重点任务，统筹兼顾、标本兼治，使生态环境质量持续改善。

做好今年政府工作，要注重把握好以下关系。一要统筹好国内与国际的关系，凝心聚力办好自己的事。我国仍处于并将长期处于社会主义初级阶段，仍是世界最大发展中国家。发展是解决我国一切问题的基础和关键，必须牢牢扭住经济建设这个中心，毫不动摇坚持发展是硬道理、发展应该是科学发展和高质量发展的战略思想，不断解放和发展社会生产力。在国际形势复杂多变的背景下，我们要保持战略定力，按确定的目标和部署推进工作，更好利用国际国内两个市场两种资源，敢于应对挑战，善于化危为机，牢牢把握发展主动权。二要平衡好稳增长与防风险的关系，确保经济持续健康发展。长期积累的诸多风险隐患必须加以化解，但要遵循规律，讲究方式方法，按照坚定、可控、有序、适度要求，在发展中逐步化解，坚决避免发生系统性、区域性风险。在当前经济下行压力加大情况下，出台政策和工作举措要有利于稳预期、稳增长、调结构，防控风险要把握好节奏和力度，防止紧缩效应叠加放大，决不能让经济运行滑出合理区间。同时，也不能只顾眼前，采取损害长期发展的短期强刺激政策，产生新的风险隐患。三要处理好政府与市场的关系，依靠改革开放激发市场主体活力。只要市场主体有活力，就能增强内生发展动力、顶住经济下行压力。要大力推进改革开放，加快建立统一开放、竞争有序的现代市场体系，放宽市场准入，加强公正监管，打造法治化、国际化、便利化的营商环境，让各类市场主体更加活跃。从根本上说，市场活力和社会创造力源于亿万人民积极性的发挥。要坚持以人民为中心的发展思想，尽力而为、量力而行，切实保障基本民生，推动解决重点民生问题，促进社会公平正义，让人民过上好日子。中国人民勤劳智慧，具有无限的创新创造潜能，只要充分释放出来，中国的发展就一定会有更为广阔的空间。

二、党的十九大为中国经济发展制定了宏伟目标

（一）党的十九大制定经济工作的指导方针

解放和发展社会生产力，是社会主义的本质要求。我们要激发全社会创造力和发展活力，努力实现更高质量、更有效率、更加公平、更可持续的发展。

坚持新发展理念。发展是解决我国一切问题的基础和关键，发展必须是科学发展。必须坚定不移贯彻创新、协调、绿色、开放、共享的发展理念。必须坚持和完善我国社会主义基本经济制度和分配制度，毫不动摇巩固和发展公有制经济，毫不动摇鼓励、支持、引导非公有制经济发展，使市场在资源配置中起决定性作用，更好发挥政府作用，推动新型工业化、信息化、城镇化、农业现代化同步发展，主动参与和推动经济全球化进程，发展更高层次的开放型经济，不断壮大我国经济实力和综合国力。

（二）党的十九大制定经济工作的基本目标

实现“两个一百年”奋斗目标，实现中华民族伟大复兴的中国梦，不断提高人民生活水平，必须坚定不移把发展作为党执政兴国的第一要务，坚持解放和发展社会生产力，坚持社会主义市场经济改革方向，推动经济持续健康发展。

我国经济已由高速增长阶段转向高质量发展阶段，正处在转变发展方式、优化经济结构、转换增长动力的攻关期，建设现代化经济体系是跨越关口的迫切要求和我国发展的战略目标。必须坚持质量第一、效益优先，以供给侧结构性改革为主线，推动经济发展质量变革、效率变革、动力变革，提高全要素生产率，着力加快建设实体经济、科技创新、现代金融、人力资源协同发展的产业体系，着力构建市场机制有效、微观主体有活力、宏观调控有度的经济体制，不断增强我国经济创新力和竞争力。

（三）党的十九大制定经济工作的主要措施

第一，深化供给侧结构性改革。建设现代化经济体系，必须把发展

经济的着力点放在实体经济上，把提高供给体系质量作为主攻方向，显著增强我国经济质量优势。加快建设制造强国，加快发展先进制造业，推动互联网、大数据、人工智能和实体经济深度融合，在中高端消费、创新引领、绿色低碳、共享经济、现代供应链、人力资本服务等领域培育新增长点、形成新动能。支持传统产业优化升级，加快发展现代服务业，瞄准国际标准提高水平。促进我国产业迈向全球价值链中高端，培育若干世界级先进制造业集群。加强水利、铁路、公路、水运、航空、管道、电网、信息、物流等基础设施网络建设。坚持去产能、去库存、去杠杆、降成本、补短板，优化存量资源配置，扩大优质增量供给，实现供需动态平衡。激发和保护企业家精神，鼓励更多社会主体投身创新创业。建设知识型、技能型、创新型劳动者大军，弘扬劳模精神和工匠精神，营造劳动光荣的社会风尚和精益求精的敬业风气。

第二，加快建设创新型国家。创新是引领发展的第一动力，是建设现代化经济体系的战略支撑。要瞄准世界科技前沿，强化基础研究，实现前瞻性基础研究、引领性原创成果重大突破。加强应用基础研究，拓展实施国家重大科技项目，突出关键共性技术、前沿引领技术、现代工程技术、颠覆性技术创新，为建设科技强国、质量强国、航天强国、网络强国、交通强国、数字中国、智慧社会提供有力支撑。加强国家创新体系建设，强化战略科技力量。深化科技体制改革，建立以企业为主体、市场为导向、产学研深度融合的技术创新体系，加强对中小企业创新的支持，促进科技成果转化。倡导创新文化，强化知识产权创造、保护、运用。培养造就一大批具有国际水平的战略科技人才、科技领军人才、青年科技人才和高水平创新团队。

第三，实施乡村振兴战略。农业农村农民问题是关系国计民生的根本性问题，必须始终把解决好"三农"问题作为全党工作的重中之重。要坚持农业农村优先发展，按照产业兴旺、生态宜居、乡风文明、治理有效、生活富裕的总要求，建立健全城乡融合发展体制机制和政策体系，加快推进农业农村现代化。巩固和完善农村基本经营制度，深化农村土地制度改革，完善承包地"三权"分置制度。保持土地承包关系稳定并长久不变，第二轮土地承包到期后再延长三十年。深化农村集体产权制度改革，保障农民财产权益，壮大集体经济。确保国家粮食安全，把中国人的饭碗牢牢端在自己手中。构建现代农业产业体系、生产体系、经营体系，完善农业支持保护制度，发展多种形式适度规模经营，培育新型农业经营主体，健全农业社会化服务体系，实现小农户和现代农业发展有机衔接。促进农村第一、第二、第三产业融合发展，支持和鼓励农民就业创业，拓宽增收渠道。加强农村基层基础工作，健全自治、法治、德治相结合的乡村治理体系。培养造就一支懂农业、爱农村、爱农民的“三农”工作队伍。

第四，实施区域协调发展战略。加大力度支持革命老区、民族地区、边疆地区、贫困地区加快发展，强化举措推进西部大开发形成新格局，深化改革加快东北等老工业基地振兴，发挥优势推动中部地区崛起，创新引领率先实现东部地区优化发展，建立更加有效的区域协调发展新机制。以城市群为主体构建大中小城市和小城镇协调发展的城镇格局，加快农业转移人口市民化。以疏解北京非首都功能为“牛鼻子”推动京津冀协同发展，高起点规划、高标准建设雄安新区。以共抓大保护、不搞大开发为导向推动长江经济带发展。支持资源型地区经济转型发展。加快边疆发展，确保边疆巩固、边境安全。坚持陆海统筹，加快建设海洋强国。

第五，加快完善社会主义市场经济体制。经济体制改革必须以产权制度完善和要素市场化配置为重点，实现产权有效激励、要素自由流动、价格反应灵活、竞争公平有序、企业优胜劣汰。要完善各类国有资产管理体制，改革国有资本授权经营体制，加快国有经济布局优化、结构调整、战略性重组，促进国有资产保值增值，推动国有资本做强做优做大，有效防止国有资产流失。深化国有企业改革，发展混合所有制经济，培育具有全球竞争力的世界一流企业。全面实施市场准入负面清单制度，清理废除妨碍统一市场和公平竞争的各种规定和做法，支持民营企业发展，激发各类市场主体活力。深化商事制度改革，打破行政性垄断，防止市场垄断，加快要素价格市场化改革，放宽服务业准入限制，完善市场监管体制。创新和完善宏观调控，发挥国家发展规划的战略导向作用，健全财政、货币、产业、区域等经济政策协调机制。完善促进消费的体制机制，增强消费对经济发展的基础性作用。深化投融资体制改革，发挥投资对优化供给结构的关键性作用。加快建立现代财政制度，建立权责清晰、财力协调、区域均衡的中央和地方财政关系。建立全面规范透明、标准科学、约束有力的预算制度，全面实施绩效管理。深化税收制度改革，健全地方税体系。深化金融体制改革，增强金融服务实体经济能力，提高直接融资比重，促进多层次资本市场健康发展。健全货币政策和宏观审慎政策双支柱调控框架，深化利率和汇率市场化改革。健全金融监管体系，守住不发生系统性金融风险的底线。

第六，推动形成全面开放新格局。开放带来进步，封闭必然落后。中国开放的大门不会关闭，只会越开越大。要以“一带一路”建设为重点，坚持引进来和走出去并重，遵循共商共建共享原则，加强创新能力开放合作，形成陆海内外联动、东西双向互济的开放格局。拓展对外贸易，培育贸易新业态新模式，推进贸易强国建设。实行高水平的贸易和投资自由化便利化政策，全面实行准入前国民待遇加负面清单管理制度，大幅度放宽市场准入，扩大服务业对外开放，保护外商投资合法权益。凡是在我国境内注册的企业，都要一视同仁、平等对待。优化区域开放布局，加大西部开放力度。赋予自由贸易试验区更大改革自主权，探索建设自由贸易港。创新对外投资方式，促进国际产能合作，形成面向全球的贸易、投融资、生产、服务网络，加快培育国际经济合作和竞争新优势。

三、准确理解五大发展理念，加快转变经济发展方式

(一)准确理解五大发展理念

1. 五大发展理念的提出

《中共中央关于制定国民经济和社会发展第十三个五年规划的建议》指出，实现“十三五”时期发展目标，破解发展难题，厚植发展优势，必须牢固树立创新、协调、绿色、开放、共享的发展理念。这是以习近平同志为核心的党中央的治国理政新思想在发展理念上的集中体现和概括，是对中国特色社会主义建设实践的深刻总结，是对中国特色社会主义发展理论内涵的丰富和提升，也是指导“十三五”规划编制和“十三五”发展的思想灵魂。

2. 五大发展理念的内在关系

五大发展理念相互贯通、相互促进，是具有内在联系的集合体：其一，创新发展，注重的是更高质量、更高效益。坚持创新发展，将使一国、一地区的发展更加均衡、更加环保、更加优化、更加包容。也就是说，创新发展对协调发展、绿色发展、开放发展、共享发展具有很强的推动作用。其二，协调发展，注重的是更加均衡、更加全面。坚持协调发展，将显著推进绿色发展和共享发展的进程。更加注重生态保护、社会保护，是协调发展的题中之意。其三，绿色发展，注重的是更加环保、更加和谐。坚持绿色发展，将深刻影响一地区的发展模式和幸福指数。实现绿色发展，需要不断地技术创新和理念创新。同时，绿色发展将显著提高人们的生活质量，使共享发展成为有质量的发展。其四，开放发展，注重的是更加优化、更加融入。坚持开放发展，将增强我国经济的开放性和竞争性。开放发展是一国繁荣的必由之路。纵观世界，凡是走封闭之路的国家，无一不走向失败国家的行列。开放发展，将使发展更

加注重创新，更加重视生态文明的影响，更加有利于实现共享发展。其五，共享发展，注重的是更加公平、更加正义。坚持共享发展，是坚持其他四种发展的出发点和落脚点。一切的发展，都是为了人的发展。坚持共享发展，将为其他四种发展提供伦理支持和治理动力。

五大发展理念缺一不可。哪一个发展理念贯彻不到位，发展进程都会受到影响。唯有统一贯彻，出实招、破难题，才能如期全面建成小康社会。

(二)加快转变经济发展方式的途径

以经济建设为中心是兴国之要，发展仍是解决我国所有问题的关键。只有推动经济持续健康发展，才能筑牢国家繁荣富强、人民幸福安康、社会和谐稳定的物质基础。必须坚持发展是硬道理的战略思想，决不能有丝毫动摇。

在当代中国，坚持发展是硬道理的本质要求，就是坚持科学发展。以科学发展为主题，以加快转变经济发展方式为主线，是关系我国发展全局的战略抉择。要适应国内外经济形势新变化，加快形成新的经济发展方式，把推动发展的立足点转到提高质量和效益上来，着力激发各类市场主体发展新活力，着力增强创新驱动发展新动力，着力构建现代产业发展新体系，着力培育开放型经济发展新优势，使经济发展更多依靠内需特别是消费需求拉动，更多依靠现代服务业和战略性新兴产业带动，更多依靠科技进步、劳动者素质提高、管理创新驱动，更多依靠节约资源和循环经济推动，更多依靠城乡区域发展协调互动，不断增强长期发展后劲。

坚持走中国特色新型工业化、信息化、城镇化、农业现代化道路，推动信息化和工业化深度融合、工业化和城镇化良性互动、城镇化和农业现代化相互协调，促进工业化、信息化、城镇化、农业现代化同步发展。

第一，全面深化经济体制改革。深化改革是加快转变经济发展方式的关键。经济体制改革的核心问题是处理好政府和市场的关系。为此，必须更加尊重市场规律，更好发挥政府作用。要毫不动摇巩固和发展公有制经济，推行公有制多种实现形式，深化国有企业改革，完善各类国有资产管理体制，推动国有资本更多投向关系国家安全和国民经济命脉的重要行业和关键领域，不断增强国有经济活力、控制力、影响力。毫不动摇鼓励、支持、引导非公有制经济发展，保证各种所有制经济依法平等使用生产要素、公平参与市场竞争、同等受到法律保护。健全现代市场体系，加强宏观调控目标和政策手段机制化建设。加快改革财税体制，健全中央和地方财力与事权相匹配的体制，完善促进基本公共服务均等化和主体功能区建设的公共财政体系，构建地方税体系，形成有利于结构优化、社会公平的税收制度。建立公共资源出让收益合理共享机制。深化金融体制改革，健全促进宏观经济稳定、支持实体经济发展的现代金融体系，加快发展多层次资本市场，稳步推进利率和汇率市场化改革，逐步实现人民币资本项目可兑换。加快发展民营金融机构。完善金融监管，推进金融创新，提高银行、证券、保险等行业竞争力，维护金融稳定。

第二，实施创新驱动发展战略。科技创新是提高社会生产力和综合国力的战略支撑，必须摆在国家发展全局的核心位置。要坚持走中国特色自主创新道路，以全球视野谋划和推动创新，提高原始创新、集成创新和引进消化吸收再创新的能力，更加注重协同创新。深化科技体制改革，推动科技和经济紧密结合，加快建设国家创新体系，着力构建以企业为主体、市场为导向、产学研相结合的技术创新体系。完善知识创新体系，强化基础研究、前沿技术研究、社会公益技术研究，提高科学研究水平和成果转化能力，抢占科技发展战略制高点。实施国家科技重大专项，突破重大技术瓶颈。加快新技术新产品新工艺研发应用，加强技术集成和商业模式创新。完善科技创新评价标准、激励机制、转化机制。实施知识产权战略，加强知识产权保护。促进创新资源高效配置和综合集成，把全社会智慧和力量凝聚到创新发展上来。

第三，推进经济结构战略性调整。这是加快转变经济发展方式的主攻方向。必须以改善需求结构、优化产业结构、促进区域协调发展、推进城镇化为重点，着力解决制约经济持续健康发展的重大结构性问题。要牢牢把握扩大内需这一战略基点，加快建立扩大消费需求长效机制，释放居民消费潜力，保持投资合理增长，扩大国内市场规模。牢牢把握发展实体经济这一坚实基础，实行更加有利于实体经济发展的政策措施，强化需求导向，推动战略性新兴产业、先进制造业健康发展，加快传统产业转型升级，推动服务业特别是现代服务业发展壮大，合理布局建设基础设施和基础产业。建设下一代信息基础设施，发展现代信息技术产业体系，健全信息安全保障体系，推进信息网络技术广泛运用。提高大中型企业核心竞争力，支持小微企业特别是科技型小微企业发展。继续实施区域发展总体战略，充分发挥各地区比较优势，优先推进西部大开发，全面振兴东北地区等老工业基地，大力促进中部地区崛起，积极支持东部地区率先发展。采取对口支援等多种形式，加大对革命老区、民族地区、边疆地区、贫困地区的扶持力度。科学规划城市群规模和布局，增强中小城市和小城镇产业发展、公共服务、吸纳就业、人口集聚功能。

加快改革户籍制度，有序推进农业转移人口市民化，努力实现城镇基本公共服务常住人口全覆盖。

第四，推动城乡发展一体化。解决好农业、农村、农民问题是全党工作的重中之重，城乡发展一体化是解决“三农”问题的根本途径。要加大统筹城乡发展力度，增强农村发展活力，逐步缩小城乡差距，促进城乡共同繁荣。坚持工业反哺农业、城市支持农村和多予少取放活方针，加大强农惠农富农政策力度，让广大农民平等参与现代化进程、共同分享现代化成果。加快发展现代农业，增强农业综合生产能力，确保国家粮食安全和重要农产品有效供给。坚持把国家基础设施建设和社会事业发展重点放在农村，深入推进新农村建设和扶贫开发，全面改善农村生产生活条件。着力促进农民增收，保持农民收入持续较快增长。坚持和完善农村基本经营制度，依法维护农民土地承包经营权、宅基地使用权、集体收益分配权，壮大集体经济实力，发展农民专业合作和股份合作，培育新型经营主体，发展多种形式规模经营，构建集约化、专业化、组织化、社会化相结合的新型农业经营体系。改革征地制度，提高农民在土地增值收益中的分配比例。加快完善城乡发展一体化体制机制，着力在城乡规划、基础设施、公共服务等方面推进一体化，促进城乡要素平等交换和公共资源均衡配置，形成以工促农、以城带乡、工农互惠、城乡一体的新型工农、城乡关系。

第五，全面提高开放型经济水平。适应经济全球化新形势，必须实行更加积极主动的开放战略，完善互利共赢、多元平衡、安全高效的开放型经济体系。要加快转变对外经济发展方式，推动开放朝着优化结构、拓展深度、提高效益方向转变。创新开放模式，促进沿海内陆沿边开放优势互补，形成引领国际经济合作和竞争的开放区域，培育带动区域发展的开放高地。坚持出口和进口并重，强化贸易政策和产业政策协调，形成以技术、品牌、质量、服务为核心的出口竞争新优势，促进加工贸易转型升级，发展服务贸易，推动对外贸易平衡发展。提高利用外资综合优势和总体效益，推动引资、引技、引智有机结合。加快走出去步伐，增强企业国际化经营能力，培育一批世界水平的跨国公司。统筹双边、多边、区域次区域开放合作，加快实施自由贸易区战略，推动同周边国家互联互通。提高抵御国际经济风险的能力。

我们一定要坚定信心，打胜全面深化经济体制改革和加快转变经济发展方式这场硬仗，把我国经济发展活力和竞争力提高到新的水平。

四、2019 年中央经济工作的总体要求和主要任务

(一)中央 2019 年经济工作的总体要求

今年是新中国成立 70 周年，是全面建成小康社会关键之年，做好经济工作至关重要。要统筹推进“五位一体”总体布局，协调推进“四个全面”战略布局，坚持稳中求进工作总基调，坚持新发展理念，坚持推动高质量发展，坚持以供给侧结构性改革为主线，坚持深化市场化改革、扩大高水平开放，加快建设现代化经济体系，继续打好三大攻坚战，着力激发微观主体活力，创新和完善宏观调控，统筹推进稳增长、促改革、调结构、惠民生、防风险工作，保持经济运行在合理区间，进一步稳就业、稳金融、稳外贸、稳外资、稳投资、稳预期，提振市场信心，增强人民群众获得感、幸福感、安全感，保持经济持续健康发展和社会大局稳定，为全面建成小康社会收官打下决定性基础，以优异成绩庆祝中华人民共和国成立 70 周年。

宏观政策要强化逆周期调节，继续实施积极的财政政策和稳健的货币政策，适时预调微调，稳定总需求；积极的财政政策要加力提效，实施更大规模的减税降费，较大幅度增加地方政府专项债券规模；稳健的货币政策要松紧适度，保持流动性合理充裕，改善货币政策传导机制，提高直接融资比重，解决好民营企业和小微企业融资难融资贵问题。结构性政策要强化体制机制建设，坚持向改革要动力，深化国资国企、财税金融、土地、市场准入、社会管理等领域改革，强化竞争政策的基础性地位，创造公平竞争的制度环境，鼓励中小企业加快成长。社会政策要强化兜底保障功能，实施就业优先政策，确保群众基本生活底线，寓管理于服务之中。

我国经济运行主要矛盾仍然是供给侧结构性的，必须坚持以供给侧结构性改革为主线不动摇，更多采取改革的办法，更多运用市场化、法治化手段，在“巩固、增强、提升、畅通”八个字上下功夫。

要巩固“三去一降一补”成果，推动更多产能过剩行业加快出清，降低全社会各类营商成本，加大基础设施等领域补短板力度。要增强微观主体活力，发挥企业和企业家主观能动性，建立公平开放透明的市场规则和法治化营商环境，促进正向激励和优胜劣汰，发展更多优质企业。要提升产业链水平，注重利用技术创新和规模效应形成新的竞争优势，培育和发展新的产业集群。要畅通国民经济循环，加快建设统一开放、竞争有序的现代市场体系，提高金融体系服务实体经济能力，形成国内市场和生产主体、经济增长和就业扩大、金融和实体经济良性循环。

2018 年三大攻坚战初战告捷，2019 年要针对突出问题，打好重点战役。打好防范化解重大风险攻坚战，要坚持结构性去杠杆的基本思路，防范金融市场异常波动和共振，稳妥处理地方政府债务风险，做到坚定、可控、有序、适度。打好脱贫攻坚战，要一鼓作气，重点解决好实现“两不愁三保障”面临的突出问题，加大“三区三州”等深度贫困地区和特殊贫困群体脱贫攻坚力度，减少和防止贫困人口返贫，研究解决那些收入水平略高于建档立卡贫困户的群体缺乏政策支持等新问题。打好污染防治攻坚战，要坚守阵地、巩固成果，聚焦做好打赢蓝天保卫战等工作，加大工作和投入力度，同时要统筹兼顾，避免处置措施简单粗暴。要增强服务意识，帮助企业制定环境治理解决方案。

(二)中央 2019 年经济工作的主要任务

一是推动制造业高质量发展。要推动先进制造业和现代服务业深度融合，坚定不移建设制造强国。要稳步推进企业优胜劣汰，加快处置“僵尸企业”，制定退出实施办法，促进新技术、新组织形式、新产业集群形成和发展。要增强制造业技术创新能力，构建开放、协同、高效的共性技术研发平台，健全需求为导向、企业为主体的产学研一体化创新机制，抓紧布局国家实验室，重组国家重点实验室体系，加大对中小企业创新支持力度，加强知识产权保护和运用，形成有效的创新激励机制。

二是促进形成强大国内市场。我国市场规模位居世界前列，今后潜力更大。要努力满足最终需求，提升产品质量，加快教育、育幼、养老、医疗、文化、旅游等服务业发展，改善消费环境，落实好个人所得税专项附加扣除政策，增强消费能力，让老百姓吃得放心、穿得称心、用得舒心。我国发展现阶段投资需求潜力仍然巨大，要发挥投资关键作用，加大制造业技术改造和设备更新，加快 5G 商用步伐，加强人工智能、工业互联网、物联网等新型基础设施建设，加大城际交通、物流、市政基础设施等投资力度，补齐农村基础设施和公共服务设施建设短板，加强自然灾害防治能力建设。

三是扎实推进乡村振兴战略。要坚持农业农村优先发展，切实抓好农业特别是粮食生产，推动藏粮于地、藏粮于技落实落地，合理调整“粮经饲”结构，着力增加优质绿色农产品供给。要重视培育家庭农场、农民合作社等新型经营主体，注重解决小农户生产经营面临的困难，把他们引入现代农业发展大格局。要改善农村人居环境，重点做好垃圾污水处理、厕所革命、村容村貌提升。要总结好农村土地制度改革三项试点经验，巩固改革成果，继续深化农村土地制度改革。

四是促进区域协调发展。要统筹推进西部大开发、东北全面振兴、中部地区崛起、东部率先发展。目前京津冀、粤港澳大湾区、长三角等地区发展呈现出许多新特点，规模经济效应开始显现，基础设施密度和网络化程度全面提升，创新要素快速集聚，新的主导产业快速发展，要推动这些地区成为引领高质量发展的重要动力源。要增强中心城市辐射带动力，形成高质量发展的重要助推力。要推动长江经济带发展，实施长江生态环境系统性保护修复，努力推动高质量发展。要推动城镇化发展，抓好已经在城镇就业的农业转移人口的落户工作，督促落实2020年1亿人落户目标，提高大城市精细化管理水平。

五是加快经济体制改革。要深化四梁八柱性质的改革，以增强微观主体活力为重点，推动相关改革走深走实。要加快国资国企改革，坚持政企分开、政资分开和公平竞争原则，做强做优做大国有资本，加快实现从管企业向管资本转变，改组成立一批国有资本投资公司，组建一批国有资本运营公司，积极推进混合所有制改革，加快推动中国铁路总公司股份制改造。要支持民营企业发展，营造法治化制度环境，保护民营企业家人身安全和财产安全。要以金融体系结构调整优化为重点深化金融体制改革，发展民营银行和社区银行，推动城商行、农商行、农信社业务逐步回归本源。要完善金融基础设施，强化监管和服务能力。资本市场在金融运行中具有牵一发而动全身的作用，要通过深化改革，打造一个规范、透明、开放、有活力、有韧性的资本市场，提高上市公司质量，完善交易制度，引导更多中长期资金进入，推动在上交所设立科创板并试点注册制尽快落地。要推进财税体制改革，健全地方税体系，规范政府举债融资机制。要切实转变政府职能，大幅减少政府对资源的直接配置，强化事中事后监管，凡是市场能自主调节的就让市场来调节，凡是企业能干的就让企业干。

六是推动全方位对外开放。要适应新形势、把握新特点，推动由商品和要素流动型开放向规则等制度型开放转变。要放宽市场准入，全面实施准入前国民待遇加负面清单管理制度，保护外商在华合法权益特别是知识产权，允许更多领域实行独资经营。要扩大进出口贸易，推动出口市场多元化，削减进口环节制度性成本。要推动共建“一带一路”，发挥企业主体作用，有效管控各类风险。要精心办好第二届“一带一路”国际合作高峰论坛。要推动构建人类命运共同体，积极参与世贸组织改革，促进贸易和投资自由化便利化。要落实阿根廷中美元首会晤共识，推进中美经贸磋商。

七是加强保障和改善民生。要完善制度、守住底线，精心做好各项民生工作。要把稳就业摆在突出位置，重点解决好高校毕业生、农民工、退役军人等群体就业。要增加对学前教育、农村贫困地区儿童早期发展、职业教育等的投入。要完善养老护理体系，努力解决大城市养老难问题。要下更大气力抓好食品药品安全、安全生产和交通安全。要深化社会保障制度改革，在加快省级统筹的基础上推进养老保险全国统筹，把更多救命救急的好药纳入医保。要继续划转部分国有资本充实社保基金。要构建房地产市场健康发展长效机制，坚持房子是用来住的、不是用来炒的定位，因城施策、分类指导，夯实城市政府主体责任，完善住房市场体系和住房保障体系。

◎**背景知识**

2019年中央经济工作释放八大亮点

来源：文/沈建光，金融界网站作者系京东数字科技副总裁、首席经济学家

展望2019年，面对内外部经济运行压力与深刻变化，如果对内能够切实做到改革"走深走实"，做到竞争中性，向制度改革要红利，对外可以积极争取中美贸易纷争的缓释，守住中美经贸压舱石，则有助于应对内外忧困局面。

2018年12月19—21日召开的中央经济工作会议十分务实，直面当前中国经济的下行压力，对待中美贸易风险也没有避而不谈，而是以进一步改革开放和更大规模的减税作为回应，有助于稳定市场信心。我将本次中央经济工作会议归纳为如下8个亮点：1. 直面经济下行压力。此次会议对经济形势的描述要比以往更加严峻，提到"经济运行稳中有变、变中有忧，外部环境复杂严峻，经济面临下行压力"。这样的表态并未回避当前经济指标回落，消费疲软、工业生产刷新全年新低、投资低位徘徊、外贸数据大幅回落的现实。而在我看来，增加忧患意识，直视问题，恰是做好政策应对、稳定信心的第一步。2. 建国70周年，更强调防范经济风险和"六稳"。会议强调，今年是新中国成立70周年，是全面建成小康社会关键之年，做好经济工作至关重要。同时，再次提到"六稳"，而在三大攻坚战方面，首次使用"初战告捷"的表述。在"三去一降一补"方面，强调推动更多产能过剩行业加快出清，降低全社会各类营商成本，加大基础设施等领域补短板力度。3. 房地产市场仍旧从紧。房地产市场方面，仍旧延续"房住不炒""构建房地产市场健康发展长效机制"的表述，意味着虽然2019年稳增长压力较大，但决策层并未有放松房地产的迹象。预期2019年房地产市场不会有明显回暖，房地产投资也仍将延续下滑态势。4. 货币政策放松态势明显。会议取消了"中性"的表述，结合当前TMLF定向降息，此前央行降准、支持小微企业与民营企业融资等情

况来看，货币政策宽松的态势是十分明显的，预期未来降准、降息仍在2019年政策工具箱当中。5. 强调大规模减税和降费，财政政策更加积极。展望2019，减税的重点或主要体现在：一是推动个税改革，就个税抵扣事项出台更多细则，进而提高居民可支配收入，提振消费；二是加大力度落实增值税、企业所得税减税；增值税税率“三档并两档”有望加速推出，16%的最高税率档位有进一步下调空间；三是进一步降低社保费率；四是进口综合税负的降低。6. 重点提及加快经济体制改革。此次会议提及加快国资国企改革，坚持政企分开、政资分开和公平竞争原则，强调了国有企业、民营企业、资本市场、财税体制改革四个层面的制度建设，在经济下行压力下，更加注重从制度层面进行积极的探索，以期释放改革红利和空间。同时，强调支持民营企业发展，营造法治化制度环境，保护民营企业家人身安全和财产安全，这样的表态也非常明确，是稳定民营企业信心的重点。7. 强调推进中美经贸磋商重要性。本次会议并未避谈当前外部环境的复杂严峻性，作为全方位对外开放的举措之一，推动中美经贸磋商事宜被着重强调，凸显了当前决策层力促中美达成贸易协议的基调。中美两国在经济体制与意识形态领域均存在分歧，未来摩擦分歧会持续不断，只有守住经贸关系压舱石，才能避免中美在政治、外交、意识形态领域的全面恶化，为中国的结构性转型赢得时间。8. 推动供给侧改革发力，强调“走深走实”。此次会议谈及“要深化四梁八柱性质的改革，以增强微观主体活力为重点，推动相关改革”。2019年改革力度有望超出预期，重点体现在深化国资国企、财税金融、土地、市场准入、社会管理等领域，强化竞争政策的基础性地位，创造公平竞争的制度环境等诸多方面。

◎相关链接

http：//news. sina. com. cn/

http：//www. xinhuanet. com/

http：//www. people. com. cn/

◎深度阅读

当前我国经济形势和2019年展望

国家信息中心首席经济学家 祝宝良

2019年01月10日　　来源：经济日报

不久前召开的中央经济工作会议，深入分析当前经济形势，全面部署2019年经济工作，提出了“巩固、增强、提升、畅通”的八字方针，为我们坚定信心、深化认识，做好2019年经济工作指航定向。2019年是新中国成立70周年，也是全面建成小康社会关键之年，经济工作任务十分繁重。我们要按照中央的要求和部署，全面分析内外部环境的深刻变化，科学把握重要战略机遇新内涵，沉着应对各种风险与挑战，加快我国经济高质量发展步伐，为全面建成小康社会收官打下决定性基础。

当前我国经济形势基本稳定

2018年，面对严峻的国际形势和国内艰巨的改革发展任务，我们按照高质量发展总要求、以深化供给侧结构性改革为主线，打好三大攻坚战，统筹推进稳增长、促改革、调结构、惠民生、防风险各项工作，国民经济运行总体平稳、稳中有进。

一是经济基本维持在合理区间。2018年前三季度，我国国内生产总值同比增长6.7%。2018年1月至11月，规模以上工业增加值增长6.3%。物价走势温和适中，居民消费价格上涨2.1%。生产领域价格总体平稳，工业价格和居民消费价格剪刀差收窄。就业规模持续扩大，到2018年11月末，全国城镇新增就业1293万人，提前完成全年目标。全国城镇调查失业率稳中有降，维持在5%左右。国际收支基本平衡，中美贸易摩擦对出口和外资的影响还没有显现。

二是经济结构持续优化。第三产业比重不断提高，对经济增长的拉动作用不断增强。2018年前三季度，三次产业增加值占GDP的比重分别为6.5%、40.4%和53.1%，第二产业和第三产业比重分别提高0.2和0.3个百分点。消费对我国经济增长的拉动作用进一步增强，需求结构不断改善。虽然基建投资明显回落，但制造业、房地产、民间投资稳定，服务消费需求旺盛，2018年前三季度，最终消费支出对GDP增长的贡献率为78.0%，比2017年同期提高14.0个百分点。居民收入增长与经济增长同步，城乡居民收入差距缩小，2018年前三季度，全国居民人均可支配收入同比实际增长6.6%，与经济增长基本同步。

三是新增长动能有所提升。高技术产业、装备制造业、战略性新兴产业增加值增长速度明显高于整个规模以上工业。新能源汽车、光纤、智能电视等新产品产量保持较快增长。服务业中的战略性新兴服务业、高技术服务业营业收入快于全部规模以上服务业。与居民消费升级相关的养老、医疗、旅游休闲、文化娱乐等服务行业供给水平提高。咨询、物流、信息、商务服务业快速发展，信息传输、软件和信息技术服务业势头较好。

四是经济效益和质量有所提高。产能利用率保持稳定。2018年前三季度，全国工业产能利用率为76.6%，与2017年同期持平。规模以上工业企业实现利润同比增长14.7%，大大高于企业销售收入增速。杠杆率降低。2018年11月末，规模以上工业企业资产负债率为56.8%，同比下降0.4个百分点。节能降耗扎实推进，能源消费结构继续优化，2018年前三季度，全国能源消费总量同比增长3.4%，天然气、水电、核电、风电等清洁能源消费占能源消费总量比重比2017年同期提高1.3个百分点，单位GDP能耗同比下降3.1%。

需要注意的是，在经济平稳运行的同时，我国也出现了民营企业困难增加、基建投资回落过快等问题，国际经济环境较为严峻，中美经贸摩擦不确定性明显上升，经济运行稳中有变、变中有忧。这些问题和挑战值得引起我们高度重视。

2019年我国宏观调控政策取向

针对我国经济存在的矛盾和问题，中央经济工作会议提出了2019年我国经济发展目标、政策和主要工作。我们要坚持稳中求进工作总基调，坚持以供给侧结构性改革为主线，坚持深化市场化改革、扩大高水平开放，着力激发微观主体活力，创新和完善宏观调控，统筹推进稳增长、促改革、调结构、惠民生、防风险工作，进一步稳就业、稳金融、稳外贸、稳外资、稳投资、稳预期，提振市场信心，保持经济运行在合理区间。

第一，宏观政策要强化逆周期调节。继续实施积极的财政政策和稳健的货币政策，适时预调微调，稳定总需求。积极的财政政策要加力提效，实施更大规模的减税降费，较大幅度增加地方政府专项债券规模。稳健的货币政策要松紧适度，保持流动性合理充裕。改善货币政策传导机制，提高直接融资比重，解决好民营企业和小微企业融资难融资贵问题。保持人民币汇率在合理均衡水平上的基本稳定，加强资本管制，保证我国货币政策的独立性。

第二，结构性政策要强化体制机制建设。坚持向改革要动力，深化国资国企、财税金融、土地、市场准入、社会管理等领域改革，强化竞争政策的基础性地位，创造公平竞争的制度环境，鼓励中小企业加快成长。推进供给侧结构性改革是结构性政策的主要抓手，2019年要在“巩固、增强、提升、畅通”八个字上下功夫。要巩固“三去一降一补”成果，推动更多产能过剩行业加快出清，降低全社会各类营商成本，加大基础设施等领域补短板力度。要增强微观主体活力，发挥企业和企业家主观能动性，建立公平开放透明的市场规则和法治化营商环境，促进正向激励和优胜劣汰。要提升产业链水平，利用技术创新和规模效应形成新的竞争优势，培育和发展新的产业集群。要畅通国民经济循环，形成国内市场和生产主体、经济增长和就业扩大、金融和实体经济良性循环。

第三，社会政策要强化兜底保障功能。要把稳就业摆在突出位置，重点解决好高校毕业生、农民工、退役军人等群体就业。要深化社会保障制度改革，在加快省级统筹的基础上推进养老保险全国统筹。要构建房地产市场健康发展长效机制，坚持房子是用来住的、不是用来炒的定位，因城施策、分类指导，夯实城市政府主体责任，完善住房市场体系和住房保障体系。

第四，防范化解重大风险。要坚持结构性去杠杆的基本思路，防范金融市场异常波动和共振，稳妥处理地方政府债务风险，做到坚定、可控、有序、适度。要以深化金融财税改革化解金融风险。发展民营银行和社区银行，推动城商行、农商行、农信社业务逐步回归本源。要完善金融基础设施，强化监管和服务能力。要通过深化改革，打造一个规范、透明、开放、有活力、有韧性的资本市场，提高上市公司质量，完善交易制度。要健全地方税体系，规范政府举债融资机制。

总体来看，2019 年我国经济发展面临的外部环境和 2018 年相比更为复杂严峻，我们预测，投资增长速度会有所回升，消费稳中略降，出口增长速度将有所回落，价格总体稳定，工业品和消费品价格的剪刀差缩小，总体上经济增长将有所减慢。与此同时，供给侧结构性改革对稳定经济的效应将继续显现，鼓励民营企业发展和深化改革开放的信号有利于稳定企业的信心，稳就业、稳金融、稳外贸、稳外资、稳投资、稳预期的政策会逐步发挥作用。建议把 2019 年的经济增长目标定为 6%以上，物价控制在 3%左右。

◎重点难点问题思考

1. 党的十九大制定经济工作的指导方针、基本目标、主要措施是什么？

2. 简述十三五规划的指导思想、基本原则、目标要求。

3. 论述五大发展理念的内在关系。

4. 2019 年中央经济工作的总体要求和主要任务是什么？

第六讲　培育和践行社会主义核心价值观，建设社会主义文化强国

导语： 文化兴国运兴，文化强民族强。党的十八大以来，我国对社会主义文化建设和文化自信工作开展进一步作出了新的部署。践行社会主义核心价值观、弘扬中华优秀传统文化和加强文化自信是文化软实力建设的重点。引导大学生培育和践行社会主义核心价值观，坚定中国特色社会主义道路自信、理论自信、制度自信、文化自信，是当前我国高等教育的重要任务。党的十九大对坚定文化自信，推动社会主义文化繁荣兴盛作了明确指导。中共中央办公厅《关于培育和践行社会主义核心价值观的意见》明确了社会主义核心价值观的培育与践行必须同中国梦的宣传相结合，并要从中华优秀传统文化中汲取思想道德营养，从而使社会主义核心价值观在高校真正进教材、进课堂、进头脑。

关键词： 文化自信　“三个倡导”　中国特色社会主义文化　文化软实力

中华民族历经一百多年的磨难，经过长期努力，进入了中国特色社会主义新时代的历史方位。在新时代，我国日益走近世界舞台中央、不断为人类作出更大贡献；我们比历史上任何时期都更接近中华民族伟大复兴这个目标。要让新时代比历史上任何时期更有信心、有能力实现中华民族伟大复兴这个目标，整个国家保持振奋的民族精神和旺盛的创新活力，就要有文化根基和价值支撑，充分发挥文化的内生动力作用。提高国家文化软实力，关系我国在世界文化格局中的定位，关系我国国际地位和国际影响力，关系“两个一百年”奋斗目标和中华民族伟大复兴的中国梦的实现。

文化自信越来越成为“精神变物质”的巨大力量。力透洪荒的磅礴之力，植根、凝聚、发端、持续、扩展于中国独特、深厚的文化积淀、文化自信之中，“中国强起来的文化自信”已经并将继续厚积薄发、电闪雷鸣，最终实现人民有信仰，民族有希望，国家有力量。

一、文化自信：中国特色社会主义理论的文化源泉

（一）中国进入文化自信的新时代

改革开放40年来，我国在全球经济政治文化事务中的地位和角色正在发生根本转变：正在从利用和配置国内资源转向在更大范围内利用和配置国内、国际两种资源，从经济全球化的边缘者转变为最大的受益者，从工业化现代化的落伍者转变为最大的“翻身者”、成功者，从全球经济事务的被领导者转变为领导者，从全球公共治理和公共产品的搭乘者转变为提供者、主导者。正是在敏锐把握和深入认识这一重大历史转变趋势的基础上，习近平明确提出了中华民族伟大复兴中国梦的思想。围绕着实现中国梦，以习近平同志为核心的党中央提出了一系列治国理政新理念新思想新战略，不仅为当代中国在新的历史起点上实现“两个一百年”奋斗目标和中华民族伟大复兴中国梦提供了基本遵循和强大思想武器；而且推动了中国道路、中国精神、中国力量、中国方案等一系列新话语成为深入人心的文化表达，推动了构建人类命运共同体和文明交流互鉴成为具有高度认同的全球性理念。这实际上有力确证并推动了当代中国文化自信时代的来临，中国从此进入文化自信的新时代。

中国文化自信时代的来临，是以中国现代化建设的全面推进和大国崛起为实践基础和坚实支撑的。但敏锐地形成对中国道路的文化自觉，尤其是以高度的文化自信去揭示、阐释和标识中国道路的本质属性、发展成效、目标愿景和意义空间，则是习近平在推动中国特色的文化构建上形成的重要战略判断和理论创新成果，本质上是对中华民族和中国文化伟大复兴所具有的主体性、普遍性和世界历史意义的重大文化判断。这样一种文化判断和文化构建成果以及由此推动的当代中国文化自信时代，构成了我们坚持和发展“中国特色”新的历史起点和时空条件，也为当代中国和中华民族提出了“坚定文化自信”的重大战略要求。

（二）文化自信是中国特色社会主义理论的基础

文化自信，是一个国家、一个民族、一个政党对自身的历史发展、文化禀赋和精神价值的充分肯定和努力践行。习近平在2016年“七一”讲话中指出：“在5000多年文明发展中孕育的中华优秀传统文化，在党和人民伟大斗争中孕育的革命文化和社会主义先进文化，积淀着中华民族

最深层的精神追求，代表着中华民族独特的精神标识。”这个论断说明，我们彰显的文化自信，不限于中华优秀传统文化，还包括我们的革命文化和社会主义先进文化。我们党多年来概括的长征精神、井冈山精神、延安精神、沂蒙精神、雷锋精神、焦裕禄精神等都是新时代文化自信的充分体现。

中华文化博大精深、兼容并包。我们有自己的优秀传统文化、革命文化和社会主义先进文化，同时也善于吸收外来文化，但前提是要有自己的文化定力，这就是自信。我们在把马克思列宁主义与中国的革命实践相结合、与中国的改革开放实践相结合的基础上，才产生了中国特色社会主义。

我们之所以把中国特色社会主义理论立足于自信的中华先进文化基础之上，是因为中国特色社会主义道路自身就植根于中华文化沃土之中。2015年，习近平在会见“读懂中国”国际会议外方代表时说：“我们提出了中国梦，它的最大公约数就是中华民族的伟大复兴……中国有坚定的道路自信、理论自信、制度自信，其本质是建立在5000多年文明传承基础上的文化自信。”习近平也指出，中国道路是在改革开放的伟大实践中走出来的，是在中华人民共和国成立以来的持续探索中走出来的，是在对近代以来中华民族发展历程的深刻总结中走出来的，是在对中华民族5000多年悠久文明的传承中走出来的。这一重要论述既从历史事实出发揭示了中国道路的历史继承性和文化关联性，又从历史自觉的高度阐明了中国道路的历史连续性和一致性。它同时告诉人们，中国特色社会主义不仅是对马列主义和毛泽东思想的科学继承和发展，而且是对中华优秀传统文化的继承和发展，必须以中华优秀传统文化为源与根。中国共产党是中华优秀传统文化的忠实继承者和弘扬者，在革命和建设的过程中形成的中国特色社会主义的科学理论，无不建立在对中华民族古老而优秀的传统文化自信的基础之上。

(三)文化自信是中国特色社会主义理论的力量

中国特色社会主义理论，也是建立在以科学理论为指导基础的文化自信上的科学理论。以马克思主义为指导，是社会主义文化和中国特色社会主义理论这二者先进性的根本所在。习近平指出，辩证唯物主义是中国共产党人的世界观和方法论，必须不断接受马克思主义哲学智慧的滋养，更加自觉地坚持和运用辩证唯物主义世界观和方法论。我们党带领人民实现中华民族的伟大复兴，就必须高举自己的文化旗帜，坚持用马克思主义指导文化建设，弘扬社会主义核心价值观，弘扬以爱国主义为核心的民族精神和以改革创新为核心的时代精神，激发人们爱党爱国的热情，坚定走中国特色社会主义道路的信念。现如今，中国特色社会主义伟大实践正在波澜壮阔地推进，在中国特色社会主义实践基础上的伟大理论已经形成，我们的发展理念、发展方向、发展道路，为文化的繁荣和理论的发展提供了有力支撑。

推进社会主义文化发展繁荣，推进社会主义核心价值观落地生根，是鼓舞人心，凝聚共识，坚定中国特色社会主义的道路自信、理论自信、制度自信、文化自信的基础保证，也是实现中华民族伟大复兴中国梦的基本前提。因此，增强文化自觉，坚定文化自信，走中国特色社会主义的道路，我们必须从中华优秀传统文化、革命文化、社会主义先进文化中涵养底蕴、获得滋养，坚定自身理想信念，为中国梦的实现积聚磅礴的文化力量。

(四)坚定中国文化自信，推动中国文化走向世界

随着“中国文化走出去”和“一带一路”建设的推进，以及“构建人类命运共同体”的倡导，中国日益走向世界舞台的中心，这就需要提高国家文化软实力，积极讲好中国故事、传播好中国声音。提高国家文化软实力，不仅关系我国在世界文化格局中的定位，而且关系我国的国际地位和国际影响力，关系“两个一百年”奋斗目标和中华民族伟大复兴中国梦的实现。习近平强调，一个国家的文化软实力，从根本上说，取决于其核心价值观的生命力、凝聚力、感召力。经过长期努力，我国成功走出了一条中国特色社会主义道路，取得举世瞩目的辉煌成就。世界上越来越多的人开始对当代中国价值观念感兴趣，越来越多的人开始客观看待当代中国价值观念。要提高国家文化软实力，就必须使当代中国价值观念走向世界。讲好中国故事，文化自信是基础。我们要坚定文化自信，坚守中华文化立场，传承中华文化基因，展现中华审美风范。我们要讲好中国特色社会主义的故事，讲好中国梦的故事，讲好中国人的故事，讲好中华优秀文化的故事，讲好中国和平发展的故事，把中国道路、中国理论、中国制度、中国精神、中国力量寓于其中。我们要着力推进国际传播能力建设，创新中华文化元素、文化形象、文化符号的对外宣传方式，加强对外传播话语体系建设，注重塑造我国的国家形象，重视公共外交，着力打造融通中外的新概念新范畴新表述，向世界展现一个真实的中国、立体的中国、全面的中国。这需要我们海内外中华儿女共同携手，推动中华传统文化走向世界。

文明因交流而多彩，文明因互鉴而丰富。文明交流互鉴，是推动人类文明进步与世界和平发展的重要动力。我们要以高度的文化自信躬行践履“中国文化走出去”的时代呼唤。推动中华文化走向世界，要把内容建设放在第一位，突出思想内涵和价值观念。要注重对外宣传阐释我们的中国梦、“一带一路”和“构建人类命运共同体”的内涵与构想，引导国际社会认识、了解和接受中国文化。要积极传播当代中国价值观念，充分展示优秀传统文化的独特魅力，让国外民众触摸中华文化脉搏，感知当代中国发展活力，使中国的形象在世界上不断树立和闪亮起来。

中华文化是当代中国现实与民族精神的生动写照，更是帮助国际社会认识和了解当代中国的最佳载体。我们要认真贯彻落实党的十八大和十八届三中、四中、五中、六中全会精神，十九大和十九届一中、三中全会精神，以及习近平总书记系列重要讲话精神，紧紧围绕党和国家工作大局，加强与联合国、周边国家和“一带一路”沿线国家的交流力度；要强化创新意识，多措并举、多方发力，着力抓好有影响力的大型文化活动，创新对外文化传播的内容、方式和手段，丰富文化交流内容，广泛开展对外文化交流与传播；加强国际传播能力和对外话语体系建设，大力发展对外文化贸易与投资，加大政策扶持力度，综合运用大众传播、群体传播、人际传播方式，着力构建全方位、多层次、宽领域的文化走向世界的格局，传承、传播中华优秀传统文化，不断增强中华文化的国际影响力。

二、培育和践行社会主义核心价值观

(一)社会主义核心价值观的内涵和特点

1. 社会主义核心价值观的丰富内涵

党的十九大报告指出：社会主义核心价值观是当代中国精神的集中体现，凝结着全体人民共同的价值追求。它具有强大的感召力、凝聚力和引导力。

“富强、民主、文明、和谐、美丽”是我国社会主义现代化国家的建设目标，这是在党的十八大做出社会主义核心价值观基本理念凝练的基础上，对于国家层面价值目标进行的新的发展和完善，是与中国特色社会主义事业“五位一体”总体布局相一致的。国家层面的价值目标在社会主义核心价值观中居于最高层次，对其他层次的价值理念具有统领作用。富强即国富民强，是社会主义现代化国家经济建设的应然状态，是人民幸福安康的物质基础，是中华民族梦寐以求的美好夙愿。民主是人类社会的美好诉求，我们追求的民主是人民民主，其实质和核心是人民当家作主。它是社会主义的生命，也是创造人民美好幸福生活的政治保障。文明是社会进步的重要标志，也是社会主义现代化国家的重要特征，是实现中华民族伟大复兴中国梦的重要支撑。和谐是中国传统文化的基本理念，集中体现了幼有所育、学有所教、劳有所得、病有所医、老有所养、住有所居、弱有所扶的社会理想。和谐是中国特色社会主义的本质属性，是社会主义现代化国家在社会建设领域的价值诉求，是经济社会和谐稳定、持续健康发展的重要保证。美丽是我国社会主义现代化强国的目标之一，是社会主义生态文明观的价值内涵，是人与自然和谐共生的社会主义现代化的价值诉求。

“自由、平等、公正、法治”是对建设什么样美好社会的生动表述，与实现国家治理体系和治理能力现代化的要求相契合，揭示了社会主义社会发展的价值取向，从社会层面明确了每个社会成员应当共同遵守和践行的价值准则。自由是指人的意志自由、存在和发展的自由，是马克思主义追求的社会价值目标。社会主义的自由，不只是追求物质生活的改善，更重要的是保证人民充分享有发展自我、实现自我的机会，使每个人都能出彩，梦想成真。平等是社会主义核心价值追求，它意味着公民享有平等的权利，公民的人格一律平等，机会面前人人平等。公正即社会公平和正义，作为社会主义社会的内在要求，它集中体现着社会主义的制度优越性和道义感召力。法治是治国理政的基本方式，是社会主义民主政治的基本要求，我们倡导的法治，是立足中国的社会现实和文化传统，坚持党的领导、人民当家作主、依法治国的有机统一。

“爱国、敬业、诚信、友善”是公民基本道德规范，是从个人行为层面对社会主义核心价值观基本理念的凝练。它覆盖社会道德生活的各个领域，是公民必须恪守的基本道德准则，也是评价公民道德行为选择的基本价值标准。爱国是基于个人对祖国依赖关系的深厚情感，也是调节个人与祖国关系的行为准则。敬业是对公民职业行为准则的价值评价，要求公民忠于职守，克己奉公，服务人民，服务社会，充分体现了社会主义职业精神。诚信是人类社会千百年传承下来的道德传统，也是社会主义道德建设的重点内容，强调诚实劳动、信守承诺、诚恳待人。友善强调公民之间应互相尊重、互相关心、互相帮助，和睦友好，努力形成社会主义的新型人际关系。

2. 社会主义核心价值观的特点

首先，社会主义核心价值观体现了系统性与层次性的有机统一。社会主义核心价值观以国家发展的“富强、民主、文明、和谐”为最高价值目标，以“自由、平等、公正、法治”作为引领社会发展的主流价值理念，以“爱国、敬业、诚信、友善”这些主导公民个人行为的价值准则为落脚点，三者之间紧密相连、相互贯通、相辅相成，具有高度的系统性。同时，社会主义核心价值观兼顾了国家、社会、个人三者的价值追求，明确了各自的价值诉求和愿望，层次清晰，从而实现了国家、社会、个人在价值追求和价值目标上的系统性与层次性的高度协调和有机统一。

其次，社会主义核心价值观彰显了传承性与创新性的紧密结合。社会主义核心价值观的“三个倡导”，既立足于我国社会发展的现状，在传承中华优秀传统文化的基础上，批判地吸收与借鉴了包括资本主义文明成果在内的一切文明成果，体现了历史的继承性；同时，又着眼于未来的发展方向和目标，不断用反映时代进步要求的思想观念丰富人们的精神世界，深刻反映社会主义思想文化和社会主义意识形态的本质要求，从而引领了整个社会的核心价值取向，实现了传承性与创新性的紧密结合。

最后，社会主义核心价值观展现了科学性与实践性的高度统一。社会主义核心价值观的凝练和提出，突破了社会主义实践中核心价值观认识的世界性难题，有力地回应了西方价值观的冲击与较量，凸显了科学社会主义的本质属性和规定，为大力培育、弘扬和践行社会主义核心价值观指明了正确方向和目标，具有强烈的开放性、包容性和实践性，彰显了中国共产党人的理论自信，充分展现了中国特色社会主义价值主旋律的科学性与实践性的高度统一。

(二)积极开展社会主义核心价值观教育

党的十九大报告指出：“社会主义核心价值观是当代中国精神的集中体现，凝结着全体人民共同的价值追求。要以培养担当民族复兴大任的时代新人为着眼点，强化教育引导、实践养成、制度保障，发挥社会主义核心价值观对国民教育、精神文明创建、精神文化产品创作生产传播的引领作用，把社会主义核心价值观融入社会发展各方面，转化为人们的情感认同和行为习惯。”在全面建成小康社会的决胜阶段、坚持和发展中国特色社会主义的伟大实践中，积极培育和践行社会主义核心价值观具有重要而深远的意义。

首先，积极培育和践行社会主义核心价值观是推进社会主义核心价值体系建设的基础工程。自党中央提出社会主义核心价值体系的重要命题以来，社会主义核心价值体系建设在理论和实践层面都取得了突破性进展。党的十八大从价值理念视角对社会主义核心价值体系基本内容进行了抽象概括，为社会主义核心价值体系奠定了价值观基础，使社会主义核心价值体系更具理论逻辑魅力，也能够更好地为社会为群众所掌握。

其次，积极培育和践行社会主义核心价值观是维护我国意识形态安全的迫切需要。当前，国内外形势正在发生深刻复杂变化，我国正处于改革发展的关键阶段，前景十分光明，挑战也十分严峻。我国社会主要矛盾已经转化为人民日益增长的美好生活需要和不平衡不充分的发展之间的矛盾，发展不平衡不充分的一些突出问题尚未解决，社会矛盾和问题交织叠加，价值观念多元多样多变，国家安全面临新情况，意识形态领域斗争依然复杂，西方敌对势力乘机加紧对我国实施价值观渗透战略。面对价值观领域的渗透与反渗透斗争，我们不能掉以轻心，必须坚守好价值观领域这块阵地，确保意识形态安全。我们应清醒地认识到，价值观领域的博弈是激烈的、长期的、复杂的。提炼社会主义核心价值理念，逐步培育社会主义核心价值观，是有效应对西方敌对势力对我国实施价值观渗透战略的客观要求。

最后，积极培育和践行社会主义核心价值观是实现全面建成小康社会奋斗目标、新时代坚持和发展中国特色社会主义的内在要求。党的十八大报告对社会主义核心价值体系基本内容的简洁凝练，是对社会主义核心价值体系的基本价值尺度、基本价值理念的概括。我们应把对社会主义核心价值体系基本内容的教育宣传活动融入国民教育和精神文明建设全过程，同改革开放的实践经验和伟大成就联系起来，同全面建成小康社会的奋斗目标联系起来，让广大人民群众深切体会到社会主义核心价值理念是“共同富裕”“人民幸福”价值诉求的集中体现，不断形成更加广泛的价值认同，使之成为凝聚13亿多人民为全面建成小康社会、实现中华民族伟大复兴的中国梦而奋斗的共同的思想基础和精神纽带。

(三)践行社会主义核心价值观的基本方法

习近平总书记指出，一种价值观要真正发挥作用，必须融入社会生活，让人们在实践中感知它、领悟它。要注意把我们所提倡的与人们日常生活紧密联系起来，在落细、落小、落实上下功夫。要利用各种时机和场合，形成有利于培育和弘扬社会主义核心价值观的生活情景和社会氛围，将它融入群众的生活中，使核心价值观的影响像空气一样无所不在、无时不有。

1. 把握好社会主义核心价值观与社会主义核心价值体系的关系

践行社会主义核心价值观首先要把握好社会主义核心价值观与社会主义核心价值体系的关系。党的十六届六中全会首次明确提出建设社会主义核心价值体系的重大战略任务，强调马克思主义指导思想、中国特色社会主义共同理想、以爱国主义为核心的民族精神和以改革创新为核心的时代精神、社会主义荣辱观构成社会主义核心价值体系的基本内容。社会主义核心价值观是在社会主义核心价值体系基础上提炼出来的，是在社会主义核心价值体系建设的过程中，中国共产党总结我国社会发展的现实需要和人民群众的精神期盼，以“三个倡导”的形式对我国社会主义核心价值目标的高度概括和凝练。社会主义核心价值体系和社会主义核心价值观是内在一致的，都体现了社会主义意识形态的本质要求，体现了社会主义制度在思想和精神层面的质的规定性，凝结着社会主义先进文化的精髓，是中国特色社会主义道路、理论、制度和文化的价值表达，是实现中华民族伟大复兴的中国梦的价值引领。社会主义核心价值观是社会主义核心价值体系的精神内核，它体现了社会主义价值体系的根本性质和基本特征，反映了社会主义核心价值体系的丰富内涵和实践要求，是社会主义核心价值体系的高度凝练和集中表达。

2. 把当代中国价值观念的传播同中国梦宣传相结合

培育和践行社会主义核心价值观，教育和引导是基础性工作。在培育和践行社会主义核心价值观的过程中，要把当代中国价值观念的传播同中国梦宣传相结合，积极引导各种社会思潮，坚定人们的道路自信、理论自信、制度自信、文化自信，把全国各族人民紧紧团结和凝聚在中国特色社会主义旗帜下。

中国梦体现着社会主义核心价值观的价值理想，即实现全面建成小康社会，把我国建设成为富强、民主、文明、和谐、美丽的社会主义现代化强国，进而实现中华民族伟大复兴。社会主义核心价值观则构成中国梦不可或缺的价值内核，是实现中国梦的思想保证。中国梦从立项变成现实的过程同时也就是社会主义核心价值观一步步落地生根的过程。

培育和践行社会主义核心价值观，目的就是旗帜鲜明地倡导我国社会的主导性价值准则，把中国梦的远大理想转化为具体的价值追求，凝聚国家、社会、个人不同层面的价值认识，明确不同社会阶层、群体、个体的价值目标，为中国梦的实现提供价值标准和思想保障。培育和践行社会主义核心价值观，一方面，要求我们紧紧围绕中国梦的宣传，弘扬、传播当代中国核心价值观念；另一方面，在宣传中国梦的同时，要结合当代中国核心价值观念所倡导的精神，让社会主义核心价值观为实现中国梦提供强大的精神动力和道德力量，不断夯实中国梦的理论基础和实践基础。

3. 从中华优秀传统文化中汲取思想道德营养

中华文化源远流长，积淀着中华民族最深层的精神追求，代表着中华民族独特的精神标识，为中华民族生生不息、发展壮大提供了丰厚的滋养。中华优秀传统文化作为中国文化的固有根本，是我国社会主义核心价值观的深厚源泉。离开传统文化的“本”，社会主义核心价值观就会成为无源之水，很难获得人们的心理认同。2014 年 5 月 4 日，习近平在北京大学师生座谈会上的讲话中强调：“中华文明绵延数千年，有其独特的价值体系。中华优秀传统文化已经成为中华民族的基因，植根在中国人内心，潜移默化影响着中国人的思想方式和行为方式。今天，我们提倡和弘扬社会主义核心价值观，必须从中汲取丰富营养，否则就不会有生命力和影响力。”习近平在党的十九大报告中强调：“中国特色社会主义文化，源自于中华民族五千多年文明历史所孕育的中华优秀传统文化，熔铸于党领导人民在革命、建设、改革中创造的革命文化和社会主义先进文化，植根于中国特色社会主义伟大实践。”我们所提倡的社会主义核心价值观，就充分体现了对中华优秀传统文化的传承和升华。培育和践行社会主义核心价值观，必须从中华优秀传统文化中认真汲取中华优秀传统文化的思想精华和道德精髓，大力弘扬以爱国主义为核心的民族精神和以改革创新为核心的时代精神，深入挖掘和阐发中华优秀传统文化讲仁爱、重民本、守诚信、崇正义、尚和合、求大同的时代价值，使中华优秀传统文化成为涵养社会主义核心价值观的重要源泉。

三、党的十九大强调大力加强中国特色社会主义文化建设

新时代的新征程中，文化光辉灿烂、不可或缺。文化强国不是一蹴而就的，也不是遥不可及的，建设文化强国需要行动方略。

（一）中国特色社会主义文化建设的方向、方针、原则

1. 坚持为人民服务、为社会主义服务的方向

以什么为指导、为什么人服务的问题，是中国特色社会主义文化发展面临的首要问题，不仅决定着中国特色社会主义文化发展的目标和方向，而且决定着中国特色社会主义文化的性质。建设中国特色社会主义文化，实质上是建设人民大众的文化。坚持“二为”方向，就要坚持发挥人民在文化建设中的主体作用，维护人民群众的文化权益，做到文化发展为了人民、文化发展依靠人民、文化发展成果由人民共享；就要坚持以科学的理论武装人，以正确的舆论引导人，以高尚的精神塑造人，以优秀的作品鼓舞人，提高全体人民的科学文化素养，提升全体人民的道德风尚，培育有理想、有道德、有文化、有纪律的社会主义公民；就要坚持以邓小平理论和“三个代表”重要思想为指导，深入贯彻落实科学发展观，把社会主义核心价值体系建设作为主线，坚持社会主义先进文化的前进方向；就要坚持为人民服务，为社会主义服务，把满足人民群众的精神文化需求作为中国特色社会主义文化建设的出发点和落脚点，不断促进人民思想道德素质和科学文化素质的提高，努力实现最广大人民的文化利益，为全面建成小康社会提供强大的精神动力，创造良好的文化氛围。

2. 坚持百花齐放、百家争鸣的方针

坚持"双百"方针是对中国特色社会主义文化建设经验的深刻总结，反映了中国特色社会主义文化发展的内在规律。要在宪法规定的范围内努力营造生动活泼、求真务实、积极健康、宽松和谐的良好氛围，充分发扬学术民主和艺术民主，提倡健康说理的批评和反批评，提倡不同观点和学派充分讨论，提倡体裁、题材、形式、手段充分发展，推动观念、内容、风格、流派切磋互鉴。尊重文化发展规律，尊重文化工作者的创造性劳动，弘扬主旋律，提倡多样化，充分调动广大文化工作者的积极性和创造性，促进学术研究和艺术创作的繁荣发展。

3. 坚持贴近实际、贴近生活、贴近群众的原则

贴近实际、贴近生活、贴近群众，是文化发展与创新的丰富土壤和不竭源泉，是建设社会主义文化强国的必然要求。社会主义文化建设的实践证明，坚持了"三贴近"，就能创作出思想性、艺术性、观赏性完美统一的优秀作品，社会主义文艺就会焕发出蓬勃的生机和活力；偏离或忽略了"三贴近"，文艺作品就会变成无根的浮萍、无病的呻吟、无魂的躯壳，社会主义文艺的生机就会窒息和枯萎。当前，要立足社会主义初级阶段的实际，深入改革开放和新时代中国特色社会主义的伟大实践，不断推动文化观念、内容、形式、体制机制和传播手段的创新，增强文化发展活力。要尊重人民群众的主体地位和首创精神，准确把握群众精神文化需要发展变化的特点，积极探索新形势下服务群众的有效途径和办法，多给人民群众提供优秀精神文化产品，做到文化发展成果由人民共享。

(二)建设社会主义文化强国的重大举措

1. 加强社会主义核心价值体系建设

社会主义核心价值体系是社会主义意识形态的本质体现，是兴国之魂。习近平总书记在党的十九大报告中强调："文化自信是一个国家、一个民族发展中更基本、更深沉、更持久的力量。必须坚持马克思主义，牢固树立共产主义远大理想和中国特色社会主义共同理想，培育和践行社会主义核心价值观，不断增强意识形态领域主导权和话语权，推动中华优秀传统文化创造性转化、创新性发展。"总书记的这段话精辟阐明了两层要义：一是深刻认识坚持社会主义核心价值体系的重要性和必要性；二是指明了如何坚持社会主义核心价值体系。

第一，推进马克思主义中国化时代化大众化。要坚持不懈用中国特色社会主义理论体系武装全党、教育人民，深入实施马克思主义理论研究和建设工程，建设哲学社会科学创新体系，推动中国特色社会主义理

论体系进教材、进课堂、进学生头脑、进网络、进学生社区。

第二，广泛开展理想信念教育。理想信念是人的精神世界的核心，是人精神上的“钙”。党的十八大和十八届三中全会强调指出，要把广大人民团结凝聚在中国特色社会主义伟大旗帜之下。中国特色社会主义共同理想信念是社会主义核心价值体系的主题，这个共同理想，就是在中国共产党领导下，坚持和发展中国特色社会主义，实现中华民族的伟大复兴。当代大学生是国家未来发展的中坚力量，应该基于对社会发展规律的正确认识，追求远大理想、坚定崇高信念，自觉走中国特色社会主义道路。当代大学生应志存高远、脚踏实地，努力在实现中华民族伟大复兴的实践中放飞青春梦想。

第三，大力弘扬民族精神和时代精神。民族精神和时代精神，是社会主义核心价值体系的精髓。民族精神是指一个民族在长期共同生活和社会实践中形成的，为本民族大多数成员所认同的价值取向、思维方式、道德规范、精神气质的总和，是一个民族赖以生存和发展的精神支柱。时代精神是一个国家和民族在新的历史条件下形成和发展的，是体现民族特质并顺应时代潮流的思想观念、价值取向、精神风貌和社会风尚的总和，是一种对社会发展具有积极影响和推动作用的集体意识。党的十八大和十八届三中全会强调，要深入开展爱国主义、集体主义、社会主义教育，丰富人民精神世界，增强人民精神力量。在当今和平建设年代，爱国主义最重要的就是在拥护祖国统一、维护国家主权和领土完整的同时，坚持社会主义，拥护中国共产党的领导。

第四，积极培育和践行社会主义核心价值观。党的十八大报告，明确提出了培育和践行社会主义核心价值观的根本任务，提出“三个倡导”的社会主义核心价值观。党的十九大报告指出：社会主义核心价值观是当代中国精神的集中体现，凝结着全体人民共同的价值追求。强调“把社会主义核心价值观融入社会发展各方面，转化为人们的情感认同和行为习惯”。培育和弘扬社会主义核心价值观，是新时代赋予高校立德树人的新要求新任务。大学生积极培育和践行社会主义核心价值观，对于推动国家发展、社会进步和自身的成长成才，具有重要而深远的意义。

2. **全面提高公民道德素质**

这是社会主义道德建设的基本任务。党的十八大和十八届三中全会强调指出，要坚持依法治国和以德治国相结合，加强社会公德、职业道德、家庭美德、个人品德教育，弘扬中华传统美德，弘扬时代新风。党的十九大报告指出：深入实施公民道德建设工程，推进社会公德、职业道德、家庭美德、个人品德建设，激励人们向上向善、孝老爱亲，忠于祖国、忠于人民。加强和改进思想政治工作，深化群众性精神文明创建活动。弘扬科学精神，普及科学知识，开展移风易俗、弘扬时代新风行动，抵制腐朽落后文化侵蚀。推进诚信建设和志愿服务制度化，强化社会责任意识、规则意识、奉献意识。

3. **丰富人民精神文化生活**

党的十九大报告强调指出：满足人民过上美好生活的新期待，必须提供丰富的精神食粮。要深化文化体制改革，完善文化管理体制，加快构建把社会效益放在首位、社会效益和经济效益相统一的体制机制。完善公共文化服务体系，深入实施文化惠民工程，丰富群众性文化活动。加强文物保护利用和文化遗产保护传承。健全现代文化产业体系和市场体系，创新生产经营机制，完善文化经济政策，培育新型文化业态。广泛开展全民健身活动，加快推进体育强国建设，筹办好北京冬奥会、冬残奥会。加强中外人文交流，以我为主、兼收并蓄。推进国际传播能力建设，讲好中国故事，展现真实、立体、全面的中国，提高国家文化软实力。

大学生如何丰富精神文化生活？第一，处理好学习与实践的关系。第二，博览群书，实现精神成长。大学生无论学的是文科，还是理工科，都应该多阅读一些有思想、有内涵的理论著作，涉猎有助于锻炼理性思维的知识。第三，加强网络建设和管理，唱响网上主旋律。大学生是中国网民的重要群体。网络生活已经成为大学生活的一个重要组成部分。校园网络文化建设的好坏直接关系大学生文化精神生活的健康与否。

4. **增强文化整体实力和竞争力**

文化实力和竞争力是国家富强、民族振兴的重要标志。党的十八大报告对增强文化整体实力和竞争力提出了新的要求，作出了新的部署，这是一项具有重大现实意义和深远历史意义的战略决策。要坚持把社会效益放在首位、社会效益和经济效益相统一，推动文化事业全面繁荣、文化产业快速发展。发展哲学社会科学、新闻出版、广播影视、文学艺术事业。加强重大公共文化工程和文化项目建设，完善公共文化服务体系，提高服务效能。促进文化和科技融合，发展新型文化业态，提高文化产业规模化、集约化、专业化水平。构建和发展现代传播体系，提高传播能力。增强国有公益性文化单位活力，完善经营性文化单位法人治理结构，繁荣文化市场。扩大文化领域对外开放，积极吸收借鉴国外优秀文化成果。营造有利于高素质文化人才大量涌现、健康成长的良好环境，造就一批名家大师和民族文化代表人物，表彰有杰出贡献的文化工作者。

增强文化整体实力和竞争力，除了要深化文化体制机制改革，进一步解放和发展文化生产力外，主要的措施途径有：第一，进一步提高公共文化服务能力。第二，积极实施“文化走出去”战略，增强文化的国际竞争力和影响力。第三，加强文化人才队伍建设。文化繁荣发展归根到底要靠人才、靠队伍。文化承载历史，文明昭示未来。我们一定要坚持社会主义先进文化前进方向，树立高度的文化自觉和文化自信，向着建设社会主义文化强国宏伟目标阔步前进。

◎**背景知识**

文化自信

文化自信是一个国家、一个民族对自身拥有的生存方式和价值体系的充分肯定，是对自身文化生命力、创造力、影响力的坚定信念，关乎民族精神状态和社会精神风貌，关乎国家发展进步的动力与活力。党的十八大以来，习近平多次强调“文化自信”问题。2014 年 2 月 24 日，在主持十八届中央政治局第十三次集体学习时，他强调要“增强文化自信和价值观自信”。2014 年 10 月 15 日，在主持文艺工作座谈会时，他强调“增强文化自觉和文化自信，是坚定道路自信、理论自信、制度自信的题中应有之义”。2016 年 5 月 17 日，在哲学社会科学工作座谈会上，他又强调“我们说要坚定中国特色社会主义道路自信、理论自信、制度自信，说到底是要坚定文化自信。文化自信是更基本、更深沉、更持久的力量”。在党的十九大报告中，他强调：“文化自信是一个国家、一个民族发展中更基本、更深沉、更持久的力量。”2016 年 7 月，在庆祝中国共产党成立 95 周年大会上，习近平指出，“文化自信，是更基础、更广泛、更深厚的自信”，强调“坚持不忘初心、继续前进，就要坚持中国特色社会主义道路自信、理论自信、制度自信、文化自信”。2016 年 11 月，习近平出席中国文联十大、中国作协九大开幕式并发表重要讲话。他强调，“胸中有大义、心里有人民、肩头有责任、笔下有乾坤”，指出“中国不乏史诗般的实践，关键要有创作史诗的雄心”。他期待文艺作品以中国精神铸就民族之魂，期望文艺工作者感国运之变化、立时代之潮头、发民族之先声。2017 年 9 月 27 日，习近平就精神文明建设“五个一工程”作出重要指示时强调：“文艺是时代前进的号角。希望广大文艺工作者坚持以人民为中心的创作导向，坚持‘二为’方向、‘双百’方针，坚持创造性转化、创新性发展，精益求精、潜心磨砺，以传世之心打造传世之作，不断创作生产优秀作品，书写和记录人民的伟大实践、时代的进步要求，唱响主旋律、传递正能量，塑造中国形象、弘扬中国精神，坚定人民信心、振奋人民精神。”2018 年 9 月 10 日，习近平在全国教育大会上强调：“要在坚定理想信念上下功夫，教育引导学生树立共产主义远大理想和中国特色社会主义共同理想，增强学生的中国特色社会主义道路自信、理论自信、制度自信、文化自信，立志肩负起民族复兴的时代重任。要在厚植爱国主义情怀上下功夫，让爱国主义精神在学生心中牢牢扎根，教育引导学生热爱和拥护中国共产党，立志听党话、跟党走，立志扎根人民、奉献国家。要在加强品德修养上下功夫，教育引导学生培育和践行社会主义核心价值观，踏踏实实修好品德，成为有大爱大德大情怀的人。要在增长知识见识上下功夫，教育引导学生珍惜学习时光，心无旁骛求知问学，增长见识，丰富学识，沿着求真理、悟道理、明事理的方向前进。要在培养奋斗精神上下功夫，教育引导学生树立高远志向，历练敢于担当、不懈奋斗的精神，具有勇于奋斗的精神状态、乐观向上的人生态度，做到刚健有为、自强不息。要在增强综合素质上下功夫，教育引导学生培养综合能力，培养创新思维。”贯彻落实好习近平总书记关于“文化自信”的一系列重要论述，具体应该遵循以下基本路径：坚定文化自信，首先要坚持民族的文化认同；坚定文化自信，根本要坚持文化的科学发展；坚定文化自信，关键要坚持文化成果由人民共享。

◎相关链接

1. 人民网：http：//www.people.com.cn。

2. 新华网：http：//www.xinhuanet.com。

3. 中国文明网：http：//www.wenming.cn。

4. 社会主义核心价值观网站：http：//socialism.cmc.edu.cn。

◎深度阅读

1. 王林：《文化自信与价值观自信》，上海，上海大学出版社，2017。

2. 沈壮海：《文化强国建设的中国逻辑》，北京，人民出版社，2017。

3. 蔡武：《筑牢文化自信之基——中国文化体制改革40年》，广州，广东经济出版社，2017。

4. 陈先达：《文化自信——做理想信念坚定的中国人》，长春，吉林人民出版社，2017。

◎重点难点问题思考

1. 如何正确认识社会主义核心价值观与中国梦、中华优秀传统文化的关系？

2. 结合你的学习和生活实际，谈谈大学生应该如何培育和践行社会主义核心价值观？

3. 作为当代大学生，应该怎样肩负起建设社会主义文化强国的重任？

4. 当代大学生应如何树立高度的文化自觉和文化自信？

第七讲　中国的民族政策与宗教政策

导语：中国自古就是一个统一的多民族国家，在漫长的历史长河中，各民族休戚与共、相互依存，共同开拓了幅员辽阔的疆土，共同缔造了统一的多民族国家，共同创造了悠久灿烂的中华文化。宗教作为一种历史积淀和社会意识现象，不仅构成了中华民族不可分割的重要组成部分，而且深刻影响着中国社会各方面的发展。民族团结、宗教和顺、社会稳定，是新时期一切工作的生命线。新中国成立以来，在正确的民族政策与宗教政策的指引下，我国各民族团结空前增强，宗教进步事业健康发展，为中华民族伟大复兴和中国特色社会主义事业奠定了坚实基础。

关键词：统一的多民族国家　民族团结　民族区域自治　宗教信仰自由

一、中国的民族状况与民族政策

党的十八大以来，习近平多次指出，“我国56个民族都是中华民族大家庭的平等一员，共同构成了你中有我、我中有你、谁也离不开谁的中华民族命运共同体”。一部厚重的中国史，就是一部中国各民族诞育、发展、交融并共同缔造统一多民族国家的历史，也是一部中华民族逐渐形成、发展壮大的历史，更是一部中华民族命运共同体意识理性升华的历史。历史演进的这个特点，造就了我国各民族在分布上的交错杂居、经济上的相互依存、文化上的兼收并蓄、情感上的相互亲近，形成了你中有我、我中有你、谁也离不开谁的多元一体格局。中华民族共同体意识是指对历史上中华各民族在政治、经济、文化方面交往交流交融的认同，是指对56个民族同呼吸、共患难，“你中有我，我中有你，谁也离不开谁”的命运共同体的认同，核心是“你中有我，我中有你”。团结统一的大一统价值观内化为中华各民族共同的心理认同，铸就了“维护国家统一成为中华民族意识中最高层次的认同”的理念。

(一)中国自古是统一的多民族国家

中国统一多民族国家的形成是中国历史自然演进的结果。早在四五千年前，中华大地上就形成了华夏、东夷、南蛮、西戎、北狄五大民族集团。在发展过程中这些民族互相借鉴和吸收，经过不断的迁徙、杂居、通婚和交流，在逐步融合为一体的同时也不断产生新的民族。其结果是有的民族延续至今，有的却由于融合、战争以及生态环境恶化和改换名称等原因而消失在历史的长河中，但总的发展方向是形成统一的多民族国家，汇聚成为统一稳固的中华民族。

今天中国的疆域和版图，是中华大家庭中各民族在长期的历史发展中共同开发形成的。早在先秦时期，中国先民的“天下”观念和“大一统”理念便已形成。公元前221年，秦朝统一六国并在全国设郡县加以统治，今天广西、云南等少数民族较为集中的区域都纳入秦朝管辖之下。汉朝进一步发展了统一的局面，在今新疆地区设置西域都护府，管辖包括新疆地区在内的广大地区，并增设17个郡统辖四周各民族，形成了包括今天新疆各族人民先民在内的疆域宽广的国家。唐朝设安西和北庭两大都护府，管辖包括今天新疆在内的西域地区，设道、府、州或羁縻府州，管辖中南和西南各少数民族。蒙古族建立的元朝，在南方部分少数民族聚居的府、州设土官(由少数民族首领充任并世袭的地方行政长官)，在中央设宣政院统辖西藏事务，在西藏分设三路宣慰司都元帅府，西藏从此处于中央政府有效行政管理之下，并设澎湖巡检司管理澎湖列岛和台湾。元朝的民族成分包括现今中国绝大多数民族。满族建立的清朝，在西域设伊犁将军并建新疆行省，在西藏设驻藏大臣，确立由中央政府册封达赖、班禅两大活佛的历史定制，在西南一些少数民族地区实行废除土司制度、选派官员统一管理的“改土归流”(少数民族地方行政长官由中央政府委派)政治改革，最终确定了今天中国的版图。

虽然中国历史的个别时段也曾出现过短暂的割据和分裂，但国家统一始终是主流和方向。无论汉族还是少数民族，都把实现多民族国家的统一作为最高政治目标。正是在各民族的共同努力下，中国广袤的疆域、悠久灿烂的文化、统一的多民族国家才最终形成。

为了维护和巩固统一的多民族国家，中国各民族不畏强暴、团结一致，共同抵御外侮。尤其是在1840年鸦片战争之后的100多年间，中国屡遭西方列强的侵略、欺凌，亡国灭种的危机把中国各民族的命运更加紧密地联结在一起。在国家面临被列强瓜分、民族生死存亡的危急关头，各族人民奋起反抗、共赴国难。在近代反侵略、反分裂的伟大斗争中，各民族在历史上形成的不可分离的关系变得更加牢固，各民族福祸与共、休戚相关的命运共同体的特征更加凸显，各族人民作为中国历史主人的责任感得到了进一步激发和增强，中国各民族共同的文化和心理特征更趋成熟。今天，中华民族已经成为各民族普遍认同的统称和归属。

(二)中华民族是中国各族人民的共同家园

2013年10月，中央民族大学附属中学迎来100周年校庆前夕，习近平在给全校学生的回信中指出："我国是统一的多民族国家。我国各族人民同呼吸、共命运、心连心的奋斗历程是中华民族强大凝聚力和非凡创造力的重要源泉。"历史上，统一多民族国家的长期延续，极大地促进了各民族之间的经济、政治和文化交流，增进了各民族对中央政权的向心力和对中华文化的认同感，增强了中华民族的凝聚力、生命力和创造力，促进形成了中华文明的统一性和多样性，中华民族成为中国各族人民的共同家园。

在几千年的历史长河中，各民族历经迁徙、贸易、婚嫁，以及碰撞、冲突之后，交往范围不断扩大，融合程度不断加深，逐步形成了你中有我、我中有你，交错杂居、共生互补的格局，相互依存、共同发展的关系日趋稳固。

1949年中华人民共和国成立以来，通过识别并经中央政府确认，中国共有民族56个。其中，汉族人口占绝大多数；其他55个民族人口相对较少，习惯上称为"少数民族"。各少数民族人口数量相差较大，第六次人口普查数据显示，壮族有1693万人，而塔塔尔族只有3556人。

中国各民族的人口分布呈现大杂居、小聚居、交错混居的特点。汉族地区有少数民族聚居，民族地区也有汉族居住，你中有我、我中有你；许多少数民族既有一块或几块聚居区，又散居全国各地。西南和西北是少数民族分布最集中的两个区域。随着中国经济社会的发展，少数民族人口分布范围进一步扩大，目前全国散居地区少数民族人口已超过3000万。

我国各民族在发展中各有优势、互补共济。总体上讲，汉族在经济文化发展水平、科学技术、人力资源等方面有优势，而少数民族聚居区地域广阔、资源富集、地理位置重要，在诸多方面也有着得天独厚的优越条件。

新中国成立以来，国家统筹区域协调发展，不断加大对少数民族和少数民族地区发展的支持力度，从财政、金融、税收、基础设施建设、教育等方面给予倾斜，推动少数民族地区的经济发展和社会全面进步，给少数民族带来更多福祉。在中华民族这个大舞台上，汉族地区和民族地区协调发展，发挥着各自的优势和长处，演绎着各自的精彩，取长补短，互利共赢，实现着各民族共同繁荣。

正如习近平2014年9月在中央民族工作会议上所阐述的，“我国历史演进的这个特点，造就了我国各民族在分布上的交错杂居、文化上的兼收并蓄、经济上的相互依存、情感上的相互亲近，形成了你中有我、我中有你，谁也离不开谁的多元一体格局”。“汉族离不开少数民族，少数民族离不开汉族，各少数民族之间也互相离不开”，这是中国各民族关系的最真实写照，各民族共同凝成了中华民族的磅礴伟力。

（三）中国在民族问题上的基本原则与基本政策

新中国成立以来，党和政府牢牢把握各民族共同团结奋斗、共同繁荣发展的主题，坚持从本国国情出发，总结历史经验，借鉴世界其他国家的有益做法，开创了具有中国特色的解决民族问题的正确道路，确立了“民族平等、民族团结和各民族共同繁荣”的解决民族问题的基本原则，实施“民族区域自治”这一解决我国民族问题的基本政策，从而形成了比较完备的民族政策体系。

民族平等是指各民族不论人口多少，居住地域大小，经济发展程度高低，语言文字和宗教信仰、风俗习惯是否相同，都享有平等的社会地位，在政治、经济、文化等方面享受相同的权利并承担相同的义务。汉族和少数民族之间，各少数民族之间，都一律平等。我国各民族虽然在发展程度上存在着差别，但那是由历史的、地理的以及其他诸多的社会因素造成的，各民族之间没有优劣之分。各民族人民都是中华民族物质财富和精神财富的创造者，都对历史发展作出了应有的贡献，因此，在国家和社会生活中的一切领域，都享有平等的权利，承担相同的义务。但由于历史的原因，少数民族在经济、文化方面还处于相对落后的状态，这不可能在短期内解决，因而影响了平等权利的充分行使。因此，我国采取一定的特殊政策，对少数民族给予帮助和照顾。例如，在各届全国人民代表大会和政协全国委员会中，少数民族的代表和委员所占的比例均高出其人口占全国人口的比例。在少数民族聚居的地区，则实行民族区域自治政策，以更好地维护各少数民族实现平等管理国家和社会事务的权利。

民族团结是指各民族之间和各民族内部在共同利益基础上形成平等相待、友好相处、互相尊重、互相帮助的关系，以及在此基础上联合起来，为反对共同敌人、实现共同目标而奋斗。主要包括：反对民族压迫和民族歧视；维护、促进各民族之间和各民族内部的团结；各族人民齐心协力，共同促进祖国的发展繁荣；反对民族分裂，维护祖国统一。加强民族团结，对于国家的统一、社会的稳定、社会主义的经济建设等有着重要的意义。各民族的大团结是中华民族的最高利益，是我国统一、繁荣、昌盛的重要保证，也是当今世界衡量一个国家综合国力的标志之一。习近平在2014年5月的第二次中央新疆工作座谈会上的讲话中提出："民族团结是各族人民的生命线……各民族要相互了解、相互尊重、相互包容、相互欣赏、相互学习、相互帮助，像石榴籽那样紧紧抱在一起。"大民族主义和地方民族主义都是与民族团结这一原则背道而驰的，我们应该同极少数民族分裂分子进行斗争，维护祖国统一和各民族团结。

各民族共同繁荣是指各民族在政治、经济、教育、科学、文化等各项事业上都得到发展，民族素质得到提高。目前，我国各民族的发展还不完全平衡，民族之间还有一定的差距，只有坚持共同繁荣的原则才能最终达到全民科学文化素质和综合国力的提高，实现中华民族的伟大振兴。也只有各民族共同繁荣才能为民族平等和民族团结提供保障。

民族平等、民族团结、各民族共同繁荣三项基本原则是相互联系、不可分割的。民族平等是实现民族团结的政治基础，没有民族平等就没有民族团结；民族平等和民族团结是实现各民族共同繁荣的前提条件，没有民族平等和民族团结，就不会实现各民族共同繁荣；各民族的共同繁荣特别是经济的发展，又是民族平等、民族团结的物质保证，没有各民族的共同繁荣最终会影响民族团结的巩固和民族平等的全面实现。

民族区域自治是解决我国民族问题的基本政策，是上述三项基本原则得以贯彻落实的制度保证，也是我国的一项基本政治制度。民族区域自治是指在国家统一领导下，在各少数民族聚居的地方实行区域自治，设立自治机关，保障民族自治地方行使自治权，充分发挥民族自治地方的主动性和积极性，实行少数民族管理本民族的内部事务。

我国的民族区域自治具有显著的特色。一方面，民族区域自治是以国家的统一为前提，在国家统一领导下的自治。民族自治地方的人民代表大会和人民政府既是民族区域自治机关，又是中央统一领导下的地方国家机关。各民族自治地方和全国其他地方一样，都是中华人民共和国不可分割的一部分，都是在中央政府统一领导下的地方行政区域。另一方面，民族自治地方的自治机关有着相对较独立的自治权，可根据民族区域自治法及有关法律的规定，自主制定本地区经济文化发展的规划，并从本民族本地区的实际出发，依法变通执行国家有关经济文化发展的政策，在执行职务时可使用当地通用的一种或者几种语言文字，等等。

我国解决民族问题的基本原则和基本政策符合我国各民族大杂居、小聚居的特点，具有很大的优越性。它促进了我国各族人民同心同德、和睦相处、和衷共济。各民族建立了平等、团结、互助、和谐的社会主义新型民族关系，开创了经济发展、政治安定、文化繁荣、社会和谐的良好局面，少数民族的面貌、民族地区的面貌、民族关系的面貌都发生了历史性巨大变化。

(四)维护民族团结、反对民族分裂

我国是各族人民共同缔造的统一的多民族国家。各民族的前途命运与祖国的前途命运始终紧密联系在一起。尽管中国历史上也曾出现过若干次分裂的局面，但都是短暂的，最后总是归于统一。国家统一始终是中国历史发展的主流，民族团结符合国家以及各族人民的根本利益，得到各族人民的衷心拥护。

1. 民族团结是各族人民的共同愿望，是各族人民的生命线

“中华民族和各民族的关系，形象地说，是一个大家庭和家庭成员的关系，各民族的关系是一个大家庭里不同成员的关系”，“民族团结是我国各族人民的生命线”。在漫长的历史进程中，中华民族能够生生不息靠的是各民族团结友爱。各族人民在历史的交融中，形成了交错杂居、共生互补的格局，结成了密不可分、牢不可破的兄弟情谊，孕育了团结友爱的宝贵传统，共同捍卫了祖国统一，共同维护了社会稳定，共同推动了国家发展，形成了“谁也离不开谁”的民族关系。历史和现实的经验与教训告诉我们，民族团结和谐，社会才稳定，国家才能集中精力搞建设；经济才发展，人民生活才能得到保障和改善。民族团结遭到破坏，社会就会动荡，人民就不可能安心生产生活，国家发展步伐就会遭到阻滞，人民生活水平就会下降。民族团结是福，民族分裂动乱是祸。民族团结是维护社会稳定、祖国统一、国家长治久安的重要保证，是社会发展的基础，是各族人民幸福安康的保证，是各族人民的共同愿望和根本利益之所在。我们要“像爱护自己的眼睛一样爱护民族团结，像珍视自己的生命一样珍视民族团结，像石榴籽那样紧紧抱在一起”。

2. 民族团结是中国的根本国家利益，是国家发展进步的基石

习近平指出，各民族团结友爱，是中华民族的光荣传统，是社会主义民族关系的生动体现，是实现中华民族伟大复兴中国梦的基石。民族团结始终是各民族共同团结奋斗、共同繁荣发展的根基，民族问题始终是关系党和人民事业发展全局的重大问题。

从历史来看，我国自秦汉以来一直是统一的中央集权制国家。2000多年来，国家的统一、各民族的团结，始终是我国历史的主流。近百年来，各族人民在推翻帝国主义、封建主义和官僚资本主义三座大山的伟大斗争中，并肩战斗，携手共进，共同缔造了统一的国家。因此，国家与民族同命运，国家的统一需要民族的团结。

从民族构成情况来看，我国是一个以汉族为多数的多民族国家，56个民族在长期的历史发展和相互交往中，形成了大杂居和小聚居的民族分布状况。一方面，据第六次人口普查数据，少数民族有一亿多人口，约占全国总人口的8.4%，全国各省、自治区、直辖市约有70%的县有少数民族居住；另一方面，各少数民族聚居的地区，也有大量的汉族或其他少数民族居住。这种分布状况决定了促进各民族之间在政治、经济和文化等方面的密切联系和交往，必须以民族团结为前提条件。

从国家的发展来看，我国的基本国情是"地大物博，人口众多"，少数民族人口虽然所占比例不大，但民族自治地方却占国土总面积的64%左右，蕴藏有丰富的资源。为了帮助少数民族和少数民族地区发展经济与文化事业，党和国家一直从各方面扶持、帮助少数民族和少数民族地区。这不是恩赐，也不是单方面的帮助。辩证地说，这是一种互相帮助。汉族帮助了少数民族，少数民族也帮助了汉族；国家扶持了少数民族地区，少数民族地区也支援了国家建设。民族团结是国家把有限的人力、物力、财力集中在一起办大事的前提。青藏铁路、西气东输、南水北调等工程的实施，是我国各族人民团结一心、共谋发展的真实写照。

从统一稳定的需要来看，我国少数民族绝大部分居住在边疆，有30多个少数民族与境外的同一民族毗邻而居，还有一些少数民族跨境而居。西方敌对势力和国内分裂势力为了颠覆社会主义制度，总是千方百计地挑拨我国的民族关系，破坏我国各族人民的团结和国家的统一。这些基本国情，决定了民族团结问题不仅仅影响着民族向心力、凝聚力，更关系着祖国统一、领土完整、边防巩固、经济发展，关系着国家的根本利益，也极大地影响着综合国力的提高。

3. 当代大学生要自觉维护民族团结，坚定不移地反对民族分裂

民族分裂主义是危害国家统一和民族团结的主要危险，没有对民族分裂主义的坚决斗争，就没有民族团结的大好局面，就没有稳定与发展。这些年来，我们严厉打击民族分裂势力、宗教极端势力和暴力恐怖势力等"三股势力"，强化各项治本措施，确保了社会政治大局持续稳定，为改革开放和现代化建设创造了良好的环境。但是，面对国际形势的复杂多变，面对境内外敌对势力加紧活动的新情况、新动向，反分裂斗争依然有着长期性、复杂性和尖锐性等特点。当代大学生作为祖国的未来，民族的希望，能否牢固树立民族团结意识将直接关系到国家前途和民族命运。

首先，面对复杂的社会形势，要自觉加强学习，更好地了解和掌握民族理论政策、民族法律法规和民族基本知识。通过学习，要深化对党的民族理论和民族政策的认识，真正懂得只有在祖国大家庭里，才有我们各个民族的兴盛和发展，才有各族人民的幸福生活，从而增强对中华民族的归属感，对中华文化的认同感，对伟大祖国的自豪感，对中国特色社会主义事业的使命感。

其次，牢固树立稳定压倒一切的思想，进一步强化政治敏锐性和提高政治鉴别力。要坚持从自身做起，从点滴做起，在与其他民族同胞接触交往的日常生活中，注意尊重兄弟民族的传统文化、风俗习惯和宗教信仰，多说有利于民族团结、有利于社会稳定的话，多做有利于民族团结，有利于社会稳定的事，做到不说伤害民族感情的话，不做不利于民族团结和社会稳定的事。

最后，要坚持原则、明辨是非，旗帜鲜明地与破坏民族团结的行为作斗争。破坏民族团结、制造民族分裂，是对社会主义法制的严重践踏，是对人民根本利益的严重损害，是对国家安全的严重危害。我们每一个人，无论属于哪个民族，都要头脑清醒，擦亮眼睛，认清各种分裂主义势力的险恶用心和反动本质，不信谣、不传谣，不受坏人挑拨煽动，不参与违法犯罪活动。在大是大非问题上，认识不含糊，态度不暧昧，行动不动摇。国家利益高于一切，各族人民的整体利益高于一切。在危急关头、关键时刻，要立场坚定、旗帜鲜明、挺身而出，敢于同各种分裂活动作斗争，坚决捍卫各民族共同团结奋斗、共同繁荣发展的大好局面。

二、中国的宗教状况与宗教政策

中国是一个多宗教共存的国家，既有产生于本土的宗教，也有从国外传入的宗教。这些宗教既自成体系又相互影响，并且与整个社会相互作用，构成了一个庞大的宗教文化体系，活跃在中华大地上。新中国既坚持宗教信仰自由的基本政策，又积极引导宗教与社会主义事业相适应，从根本上保证了宗教事业的健康发展和社会的稳定。

(一)中国宗教的现状

宗教是普遍存在于世界各地的文化现象和社会现象。在中国，多种宗教并存，主要有佛教、道教、伊斯兰教、基督教，此外还有多种民间信仰。中国现有各种宗教信徒已超一亿多人。据 2016 年 4 月新华社《凝心聚力共襄盛世伟业——党的十八大以来全国宗教工作综述》一文中公布的统计数据，宗教活动场所有 14 万处，宗教教职人员约有 36 万人，宗教团体有 5500 多个。全国共有 1.7 万余名宗教界人士在各级人民代表大会、政治协商会议中担任代表、委员。

佛教发源于公元前 6 世纪的古印度，于东汉明帝时正式传入中国，先后与汉族文化和西南少数民族文化结合，形成汉传佛教(汉语系)、藏传佛教(藏语系)和云南上座部佛教(巴利语系)三大系统，至今在中国约有 2000 年历史。至 2014 年，全国共有开放的佛教活动场所约 3.3 万处，共有佛教教职人员约 22.2 万人，共有佛教类宗教院校 38 所，信仰佛教的人数众多。

道教是中国土生土长的宗教，源于中国多元古老文化。道教的孕育过程缓慢而分散，具有多源、多渠道、多地区、逐渐汇合靠拢而成的特点。各种道教理论及教派组织之间互有影响，但基本上又是独立发展的，时间上前后相错，并无统一的具体创教时间可言，道教史的上限极不易认定。于汉末约公元 2 世纪，道教基本完成其作为独立宗教的形成过程。目前，我国共有道教宫观约 9000 处，道士约 4.8 万人，道教院校 5 所。我国道教信仰人数众多。

伊斯兰教由穆罕默德创立于公元 7 世纪初的阿拉伯半岛。唐宋时期，伊斯兰教随阿拉伯商人传入我国。至 2014 年，我国有 10 个基本全民信仰伊斯兰教的少数民族，共有人口约 2200 万，大小清真寺 3.5 万余座，阿訇、毛拉等教职人员约 5 万人，伊斯兰教经学院 10 所。

基督教形成于公元 1 世纪的巴勒斯坦，目前主要有天主教、东正教和基督新教三大教派。基督教自公元 7 世纪起几度传入中国，但又先后几度中止。1840 年鸦片战争后，基督教的传教活动作为特权被列入一系列不平等条约中，基督教由此正式大规模传入。新中国成立后，中国基督教摆脱了外国差会(基督教教会的一种宣教组织)的控制，实现“自治、自养、自传”，独立自主自办基督教事业。至 2014 年，我国共有基督教信众 2300 多万人，教堂和聚会点约 5.6 万处，教牧传道人员约 4.8 万人，神学院校 21 所。

在中国，全国性的宗教团体有中国佛教协会、中国道教协会、中国伊斯兰教协会、中国天主教爱国会、中国天主教主教团、中国基督教三自爱国运动委员会、中国基督教协会等。各宗教团体按照各自的章程选举、产生领导人和领导机构。中国各宗教团体可以自主地办理教务，并根据需要开办宗教院校，印刷发行宗教经典，出版宗教刊物，兴办社会公益服务事业。

纵观中国历史，在中华大地上以佛教为代表的诸宗教，其发展主流一直是和谐的，宗教与社会的关系也比较顺和。这一点与世界上其他国家和地区相比，弥足珍贵。在长期的历史发展中，各宗教对我国政治、经济、文化、社会等方面产生过重要影响，在传承文化、服务社会、促进民族团结、维护祖国统一等方面发挥了一定的积极作用，形成了深厚的优良传统，主要有爱国与爱教高度统一，以行善积德为第一义，政教分离、服务社会，与时俱进、勇于创新，共生共荣、互尊互学、文化兴教、文明交往、和谐包容等，其中蕴含着中华文明无与伦比的和美传统与历史智慧。这值得中国宗教界倍感自豪、倍加珍惜，并在今日与将来全力继承。

(二)中国当前的宗教政策

宗教作为一种社会存在，有着复杂的社会关联，在一定程度上也会反映出相关宗教的政治态度或政治诉求，表现出其社会责任和担当。宗教不可能“与世无争”或“与世无关”，不会是“属于另一世界”的“出世”或“超然”之存在，而是有真实且复杂的社会政治卷入和参与，有着对社会存在鲜活、生动的反映。因此，对于宗教问题不可能仅仅从精神信仰上抽象来看，也必须讲政治、讲法律、讲公义、讲责任，强调对宗教的积极引导和依法管理。我们在复杂的国际政治氛围中建设中国特色社会主义，处于不同国家利益的纠缠、博弈之中，要面对、应对各种社会政治势力的挑战、干扰、渗透，更应该有明确的中华民族意识、维护国家利益，要体现我国宗教与境外宗教的明显不同和根本区别，要彰显我国宗教的中华主体和中国特色，以保障其和睦、健康的生存与发展。在我国《中华人民共和国刑法》《中华人民共和国民法总则》《中华人民共和国反恐怖主义法》《中华人民共和国国家安全法》《中华人民共和国境外非政府组织境内活动管理法》等法律法规，将宗教作为重要内容纳入其中，为规范和调节宗教与相关社会事务的关系提供了法律依据。2017 年 6 月修订并于 2018 年 2 月开始施行的《宗教事务条例》作为调整宗教事务的专门行政法规，使宗教事务管理的相关制度更加完善。

中国现行的宗教政策，主要有以下四个方面的内容。

1. *宗教信仰自由政策*

《中华人民共和国宪法》第三十六条对宗教信仰自由政策的基本内容作出了原则性规定：“中华人民共和国公民有宗教信仰自由。”“任何国家机关、社会团体和个人不得强制公民信仰宗教或不信仰宗教，不得歧视信仰宗教的公民和不信仰宗教的公民。”“国家保护正常的宗教活动。”公民有信仰或者不信仰宗教的自由；有信仰这种或者那种宗教的自由；在同一宗教里，有信仰这个或者那个教派的自由。宗教信仰自由政策的实质是使宗教信仰问题成为公民个人自由选择的问题。建设一个富强、民主、文明、和谐、美丽的社会主义现代化国家，维护国家的主权和民族的尊严，是包括信教群众和不信教群众在内的中国各族人民的共同目标和根本利益。因此，有着不同宗教信仰的人们应该而且可以做到政治上团结合作，信仰上互相尊重。正如习近平在2016年全国宗教工作会议中强调的，“实行宗教信仰自由政策，出发点和落脚点是要最大限度把广大信教和不信教群众团结起来”。

2. 国家依法管理宗教事务

“依法管理宗教事务”是依法治国这一治国方略在宗教领域的具体要求，其要旨是保护合法、制止非法、抵御渗透、打击犯罪。在中国，政府依法对涉及国家利益和社会公共利益的宗教事务进行管理，保护宗教界的合法权益和正常的宗教活动，制止和打击利用宗教进行的违法犯罪活动，抵御境外势力利用宗教进行的渗透。同时，所有宗教活动都必须在法律许可的范围内进行，不管信仰何种宗教，都必须遵守法律，没有超越法律的特权，任何诉求和意见都应通过合法渠道表达和解决。国家依法管理宗教事务与实行宗教信仰自由政策不是对立的，而是为了更好地贯彻宗教信仰自由政策。20世纪80年代以来，中国部分地区出现了一些邪教组织，打着宗教旗号进行违法犯罪活动。邪教组织的为首分子或歪曲宗教教义，制造邪说，蒙骗群众，抗拒国家法律、法令的实施，煽动推翻政府；或利用迷信，装神弄鬼，致人死伤；或聚众淫乱，诈骗钱财，严重危害人民正常的生活和生产秩序。广大人民群众和宗教界人士对此深恶痛绝。中国司法机关对这类严重危害社会利益、公众利益的违法犯罪分子依法惩处，正是为了维护公众利益和法律尊严，为了更好地保护公民的宗教信仰自由权利和正常宗教活动。中国司法机关依法惩治犯罪，与宗教信仰无关，中国没有人因为信仰宗教被惩处。当今世界，任何法治国家都不会容忍这类打着宗教旗号进行的违法犯罪活动。

3. 坚持宗教独立自主自办的原则

我国宪法规定：“宗教团体和宗教事务不受外国势力的支配。”任何境外组织和个人不得干预我国的宗教事务。中国宗教坚持独立自主自办的原则，是中国人民在反抗殖民主义、帝国主义侵略和奴役的斗争中，由中国宗教信徒自主作出的历史性选择。1840年鸦片战争后，中国逐步沦为半殖民地半封建社会。在这个过程中，西方的基督教被殖民主义、帝国主义利用，充当了侵略中国的工具，一些西方传教士扮演了不光彩的角色。例如，他们参与贩卖鸦片，参与和策划侵华战争，参与屠杀平民、掠夺钱财；参与策划、起草对华不平等条约，敌视新中国，策划破坏活动；等等。西方基督教在中国近代史上被利用来做这些不光彩的事情的同时，还操纵、控制中国教会，使中国教会变成西方修会、差会的附庸。中国籍神职人员、教牧人员和广大教徒处于无权地位。中国基督教界早有人提出摆脱外国教士控制的主张，并开始从事中国基督教自立组织的活动。但在半殖民地半封建的旧中国，中国教会真正实现独立自主自办是根本不可能的。1949年，中华人民共和国成立，结束了半殖民地半封建社会的历史，从而为中国基督教实现独立自主自办提供了历史条件。中国的宗教事业由中国各宗教团体、教职人员和信教群众来办，不受外国势力支配。中国基督教与世界上许多国家的教会建立了友好往来关系。1991年2月，中国基督教协会正式加入世界基督教教会联合会。中国天主教还先后派代表出席了“第五届‘宗教与和平’国际会议”和“世界天主教青年大会”等一些国际宗教会议。近年来，中国教会向国外选派了相当数量的留学生，并聘请外国教师和学者到国内的神学院校讲学。中国佛教、道教和伊斯兰教的国际友好交往也日益扩大。这就要在坚持独立自主自办宗教的同时，抵御境外势力利用宗教对我国进行渗透，坚决打击宗教极端势力。

4. 积极引导宗教与社会主义社会相适应的政策

任何宗教要存在和发展，都要与所处社会相适应，这是宗教自身存在与发展的内在要求和客观规律。我国是社会主义国家，我国宗教是在社会主义条件下存在和活动的，必须与社会主义社会相适应。习近平在2016年全国宗教工作会议中指出，积极引导宗教与社会主义社会相适应，不是要求公民放弃宗教信仰，不是改变宗教的基本教义，而是指我国宗教必须坚持中国化方向，用社会主义核心价值观来引领和教育宗教界人士和信教群众，弘扬中华民族优良传统，用团结进步、和平宽容等观念引导广大信教群众，支持各宗教在保持基本信仰、核心教义、礼仪制度的同时，深入挖掘教义教规中有利于社会和谐、时代进步、健康文明的内容，对教规教义作出符合当代中国发展进步要求、符合中华优秀传统文化的阐释。

“积极引导宗教与社会主义社会相适应”有着层次多元而丰富的内涵界定。所谓适应，不仅指“服从服务于国家最高利益和中华民族整体利益”等政治层面、法律层面的相契合，同时还指经济上、文化上、社会建设上全方位的同频共振。习近平重点指出，宗教与社会主义社会相适应的一个重要任务就是支持我国宗教坚持中国化方向，这是十八大以来党和国家领导集体在宗教工作领域具备思想建设意义和实践指导意义的重要创见。积极引导宗教与社会主义社会相适应，就是要引导信教群众热爱祖国、热爱人民，维护祖国统一，维护中华民族大团结，服从服务于国家最高利益和中华民族整体利益；拥护中国共产党领导、拥护社会主义制度，坚持走中国特色社会主义道路；积极用社会主义核心价值观引领、用中华文化浸润我国各宗教，支持宗教界对宗教思想、教规教义进行符合社会进步和时代要求的阐释，坚决防范西方意识形态渗透，自觉抵御宗教极端主义思潮影响；遵守国家法律法规，自觉接受国家依法管理；投身改革开放和社会主义现代化建设，为实现中华民族伟大复兴的中国梦贡献力量。这是符合信教群众和各宗教本身的根本利益的。

我国宗教方面的矛盾主要是人民内部矛盾，但在一定条件下也可能出现对抗性的问题，处理这类问题必须坚持维护人民利益、维护法律尊严、维护民族团结、维护祖国统一的准则。要善于体察民族问题与宗教问题的区别和联系，处理宗教问题，要着眼于民族的根本利益，着眼于民族的团结和进步，要警惕和反对任何利用宗教来分裂人民、破坏各民族之间团结的言论和行动。坚持独立自主自办教会的原则，抵制境外敌对势力利用宗教进行的渗透。争取团结和教育宗教界人士，鼓励他们爱国爱教、团结进步，有计划地培养年轻一代的爱国宗教教职人员，充分发挥爱国宗教团体的作用。

在对待无神论与有神论的关系上，我们主张宗教信仰自由，目的是团结信教群众为共同的政治目标而斗争，但这并不意味着放弃对人民群众进行无神论的宣传教育。对人民群众进行辩证唯物主义和历史唯物主义世界观的教育，进行无神论的宣传教育，是社会主义精神文明建设的重要内容。为了尊重信教群众和不信教群众各自的权利，宗教活动应在一定的范围和场合进行。一方面，无神论和科学世界观的宣传不能进寺庙教堂；另一方面，任何宗教组织的教徒也不得到宗教活动场所以外宣传有神论。与世界上许多国家一样，中国实行宗教与教育分离的原则，在国民教育中，不对学生进行宗教教育。部分高等院校及研究机构开展宗教学的教学和研究。在各宗教组织开办的宗教院校中，根据各教需要进行宗教专业教育。宗教教职人员履行的正常教务活动，在宗教活动场所以及按宗教习惯在教徒自己家里进行的一切正常的宗教活动，都由宗教组织和教徒自理，受法律保护，任何人不得干涉。

(三)崇尚科学、反对迷信

1. 马克思主义的宗教观

宗教的本质是对支配人们日常生活的外部力量的一种虚幻的反映。宗教既非宗教神学所宣扬的那样是由客观上存在的超自然的力量——神所创造和决定的；也非主观唯心主义者所说的那样，来自所谓人类先天就有的信仰宗教的本性。马克思主义宗教观认为，宗教作为人类精神生活的一部分，作为社会思想上层建筑的一部分，是人类社会生活过程在人们头脑中的曲折反映，归根到底依赖于人类的物质生活过程，为人类的社会生活过程即生产力和生产关系、经济基础和上层建筑的矛盾运动所决定。首先，“人创造了宗教，而不是宗教创造了人”。其次，宗教是人们对颠倒的现实关系的反映，宗教的根源在人间，而不是在天上。人们不应该到宗教里去找社会的秘密，而是应该到人类社会中去发现宗教的秘密。再次，宗教是现实世界的虚幻反映。宗教所主张的人生理想和价值观念等总是以超凡入圣为特征的。最后，宗教是存在于现实社会的意识形态，反映着社会的特点，体现着一定阶级的状况和利益、目的，并影响着现实的社会。

在人类初期并没有宗教，它是人类社会发展到一定阶段的历史现象，其存在有着复杂的自然根源、社会根源、认识根源。宗教作为一种意识形态，它的发展肯定要受到经济基础的制约，它必定会随着经济基础的变化而变化。“非常明显，随着每一次社会制度的巨大历史变革，人们的观点和观念也会发生变革，这也就是说，人们的宗教观念也要发生变革”①，恩格斯针对宗教发展的历史进程和宗教在不同历史阶段所展现的历史形态，先后提出过三种图式：第一种为从原始社会的“自发宗教”到阶级社会的“人为宗教”；第二种为从“部落宗教”到“民族宗教”再到“世界宗教”；第三种为“自然宗教”到“多神教”再到“一神教”。实际上，在人类社会中，宗教就是这样发展过来的。

宗教存在的最深刻的根源是人与自然、人与人之间关系的不合理，使自然力量和社会力量对人成为盲目起作用的、异己的力量。只有当实际生活中的关系，在人们面前表现为人与人之间和人与自然之间极为明白而合理的关系的时候，现实世界的宗教反映才会消失；只有当社会生活过程即物质生产过程的形态，作为自由结合的人的产物，处于人的有意识有计划的控制之下的时候，它才会把自己神秘的纱幕揭掉。但是，这需要有一定的物质基础或一系列的物质生存条件，而这些基础或条件本身又是长期的、痛苦的历史发展的自然产物。宗教既然是一个历史的范畴，它必然随着社会的发展而归于消亡。恩格斯指出，在资本主义私有制的条件下，宗教是不可能消亡的，因为人们仍处于异己的自然力量和社会力量的支配之下，宗教反映事实的基础仍然存在。只有通过无产阶级革命，彻底埋葬资本主义生产方式及政治制度并实现共产主义，宗教才会消亡。这是一个相当漫长的过程。

在阶级社会，宗教本质上是统治阶级用来维护其统治秩序的工具，是社会上层建筑中的重要意识形态部门之一，由经济基础决定并随着经济基础的变化而变化。但与其他社会意识形态，如政治思想、法律思想

---

①《马克思恩格斯全集》第7卷，240页，北京，人民出版社，1959。

相比，它又远离经济基础并通过一系列的中间环节与经济基础发生联系，因而又有较大的相对独立性。宗教在社会历史上的作用，归根到底取决于它所维护的经济基础和社会制度的性质。以基督教为例，基督教在其创立时期还是奴隶、穷人、无产者以及被古罗马征服或驱散的人们的宗教，这些群体通过宗教反映了对平等的要求和对社会等级的不满。但随着历史的变化，以及大量的富人加入并控制教团，基督教的性质发生了变化，特别是当罗马帝国宣布它为国教以后，它就完全变成了统治者手中的工具。而被压迫人民在历史的特定阶段也会利用宗教进行反抗斗争，这是由特殊的社会历史条件造成的。比如，在中世纪，宗教成为占统治地位的社会意识形态，因此当时任何社会运动和政治运动都不得不采取神学的形式。革命阶级要组织群众起来斗争，也必须让群众的切身利益披上宗教的外衣。但在革命成功以后，宗教就成了维护资产阶级统治的工具。因此，恩格斯得出结论："基督教已经踏进了最后阶段。此后，它已不能成为任何进步阶级的意向的意识形态外衣了；它愈来愈变成统治阶级专有的东西，统治阶级只把它当作使下层阶级就范的统治手段。"①

2. 科学是破除迷信的根本武器

宗教与迷信都属于有神论思想，都崇拜超自然的神秘力量——神灵，但是，两者有明显区别。人们对超自然力量的崇拜在发展过程中，有高低层次的不同，其高级的成熟的理论化形式就是宗教，具有完整的、系统的宗教哲学和宗教教义，有成套的宗教经典，其本质是一种社会意识形态；而迷信活动则继承了原始宗教中一些低级和粗俗的内容，如请神降仙、抽签、算卦算命、测字、圆梦、求仙问药等，往往成为一些不法之徒骗取钱财坑害群众的手段。再者，二者的活动方式也不同。宗教有较严密的教会组织和宗教团体，各种宗教活动都按一定的礼仪规范在一定的宗教场所进行。而迷信活动总体来说是散漫的、无组织的甚至是秘密的个别活动。而且，宗教根本上是世界观，是对自然、社会、人生的特殊的自觉的认识和评价；迷信则往往是个人为实现自己的现实目的而采用的一种超经验方法，企图借助人的行为去影响自然过程，寄希望于用神灵的力量解脱自己，是普通的鬼神意识和巫术行为的大杂烩，与生活意义、道德价值和行为准则无根本联系。这类封建迷信活动，起着破坏社会秩序、扰乱人心、损害群众身体健康的作用。如果我们把宗教和迷信当成一回事，势必把信鬼神、命运的人都看成是"宗教信徒"，这不仅在理论上是荒谬的，而且在实践中也是有害的。

---

① 《马克思恩格斯全集》第21卷，351页，北京，人民出版社，1965。

科学作为人们认识事物本质和规律的方法与途径，它首先是一种知识体系。其中，自然科学是关于自然现象的知识体系，它帮助人们认识自然界不同对象的运动、变化和发展的客观规律；社会科学是关于社会现象的知识体系，它帮助人们认识人类社会不同时期、不同领域的运动、变化和发展的客观规律。因此，科学是认识事物真相的唯一途径。人之所以迷信是因为恐惧，人之所以恐惧是因为无知。只有掌握了科学知识和科学方法，理解了科学精神，接受了科学思想，我们才能够正确认识和解释自然和社会现象，才能够提高对反科学、伪科学的迷信的鉴别能力，彻底铲除迷信赖以生存的土壤。

3. 当代大学生要树立正确的世界观

世界观在哲学上又称为宇宙观，是指人们对整个世界总的根本的看法，是人们对于世界的本质、人与客观世界的关系以及世界上的一切事物的根本观点。世界观不同，人们在认识和改造世界时的立场、观点和方法也会不同。树立正确的世界观，从而正确地对待世界、对待人生，确立并实现自身的价值，对我们每一个人特别是大学生来说至关重要。

正确的、科学的世界观可以为当代大学生认识世界和改造世界的活动提供正确的方法论和价值观。首先，从自我和社会的角度去正视自己存在的客观条件。找到了自己的优势与劣势，了解了自身与时代对人才的要求之间的差距，大学生才能树立起恰当的个体目标，更好地扬长避短，选择最有价值的人生道路。其次，尊重客观，顺应潮流；不断学习，改造自我；不断实践，与时俱进。在世界和自我之间，在主观和客观之间，一个人只能尊重客观，认识客观，适应客观，改造自我，而不可能倒过来，让世界按照人的意志来运转。人生就是一个求生存与谋发展的过程。人的社会化决定了每个人要在现代社会中生存与发展，都必须学习一定的社会规范、掌握一定的知识技能，与时俱进，使自己获得社会生活的能力，然后投身实践，不断地开拓创新，在实践中创造有价值的人生。最后，任何个体的人生意义只能建立在一定的社会关系和社会条件基础之上，并在社会中才能得以实现，离开一定的社会基础，个人就不能作为人而存在，当然也无法创造人生价值。人生价值评价的根本尺度，是看一个人的人生活动是否符合社会发展的客观规律，是否通过实践促进了历史的进步。一个人对社会和他人所作的贡献越大，他在社会中获得的人生价值的评价才会越高。一个人只有实现了与他人、与社会、与自然的和谐，才能创造出更大的人生价值。

辩证唯物主义世界观是人类历史上最进步的、唯一科学的世界观，是对人类自身的力量和人类的未来充满信心的世界观。唯物主义世界观承认世界的物质性、客观性，承认物质世界是按其自身的规律运动和变化的，而客观规律是可被认识和利用的。人类社会是统一的客观自然界的一部分，人的意识是对客观世界的反映，人的活动必须遵守客观规律。辩证唯物主义世界观进一步承认客观世界是一个不断运动、变化和发展的充满矛盾又相互联系的统一体。客观世界内部矛盾的对立和统一是它自身运动、变化和发展的根本原因。人类社会是物质世界发展的最高产物，是一种由人的实践活动构成的有意识的、具有自觉能动性的物质运动过程。人类可以通过社会实践认识和改造周围的自然界以及人类社会自身。人类认识世界和改造世界的能力是随着社会实践的历史发展而不断发展的。

三、党的十九大对加强党的民族、宗教工作提出了新要求

在党的十九大上，习近平站在中华民族伟大复兴的时代高度，部署了决胜全面建成小康社会的民族宗教工作战略，提出："深化民族团结进步教育，铸牢中华民族共同体意识，加强各民族交往交流交融，促进各民族像石榴籽一样紧紧抱在一起，共同团结奋斗、共同繁荣发展。全面贯彻党的宗教工作基本方针，坚持我国宗教的中国化方向，积极引导宗教与社会主义社会相适应。""严密防范和坚决打击各种渗透颠覆破坏活动、暴力恐怖活动、民族分裂活动、宗教极端活动。加强国家安全教育，增强全党全国人民国家安全意识，推动全社会形成维护国家安全的强大合力。"他还提出实施区域协调发展战略，加大力度支持革命老区、民族地区、边疆地区、贫困地区加快发展，强化举措推进西部大开发形成新格局。党的十九大对新时期党的民族宗教工作提出了新要求和新思路。

(一)党的十九大对党的民族工作的新要求和新思路

新中国成立以来的实践表明，坚持党的领导，坚持民族区域自治，坚持各民族共同团结奋斗、共同繁荣发展的中国特色解决民族问题的道路是成功的。改革开放以来，我国进入各民族跨区域流动的历史活跃期，各民族在政治、经济、文化领域内广泛交往交流交融，大大深化了"你中有我，我中有你，谁也离不开谁"的命运共同体关系。顺应这种形势，党的十九大首次将"铸牢中华民族共同体意识"和"加强各民族交往交流交融"写入党代会报告，将其作为对新时期党的民族工作的新要求。

今后党的民族工作必须围绕着新要求，开创新思路。把加强各民族交往交流交融作为实现各民族大团结的金钥匙，我们既不能忽视民族差异用行政手段去推进，也不能无视民族共性不加引导。通过扩大各民族间的交往交流交融，努力创造各族同胞共居、共学、共事、共乐的社会

条件，让祖国每一寸土地都能成为各民族同胞共居的家园，让各民族同胞在中华民族大家庭中手足相亲、守望相助，中华民族一家亲，同心共筑中国梦。

第一，坚持和完善民族区域自治制度，铸牢中华民族共同体认同的政治基础。民族区域自治是中国特色解决民族问题的基本形式。新中国成立以来的民族区域自治实践证明，实行民族区域自治有利于维护国家统一和政令畅通，有利于发挥各民族主人翁作用，有利于凝聚各族人民的智慧和力量，同心同德为实现中华民族伟大复兴共同奋斗。坚持和完善民族区域自治，就是在中国共产党的集中领导下，坚持统一与自治、民族与区域相结合的原则，依法保障各族人民合法权益，保障各族人民当家作主的权利，确保国家政令畅通，扩大各族同胞有序政治参与，加强各民族交往交流交融，使各族人民心往一处想，劲往一处使，汇聚起维护国家统一、民族团结的正能量。

第二，加快民族地区的发展，铸牢中华民族共同体认同的经济基础。民族地区能不能如期实现全面建成小康社会目标，直接关系我国全面建成小康社会的大局。习近平多次强调，没有民族地区的小康，就没有全国的全面小康；全面建成小康社会，“一个民族都不能少”。党的十八大以来，党创新工作思路，通过优化转移支付、对口支援、扶贫攻坚等措施，加快民族地区发展，改善各族人民生活；通过西部民族地区富余劳动力向东部地区转移流动，向城市融入，深化各民族经济共同体联系。党的十九大，再次要求各地区因地制宜，精准发力，加快发展，确保如期全面建成小康社会，确保各民族同胞都能与祖国经济社会发展节奏同频共振，铸牢各民族同胞共建社会主义现代化国家的意识、共享现代化发展成就的意识，为中华民族共同体认同打下经济基础。

第三，建设各民族共有精神家园，铸牢中华民族共同体认同的思想基础。中华文化是古往今来生活在中华大地上的各民族共同创造的，是各民族文化集大成，是各民族共有精神家园。加强中华民族大团结，长远和根本的是增强文化认同，建设各民族共有精神家园，积极培养中华民族共同体意识。要在社会主义核心价值观引领下，弘扬各民族优秀传统文化，建设各民族共享的现代文化，加强各民族文化交往交流，在交流中取长补短，在交融中相互认同，在借鉴中实现创新性发展，铸牢各民族共创、共享、共传中华文化的意识，从中凝练出中华民族共同体的团结意识、归属意识，铸牢中华民族共同体认同的思想基础。

第四，构建各民族互相嵌入式社会结构和社区环境，铸牢中华民族共同认同的社会基础。随着越来越多的各民族同胞在全国各地流动，民族工作已经从边疆发展到内地，从农村延伸到城市，从发展经济、改善民生扩大到保障各族人民合法权益，实现了区域公共服务均等化。要推动构建各民族互相嵌入式从业结构、嵌入式文化教育结构、嵌入式社区环境，推动各民族混居杂居，为各民族同胞来来往往创造条件。让各民族同胞做得了和睦邻居，交得成知心朋友，结得成美满姻缘。“各民族要像石榴籽那样紧紧抱在一起”，铸牢中华民族共同体认同的社会基础。

第五，依法处理民族事务，铸牢中华民族共同体认同的法治基础。中华民族共同体认同，根本上是中国公民共同体认同，是各民族公民对国家法律法规一体遵循的法治认同。因此，要始终用法治思维和法治方式处理民族事务，用法律来保障民族团结，依法保障各民族公民合法权益，大力推进民族事务治理化法治化，引导各族同胞牢固树立遵纪守法的公民意识，坚持一般法律法规统摄民族因素，依法行政，不断提高各级党和政府依法处理民族事务的能力。通过各方面的法治化建设，铸牢中华民族共同体认同的法治基础。

第六，深化民族团结进步教育，铸牢中华民族共同体认同的舆论基础。民族团结是我国各族人民的生命线，做好民族工作，最关键的是搞好民族团结，最管用的是争取人心，“无论是过去、现在还是将来，民族大团结都是我们进行社会主义建设必不可少的保证”①。要把加强民族团结作为战略性、基础性、长远性工作来做，要面向全体社会成员开展国家认同、中华民族认同、中华文化认同、社会主义认同、中国共产党认同的“五个认同教育”，引导人们树立正确的历史观、民族观、国家观、文化观，大力弘扬爱国主义精神，牢固树立汉族离不开少数民族、少数民族离不开汉族、各少数民族之间也相互离不开的思想观念，促进各民族同呼吸、共命运、心连心，铸牢中华民族共同体认同的舆论纽带。

总之，历经几千年发展变化，中华各民族同胞在共同开拓祖国疆域、共同捍卫祖国统一、共同推动祖国经济文化发展的过程中，形成了生死相依、休戚与共的关系。铸牢中华民族共同体意识，就是铸牢 56 个民族“你中有我，我中有你，谁也离不开谁”的命运共同体意识，就是铸牢维护国家统一、民族团结、社会和谐、共同繁荣发展的意识，就是铸牢共同致力于中华民族伟大复兴的意识。只有 56 个民族同心同德、携手并肩、团结奋斗，中华民族才能焕发出无比磅礴的伟大力量。

---

① 习近平：《摆脱贫困》，88 页，福州，福建人民出版社，1992。

(二)党的十九大对党的宗教工作的新要求和新思路

新中国成立以来，党的宗教工作在保障宗教信仰自由、规范宗教事务管理、服务改革发展稳定大局等方面发挥了重要作用。但随着国内外形势的发展变化，近年来宗教领域出现了许多新情况，一些新的矛盾和问题日益凸显，如境外利用宗教进行的渗透日益加剧、宗教极端思想在有的地方蔓延、网络宗教问题开始突出、宗教商业化乱象引发社会普遍关注、一些地方非法宗教活动屡禁不止、流动人口带来宗教活动管理新的问题、宗教组织与有关方面的利益纠纷频发，等等。宗教工作所面临的新形势对党的宗教工作提出了新要求，那就是既要“保障公民宗教信仰自由”，又要“维护宗教和睦与社会和谐”。这也是党的宗教工作的目的和宗旨。“保障公民宗教信仰自由”包括信仰宗教或者不信仰宗教的自由，信仰不同宗教和改变或放弃某一宗教信仰的自由。而这种思想精神层面的宗教信仰自由，需要得到社会法律法规及相关规章制度的保障。“维护宗教和睦与社会和谐”就是要依法保护正常的宗教活动，包括维护宗教团体、宗教院校、宗教活动场所和信教公民的各种合法权益，从而在社会政治层面以政府的宗教事务管理来保护合法、制止非法、遏制极端、抵御渗透、打击犯罪、维系公道、维护秩序，从而在宗教社会存在上实现宗教和睦、各教平等，在宗教与社会的关系上确保社会稳定、民族团结、国家统一。

适应时代与形势的需要，党的宗教工作主要有以下新思路。

一是要坚持以“导”的态度对待宗教。习近平强调，做好党的宗教工作，把党的宗教工作基本方针坚持好，关键是要在“导”上想得深、看得透、把得准，做到“导”之有方、“导”之有力、“导”之有效，牢牢掌握宗教工作主动权。其中关键是要积极引导宗教与中国社会主义社会相适应。这种适应包括思想精神上的、核心价值观上的、政治立场上的、法律法规上的、公共道德上的、文化传统上的适应等，体现出党和政府及社会主流对宗教的积极引导，目的在于实现宗教在中国的社会政治认同和对中国社会多层次、全方位的整体适应，以最大限度地发挥宗教的积极作用，最大限度地抑制宗教的消极作用。这种积极引导应该是新时期党的宗教工作的核心任务。

二是要依法管理宗教，体现出宪法的权威、法律的尊严。任何宗教活动、宗教团体和宗教活动场所都必须服从法律法规、遵守社会规则、维护社会秩序。在一个法治的国家和社会中，不应该也不会允许任何法外宗教的存在，而应该违法必究、非法必惩。在此，既需要政府严格按照法律法规来科学管理；也需要宗教方面积极回应，主动服从、认同、适应这种依法管理，自觉遵守《宗教事务条例》的各项规定，尤其是要使其教法教规服从国法政令，要在法律法规允许的范围内开展其宗教活动、建构其宗教组织、体现其社会存在。

三是要坚持我国宗教中国化方向。习近平指出，积极引导宗教与社会主义社会相适应，一个重要任务就是支持我国宗教坚持中国化方向。我国是中国共产党领导的社会主义国家，也是具有悠久历史的文明国家，我国宗教应该同我国文化和国情特点相融合。引导在中国境内的宗教自觉意识到其中国存在和中国身份、坚持中国化方向，是其健康发展的基本前提和保障。这种“中国化”要求我国宗教在政治、法律、思想、道德、文化等方面积极适应我国的社会存在和当前发展，既“入乡随俗”，又“与时俱进”，从而真正成为中国社会的有机构成、中华文化的基本元素。

四是要促进宗教关系和谐。习近平强调，要构建积极健康的宗教关系。我国宗教关系主要包括党和政府与宗教、社会与宗教、国内不同宗教、我国宗教与外国宗教、信教群众与不信教群众的关系。《宗教事务条例》体现了政教分离原则，规定政府依法对涉及国家利益和社会公共利益的宗教事务进行管理，明确提出宗教不得干预行政、司法、教育等国家职能的实施。同时规定，信教公民和不信教公民、信仰不同宗教的公民应当相互尊重、和睦相处，任何组织或者个人不得在不同宗教之间、同一宗教内部以及信教公民与不信教公民之间制造矛盾与冲突；在宗教方面对外关系上，规定各宗教坚持独立自主自办原则，在相互尊重、平等、友好的基础上开展对外交往。这些规定，有利于在处理宗教关系中牢牢把握坚持党的领导、巩固党的执政地位、强化党的执政基础这个根本，促进宗教关系和谐。

◎背景知识

中国的民族概况

1949 年中华人民共和国成立以来，通过识别并经中央政府确认，中国共有民族 56 个，即汉族、蒙古族、回族、藏族、维吾尔族、苗族、彝族、壮族、布依族、朝鲜族、满族、侗族、瑶族、白族、土家族、哈尼族、哈萨克族、傣族、黎族、傈僳族、佤族、畲族、高山族、拉祜族、水族、东乡族、纳西族、景颇族、柯尔克孜族、土族、达斡尔族、仫佬族、羌族、布朗族、撒拉族、毛南族、仡佬族、锡伯族、阿昌族、普米族、塔吉克族、怒族、乌孜别克族、俄罗斯族、鄂温克族、德昂族、保安族、裕固族、京族、塔塔尔族、独龙族、鄂伦春族、赫哲族、门巴族、珞巴族、基诺族。其中，汉族人口占绝大多数，其他 55 个民族人口相对较少，习惯上称为少数民族。

◎相关链接

中国民族宗教网：http：//www.mzb.com.cn。

◎深度阅读

1.《中央民族工作会议精神学习辅导读本》，北京，民族出版社，2015。

2.《民族团结教育通俗读本》，北京，学习出版社，2009。

3. 中华人民共和国国务院新闻办公室：《中国的宗教信仰自由状况》，载《中国宗教》，1998(1)。

4. 习近平关于民族与宗教工作的系列讲话。

5.《宗教事务条例》(2017年版)。

◎重点难点问题思考

1. 我国民族团结政策主要包含哪些内容？

2. 中国解决民族问题的基本原则和基本政策是什么？

3. 宗教与迷信有哪些区别？

4. 党的宗教工作的基本方针是什么？

5. 马克思主义宗教观的主要内容是什么？

6. 大学生应当培养怎样的世界观？

7. 党的十九大对党的民族宗教工作提出了怎样的新要求和新思路？

第八讲　正确看待当前民生热点问题

导语： 关注民生、重视民生、保障民生、改善民生已经成为新时代的主旋律。增进民生福祉是发展的根本目的。习近平总书记指出，为什么人的问题，是检验一个政党、一个政权性质的试金石。必须始终把人民利益摆在至高无上的地位，让改革发展成果更多更公平惠及全体人民，朝着实现全体人民共同富裕不断迈进。党的十八大以来，深入贯彻以人民为中心的发展思想，一大批惠民举措落地实施，人民获得感显著增强。就业状况持续改善，城镇新增就业年均一千三百万人以上。就业优先政策要全面发力。就业是民生之本、财富之源。今年首次将就业优先政策置于宏观政策层面，旨在强化各方面重视就业、支持就业的导向。覆盖城乡居民的社会保障体系基本建立，人民健康和医疗卫生水平大幅提高，保障性住房建设稳步推进。对推动科学发展，促进社会和谐与全面建成小康社会具有十分重要的意义。

关键词： 大学生就业　住房　社会保障　收入分配

一、大学生就业问题

（一）当前大学生就业问题的总体趋势

1. 基本态势

当前和今后一段时期，我国劳动力供求总量性矛盾和结构性矛盾并存，长期矛盾和短期问题相互叠加，城镇就业压力与农村富余劳动力转移压力，以及高校毕业生就业压力交织等基本状况还难以改变，促进劳动者充分就业的任务仍然十分繁重。当前，大学生就业的基本态势表现为两个方面：一是劳动力总量性矛盾和结构性矛盾并存，就业形势严峻。

随着近年来高校的不断扩招，毕业生人数骤增；从国家整体来看，随着经济结构调整和资源配置优化，又产生大量需再就业人员；同时，农村富余劳动力大量向非农领域转移，不断扩充就业大军的规模。三股就业大军的汇合，给大学生就业带来巨大的压力，劳动力总量性矛盾越来越突出。所谓结构性矛盾，就是工作岗位不能很好地满足就业需求，当前就业结构性矛盾表现为招工难和就业难并存。招工难主要体现在技工和一线普工短缺，就业难主要是大学毕业生就业难。二是就业市场"两难"并存，一方面，大学生就业观念存在一些误区，盲目追求大城市、党政机关、事业单位和国有企业，出现千军万马挤"独木桥"想进入体制内的现象。这在一定程度上也折射出人们的"就业焦虑"。而体面、高保障、高福利的工作岗位仅能吸纳10%的大学生就业，解决就业主力军仍需依靠民营企业，另一方面，许多用人单位认为大学生期望值过高，主要表现在薪酬、地域、个人发展机会、职业要求、行业要求、假期要求和专业对口等方面，大学生与用人单位在心理预期上不能对接。

2. 突出特点

当前大学生就业主要表现出如下特点：

第一，就业结构不合理。我国就业总量的压力目前有所缓解，但就业结构问题进一步凸显，以大学生为主的青年就业面临严峻形势。民生"短板"从就业总量向就业结构问题转变。大学生就业中出现的结构性矛盾主要包括地域结构、专业结构、人才需求结构等几个方面。

第二，就业市场不完善。随着国家对高校毕业生就业制度的改革，各种形式的人才供需见面会在我国各地涌现。然而一些体制性障碍的存在，如户籍、籍贯、性别歧视等，阻碍了大学生的正常就业。

第三，用人单位的用人机制不合理。一些用人单位不从实际出发，一味追求高端人才，追求高学历；一些用人单位片面强调专业对口度；一些用人单位急功近利，缺乏社会责任。这些均给毕业生就业带来难度。另外，一些用人单位缺乏人才培养机制，过于看重工作经验，也在一定程度上给应届毕业生就业带来困难。

第四，高校就业指导工作滞后。高校缺乏有效、完善的就业指导机制，许多高校就业指导机构的管理力度较小，工作人员缺乏相应业务能力，就业指导质量不高。

3. 最新变化

大学生就业问题的最新变化是从片面强调就业率到更加注重就业质量的转变。2013年，"史上最难就业季"曾一度成为民众热议的话题。2014年全国大学生就业人数为727万；2015年全国高校毕业生达749

万；2016 年高校毕业生是 765 万；2017 年高校毕业生达到 795 万；2018 年高校毕业生再创新高，达到 820 万，大学生就业问题非常严峻。

我国正处于产业转型期，经济存在下行风险，这又给大学毕业生的就业带来了一系列的不确定因素。事实上，从往年情况看，虽然每一年都认为当年大学生就业压力很大，然而每年的大学生最终就业率都是比较高的。可以预见，尽管就业人数几乎年年达到新高，但是只要政府、高校与个人共同努力，大学生就业仍然可以取得相对令人满意的结果。2018 年城镇新增就业 1361 万人、调查失业率稳定在 5%左右的较低水平。近 14 亿人口的发展中大国，实现了比较充分就业。

需要特别指出的是，很长时间以来，我国都在追求更高的就业数字，而忽视了大学生就业的质量问题。提升大学生就业质量，一个重要途径就是积极鼓励大学生创新创业，到基层就业，让大众创业、万众创新的热潮进一步在高校蔓延。高质量的大学生就业应该是有效率的、有创新能力并能促进个人发展的就业。大学生就业质量不仅事关大学生个人发展以及高校声誉，更对国家人才培养质量的提高有重要促进作用，因此应尽快更新理念，将大学生就业质量摆在更加重要的位置，将大学生就业与创业创新结合起来。

(二)政府和全社会高度关注大学生就业问题

1. 政府的具体政策与举措

落实大学生就业是政府工作的重要职责和任务。我们党历来重视就业工作，促进大学生就业是保增长、保民生、保稳定的重要环节。进入 21 世纪，党确立了全面建设小康社会的宏伟蓝图，深入贯彻落实科学发展观，更加注重保障和改善民生。2002 年，党的十六大把“社会就业比较充分”作为全面建设小康社会奋斗目标的重要内容。2007 年，党的十七大强调实施扩大就业的发展战略，促进以创业带动就业。2010 年，十七届五中全会提出将实现充分就业作为经济社会发展的优先目标。2012 年，党的十八大强调就业是民生之本，把就业更加充分作为全面建成小康社会宏伟目标的新要求，把就业作为保障和改善民生的头等大事。2017 年，党的十九大强调就业是最大的民生。要坚持就业优先战略和积极就业政策，实现更高质量和更充分就业。

党的十九大提出，大规模开展职业技能培训，注重解决结构性就业矛盾，鼓励创业带动就业。提供全方位公共就业服务，促进高校毕业生等青年群体、农民工多渠道就业创业。破除妨碍劳动力、人才社会性流动的体制机制弊端，使人人都有通过辛勤劳动实现自身发展的机会。完善政府、工会、企业共同参与的协商协调机制，构建和谐劳动关系。坚持按劳分配原则，完善按要素分配的体制机制，促进收入分配更合理、更有序。鼓励勤劳守法致富，扩大中等收入群体，增加低收入者收入，调节过高收入，取缔非法收入。坚持在经济增长的同时实现居民收入同步增长、在劳动生产率提高的同时实现劳动报酬同步提高。拓宽居民劳动收入和财产性收入渠道。履行好政府再分配调节职能，加快推进基本公共服务均等化，缩小收入分配差距。

就业优先政策要全面发力。就业是民生之本、财富之源。今年首次将就业优先政策置于宏观政策层面，旨在强化各方面重视就业、支持就业的导向。当前和今后一个时期，我国就业总量压力不减、结构性矛盾凸显，新的影响因素还在增加，必须把就业摆在更加突出位置。稳增长首要是为保就业。今年城镇新增就业要在实现预期目标的基础上，力争达到近几年的实际规模，既保障城镇劳动力就业，也为农业富余劳动力转移就业留出空间。只要就业稳、收入增，我们就更有底气。

“十三五”规划纲要强调要促进就业创业，并提出了如下建议：一是坚持就业优先战略，实施更加积极的就业政策，创造更多就业岗位，着力解决结构性就业矛盾。完善创业扶持政策，鼓励以创业带就业，建立面向人人的创业服务平台。二是统筹人力资源市场，打破城乡、地区、行业分割和身份、性别歧视，维护劳动者平等就业的权利。加强对灵活就业、新就业形态的支持，促进劳动者自主就业。落实高校毕业生就业促进和创业引领计划，带动青年就业创业，加强就业援助，帮助就业困难者就业。三是推行终身职业技能培训制度。四是提高劳动力素质、劳动参与率、劳动生产率，增强劳动力市场灵活性，促进劳动力在地区、行业、企业之间自由流动。建立和谐劳动关系，维护职工和企业的合法权益。五是完善就业服务体系，提高就业服务能力。

国务院总理李克强在2019年3月5日作政府工作报告时指出：实施积极的就业政策，重点群体就业得到较好保障。今年发展主要预期目标是：城镇新增就业1100万人以上，城镇调查失业率5.5%以内，城镇登记失业率4.5%以内；从经济基本面和就业吸纳能力看，6.5%左右的增速可以实现比较充分的就业。城镇调查失业率涵盖农民工等城镇常住人口，今年首次把这一指标作为预期目标，以更全面反映就业状况，更好体现共享发展要求。促进大众创业、万众创新上水平。我国拥有世界上规模最大的人力人才资源，这是创新发展的最大“富矿”。要提供全方位创新创业服务，推进“双创”示范基地建设，鼓励大企业、高校和科研院所开放创新资源，发展平台经济、共享经济，形成线上线下结合、产学研用协同、大中小企业融合的创新创业格局，打造“双创”升级版。设立国家融资担保基金，支持优质创新型企业上市融资，将创业投资、天使投资税收优惠政策试点范围扩大到全国。深化人才发展体制改革，推动人力资源自由流动，支持企业提高技术工人待遇，加大高技能人才激励，鼓励海外留学人员回国创新创业，拓宽外国人才来华绿色通道。集众智汇众力，一定能跑出中国创新“加速度”。

总之，政府通过创造政策环境，采取多种措施鼓励大学生自主创业、积极就业。

2. 社会的关注与努力

高校毕业生是国家宝贵的人才资源，是现代化建设的重要生力军。做好高校毕业生就业工作，是促进经济发展和社会和谐的重要举措。预计“十三五”期间，高校毕业生数量仍将持续增长，促进高校毕业生就业任务依然十分繁重。各地区、各有关部门要继续把高校毕业生就业摆在就业工作的首位，进一步加大工作力度，多渠道开发就业岗位，完善相关政策措施，切实加强就业服务，千方百计促进高校毕业生就业。高校尤其要着力提高大学生就业能力。总之，只有全社会共同关注和努力，才能有效提高大学生就业的数量和质量。

(三)解决大学生就业问题需要各方共同努力

做好高校毕业生就业工作，事关大学生个人事业发展和价值实现，事关经济提质增效和转型升级，事关民生改善和社会和谐稳定。《中共中央关于全面深化改革若干重大问题的决定》(以下简称“《决定》”)提出，要以高校毕业生就业为重点，通过多方努力，进一步健全就业创业的体制机制，通过搭建桥梁，形成多方就业、四通八达的“立交桥”，使大学生就业创业之路更加宽广、平坦。

多管齐下稳定和扩大就业。扎实做好高校毕业生、退役军人、农民工等重点群体就业工作，加强对城镇各类就业困难人员的就业帮扶。对招用农村贫困人口、城镇登记失业半年以上人员的各类企业，三年内给予定额税费减免。加强对灵活就业、新就业形态的支持。坚决防止和纠正就业中的性别和身份歧视。实施职业技能提升行动，从失业保险基金结余中拿出1000亿元，用于1500万人次以上的职工技能提升和转岗转业培训。健全技术工人职业发展机制和政策。加快发展现代职业教育，既有利于缓解当前就业压力，也是解决高技能人才短缺的战略之举。改革完善高职院校考试招生办法，鼓励更多应届高中毕业生和退役军人、下岗职工、农民工等报考，今年大规模扩招100万人。扩大高职院校奖助学金覆盖面、提高补助标准，加快学历证书和职业技能等级证书互通衔接。改革高职院校办学体制，加强师资队伍建设，提高办学质量。引导一批普通本科高校转为应用型大学。中央财政大幅增加对高职院校的投入，地方财政也要加强支持。设立中等职业教育国家奖学金。支持企业和社会力量兴办职业教育，加快产教融合实训基地建设。我们要以现代职业教育的大改革大发展，加快培养国家发展急需的各类技术技能人才，让更多青年凭借一技之长实现人生价值，让三百六十行人才荟萃、繁星璀璨。

1. 政府出台有利宽松政策

第一，拓宽高校毕业生就业渠道。结合转方式、调结构的进程，积极为高校毕业生开发就业岗位。在制定产业发展规划时，要同时制订人才培养、吸纳、引进计划。采取有效措施发挥小微企业、民营企业、非公有制经济组织和基层等渠道对大学毕业生就业的促进作用。建立健全征集高校毕业生应征入伍的政策体系和长效机制。逐步扩大科研项目单位吸纳高校毕业生规模，鼓励优秀高校毕业生作为科研助理或辅助人员参与科研项目的实施。

第二，鼓励高校毕业生自主创业。国家坚持实施就业优先战略和更加积极的就业政策，优化就业创业环境，以创新引领创业，以创业带动就业。对自主创业的高校毕业生进一步放宽准入条件，降低注册门槛，创业地按规定给予小额担保贷款及贴息、税费减免等政策扶持。加大政策倾斜力度，积极推进大学生创业孵化基地建设，为自主创业的高校毕业生提供项目开发、开业指导、融资、跟踪扶持等创业服务。

第三，鼓励高校毕业生到基层就业，近期已出台文件专门提出优惠政策和保障措施，让更多高校毕业生到基层发挥作用，充实基层的人力资源队伍。

第四，对未就业高校毕业生实行精准帮扶，通过建立实名库，对还没有找到工作的高校毕业生进行摸底登记，进行有针对性的帮扶。

第五，开展一些有针对性的就业服务活动，比如高校毕业生就业服务周、服务月，一些大中城市联合招聘活动等。

2. 社会积极营造良好环境与氛围

全社会积极营造良好环境与氛围，促进就业公平的机制建设。要提高面向高校毕业生的就业服务水平。要加强毕业生就业创业政策宣传，确保每一位毕业生都知晓政策、用足用好政策。加强就业指导课程、学科建设和就业信息服务，加大就业困难毕业生就业帮扶力度，做好离校未就业毕业生的指导和服务。

3. 高校要面向市场特色办学

要加快推进高等教育综合，进一步优化人才培养层次类型结构和高校学科专业结构，构建高校与有关部门、科研院所、行业企业协同育人机制。完善高校毕业生就业质量报告制度，专业预警、退出和动态调整机制，强化就业与招生计划、经费拨款、院校设置、专业调整等各项工作的联动。

4. 大学生要全面加强自身能力与素质

解决就业难题还需从大学生群体内部找原因、寻出路。对广大毕业生而言，不要抱怨外部条件，而是要主动学会“接受”、学会“脚踏实地”、学会“奋发有为”，积极面对，克服等、靠、要思想。大学生要树立“先就业、后择业，先生存、后发展”的正确就业观，要正确认识自身价值、正确看待就业压力。大学生要积极开展职业生涯规划，要衡外情，量己力，了解人才市场上的职业分布，结合自身情况进行职业规划。大学生要运用多种方式提升自身能力，只有全面加强自身能力素质的培养才能破解就业难题。

二、城镇居民住房问题

固定的住房，是安全的堡垒，是获得尊严的物质前提，是幸福生活的第一步。让全体人民住有所居，体现了政府以人为本的执政理念和人民共享发展成果的庄严承诺。

（一）城镇住房市场化以来取得的成就

住房市场化改革，即从住房福利制度改变为以产权私有为主的制度，市场机制在住房市场发挥了重要的资源配置作用，符合市场经济改革的方向。城镇住房市场化使得住房资源配置实现优化，住房扩大再生产能够实现持续，房地产业迅速崛起；城镇居民住房面积、住房质量和住房成套率大大改善；城镇基础设施、公共服务和居住环境显著改善；与此同时，促进了企业经营机制的转化，增加了政府的财政收入，减轻了财政负担，促进了住宅需求和住房投资，带动了国民经济的快速发展。

（二）城镇住房改革过程中出现的主要问题

尽管中国房地产业发展取得了举世瞩目的成就，但在快速发展过程中也存在一些问题、面临一些挑战。突出表现为：

第一，经济发展过度依赖房地产，房地产过度依赖开发，开发又过度依赖住宅建设。房地产业占国民经济的比重过大，对实体经济产生挤出效应，影响到国民经济健康协调发展。

第二，投机投资性购房需求过大，导致部分城市房价上涨过快。房价过快上涨，一方面造成中低收入家庭住房支付能力下降，另一方面容易产生泡沫，引发经济风险。

第三，住房供应结构不合理，供应体系不健全。中小套型、中低价位普通商品住房供应不足，租赁市场发育滞后，保障性住房覆盖面较低，城市外来务工人员、新就业职工等存在不同程度的住房困难。

第四，住宅建设资源能源消耗高。住宅产业化率低，建造方式粗放，全装修比例低下，造成高能耗和资源浪费。

第五，产业集中度低，专业化水平不高，融资渠道单一。多数开发企业的绝大部分资金来源依靠银行贷款，融资能力较弱，增加了金融风险和社会风险。

党的十八大提出，建立市场配置和政府保障相结合的住房制度，加强保障性住房建设和管理，满足困难家庭基本需求，到2020年基本形成住房保障体系。无论是实现群众住有所居目标，还是保持经济平稳较快增长，都离不开一个长期稳定健康发展的房地产市场。

2015年12月14日召开的中共中央政治局会议指出，要化解房地产库存，通过加快农民工市民化，推进以满足新市民为出发点的住房制度改革，扩大有效需求，稳定房地产市场，这意味着新的住房改革思路已明确。

2016年2月，《中共中央国务院关于进一步加强城市规划建设管理工作的若干意见》出台，这是时隔37年重启的中央城市工作会议配套文件，通过一个个破解城市发展难题的"实招"和"时间表"，勾画了"十三五"乃至未来一段时期中国城市发展的具体"路线图"。意见提出了未来深化城镇住房制度改革的两大方向，即以政府为主保障困难群体基本住房需求，以市场为主满足居民多层次住房需求。其中要打好棚户区改造三年攻坚战，到2020年，基本完成现有的城镇棚户区、城中村和危房改造。

2016年3月，李克强总理在政府工作报告中指出：要大力推进新型城镇化和农业现代化，促进城乡区域协调发展。缩小城乡区域差距，既是调整经济结构的重点，也是释放发展潜力的关键。要深入推进以人为核心的新型城镇化，实现1亿左右农业转移人口和其他常住人口在城镇落户，完成约1亿人居住的棚户区和城中村改造，引导约1亿人在西部地区就近城镇化。到2020年，常住人口城镇化率达到60%、户籍人口城镇化率达到45%。

2017年，房地产经历了密集的调控期，限购、限贷、限售不断加码，在一定程度上抑制了短期的投机需求，住房制度改革的决心前所未有。习近平总书记在党的十九大报告中强调："坚持房子是用来住的、不是用来炒的定位，加快建立多主体供给、多渠道保障、租购并举的住房制度，让全体人民住有所居。”这为住房制度改革指明了方向、路径、目标。

2018年3月，李克强总理在十三届全国人民代表大会第一次会议上作政府工作报告时提到：棚户区住房改造2600多万套，农村危房改造1700多万户，上亿人喜迁新居。

2019年3月，李克强总理在十三届全国人民代表大会第二次会议上作政府工作报告时提到：棚户区住房改造620多万套，农村危房改造190万户。城乡居民生活水平又有新提高。

（三）深化城镇住房改革的总体思路和具体措施

为发挥城镇化对现代化的支撑作用，维护公民居住权利，逐步满足城乡居民基本住房需求，实现住有所居，国家将采取如下措施：

第一，深入推进新型城镇化。坚持以中心城市引领城市群发展。抓好农业转移人口落户，推动城镇基本公共服务覆盖常住人口。更好解决群众住房问题，落实城市主体责任，改革完善住房市场体系和保障体系，促进房地产市场平稳健康发展。

第二，加大保障性安居工程建设力度，增加供给，加快解决城镇居民基本住房问题，建立健全基本住房保障体系。保障性住房实行集中建设和分散配建相结合。集中建设保障性住房，要优先安排在交通便利、基础设施齐全、公共事业完善、就业方便的区域。

第三，大力发展廉租住房和公共租赁住房。实现住有所居，是要让每一个人都有合适的房住，并不意味着人人都要拥有个人产权的住房。合理的自住需求，既可以通过买房来解决，也可以通过租房来满足。应完善相关政策，加强对出租房、中介机构及人员的管理，促进租赁市场发展，鼓励居民通过租赁满足自住需求。要多渠道筹集廉租住房房源，健全廉租住房保障方式，实行实物配租和租赁补贴相结合。面向有一定支付能力的住房困难家庭、新就业无房职工和稳定就业的外来务工人员，重点发展公共租赁住房。

第四，全面推进棚户区改造。继续推进保障性住房建设和城镇棚户区改造，保障困难群体基本居住需求。城镇老旧小区量大面广，要大力进行改造提升，更新水电路气等配套设施，支持加装电梯，健全便民市场、便利店、步行街、停车场、无障碍通道等生活服务设施。新型城镇化要处处体现以人为核心，提高柔性化治理、精细化服务水平，让城市更加宜居，更具包容和人文关怀。

第五，统筹推进农房抗震改造。合理确定补助对象和标准，优先安排住房最危险、经济最困难的农户解决住房安全问题。推进游牧民安居工程建设，提高建设质量和规范化水平。

第六，加强保障性住房管理。加快基本住房保障立法工作，做好廉租住房、公共租赁住房和经济适用房等各类保障性住房的政策衔接。建立健全多部门联动的收入和住房情况动态监管机制，制定公平合理、公开透明的保障性住房配租政策和监管程序，严格规范准入、退出管理和租费标准。健全保障性住房管理服务机构，提升管理人员素质，加强规范化管理。建立全国住房保障基础信息管理平台，促进全国住房保障业务系统互联互通。

（四）落实中央“房子是用来住的”基本要求

2019 年 3 月 18 日，中共中央政治局常委、国务院副总理韩正在住房和城乡建设部调研时强调，要始终坚持习近平总书记关于“房子是用来住的、不是用来炒的”定位要求，将其作为根本指导思想，贯穿于促进房地产市场平稳健康发展全过程。构建房地产市场平稳健康发展长效机制是党中央、国务院作出的重大决策，事关广大人民群众的切身利益，既是重大经济问题，也是重大民生问题。韩正指出，要坚持一城一策、因城施策，从各地实际情况出发，有什么问题，就解决什么问题，稳妥实施房地产市场平稳健康发展长效机制方案试点，做好实施过程中的评估和跟踪。要紧紧围绕稳地价、稳房价、稳预期的调控目标，夯实城市主体责任，落实好省级政府监控和指导责任，坚决防范化解房地产市场风险。要建立科学的监控体系，确保数据及时、准确、全覆盖，加快建设以大数据为基础的全国房地产市场监测系统，为分析研判房地产市场形势和开展有效调控提供技术支撑。要加强调查研究，进一步采取有针对性的政策举措，完善房地产市场平稳健康发展长效机制。要完善住房租赁市场体系，建立健全住房租赁相关法律法规，完善金融财税政策，实现住房租赁市场健康稳定发展。要完善住房保障体系，在各地因地制宜推进保障的基础上，健全住房保障体系基本制度。要着重解决城镇中低收入居民、新市民和青年就业群体的住房困难问题，通过完善土地和税费政策等，盘活空置闲置住房，实现更多住房困难群众住有所居。

1. 建立多主体供给、多渠道保障、租购并举的住房制度，顺应了住房领域需求变化。这就要求住房制度改革与新型城镇化发展需要同频、因地制宜、因城施策，引导住房需求合理分布；与规划、公共服务制度等改革共振，优化城市空间结构，均衡配置公共资源，统筹解决群众住房及衍生需求。

2. 建立多主体供给、多渠道保障、租购并举的住房制度，标志着住房供应保障体系更加多元。从供给侧看，市场主要提供商品住房和租赁住房，重点发展住房租赁市场，推进“租售同权”；政府主要提供共有产权住房、公共租赁住房、棚改安置住房等保障性住房，完善准入退出机制，共同构成覆盖不同群体、互相衔接、满足多层次需求的住房供应体制。从需求侧看，政府通过完善住房公积金制度、差别化信贷政策等手段支持群众市场化住房的合理需求，通过实物配租、货币补助等方式满足保障性住房的基本需求，通过打击首付贷、改革房地产税等手段抑制投机行为。

3. 建立多主体供给、多渠道保障、租购并举的住房制度，意味着调控手段更加强调综合施策。要始终遵循习近平总书记多次强调的“房子是用来住的、不是用来炒的”，行政和经济手段都应聚焦这一基本导向。土地供应制度方面，要完善土地供给方式，合理确定土地供给规模，有效控制土地价格；金融财税政策方面，要综合运用货币、信贷、宏观审慎和微观监管政策，平衡好房地产产业与其他行业资金配置，加强对房地产开发、交易和持有环节的财税调节，引导合理开发、合理消费；市场监管方面，要加强对房地产开发企业、中介机构的管理，推动企业诚实守信、依法经营，确保信息全面准确真实公开，建立评价预警机制，实现对住房供给交易的动态监测、科学研判、有效调节。

总而言之，住房不仅是一个居住的空间，更承载着每个家庭对美好生活的向往和期盼。毋庸置疑，随着我国住房制度改革的不断深化，市场必将逐渐规范，保障必将逐步到位，百姓“住有所居”的美好愿望也必定能逐步实现。

三、建立和健全社会保障体系问题

社会保障是民生安全网、社会稳定器，与人民幸福安康息息相关，关系国家长治久安。党的十八大报告明确提出，要坚持全覆盖、保基本、多层次、可持续性的方针，以增强公平性、适应流动性、保证可持续性为重点，全面建成覆盖城乡居民的社会保障体系。十八届三中全会提出，要通过深化改革建立更加公平可持续性的社会保障制度。十八届四中全会要求切实加强社会保障法治建设。十八届五中全会明确提出，要划转部分国有资本充实社保基金。全国人大常委会审议通过的《中华人民共和国社会保险法》，对基本养老、基本医疗、工伤、失业、生育等社会保险制度和主要政策作出明确规定；老年人权益保障法、残疾人保障法等法律也得到有效贯彻实施，有力地推动了社会保障制度的改革完善。国务院认真贯彻党中央的重大决策部署，全面落实社会保障法律法规，立足基本国情，坚持以人为本，不断改革创新，完善体制机制，加大财政投入，社会保障制度体系建设取得历史性进展，对维护改革发展稳定大局发挥了重要作用。党的十九大报告明确提出，按照兜底线、织密网、建机制的要求，全面建成覆盖全民，城乡统筹、权责清晰、保障适度、可持续的多层次社会保障体系。2019 年 3 月，李克强总理在十三届全国人民代表大会第二次会议上所作政府工作报告中提到：加大基本养老、基本医疗等保障力度，资助各类学校家庭困难学生近 1 亿人次，人民生活持续改善。

(一)国家高度重视社会保障体系建设

改革开放以来，我国坚持从实际出发，围绕不同时期经济发展的重点目标，推动社会保障制度从无到有、覆盖群体从少到多。我国统筹推进城乡社会保障体系建设工作取得的主要成就有：

1. 社会保障制度体系基本形成

城乡基本养老保险制度全面建立。企业职工养老保险制度逐步完善，建立和巩固了社会统筹和个人账户相结合的基本制度模式；企业年金制度进一步发展，促进了多层次养老保险体系建设。居民基本养老保险城乡统筹的格局基本形成。全民医疗保险制度体系逐步健全。经过多处的探索，初步形成了适应社会主义市场经济体制、多层次的医疗保障体系框架，基本医疗保险制度已基本覆盖城乡全体居民。大力推进城乡居民大病保险，解决困难群众的因病致贫、因病返贫问题。同时，积极推进医疗保险城乡统筹，不少地区已打破城乡界限，建立了统一的城乡居民基本医疗保险制度，开展了城乡一体化医保管理服务。

社会救助制度体系建设加快推进。2011 年以来，国务院建立了社会救助标准与物价上涨联动机制，缓解了价格变动对困难群体生活的影响。2012 年，国务院出台了《关于进一步加强和改进最低生活保障工作的意见》，对城乡低保制度进行了改进和规范。2013 年，有关部门印发《城乡医疗救助基金管理办法》，将城市和农村医疗救助基金整合为统一的城乡医疗救助基金，积极推进重特大疾病医疗救助试点。2014 年，国务院颁布了《社会救助暂行办法》，进一步加强了低保制度的城乡统筹；印发了《关于全面建立临时救助制度的通知》，为遭遇突发性、紧迫性、临时性基本生活困难的群众提供应急性、过渡性的救助。

社会福利制度体系不断完善。以保基本为原则，逐步健全了面向老年人、残疾人、孤儿等特殊困难群体的各项福利保障政策。

2. 社会保障覆盖范围不断扩大

基本养老保险实现制度全覆盖。企业职工基本养老保险参保范围由国有、集体企业，逐步扩大到城镇各类企业和社会组织以及城镇个体工商户、灵活就业人员，集中解决了一批突出的历史遗留问题。全民医保基本实现。2015 年底，城镇基本医疗保险参保人数达 6.66 亿人，城乡居民大病保险已全面实施，对减轻群众高额医疗费用负担发挥了重要作用。社会救助和社会福利有效惠及困难群众。全国城乡居家和社区养老服务覆盖率城市超过了 70%、农村超过 37%。建立孤儿基本生活保障制度。截至 2018 年 3 月，我国社会养老保险覆盖 9 亿多人，基本医疗保险覆盖 13.5 亿人，织就了世界上最大的社会保障网。

3. 社会保障待遇稳步提高

养老金水平逐年提高。提高退休人员基本养老金，城乡居民基础养老金最低标准从每月 70 元提高到 88 元。继续提高优抚、低保等标准，残疾人“两项补贴”惠及所有符合条件人员。深化医疗、医保、医药联动改革。稳步推进分级诊疗。提高居民基本医保补助标准和大病保险报销比例。基本医疗保险的保障水平显著提升。全国普遍建立了城乡居民医保门诊统筹，积极推进城乡居民大病保险，有效减轻了群众的医疗负担。工伤、失业、生育保险待遇水平也都稳步提高。适应提高了社会救助和社会福利水平。部分省市还相继探索建立了高龄津贴、养老服务补贴、护理补贴、困难残疾人生活补贴、重度残疾人护理补贴和困境儿童分类保障制度。

4. 社会保障支付能力得到增强

建立企业职工基本养老保险基金中央调剂制度，政府社会保障投入不断加大，医疗保险基金实力不断增强，城乡救助资金投入力度不断加大。在用人单位和个人缴费的同时，各级政府进一步调整财政支出结构，加大资金投入力度，有效支撑了统筹城乡社会保障制度体系的建设。养老保险基金规模不断扩大，各级政府对城乡居民养老保险的财政补助加大，基金累计结余增多。战略储备性的全国社会保障基金为应对老龄化高峰的挑战作了必要的资金储备。

5. 社会保险管理水平不断提升

各级政府和社会保障经办机构大力推进管理服务规范化、专业化、信息化，严格实施收支两条线管理，逐步完善基金预决算制度，不断加大基金监督力度，社会保障管理和服务水平有了明显提高，推动了基层就业和社会保障服务设施建设，加快了社会保障信息系统建设。

(二)当前社会保障工作存在的主要问题

虽然社会保障体系基本形成，但在制度建设和实施中仍然存在一些亟待解决的矛盾和问题，有些还比较突出。

1. 公平性不足

第一，是覆盖面还欠缺。由于我国社保体系建设采取先城镇后农村、分人群渐次推进的方式，再加上农村社保制度实施时间不长，而且实行自愿参保政策。还有部分群体没有参加基本医疗保险制度，建筑业等高职业风险行业农民工参加工伤保险的比例较低，这些人员还不能充分享受到社会保障权益。社会救助制度覆盖面还不够，特别是失能、半失能老人的护理和事实无人抚养儿童的基本生活保障问题比较突出。

第二，是待遇差别仍然较大。城乡居民基本养老、基本医疗保险起步晚，待遇水平仍不高；各地财政承受能力和基金结余分布不均，且统筹层次仍偏低，社会保障互济功能发挥不够。

2. 适应流动性不够

在我国加速城镇化进程中，人口规模流动的特点突出，而现行社会保障管理体制和方式对这一特征的适应性不足。养老保险关系跨地区、跨制度转移接续还存在不及时、不顺畅的问题，导致部分群体中断参保。医疗保险管理体制不顺，不同部门分别管理城乡医保，造成流动人员重复参保、重复补贴与漏保现象并存。异地就医结算不便，由于各地医保报销水平不同和信息化未联通，使异地稳定居住的退休人员在常住地就医结算难以实施。

3. 可持续性不强

第一，社会保障筹资渠道仍偏窄，目前各项社会保险缴费比例已经较高，财政投入大幅度增加，但面对老龄化高峰的迫近，养老抚养比持续增高，医疗费用上涨，给社保基金长期收支平衡带来了很大压力，亟须进一步拓宽筹资渠道。

第二，社保制度的激励性不足，致使一部分人参保积极性不高或选择较低档次缴费。

第三，基本养老保险正常调整机制尚未建立，养老金增长未能充分体现权利与义务对等原则，不利于制度的良性循环和可持续发展。

第四，社保基金保值增值机制尚不健全，结余基金绝大多数存银行、买国债，投资渠道单一，收益率比较低，另外，补充性社会保障推进缓慢，商业养老、健康保险发展滞后，尚未形成多层次保障体系，参保人员过多依赖政府的基本保障。

(三)健全社会保障体系的总体思路

当前，中国特色社会主义已经进入新时代。党的十九大报告提出全面建成多层次社会保障体系。鉴于此，国家将重点抓好以下几个方面工作：

1. 全面实施全民参保计划

党的十九大报告提出，全面实施全民参保计划。社会保障覆盖率是衡量全面建成小康社会的基本指标之一。全面实施全民参保计划，是实现覆盖全民目标、促进人人享有基本社会保障最重要的举措。当前，扩大参保覆盖范围的重点是中小微企业和广大农民工、灵活就业人员、新就业形态人员、未参保居民等群体。通过全面实施全民参保计划，对各类人员参加社会保险情况进行登记补充完善，建立全面完整准确的社会保险参保基础数据库，实现全国联网和动态更新。采取有效措施，促进中小微企业和重点群体积极参保、持续缴费，促进和引导各类单位和符合条件的人员长期持续参保。

2. 完善城镇职工基本养老保险和城乡居民基本养老保险制度，尽快实现养老保险全国统筹

党的十九大报告提出，完善城镇职工基本养老保险和城乡居民基本养老保险制度，尽快实现养老保险全国统筹。养老保险制度对于保障退休人员和老年居民基本生活有着十分重要的意义。实现养老保险全国统筹，是提高基金使用效率，均衡地区间和企业、个人负担，促进劳动力合理流动的重要举措。要进一步巩固省级统筹，从建立企业职工基本养老保险基金中央调剂制度起步，通过转移支付和中央调剂基金在全国范围内进行补助和调剂，在此基础上尽快实现全国统筹，逐步形成中央与省级政府责任明晰、分级负责的基金管理体制。

3. 完善统一的城乡居民基本医疗保险制度和大病保险制度

党的十九大报告提出，完善统一的城乡居民基本医疗保险制度和大病保险制度。医疗保险制度对于保障群众就医需求、减轻群众医药费用负担、提高群众健康水平有着重要作用。全面实施城乡居民大病保险制度，有利于拓展基本医保的功能，放大保障效应，夯实医保托底保障和精准扶贫的制度基础。要不断巩固完善大病保险制度，对贫困人员通过降低起付线、提高报销比例和封顶线等倾斜政策，实行精准支付。通过加强基本医保、大病保险和医疗救助的有效衔接，实施综合保障，切实提高医疗保障水平，缓解困难人群的重特大疾病风险。

4. 完善失业、工伤保险制度

党的十九大报告提出，完善失业和工伤保险制度。失业保险、工伤保险制度对于维护失业人员和工伤人员的基本权益有着非常重要的作用。今后一个时期，要建立健全失业保险费率调整与经济社会发展的联动机制，完善失业保险金标准调整机制，放宽申领条件，落实稳岗补贴、技能提升补贴政策。积极实施工伤保险基金省级统筹，全面推开工伤预防工作，推进待遇调整机制科学化、规范化。

5. 建立全国统一的社会保险公共服务平台

党的十九大报告提出，建立全国统一的社会保险公共服务平台。社会保险公共服务是党和政府联系群众的纽带，直接关系各项社会保险政策实施效果。要建立各项社会保险全国统一的公共服务平台，以全国一体的社会保险经办服务体系和信息系统为依托，以社会保障卡为载体，以实体窗口、互联网平台、电话咨询、自助查询等多种方式为服务手段，为参保单位和参保人员提供全网式、全流程的方便快捷服务，提高社会保险公共服务水平。

6. 统筹城乡社会救助体系，完善最低生活保障制度，完善社会救助、社会福利、慈善事业、优抚安置等制度

7. 完善社会保障制度和政策

推进多层次养老保障体系建设。继续提高退休人员基本养老金。落实退役军人待遇保障，完善退役士兵基本养老、基本医疗保险接续政策。适当提高城乡低保、专项救助等标准，加强困境儿童保障。加大城镇困难职工脱困力度。提升残疾预防和康复服务水平。

党的十九大报告提出，统筹城乡社会救助体系，完善最低生活保障制度，完善社会救助、社会福利、慈善事业、优抚安置等制度。这些都是解除困难群体的生存危机维护社会底线公平的重要制度安排。

◎**背景知识**

住有所居

住人所居，并不意味着每个人、每个家庭都能拥有自己的产权房，而是使每个生活在城镇的居民都能有适当的居住之所。实现住有所居的目标，需要树立适度、合理节约的住房消费观念，立足实际、量力而行、合理消费，从租房到买房、从买小房到买大房，梯度消费；不能盲目攀比，过多透支未来。

兜底线、织密网、建机制

全面建成多层次社会保障体系，“兜底线、织密网、建机制”是基本要求。兜底线，就是要发挥社会政策的托底功能，切实保障群众基本生活需求，兜住民生保障底线，坚守社会稳定底线；织密网，就是要实现制度最广泛的覆盖，让人人都能享受基本社会保障；建机制，就是要持续深化改革，建立健全体制机制，不断提高社会保障法治化、制度化水平。

房子是用来住的、不是用来炒的

习近平总书记在2016年12月14日中央经济工作会议上的讲话中提到，解决好房地产问题，要坚持“房子是用来住的、不是用来炒的”这个定位。出发点要站准，落脚点要站好，不要搞偏了。要从实际出发，综合运用金融、土地、财税、投资、立法等手段，加快研究建立符合国情、适应市场规律的基础性制度和长效机制，抑制房地产泡沫，防止出现大起大落。

精准扶贫

精准扶贫是粗放扶贫的对称，是指针对不同贫困区域环境、不同贫困居民状况，运用科学有效程序对扶贫对象实施精确识别、精确帮扶、精确管理的治贫方式。2013 年 11 月，习近平到湖南湘西考察时首次作出了“实事求是、因地制宜、分类指导、精准扶贫”的重要指示。十九大提出要坚决打赢脱贫攻坚战。要动员全党全国全社会力量，坚持精准扶贫、精准脱贫，坚持中央统筹省负总责市县抓落实的工作机制，强化党政一把手负总责的责任制，坚持大扶贫格局，注重扶贫同扶志、扶智相结合，深入实施东西部扶贫协作，重点攻克深度贫困地区脱贫任务，确保到二〇二〇年我国现行标准下农村贫困人口实现脱贫，贫困县全部摘帽，解决区域性整体贫困，做到脱真贫、真脱贫。

◎相关链接

1. 中国民生之声：http：//www.mszsx.com/
2. 正义网：http：//www.jcrb.com/
3. 和谐中国网：http：//www.hxzg.net/
4. 中国社会保障网：http：//www.cnss.cn/shbzw/
5. 人民网：www.people.com.cn
6. 住房和城乡建设部网：www.mohurd.gov.cn/
7. 中国政府网：www.gov.cn/

◎深度阅读

1.《中国共产党第十九次全国代表大会报告》
2.《习近平谈治国理政(第一卷)》、《习近平谈治国理政(第二卷)》
3. 十三届全国人民代表大会第一次会议《政府工作报告》
4. 十三届全国人民代表大会第二次会议《政府工作报告》

◎重点难点问题思考

1. 学习了十三届全国人民代表大会第一次、第二次会议《政府工作报告》后，关于大学生就业、住房和社会保障方面，你记住了哪些关键词？
2. 你认为应该如何破解大学生就业难中的结构性矛盾？
3. 你认为当前社会保障体系建设应着重解决哪些问题？
4. 如何理解社会保障体系建设中兜底线、织密网、建机制的要求？

第九讲　加大保护生态环境，推进生态文明建设

导语： 人与自然是生命共同体，人类必须尊重自然、顺应自然、保护自然。从总体上看，我国环境治理和保护仍滞后于经济社会发展，是“五位一体”总体布局中的短板；生态环境问题已成为社会公众关注的焦点。新时代优美生态环境已经成为人民追求美好生活的新内涵。党的十九大将“坚持人与自然和谐共生”确立为新时代坚持和发展中国特色社会主义的基本方略之一，并进一步设计规划推进生态文明建设、建设美丽中国的图景和路线图：在全面建成小康社会的基础上，从2020年到2035年，基本实现社会主义现代化，到这个时候生态环境根本好转，美丽中国目标基本实现；从2035年到本世纪中叶，“把我国建设成为富强民主文明和谐美丽的社会主义现代化强国”，第一次把“美丽”列为社会主义现代化强国的基本特征。中华民族提出的人与自然和谐共生的现代化建设目标，将是中国对全球贡献的可持续发展战略的“中国方案”。

关键词： 环境保护　生态文明　绿色消费

一、中国的生态环境保护面临的形势与任务

(一)中国生态环境保护面临挑战

自然是生命之母，人与自然是生命共同体。然而，自从进入工业时代，人类的生产活动给自然生态环境造成严重损害，同时人类也遭到自然力的报复，例如，西方发达国家曾一度出现“寂静的春天”，我国也没有置身事外。今天，我国正处于工业化、信息化、城镇化、农业现代化快速推进发展阶段，我国环境容量有限，环境承载能力已经达到或接近上限，多年累积的压缩性、复合性、累积性环境问题，不可能在几年内

得到根治。发达国家一两百年出现的环境问题，在我国40年的高速发展中集中凸显，雾霾天气频发、水体黑臭、垃圾围城等问题成为人们的切肤之痛，我国生态环境保护面临前所未有的挑战。

1. **大气污染**

全球性大气污染主要表现在温室效应、酸雨和臭氧层遭到破坏三个方面，威胁着人类在地球上居住的安全。在中国大气污染状况仍然严重，2017年，全国338个地级及以上城市中，239个城市环境空气质量超标，占70.7%。338个城市发生重度污染2311天次、严重污染802天次，以PM 2.5为首要污染物的天数占重度及以上污染天数的74.2%。74个新标准第一阶段监测实施城市(包括京津冀、长三角、珠三角等重点区域地级城市及直辖市、省会城市和计划单列市)，按照环境空气质量综合指数评价，环境空气质量相对较差的10个城市(即从第74名到第65名)依次是石家庄、邯郸、邢台、保定、唐山、太原、西安、衡水、郑州和济南。

2018年全国新注册登记机动车3172万辆，机动车保有量已达3.27亿辆。我国部分城市空气开始呈现出煤烟和机动车尾气复合污染的特点，直接影响群众健康。

2017年，463个监测降水的城市(区、县)中，酸雨频率平均为10.8%，酸雨(降水pH年均值低于5.6)、较重酸雨(降水pH年均值低于5.0)和重酸雨(降水pH年均值低于4.5)的城市比例分别为18.8%、6.7%和0.4%。酸雨的分布情况，酸雨区面积约62万平方千米，占国土面积的6.4%，其中，较重酸雨区面积占国土面积的比例为0.9%。酸雨污染主要分布在长江以南—云贵高原以东地区，主要包括浙江、上海的大部分地区，江西中北部、福建中北部、湖南中东部、广东中部、重庆南部、江苏南部、安徽南部的少部分地区。

2. **水体污染**

我国水资源紧张，人均水资源占有量仅为世界人均的1/4；全国300多个城市缺水，其中近百个城市严重缺水，每年因缺水而减少的产值达1200亿元。西北诸河和西南诸河水质为优，浙闽片河流、长江和珠江流域水质为良好，黄河、松花江、淮河和辽河流域为轻度污染，海河流域为中度污染。2017年，全国地表水1940个水质断面(点位)中，Ⅰ～Ⅲ类水质断面(点位)1317个，占67.9%；Ⅳ、Ⅴ类462个，占23.8%；劣Ⅴ类161个，占8.3%。112个重要湖泊(水库)中，Ⅰ类水质的湖泊(水库)6个，占5.4%；Ⅱ类27个，占24.1%；Ⅲ类37个，占33.0%；Ⅳ类22个，占19.6%；Ⅴ类8个，占7.1%；劣Ⅴ类12个，占10.7%。

主要污染指标为总磷、化学需氧量和高锰酸盐指数。109个监测营养状态的湖泊(水库)中，贫营养的9个，中营养的67个，轻度富营养的29个，中度富营养的4个。

我国的水环境污染主要表现为：主要水污染物总量尚未得到有效控制，地表水和地下水污染严重；重金属污染依然是主要污染问题；湖库水环境富营养化问题严重；新型污染物及其复合污染的危害正日益显现；水资源过度开发和全球气候变化造成了一定的水环境问题；等等。

3. 土壤环境污染

我国土壤环境状况总体不容乐观。南方土壤污染重于北方；长三角洲、珠江三角洲、东北老工业基地等部分区域土壤污染问题较为突出，西南、中南地区土壤重金属超标范围较大；镉、汞、砷、铅4种无机污染物含量分布呈现从西北到东南、从东北到西南方向逐渐升高的态势。耕地土壤点位超标率为19.4%，其中轻微、轻、中和重度污染点位比例分别为13.7%、2.8%、1.8%和1.1%，主要污染物为镉、镍、铜、砷、汞、铅、滴滴涕和多环芳烃。目前我国受污染的耕地约1.5亿亩，粮食自给率已经跌到87%，我国人均耕地面积为0.085公顷，是世界人均的1/5。这些污染已对我国生态环境质量、食品安全和社会可持续发展构成了严重威胁。

工矿企业生产经营活动中排放的废气、废水、废渣是造成其周边土壤污染的主要原因。尾矿渣、危险废物等各类固体废物堆放、汽车尾气排放、农业生产活动如污水灌溉、化肥、农药、农膜等农业投入品的不合理使用和畜禽养殖等，都是导致土壤污染的原因。

4. 物种濒危

联合国《国际濒危物种贸易公约》列出的740种世界性濒危物种中，中国占189种。由于人口的急剧增长，不合理的资源开发活动，以及环境污染和自然生态破坏，中国的生物多样性损失严重，动植物种类中已有总物种数的15%—20%受到威胁，高于世界10%—15%的水平。其中约有200种动植物在近50年已经灭绝。目前世界公认导致动植物濒危化有四大原因：物种生存环境被破坏、过度开发利用、环境污染与全球气候变化、物种自身的生殖障碍。每一种物种都是生命系统中的一个环节和能量流的中转站，如果一个物种生存受到威胁，与它相关的物种同样也会受到不同程度的威胁。

5. 海洋生态面临考验

2017年，全国近岸海域水质基本保持稳定，水质级别为一般，主要污染指标为无机氮和活性磷酸盐。417个点位中，一类海水比例为

34.5%，二类为33.3%，三类为10.1%，四类为6.5%，劣四类为15.6%。严重污染区域主要分布在辽东湾、渤海湾、莱州湾、江苏沿岸、长江口、杭州湾、浙江沿岸、珠江口等近岸区域，主要污染要素为无机氮、活性磷酸盐和石油类。海洋沉积物和海洋生物质量均受到不同程度影响，赤潮频繁发生，生物多样性降低。

保护生态环境、应对气候变化需要世界各国同舟共济、共同努力，任何一国都无法置身事外、独善其身。联合国环境与发展大会召开以来，可持续发展逐渐成为全球各国长期发展的指导方针。南极的“臭氧空洞”就是臭氧层破坏的一个最显著标志，北半球上空的臭氧层也比以往任何时候都薄，臭氧层破坏带来的危害有：威胁生态系统的安全，损害人体健康，破坏水生态系统，危害人类生存环境，影响全球及区域气候变化等。当前气候变化、生物多样性保护、臭氧层保护、有害废物越境转移，以及海洋、森林和荒漠化等全球环境热点问题已成为多边或双边环境论坛的重要议题。作为全球生态文明建设的重要参与者、贡献者、引领者，中国主张加快构筑尊崇自然、绿色发展的生态体系，共同建设美丽地球家园、共同构建人类命运共同体。

针对当前我国生态环境形势，习近平总书记在2018年全国生态环境保护大会上指出，我国生态文明建设正处于压力叠加、负重前行的关键期，已进入提供更多优质生态产品以满足人民日益增长的优美生态环境需要的攻坚期，也到了有条件有能力解决生态环境突出问题的窗口期。我国经济已由高速增长阶段转向高质量发展阶段，需要跨越一些常规性和非常规性关口。我们必须咬紧牙关，爬过这个坡，迈过这道坎。

(二)中国环境保护刻不容缓

中国改革开放40年来，经济快速发展，人民生活水平极大提高，城市化水平达到59.58%，正当我国作为世界第二大经济体悄然崛起于东方大地的时候，也日益面临着资源约束趋紧、环境污染严重、生态系统退化等困扰；当国人的钱包日益鼓起来以后，也越来越深切地体会到，物质丰富并不是生活质量的全部，清新空气、干净的水、宜居环境、放心食品也是幸福的必备元素。人民群众的需求结构正在发生深刻变化，过去“盼温饱”、“求生存”，现在“盼环保”、“求生态”，优美生态环境已经成为人民追求美好生活的新内涵。

当前我国环境污染治理管理和能力上仍然存在一些薄弱环节。一些地方，特别是县区级党委、政府部门，甚至包括生态环境监管部门，仍然片面追求GDP，而对绿色发展认识不高、能力不足、行动不实，重发展轻保护的现象依然存在。企业环保守法意识不强，环境违法行为时有发生。公众对优美生态环境的需求日益增长，但自觉参与环保工作的意愿仍不够。

李克强总理在 2019 年政府工作报告中提出环境污染治理与化解重大风险、精准脱贫并列称为“三大攻坚战”。绿色发展是构建现代化经济体系的必然要求，是解决污染问题的根本之策，提出 2019 年的工作任务和具体指标：二氧化硫、氮氧化物排放量要下降 3%，重点地区细颗粒物($PM_{2.5}$)浓度继续下降。持续开展京津冀及周边、长三角、汾渭平原大气污染治理攻坚，加强工业、燃煤、机动车三大污染源治理。强化水、土壤污染防治，2019 年化学需氧量、氨氮排放量要下降 2%。加快治理黑臭水体，防治农业面源污染，推进重点流域和近岸海域综合整治。加强固体废弃物和城市垃圾分类处置，促进减量化、资源化、无害化。加强污染防治重大科技攻关。企业作为污染防治主体，必须依法履行环保责任。改革创新环境治理方式，对企业既依法依规监管，又重视合理诉求，企业有内在动力和外部压力，污染防治一定能取得更大成效。

坚持源头治理，加快火电、钢铁行业超低排放改造，实施重污染行业达标排放改造。加强生态系统保护修复。推进山水林田湖草生态保护修复工程试点，持续抓好国土绿化，加强荒漠化、石漠化、水土流失治理。加大生物多样性保护力度。继续开展退耕还林还草还湿。深化国家公园体制改革。健全生态补偿机制。绿色发展人人有责，贵在行动、成在坚持。我们要共同努力，让人民群众享有美丽宜居环境。

(三)党的十九大对环境保护提出新要求

一是坚持人与自然和谐共生。十九大报告指出：“人与自然是生命共同体，人类必须尊重自然、顺应自然、保护自然。”“天地与我并生，万物与我为一。”中华文明历来强调天人合一、尊重自然。5000 多年的中华文明就是在人与自然和谐共生中发育成长起来的。人与自然和谐共生成为新时代科学把握、正确处理人与自然关系的基本遵循。只有追求人与自然和谐共生，才能让子孙后代既能享有丰富的物质财富，又能遥望星空、看见青山、闻到花香。

二是绿水青山就是金山银山，贯彻创新、协调、绿色、开放、共享的发展理念，加快形成节约资源和保护环境的空间格局、产业结构、生产方式、生活方式，给自然生态留下休养生息的时间和空间。倡导生态文明，使人们对大自然心存敬畏，树立尊重自然、顺应自然、保护自然的生态文明理念，将生态环境保护的目标和要求全面融入决策、执行各方面，全面融入法律、政策各领域，全面融入生产、消费各环节，推动实现发展方式转变、价值观念进步、文明境界升华，逐渐形成绿色发展方式和生活方式，推动着中国社会治理方式深刻变革。

三是良好生态环境是最普惠的民生福祉，坚持生态惠民、生态利民、生态为民，重点解决损害群众健康的突出环境问题，不断满足人民日益增长的优美生态环境需要。

坚持全民共治、源头防治，持续实施大气污染防治行动计划，坚决打赢蓝天保卫战。加快水污染防治，实施流域环境和近岸海域综合治理，实施河长制湖长制，大力改善河湖面貌和河湖生态环境。强化土壤污染管控和修复，加强农业面源污染防治，开展农村人居环境整治行动。有效防范和化解环境风险，加强固体废弃物和垃圾处置，严格核与辐射安全监管，坚决守牢环境安全底线。

四是山水林田湖草是生命共同体，要统筹兼顾、整体施策、多措并举，全方位、全地域、全过程开展生态文明建设。构建生态廊道和生物多样性保护网络，筑牢国家生态安全屏障。完成生态保护红线、永久基本农田、城镇开发边界三条控制线划定工作。统筹山水林田湖草系统治理，建立以国家公园为主体的自然保护地体系，健全耕地草原森林河流湖泊休养生息制度。增加优质生态产品供给。

五是用最严格制度最严密法治保护生态环境，加快制度创新，强化制度执行，让制度成为刚性的约束和不可触碰的高压线。实行最严格的生态环境保护制度，建立有效约束开发行为和促进绿色发展、循环发展、低碳发展的生态文明法律体系。健全环境保护督察机制，全面推开省以下环保机构监测监察执法垂直管理制度改革，加快推动排污许可证核发、环境监测事权上收，按流域设置环境监管和行政执法机构试点，设置跨地区环保机构试点。建立市场化、多元化生态补偿机制。

推进社会化生态环境治理和保护，重构区域合作环境治理体系。党的十九大报告提出，“构建政府为主导、企业为主体、社会组织和公众共同参与的环境治理体系”。重构区域合作治理主体体系，将原有的政府单一治理主体转变为政府、企业、社会、居民合作治理主体。政府负责绿色发展的公共政策制定与总体规划、总体协调；企业承担绿色发展所必需的公共产品和公共服务的生产与供给，承担相关产业投资与项目建设任务；民间组织承担部分力所能及的绿色发展所涉公共事务，助力协调相关区际利益冲突和均衡问题；公民参与监督评估工作，并分享区域绿色发展的公共产品与公共服务所产生的成果。

六是共谋全球生态文明建设，深度参与全球环境治理，形成世界环境保护和可持续发展的解决方案，引导应对气候变化国际合作。

习近平总书记在十九大报告中强调指出：“构建人类命运共同体，建设持久和平、普遍安全、共同繁荣、开放包容、清洁美丽的世界。”中国方案，就是以“人类命运共同体”理念，共谋全球环境治理。构建人类命运共同体，要抱着相互宽容、互商互谅的心态，国家社会要“从伙伴关系、安全格局、经济发展、文明交流、生态文明建设等方面做出努力”。

在绿色发展理念下形成并不断完善的可持续发展的中国方案，不仅使中国更加美丽，也在为全球可持续发展提供示范和引领，推动形成人与自然和谐共生的人类命运共同体。一些发达国家的“绿色”理念是一种零和博弈思维：要求发展中国家停止工业化、城市化进程，实现“零增长”，以保护全球环境；甚至以邻为壑，将有毒有害的固体废弃物倾销到发展中国家；在掌控核心技术牟取暴利的同时，将高消耗高污染产业转移到作为“污染港湾”的发展中国家。以牺牲他人绿色来实现自我绿色，有违人类道义，不可能真正实现绿色发展。

二、生态文明建设的重要意义

(一)建设生态文明是一项重要而紧迫的战略任务

从人与自然的关系来看，人类社会先后经历四个阶段的文明形态：史前文明(渔猎文明)、农业文明、工业文明、生态文明。人类文明已经经历史前文明(渔猎文化)、农业文明、工业文明三个阶段，即将进入第四阶段——生态文明时代。20世纪中叶，生态危机成为威胁人类生存的全球性问题。它标志着工业文明开始走下坡路，人类将走向文明发展新阶段——生态文明时代。生态文明，是指人类遵循人、自然、社会和谐发展这一客观规律而取得的物质与精神成果的总和；是指以人与自然、人与人、人与社会和谐共生、良性循环、全面发展、持续繁荣为基本宗旨的文化伦理形态。

1. 建设生态文明是中华民族永续发展的千年大计

生态兴则文明兴，生态衰则文明衰。一部人类文明的发展史，就是一部人与自然的关系史。自然生态是文明的载体，自然生态的变迁决定着人类文明的起落兴衰。良好的生态环境是人类文明形成和发展的基础和条件。《人类环境宣言》写道：“环境给予人以维持生存的东西，并给他提供了在智力、道德、社会和精神等方面获得发展的机会。”遍数古中国、古巴比伦、古埃及、古印度四大文明古国，无一不发源于水源丰沛、森林茂密、田野肥沃、生态良好的地区。正是先有“生态兴”，勤劳智慧的古国人民才得以在此基础上创造出闻名世界的繁荣胜景和灿烂文化，即“文明兴”。

生态衰落了，文明将随着黯然失色。文明古国、古文明发源地的生态转衰，给几大古文明以几近致命的毁灭。恩格斯在《自然辩证法》中曾有描述："美索不达米亚、希腊、小亚细亚以及其他各地的居民，为了得到耕地，毁灭了森林，但是他们做梦也想不到，这些地方今天竟因此而成为不毛之地。"①过度放牧、过度伐木、过度垦荒和盲目灌溉等，让植被锐减、洪水泛滥、河渠淤塞、气候失调、土地沙化……生态惨遭蹂躏，它所支持的生活和生产也难以为继，并最终导致了文明的衰落或文明中心的转移。

21 世纪，我们要实现中华文明伟大复兴，如果生态不兴，那后果将是不可想象的。如果我国的现代化建设走欧美国家走过的老路，消耗资源，污染环境，再有几个地球也不够消耗，那是难以为继的，是走不通的，我们必须走出一条新路。

2. 携手行动，建设天蓝地绿水清的美丽中国

实现美丽中国，是建成社会主义现代化强国的重要组成部分。党的十九大报告对推动生态文明，建设美丽中国规划了新蓝图。从现在起到 2020 年，是全面建成小康社会决胜期。从 2020 年到 2035 年，基本实现社会主义现代化，其中，"生态环境根本好转，美丽中国目标基本实现"；从 2035 年到本世纪中叶，"把我国建设成为富强民主文明和谐美丽的社会主义现代化强国"，第一次把"美丽"列为社会主义现代化强国的基本特征。

中国特色社会主义进入新时代，我们要紧扣我国社会主要矛盾变化，统筹推进经济建设、政治建设、文化建设、社会建设、生态文明建设，突出抓重点、补短板、强弱项。小康全面不全面，生态环境质量是重要衡量标准。当前生态环境质量就是全面建成小康社会的突出短板。经过 40 年快速发展而积累下来的环境问题进入高强度频发阶段，当前重污染雾霾天气、黑臭水体、垃圾围城、农村面源污染已经成为民心之痛、民生之患，污染场地开发利用、历史遗留放射性废物等环境风险也不容忽视。民心是最大的政治。人民既要"生存"也要"生态"，既要"温饱"也要"环保"，不平衡不充分的问题凸显出来。人民日益增长的优美生态环境需要同更多优质生态产品的供给不足之间的突出矛盾，是我国社会主要矛盾新转换的一个重要方面。

3. 引导应对气候变化国际合作，成为全球生态文明建设的重要参与者、贡献者、引领者

我国积极履行应尽的国际义务和责任，信守应对全球气候变化的承诺，积极推动共建"一带一路"。我国经济已由高速增长阶段转向高质量发展阶段，正处在转变发展方式、优化经济结构、转换增长动力的攻关

① 《马克思恩格斯文集》第 9 卷，560 页，北京，人民出版社，2009。

期。以清洁能源技术、资源循环利用技术为主要内容的新兴产业和科技革命浪潮已经到来，以提高能源资源利用效率和减少环境污染为核心的生态效率，将是未来国际产业竞争的制高点。要构建结构优化、生态高效、资源节约、环境友好的产业体系，开拓生态型新兴产业，增加经济发展的活力、国际竞争力和可持续发展能力，引领国际技术发展新浪潮。

作为一个发展中大国，中国的发展道路和生态影响是具有全球意义的。中国提出的建设人与自然和谐共生的现代化，意味着我国“五位一体”的总体布局更全面，标志着我们党对中国特色社会主义的认识更加成熟、更加定型，同时也是中国在可持续发展方面对全球贡献的中国方案。

(二)建设生态文明是建设美丽中国的前提

1. 树立美丽中国的新理念

美丽中国的内涵。党的十八大首次提出“美丽中国”，赋予“美丽”一词崭新的内涵，“美丽”与中国耦合成一个概念，传透的信息气势恢宏，表达了人们对优美生态环境的向往和追求。曾几何时起，脏乱差成为中国的代名词，“雾霾”、$PM_{2.5}$一时成为人们的常用词，所以“美丽中国”的概念一提出，激发人们无限的想象空间。美丽中国的内涵大致包括：(1)人类与自然和谐之美——美丽中国的存在状态。十九大提出了“人与自然是生命共同体”的理念，人类必须尊重自然、顺应自然、保护自然。(2)科学发展之美——美丽中国的基础条件。从“既要金山银山，又要绿水青山”到“宁可要绿水青山，不要金山银山”，再到“绿水青山就是金山银山”。环境就是民生，青山就是美丽，蓝天也是幸福。(3)绿色发展之美——美丽中国的理念指引。十九大报告提出：“形成绿色发展方式”，“坚定走生产发展、生活富裕、生态良好的文明发展道路”。(4)美好生活之美——美丽中国的落脚点和归宿。十九大报告提出了“要提供更多优质生态产品以满足人民日益增长的优美生态环境需要”。

中国作为一个人口大国，面临着中高速发展，实现现代化严峻任务与资源约束趋紧、环境污染严重、生态系统退化形势的双重考验。中国的现代化进程，绝不能以牺牲子孙后代的空间、资源为代价，换取当代的暂时发展。“美丽中国”是对“建设什么样的生态中国，怎样建设生态中国”这个基本问题的中国表达、中国理念和中国梦想，将指引中国实现生态文明的时代转向。

美丽中国的核心是生态文明建设。生态文明是人类文明的高级形态，是人与自然关系的一种崭新状态，也是人类文明在全球化和信息化条件下的转型和升华。如果说农业文明是“黄色文明”，工业文明是“黑色文明”，那么生态文明就是“绿色文明”。绿色发展理念要求坚持节约资源和保护环境的基本国策，推进美丽中国建设，促进人与自然和谐共生。生态文明是以尊重和维护自然生态系统为主旨，以可持续发展为目标，以人类未来的持续发展为出发点。十八大以来，我国先后出台了“大气十条”、“水十条”、“土十条”以及《农村人居环境整治三年行动方案》等政策措施，加强生态环境保护，坚决打好污染防治攻坚战，扎扎实实推动生态文明建设，全方位推进美丽中国建设。

2.“十三五”时期生态文明建设的主要目标和重大举措

党的十八届五中全会通过的《中共中央关于制定国民经济和社会发展第十三个五年规划的建议》，主要阐明国家发展战略设想、明确政府工作重点。其中关于生态文明建设的主要内容是：推动形成绿色生产生活方式，加快改善生态环境。坚持在发展中保护、在保护中发展，持续推进生态文明建设。深入实施大气、水、土壤污染防治行动计划，加强生态保护和修复，到2020年，单位国内生产总值用水量、能耗、二氧化碳排放量分别下降23％、15％、18％，森林覆盖率达到23.04％，能源资源开发利用效率大幅提高，生态环境质量总体改善。特别是治理大气雾霾取得明显进展，地级及以上城市空气质量优良天数比率超过80％。我们要持之以恒，建设天蓝、地绿、水清的美丽中国。

(三)继续实施可持续发展战略

1992年，对我们生活的这个蔚蓝色星球的未来，具有重要的意义，在里约热内卢召开的联合国环境与发展大会，把可持续发展战略写入了大会宣言，制定《21世纪议程》，成为指导各国政府解决发展与环境的矛盾，改变发展模式的重要国际性文件。

联合国环境与发展大会对可持续发展内涵的表述是：“既符合当代人的需求，又不至于损害后代人满足其需求能力的发展。”我国自1993年起就把可持续发展战略定为国家基本战略。先后提出建设资源节约型、环境友好型社会，发展循环经济、低碳经济，党的十七大提出以人为本、全面协调可持续的科学发展观，十八大把生态文明建设纳入总体布局，十九大提出建设人与自然和谐共生的现代化美丽中国。

中国是最早提出并实施可持续发展战略的国家之一，中国提出的建设人与自然和谐共生的现代化发展战略深刻把握了世界发展的绿色、循环、低碳新趋向，是对可持续发展的拓展和创新，拓展了发展中国家走向现代化的途径，为解决全人类的发展问题贡献了中国智慧和中国方案。

党的十八大以来，我们党把生态文明建设纳入“五位一体”总体布局，开展了一系列根本性、开创性、长远性工作。不断优化产业结构、推动高质量发展，深入实施大气、水、土壤污染防治三大行动计划，环境保护制度体系和基础设施建设加速推进。有观测卫星的数据显示，全球从2000年到2017年新增的绿化面积中，约有1/4来自中国，对全球植被增量的贡献比例居世界首位。

2019年4月26日，国家主席习近平在北京出席第二届“一带一路”国际合作高峰论坛开幕式，以《齐心开创共建“一带一路”美好未来》为题发表主旨演讲，突出了秉持共商共建共享原则，绿色发展、可持续发展理念，共同推动“一带一路”高质量发展。习主席说：“推动绿色基础设施建设、绿色投资、绿色金融，坚持一切合作都在阳光下运作，愿同各方共建风清气正的丝绸之路。我们要努力实现高标准、惠民生、可持续目标，引入各方普遍支持的规则标准，尊重各国法律法规，坚持以人民为中心的发展思想，聚焦消除贫困、增加就业、改善民生，让共建‘一带一路’成果更好惠及全体人民，同时确保商业和财政上的可持续性。”

实施可持续发展战略，必须认识和把握以下几点：

1. 坚持把重点突破和整体推进相结合。既立足当前，着力解决制约可持续发展“瓶颈”、群众反映强烈的突出问题，打好生态文明建设攻坚战，又要着眼长远，加强顶层设计与鼓励基层探索相结合，持之以恒推进生态文明建设。进入21世纪，中国逐渐深化对可持续发展内涵的认识，2003年提出了以人为本、全面协调可持续的科学发展观。此后，又先后提出了资源节约型和环境友好型社会、创新型国家、生态文明、绿色发展等先进理念，并不断加以实践。新时代我们贯彻绿色新发展理念，建设人与自然和谐共生的现代化。既要创造更多物质财富和精神财富以满足人民日益增长的美好生活需要，也要提供更多优质生态产品以满足人民日益增长的优美生态环境需要。

新时代我国经济已由高速增长阶段转向高质量发展阶段。着力优化需求结构，促进经济增长向依靠消费、投资、出口协调拉动转变；巩固和加强农业基础地位，着力提升制造业核心竞争力，积极发展战略性新兴产业，加快发展服务业，促进经济增长向依靠三次产业协同带动转变；深入实施区域发展总体战略和主体功能区战略，积极稳妥推进城镇化，实施乡村振兴战略，促进区域和城乡协调发展。

2. 把保障和改善民生作为推进可持续发展战略的主要目的。控制人口总量，提高国民素质，促进人口的长期均衡发展；努力促进就业，加快发展各项社会事业，完善保障和改善民生的各项制度，推进基本公共服务均等化，使发展成果惠及全体人民。

3. 绿色减贫是以可持续的、环境保护和资源科学利用为导向促进贫困地区减贫的理念和行动，是生态文明建设在减贫领域的具体体现。包括两个含义：一是兼顾脱贫和生态协同发展；二是坚持可持续、可循环、绿色生产方式，实现贫困人口脱贫目标。让贫困人口和贫困地区同全国一道进入全面小康社会是我们党的庄严承诺。以提高贫困人口收入水平和民生福祉为主要目标，实施脱贫攻坚工程和精准扶贫、精准脱贫，确保2020年1660万农村贫困人口全部脱贫①，将在2020年全面消除贫困，比联合国提出的2030年可持续发展目标提前10年。采取财税支持、投资倾斜、金融服务、产业扶持、土地使用等领域的特殊政策，实施生态建设、人才保障等重大举措，培育生态友好的特色主导产业和增强发展能力，提高贫困人口的基本素质和能力，全面推进扶贫开发进程。

4. 把建设资源节约型和环境友好型社会作为推进可持续发展战略的重要着力点。实行最严格的土地和水资源管理制度，大力发展循环经济，推行清洁生产，全面推进节能、节水、节地和节约各类资源，进一步提高资源能源利用效率，加快推进能源资源生产方式和消费模式转变；积极建设以森林植被为主体、林草结合的国土生态安全体系，加强重点生态功能区保护和管理，增强涵养水源、保持水土、防风固沙能力，保护生物多样性；全面开展低碳试点示范，完善体制机制和政策体系，综合运用优化产业结构和能源结构、节约能源和提高能效、增加碳汇等多种手段，降低温室气体排放强度，积极应对气候变化。

5. 全面提升可持续发展能力作为推进可持续发展战略的基础保障。建立长效的科技投入机制，注重科技创新人才的培养与引进，建立健全创新创业的政策支撑体系，推进有利于可持续发展的科技成果转化与推广，提升国家绿色科技创新水平；以环境保护、资源管理、人口管理等领域为重点，完善可持续发展法规体系；建立健全可持续发展公共信息平台，发挥民间组织和非政府组织的作用，推进可持续发展试点示范，促进公众和社会各界参与可持续发展的行动；加强防灾减灾能力建设，提高抵御自然灾害的能力；积极参与双边、多边的全球环境、资源、人口等领域的国际合作与交流，努力促进国际社会采取新的可持续发展行动。

三、党的十九大强调扎实推进生态文明建设

(一)自觉尊重和正确运用自然规律

党的十九大报告指出："人类只有遵循自然规律才能有效防止在开发

① 据国家统计局全国农村贫困监测调查，按现行国家农村贫困标准测算，2018年末，全国农村贫困人口1660万人，比上年末减少1386万人；贫困发生率1.7%，比上年下降1.4个百分点。

利用自然上走弯路，人类对大自然的伤害最终会伤及人类自身，这是无法抗拒的规律。”要在全社会倡导山水林湖草是一个生命共同体的理念，倡导尊重自然、善待自然的观念。人类永远是自然之子，无时无刻不在享受自然界的恩泽；人类的生存发展一刻也不能离开自然生态系统。按照生态系统的整体性、系统性及其内在规律，统筹考虑自然生态各要素，自觉维护生态系统的平衡与和谐。尊重自然、善待自然，其实也就是尊重和善待我们人类自身。

生态文明倡导给自然以平等的态度和充分的人文关怀，关注和尊重生态环境的存在及意义，从“向自然宣战”向“人与自然和谐共生”转变；倡导在实践过程中主动遵循和正确运用自然规律，合理有效地利用自然资源，禁止对自然无节制的攫取、对资源无序的开发利用；倡导在发展中保护、在保护中发展，给自然留下更多修复空间，给农业留下更多农田，给子孙留下天蓝、地绿、水净的美好家园。

（二）进一步转变经济发展方式

贯彻新发展理念，建设现代化经济体系。党的十九大报告指出：“我国经济已由高速增长阶段转向高质量发展阶段”。生态环境问题的根源和本质就在于粗放型增长方式。改善生态环境状况，必须进一步转变经济发展方式，改变过多依赖增加物质资源消耗、过多依赖减少环境容量、过多依赖规模外延扩张、过多依赖高能耗高排放产业模式，推动质量变革、效率变革、动力变革。推动高质量发展，需要充分发挥生态环境保护在推进供给侧结构性改革、加快产业结构转型升级方面的作用。从这个意义上讲，强化生态环境保护与推动高质量发展是一致的，在改善生态环境质量的同时，倒逼发展质量的不断提升，实现环境效益、经济效益和社会效益共赢。

当前我国经济发展已经进入以中高速、优结构、新动力、多挑战为主要特征的新常态。新常态就是更加注重发展的质量和效益，更加注重节约资源和生态环境保护。我国要通过技术进步推动经济的长期增长，就必须加大科技投入，特别是研究开发的投入。避免走发达国家的老路，就必须改变传统的“资本高投入、资源高消耗、污染高排放”的粗放型增长模式，逐渐建立一个以促进生态环境平衡、低消耗资源为中心的节约型经济持续增长研发机制。

推动深化供给侧结构性改革。加快发展先进制造业，推动互联网、大数据、人工智能和实体经济深度融合，在中高端消费、创新引领、绿色低碳、共享经济、现代供应链、人力资本服务等领域培育新增长点、形成新动能。

（三）实施补偿战略

建立生态补偿机制，实施补偿战略，推动生态文明建设。党的十九大报告指出，"建立市场化、多元化生态补偿机制"。《中华人民共和国环境保护法》第三十一条规定："国家建立、健全生态保护补偿制度。国家加大对生态保护地区的财政转移支付力度。有关地方人民政府应当落实生态保护补偿资金，确保其用于生态保护补偿。国家指导受益地区和生态保护地区人民政府通过协商或者按照市场规则进行生态保护补偿。"在国家层面制定建立生态补偿机制的指导性原则，逐步完善相应的法律法规，建立着眼于长期保护和修复的生态补偿长效机制，创建国家生态补偿的政策平台，对自然保护区、重要生态功能区等典型地区开展长期、稳定的生态补偿，鼓励、引导和探索实施下游地区对上游地区、开发地区对保护地区、生态受益地区对生态保护地区的生态补偿。

生态补偿机制是实现环境有偿制度的政策手段之一。生态受益者在合法利用自然资源的过程中，对自然资源所有人或对生态保护付出代价者付相应费用的做法及方式有很多。补偿途径和方法按照补偿方式可以分为资金补偿、实物补偿、政策补偿和智力补偿；按照补偿条块可以分为纵向补偿和横向补偿；按照空间尺度大小可以分为生态环境要素补偿、流域补偿、区域补偿和国际补偿；按照实施主体和运作机制的差异，可以分为政府补偿和市场补偿。

（四）推动形成绿色生活方式

绿色生活方式包括文明意识、思维习惯、消费方式、消费结构的绿色化。为什么要推动绿色生活方式呢？我国人口众多，人均资源禀赋不足，环境承载力有限。近些年，我国居民消费持续扩大升级。2013—2017 年社会消费品零售总额年均增长 11.3%，网上零售额年均增长 30% 以上。与此同时，过度包装、浪费性消费等现象还不同程度地存在。生活领域的资源消耗量、污染物排放量、温室气体排放量以及废弃物产生量快速增长，成为建设美丽中国必须破解的瓶颈约束。

如何推动绿色生活方式？实现生活方式绿色化是一个从观念到行为全方位转变的过程，同每个人息息相关，人人都是践行者和推动者。绿色生活方式重在引导人们在追求生活方便舒适的同时，践行简约适度、绿色低碳的生活方式，反对奢侈浪费和不合理消费。一方面，积极开展创建节约型机关和绿色家庭、绿色学校、绿色社区等活动，促进人们在衣食住行游中形成绿色生活消费习惯。另一方面，完善公众参与制度，健全举报、听证、舆论和公众监督等机制，构建全民参与的社会行动体系。

“纤纤不绝林薄成，涓涓不止江河生。”凝聚起推动生态文明建设的共识和合力，把建设美丽中国转化为全体人民自觉行动，从自己、从现在做起，驰而不息，久久为功。推动形成绿色发展方式和生活方式，让良好生态环境成为人民生活的增长点、经济社会持续健康发展的支撑点，形成人与自然和谐发展的现代化建设新格局。

(五)推进农村生态环境建设

党的十九大报告提出实施乡村振兴战略，为我们擘画了一幅“产业兴旺、生态宜居、乡风文明、治理有效、生活富裕”的新时代农村发展蓝图。乡村振兴，生态宜居是关键。什么是生态宜居？生态宜居就是“望得见山，看得见水，留得住乡愁”，即“有山、有水、也有情”，体现的是人与自然的和谐共生。以生态宜居为导向，建设美丽乡村。没有美丽乡村，就没有美丽中国。美丽乡村是美丽中国的重要组成部分，也是实现农村全面建成小康社会的重要内容。2013 年，国家启动美丽乡村建设，一批乡村的生态环境在美丽乡村示范村和特色村的创建中得到改善；2016 年，国家启动特色小镇建设，一批乡村的生态环境在特色小镇的规范推进中得到整治；中共中央、国务院于 2018 年 2 月出台《关于实施乡村振兴战略的意见》。

◎背景知识

广东绿道：人在绿中行 城因生态兴

绿道(Greenway)是一种线形绿色开敞空间，通常沿着河滨、溪谷、山脊、风景道路和人工廊道建立，内设可供行人和骑车者进入的景观游憩线路，连接主要的公园、自然保护区、风景名胜区、历史古迹和城乡居住区等，有利于更好地保护和利用自然、历史文化资源，并为城乡居民提供更充足的游憩和交往空间。

绿道分为生态型、郊野型和都市型三种类型：(1)生态型绿道。主要沿城镇外围的自然河流、溪谷、海岸及山脊线建设，通过对动植物栖息地的保护、创建、连接和管理，来维护和培育珠三角生态环境，保护生物多样性，可供自然科考以及野外徒步旅行。生态型绿道控制宽度一般不少于 200 米。(2)郊野型绿道。主要依托城镇建成区周边的开敞绿地、水体、海岸和田野，通过登山道、栈道、慢行休闲道等形式，为人们提供亲近大自然、感受大自然的绿色休闲空间，实现人与自然的和谐共处。郊野型绿道控制宽度一般不少于 100 米。(3)都市型绿道。主要集中在城镇建成区内，依托人文景区、公园广场和城镇道路两侧的绿地而建，为人们慢跑、散步等休闲健身活动提供场所，也作为市民步行和自行车骑行的慢行交通，有效地从空间上实现人车分流，缓解交通压力。都市型绿道控制宽度一般不少于20米。

绿道建设，不仅代表着可以拥有顺畅的交通环境，而且可以感受自然风光，践行绿色、健康的生活方式。绿色的连接，带来更加绿色的发展方式、更加美好的生活方式，绿道已然成为广东宜居宜游的一个表征。截至2018年底，广东全省共计完成绿道建设已超过1.8万公里，其中省立绿道6024公里，市立绿道11995公里。珠三角建成的绿道串联森林公园482个，基本实现"300米见园，500米见绿"。在加速建设的粤港澳大湾区，"轨道+绿道"让人们可以从白云山直达珠江口，从从化北部山区到深圳惠州的大海边，从繁华的广州千年商都核心区到酷炫的深圳南山科技园……

(《南方日报》，2019年03月25日A03版)

◎相关链接

1. 中华人民共和国生态环境部：http://www.mep.gov.cn。

2. 中国环保网：http://www.chinaenvironment.com。

3. 中国环境网：http://www.cenews.com.cn。

4. 中国生态文明建设评价网：http://www.ecci.org.cn。

◎深度阅读

1.《2017年中国生态环境状况公报》，http://www.mee.gov.cn/hjzl/zghjzkgb/lnzghjzkgb/201805/P020180531534645032372.pdf。

2.《习近平谈治国理政》(第二卷)，北京，外文出版社，2017。

3.《决胜全面建成小康社会，夺取新时代中国特色社会主义伟大胜利——在中国共产党第十九次全国代表大会上的报告(2017年10月18日)》，《党的十九大报告学习辅导百问》，北京，党建读物出版社，学习出版社，2017。

4. 李克强：《政府工作报告——2019年3月5日在第十三届全国人民代表大会第二次会议上》，中国政府网，http://www.gov.cn/premier/2019－03/16/content_5374314.htm。

5. 温宗国：《推动形成绿色发展方式和生活方式》，《人民日报》2018年7月29日08版。

6. 潘家华：《绿色发展改变中国》，《人民日报》2018年7月29日08版。

7. 郑佳欣、冯善书等：《广东绿道：一条高质量发展之路》，《南方日报》2019年03月25日A03版。

◎重点难点问题思考

1. 如何理解"生态兴则文明兴，生态衰则文明衰"？

2. 党的十九大对环境保护提出了哪些新要求?

3. 什么是生态文明?为什么说中国将以率先建设生态文明对全球可持续发展贡献中国方案?

4. 如何推动形成绿色生活方式?

第十讲　两岸关系的现状与最新发展

导语：台湾问题是中国国内战争的遗留问题，其实质是中国的内政问题。自国民党势力败退台湾始，两岸关系经历了一个曲折发展的过程。自2016年蔡英文就任台湾地区领导人以来，因其拒不承认"九二共识"，导致两岸关系陷入僵局，两岸关系面临较大挑战。两岸同胞是一家人，有着共同的血脉、共同的文化、共同的联结、共同的愿景。实现祖国的完全统一，是中华民族伟大复兴的历史任务，是包括台湾同胞在内的所有海内外中华儿女的共同心愿和坚强意志。两岸双方应恪守反对"台独"、坚持"九二共识"的共同立场，增进维护"一个中国"框架的共同认知，促进祖国和平统一大业早日实现。作为当代大学生，我们必须深刻地理解"一国两制"的精神实质，为祖国统一作出自己的一份贡献。

关键词："一国两制"　"九二共识"　台湾问题

一、台湾问题的由来与两岸关系的曲折发展

(一)台湾问题的由来与实质

台湾自古以来就是中国领土不可分割的组成部分，台湾人民同大陆人民同根、同宗、同源，承继的是相同的文化传统。台湾问题是中国国内战争遗留下来的问题，实质是中国的内政问题。

1. **台湾问题的由来**

台湾自古属于中国，无论从地质、民族、文化、管辖、开发和国际承认等方面来看，都是如此。台湾与祖国大陆有着密不可分的自然地理上的联系，台湾人民与大陆人民有着很深的血缘关系，台湾文化是中华文化的一部分。中国最早发现台湾并对其实行有效行政管辖，国际社会

普遍承认台湾是中国的一部分。台湾问题的出现，与国共内战形势的演变及国民党败退台湾有着直接的关系。

1894 年，日本蓄意挑起中日甲午战争，并取得了军事上的胜利。1895 年，日本逼迫清政府签订不平等的《马关条约》，霸占了台湾全岛及其附属各岛屿、澎湖列岛。此后，日本占领台湾长达半个世纪之久。1945 年，第二次世界大战结束，日本无条件投降，根据《开罗宣言》《波茨坦公告》的条款规定，台湾全岛及其附属各岛屿、澎湖列岛重新回到祖国怀抱。

1946 年至 1949 年，国民党蒋介石集团拒绝了中国共产党提出的成立民主联合政府的主张，发动了国共内战。辽沈、淮海、平津三大战役以后，在大陆败局已定的国民党蒋介石集团转而将台湾作为其存身之地，企图将台湾建设成为“反攻大陆”的基地。1949 年 4 月，中国人民解放军以强大的攻势迅速解放了长江以南大片地区。10 月 1 日，中华人民共和国宣告成立。在国民党蒋介石集团逃往台湾后，毛泽东和中央军委即着手制订解放台湾进而解放全中国的计划。

1950 年 6 月，朝鲜战争爆发，美国从其远东战略利益考虑，在出兵朝鲜的同时派海军第七舰队驶入台湾海峡，以武力阻止中国人民解放台湾。中国面临东北、东南两个方向的军事威胁，鉴于当时人民解放军的海军和空军尚不足以突破美国第七舰队的封锁，解放台湾的计划被迫搁置。

此后，在国共对抗及东西方冷战的格局下，美国从政治上、经济上、军事上扶持国民党蒋介石集团，并于 1954 年 12 月与之签订所谓的“共同防御条约”，将台湾置于美国的保护之下。台湾与大陆逐渐形成对峙的局面，台湾问题由此产生。

2. 台湾问题的实质

台湾问题是中国国内战争遗留下来的问题，实质是中国的内政问题，即台湾是中国领土的一部分，中国政府对台湾拥有主权，中国的领土和主权不容分割。

第二次世界大战结束之后，台湾从法律上、事实上已经完全回归中国。随后的内战中，国民党反动势力从大陆全面溃退。新中国成立后，国民党蒋介石集团退踞台湾，在外国反动势力的庇护下，与中央人民政府对峙，由此产生了台湾问题。台湾问题是国民党发动反人民内战的结果，也是外国反动势力干涉中国内政、阻碍中国统一的结果。

1949 年 10 月后，中华人民共和国政府已取代国民党的中华民国政府，成为中国的唯一合法政府及其在国际上的唯一合法代表，按照全世界公认的有关政府继承的国际法准则，理所当然地继承了原来的中华民国政府代表中国行使的包括对台湾地区在内的全中国的主权。国民党政权的少数残余势力退逃台湾，虽然还打着中华民国政府的旗号，但这个所谓的“中华民国”已经完全丧失了其合法性。因此，台湾问题从本质上讲完全是中国的内政问题，应该由中国人民自己解决。

(二)两岸关系的曲折发展

1. 两岸关系曲折发展的历程

第一，武力对峙阶段(1949—1979 年)。自国民党蒋介石集团退踞台湾至 20 世纪 70 年代末，是两岸关系武力对峙时期。这一时期，两岸双方以隔绝、敌对、对抗为主，但均坚持一个中国的基本原则和立场，都坚决反对美国分裂中国的图谋。

20 世纪 50 年代初期，中国政府主张用武力方式解放台湾，实现国家统一；国民党蒋介石集团则希望借助美国支持，积极准备反攻大陆，重新统一国家。面对美国对台湾的军事干涉与占领，毛泽东和中共中央于 1954 年 7 月再次提出解放台湾的任务，作出“一定要解放台湾”的决定，并于 9 月 3 日开始炮击金门。随后，美国政府企图说服国民党蒋介石集团放弃金门、马祖，坚守台湾、澎湖列岛，造成两岸“划峡而治”的局面，实现分裂中国的图谋。蒋介石反对分裂中国，表示将坚守金门、马祖，反映了其维护一个中国的利益立场。

20 世纪 50 年代中期以后，针对国际局势缓和、亚太地区和平呼声高涨的形势变化，中国共产党和中国政府在解放台湾的具体策略上有所调整，提出“争取和平解放台湾”的构想，并进行了一系列的尝试。其一，敦促美国政府与中国政府谈判，多次举行中美大使级会谈；其二，向台湾当局提出和平解放台湾的倡议，并提出了“一纲四目”解决台湾问题的主张。这一时期两岸关系的紧张局势有所缓和，但受“文化大革命”的影响，“和平解放台湾”的构想一度被迫中断。这一时期，蒋介石父子对台湾岛内的分裂势力进行坚决镇压，维护了一个中国的立场。

第二，走向缓和阶段(1979—1990 年)。20 世纪 70 年代末，中国的国际国内形势发生了深刻变化。在此背景下，以邓小平为核心的党的第二代中央领导集体逐步确立了“和平统一、一国两制”的基本方针，两岸关系开始有所缓和。

中国政府停止了对金门等岛屿的炮击，台湾当局也采取了诸如停止对大陆炮击等缓和台海紧张局势的措施。中国政府建议两岸首先实现通航、通邮、通商的探亲旅游，并建议举行国共两党对等谈判，但台湾当局坚持不接触、不谈判、不妥协的“三不”政策，两岸交流未见根本起色。

1987年11月，台湾当局虽在各方压力下不得不调整“三不”政策，开放台湾居民赴大陆探亲，使两岸同胞38年的隔绝状态终于被打破，但台湾当局仍拒绝“三通”，限制大陆民众与台湾的正常交往。

第三，曲折发展阶段(1990—2008年)。从20世纪90年代开始，台湾当局僵化的“三不”政策已不能适应两岸关系发展的需要。1990年底，台湾当局成立了“台湾海峡交流基金会”(简称“海基会”)，“海基会”作为以民间团体身份出现的半官方机构，负责协调处理台湾地区与大陆地区人民往来有关事务。1991年底，中国大陆也成立了社会团体法人性质的民间团体“海峡两岸关系协会”(简称“海协会”)，“海协会”以促进海峡两岸交往，发展两岸关系，实现祖国和平统一为宗旨。“两岸两会”(指“海基会”和“海协会”)成立后，多次举行各种层次的商谈，充分发挥了桥梁作用，推动了两岸关系向前发展。

“两岸两会”在交流中推动的两岸事务性商谈中始终无法回避的问题就是一个中国的原则问题。经过几轮商谈，“两岸两会”终于在1992年底达成了重要共识，即“海峡两岸均坚持一个中国原则，努力谋求国家的统一”(简称“九二共识”)。“九二共识”从原则上排除了两岸事务性商谈中的主要障碍，为1993年第一次“汪辜会谈”铺平了道路。1993年4月，“海协会”会长汪道涵与“海基会”董事长辜振甫在新加坡正式举行第一次“汪辜会谈”。这是海峡两岸高层人士在长期隔绝后的首度正式接触，是两岸走向和解的历史性突破，是两岸关系发展的重要里程碑。第一次“汪辜会谈”直接推动了两岸经贸、科技合作与文化交流的进一步发展，开启了两岸关系和平发展的新时代。

遗憾的是，第一次“汪辜会谈”后不久，当时的台湾地区领导人李登辉即公开推动“参与联合国”活动，公然否认“一个中国”，不断制造“两个中国”“一中一台”的分裂活动，为两岸关系的和平发展带来了不利影响。尽管如此，中国政府仍积极推动并促成“两岸两会”在北京、台北、南京等地举行事务性商谈，并取得了一定进展。

1995年6月，李登辉赴美出席活动，在国际上大搞“两个中国”“一中一台”的分裂活动，直接导致两岸关系剑拔弩张，跌至冰点。为此，中国政府采取果断措施，开展了声势浩大的“反分裂”“反‘台独’”斗争，并于1996年举行了针对“台独势力”的东海军事演习，两岸关系空前紧张和对立，两岸事务性谈判宣告中断。

1998年10月，在“海协会”的积极邀请下，“海基会”董事长辜振甫参访上海、北京等地，成为近50年来第一位由台湾当局正式授权踏足大陆的代表。中国政府高度重视并给予很高礼遇，时任中共中央总书记的江泽民会见了辜振甫一行。“两岸两会”举行了自1995年中断以来的首次高层对话，并达成了“四点共识”，一定程度上化解了分歧、增进了互信，改善了两岸关系的气氛。但台湾当局仍刻意回避一个中国原则，使“四点共识”缺乏实质性内容，海峡两岸的根本分歧仍然存在。

1999年以后，台湾当局领导人李登辉公然抛出“两国论”，将两岸关系歪曲为“国家与国家，至少是特殊的国与国的关系”，严重违背了“九二共识”，从根本上破坏了两岸关系的基础。“两国论”引发海内外中华儿女的强烈反对，导致两岸关系急速倒退。在李登辉的主导下，主张“台独”的民进党取得了2000年台湾地区大选胜利，此后台湾当局拒不接受一个中国原则，不承认“九二共识”，并不断推动所谓“台湾正名”“去中国化”“文化台独”等各种“渐进式台独”活动，对两岸关系造成严重冲击。

为了遏制“台独”势力，中国政府进行了坚决的斗争。2005年全国人民代表大会以高票通过了专门针对台湾问题的第一部重要法律——《反分裂国家法》。同年，时任国民党主席的连战应时任中共中央总书记的胡锦涛之邀率团访问大陆，双方举行“胡连会”并发表“两岸和平发展共同愿景”，掀开了两党关系史上新的一页，对台海局势和两岸关系发展产生了重大影响。随后，反对“台独”、主张两岸关系和平发展的亲民党、新党相继组团访问大陆。两岸政党交流空前热烈，反映了两岸同胞希望两岸关系和平发展的共同愿望。

第四，和平发展阶段(2008—2016年)。2008年3月，台湾政局再次发生新的重大变化，国民党的代表马英九赢得“大选”。马英九坚持“不统、不独、不武”的两岸政策，强调不搞“法理独立”，而且扬弃了民进党执政时期的“锁岛”政策。此后，国共两党最高领导人在北京人民大会堂成功举行会谈，“海协会”与“海基会”一度中断的两岸制度化协商也得以恢复，“海协会”领导人实现首度访台。在“两岸两会”的主导下，《海峡两岸包机会谈纪要》等6项重要协议先后签署，标志着两岸直接“三通”的基本实现，这是两岸关系发展史上具有里程碑意义的大事。

2008—2016年，两岸关系扎实推进，成果丰硕，直接双向“三通”全面实现，经济、贸易、科技、文化、教育、人员等方面的交流全面深化，两岸真正全面进入和平发展新时期。

第五，推动两岸关系和平发展，遏制“台独”阶段(2016年以来)。民进党自2016年重新执政以来，蔡英文当局始终拒不承认“九二共识”，阻挠、限制两岸交流，推动“去中国化”的“渐进式台独”，致使两岸关系陷入僵局。中国政府妥善处理复杂问题，维护了两岸关系总体和平稳定的态势。特别是党的十九大胜利召开，为新时代推动两岸关系和平发展、推进祖国和平统一进程指明了方向。必须坚持一个中国原则，坚持“九二共识”，推动两岸关系和平发展，深化两岸经济合作和文化往来，推动两岸同胞共同反对一切分裂国家的活动，共同为实现中华民族伟大复兴而奋斗。

2. 两岸关系曲折发展的主要原因

几十年来，两岸关系经过了武力对峙、走向缓和、曲折发展、和平发展的艰难历程。之所以呈现错综复杂的发展态势，与国内形势、国际阻挠、岛内局势的发展演变有着密切的关系。

首先，国内形势的发展使得台湾问题的解决一度被搁置。国民党蒋介石集团败退台湾后，凭借台湾海峡的天然屏障负隅顽抗，其空军和海军的优势明显；而当时中国人民解放军渡海作战的装备和经验都极为缺乏，海军和空军都处于初创阶段，实力很弱。1949 年 10 月夺取金门的战役失利，暴露了中国人民解放军在渡海作战中的不足，也使新中国的领导人意识到“武力解放台湾”的难度。朝鲜战争爆发后，美国加强对台湾的援助，更加剧了中国人民解放军“武力解放台湾”的难度。加上当时保卫东北安全、镇压大陆国民党残余势力的需要，新中国领导人被迫搁置了“武力解放台湾”的计划。而随后中国社会主义建设初期探索过程中经历的挫折，尤其是“大跃进”和“文化大革命”运动，使大陆的经济和社会发展遭受重大损失，台湾问题的解决实际上一度被搁置起来。

其次，国际势力的阻挠影响了两岸关系发展的进程。美国政府干预中国内政的错误政策，造成了台湾海峡地区长期的紧张对峙局势，台湾问题也成为中美两国间的重大争端。“冷战”时期两大阵营之间的对峙、冲突是造成台湾问题的外部因素，美国及其西方势力的干涉、介入则是台湾问题复杂化、长期化的主要原因。第二次世界大战后，在当时东西方两大阵营对峙的态势下，美国政府基于所谓“全球战略”及维护本国利益的考虑，不遗余力地支持国民党蒋介石集团打内战。1950 年 6 月，朝鲜战争爆发，东西方两大阵营间的矛盾冲突公开化。美国为避免台湾落入东方阵营之手，派遣海军第七舰队进入台湾海峡，以武力阻挠人民解放军解放台湾。朝鲜停战协定签字后，美国与国民党蒋介石集团于 1954 年 12 月签订了所谓的“共同防御条约”，将台湾置于美国的所谓“保护”之下，增加了中国政府解决台湾问题的难度。1979 年中美建交后，美国虽然表示恪守一个中国的原则，但仍未彻底放弃干预中国解决台湾问题的立场，继续通过所谓的《与台湾关系法》粗暴地干涉中国内政，并一直保持对台湾的武器出售。

最后，台湾岛内局势的演变是影响两岸关系发展的重要因素。蒋介石、蒋经国担任台湾地区领导人期间，基本奉行顽固拒和、“反共复国”的政策，导致两岸长期处于隔绝与对峙局面。蒋介石主政台湾期间，延续内战时期的政策，以“仇共、反共、灭共、复国”为目标，以“军事反攻、政治对抗”为手段，两岸始终处于武力对峙局面。蒋经国担任台湾地区领导人期间，仍强调对大陆政策的“三不变”，即“反共复国的基本政策决不改变，中华民国所定的国体决不改变，以三民主义统一中国的目标决不改变”，面对大陆“和平统一”的方针，在策略上顽固地坚持“不接触、不谈判、不妥协”的政策，迟滞了两岸关系走向缓和的步伐。但蒋氏父子能够恪守一个中国的立场，坚决镇压“台独”势力，维护了中华民族的整体利益。

李登辉担任台湾地区领导人期间，逐渐抛弃一个中国的立场，公然宣称“两国论”，暴露出分裂中国的图谋，给走向缓和的两岸关系带来不利影响。民进党代表陈水扁执政期间，大搞“渐进式台独”活动，极力推动“制宪”“公投”等“法理台独”，对台湾社会造成了深刻的政治影响。蔡英文当局持续推进“去中国化”，使“台独”分裂活动不断升级。

二、2018 年以来两岸关系出现了新变化

2018 年台湾地区“九合一”选举后，民进党遭受重大挫折，台湾地方政治生态发生了巨大变化。民进党政治意识形态挂帅的执政策略引发了民众的普遍不满，“拼经济”成为岛内民意的基本共识，两岸关系迎来新的发展契机。与此同时，两岸关系的变数也在增加：民进党“台独”势力不断挑衅两岸关系，美国因素持续影响台海形势。但中国大陆加大了“反独”、“遏独”力度，与岛内外各界“反独”、“促统”力量一起，以各种不同方式进行了坚决斗争。

(一)2018 年台湾地方选举后出现的新变化

1.“台独”分裂活动蔓延与升级。蔡当局及高官不断发出更为激进或挑衅性的“台独”言论并持续全面推动“去中国化”的“文化台独”与“历史台独”等分裂活动，努力建构“台独史观”、“颂殖史观”、“原住民史观”、“南岛史观”，均旨在消除“中国史观”、为“台独建国”铺路。“台独”分裂势力推动“东奥正名”公投分裂活动。另外，美国增强打“台湾牌”力度，不断给台当局发出错误与危险信息，增大了台海风险与两岸关系发展变数。

2. 我们坚持一个中国原则和“九二共识”，坚决反对和遏制形形色色的“台独”分裂行径。加强与岛内认同“九二共识”、支持两岸关系和平发展的政党和团体交流对话，团结两岸同胞共同维护台海和平稳定。民进

党当局在教育文化等领域推动“去中国化”的倒行逆施遭到岛内有识之士普遍反对，所谓“奥运正名公投”案遭到挫败。我们在国际上的朋友圈越来越大，一个中国原则越来越得到国际认同。

3. 我们心系广大台湾同胞利益福祉，采取一系列惠及广大台湾同胞的政策措施，为台胞办实事、做好事、解难事。出台促进两岸经济文化交流合作的“31条措施”，制发台湾居民居住证、取消台湾居民就业许可证、实现向金门供水等，在率先同台湾同胞分享大陆发展机遇、逐步为台胞台企提供同等待遇方面迈出新步伐。

4. 我们持续深化两岸经济合作和各项交流。截至2018年底，累计批准台资项目107190个，占实际使用外资项目总数的11.2%。73家台企参加首届中国国际进口博览会，台湾工商界参加两岸企业家峰会年会人数超过往年。全年两岸人员往来超过905万人次，同比增长3.2%。其中台湾同胞来往大陆首次突破600万人次，“首来族”达40万人，均创历史新高。截至2018年底，台湾居民来大陆累计超过1亿人次。8000多名台湾基层民众热情参与第十届海峡论坛。1800多人参与了两岸青年运动会，第二届两岸学生棒球联赛继续掀起新热潮。报考大陆高校的台生也成倍增长。

(二)民进党推行台独路线不得人心

2018年9月16日，联合报公布民调指出，主张尽快统一和维持现状后再统一的比率，合计为23%，比蔡英文上任后不久的17%，增加了6个百分点，是公元2000年以来最高的；主张尽快台独和维持现状后再台独的比率，合计为24%，比蔡英文上任后不久的31%，少了7个百分点。这又可见民意确是统升独降。2018年9月17日台湾民意基金会民意调查显示：主张统一者占26.1%，比两年前的15%，增加了11个百分点；主张台独者占36.2%，虽比主张统一者多出10个百分点，却比两年前的51.2%下降达15个百分点；而主张维持现状者占23.2%，和两年前相近。可见统升独降是十分明显的变化。

蔡英文、民进党在表面上维持两岸现状口号下，推行“台独”路线，是各方所认定的，包括否定“九二共识”和一个中国原则，在文化与教育政策上“去中国化”等等。但是，民意走向却和他们的路线相反，探究其原因，主要有三：

其一，“去中国化”不得人心。除了原住民外，台湾民众的祖先均来自大陆，两岸人民同属中华民族，执政者以扭曲方式欲切断两岸的文化、历史联结，招惹民意反感。在教育和文化领域搞“去中国化”，图谋割裂台湾与中华文化的血脉联系，只会伤害台湾社会，荼毒台湾的年轻一代，这样做是不得人心的。“东奥正名公投”遭否决，显示绝大多数的台湾民众不愿意和大陆对抗，反对“急独”势力搞“去中国化”，不愿制造两岸关系紧张和对立冲突。

其二，蔡英文、民进党政绩不佳。一例一休、年金改革、非核家园等，民怨高涨。据《台湾时报》报道，针对“一例一休”引爆各界反弹，超过一半受访者将“一例一休”列为2016年“立法院”修正的重大民生“法案”中评价最差的一个。“一例一休”实施后，企业获利没有增加、劳工薪资没有增长、但物价却陡然飙升，造成了人见人厌的三输局面。台当局打着“世代正义”旗帜，原在为蔡当局加分的年金改革，却引爆军、公、教、劳各群体的强烈不满。

其三，台独不安全。台独必将引发两岸战争，已为众所周知，愈来愈多的民众认知没有必要为了不可行的台独，而牺牲安居乐业的环境。“台独”分裂图谋不得人心，无论“台独”分裂势力使用何种伎俩，再怎么苦心推动“文化台独”，海峡两岸同文、同种、同族、同源的历史和现实以及台湾是中国一部分的地位，是谁都改变不了的，中华文化经过几千年积淀而形成的民族文化心理也不是“文化台独”可以轻易抹杀的。“台独”分子逆历史潮流而动，想通过扭曲文化认同的方式来达到“台独”的目的，注定要失败的。

其四，大陆加强惠台措施。大陆在强硬应对台独动向的同时，持续制订嘉惠台商和有利台湾各界人士前往大陆发展的措施，争取台湾民心。2018年2月28日国台办印发《关于促进两岸经济文化交流合作的若干措施》，在台商经营及台湾民众的学习、创业、就业、生活等方面推出31项惠台措施。相关措施开放力度之大、范围之广、涉及部门之多，都是前所未有的，引发岛内各界人士的热议。“每一条都确确实实帮台湾人开展了未来无限的可能性。这31条不是条文，是打开门对家人的拥抱与关爱。”

(三)影响当前两岸关系变化的原因分析

现阶段，两岸关系由于蔡英文当局拒不承认“九二共识”而陷入僵局。但在“陆强台弱”格局下，祖国大陆对蔡英文当局保持压制态势，两岸融合发展也不断推进，岛内民意出现“统升独降”积极变化。与此同时，美国加大干涉台湾问题力度，但不能改变两岸关系大势。总体上，当前两岸关系具有对抗性与融合性双重特征，在僵持中仍不断向前发展。致使两岸关系发生变化的主要原因包括以下三点：

第一，台湾民进党当局上台以来拒不承认“九二共识”，拒不对两岸同属一个中国的两岸关系性质做出正确表述，顽固坚持“台独”立场，导致两岸关系和平发展政治基础持续遭到破坏，两岸制度化协商联系持续中断，两岸关系发展的不确定和风险上升。启动所谓的“宪改”，推动“公投”修法，大搞“渐进台独”，纵容“去中国化”等分裂活动，妄图削弱、切割台湾同祖国大陆的政治、经济和社会联系，磨灭台湾同胞的中华民族意识。此外，对岛内支持两岸交流合作、主张两岸关系和平发展与和平统一的力量和人士进行打压和迫害，干扰和阻挠两岸交流合作，煽动两岸敌意对立，破坏两岸关系和平发展。

第二，美日“以台制华”战略的影响。两岸关系和平发展的大趋势难以遏制、难以逆转，加以中国综合实力、国际影响的显著提升，美日经济衰退等原因，美日“乐见”两岸在经济和事务性层面展开良性互动、通过对话“降低紧张”。但出于遏阻“中国崛起”的战略需要，美日对两岸在政治、安全与军事层面发生关系保持谨慎与疑虑的态度，仍以提升对台军售质量、支持台湾扩大国际活动空间、抛出“台湾地位未定论”、支持民进党“台独”势力等为杠杆和筹码，插手台海局势，挑拨两岸关系，防止两岸关系发展“过热”、“过快”。由于推行“经济依中，安全靠美”的策略，台湾当局两岸开放的广度和深度深受美日强力牵制。

第三，大陆务实发展两岸关系，民众的思想认知趋于务实。大陆积极加强与台湾民众间的直接交往，积极做好年轻一代的工作，为他们排忧解难，推出的“惠台 31 条政策措施”，直接受惠于岛内民众；推出的台胞大陆居住证等诸多措施，为台湾青年赴大陆求学、创业就业提供便利条件，让他们直接享受与大陆居民同等待遇，增强了大陆对台湾的吸引力，也改善了岛内民众对大陆的观感。大陆积极务实的对台政策、无与伦比的发展速度、两岸间形成的巨大差距，对台湾民众冲击不小，使他们的思想认知趋于理性、务实，不仅使得他们对大陆的认知发生改变，也使得他们对祖国和平统一的态度发生变化。

三、坚持一个中国原则，实现祖国完全统一

(一)中共中央关于解决台湾问题的总体思路与具体举措

1. 总体思路：“和平统一、一国两制”

“和平统一、一国两制”的构想是充分尊重历史和现实、照顾各方面利益、维护民族团结、实现祖国完全统一的科学构想，是解决台湾问题的最佳方案。

(1)“和平统一、一国两制”构想的形成

20 世纪 70 年代，以恢复中国在联合国的合法席位、中美关系缓和、党的十一届三中全会召开为标志，中国的国内国际形势发生了深刻变化，

为确立“和平解决台湾问题”的方针提供了有利条件。1979 年元旦，全国人大常委会发表《告台湾同胞书》，郑重宣示了争取祖国和平统一的大政方针，标志着解决台湾问题的理论和实践进入一个新的时期。1982 年 1 月，邓小平首次提出“一个国家，两种制度”的概念。1984 年 6 月，邓小平明确指出“一国两制”的政策就是“在中华人民共和国内，十亿人口的大陆实行社会主义制度，香港、台湾实行资本主义制度”。1985 年，六届全国人大三次会议正式把“一国两制”确定为中国的一项基本国策。

(2)“和平统一、一国两制”构想的基本内容

第一，“一个中国”是“和平统一、一国两制”的核心，是发展两岸关系与实现和平统一的基础。世界上只有一个中国，大陆和台湾同属一个中国，中国的主权和领土完整不容分割。反对一切可能导致“台湾独立”的企图和行径。第二，“两制并存”。在祖国统一的前提下，国家的主体部分实行社会主义制度，同时台湾、香港、澳门保持原有的社会制度和生活方式长期不变。第三，“高度自治”。祖国完全统一后，台湾、香港、澳门作为特别行政区，享有中国其他省、市、自治区所没有的高度自治权。台湾、香港、澳门同胞各种合法权益将得到切实尊重和维护。第四，尽最大努力争取和平统一，但不承诺放弃使用武力。以和平方式实现国家统一，就需要通过谈判解决问题，因此要积极促谈。不承诺放弃使用武力，不是针对台湾同胞的，而是针对外国干涉势力和台湾分裂势力的。第五，解决台湾问题，实现祖国的完全统一，寄希望于台湾人民。台湾同胞具有光荣的爱国主义传统，是发展两岸关系的重要力量。

按照“一国两制”的方针，香港、澳门相继回归祖国怀抱，并走上了同祖国内地优势互补、共同发展的宽广道路。香港、澳门的顺利回归是祖国统一大业进程中的重要里程碑，对解决台湾问题具有重要的示范和推动作用。习近平在 2014 年全国政协新年茶话会上的讲话中指出，我们要坚持“一国两制”、“港人治港”、“澳人治澳”、高度自治的方针，保持香港、澳门长期繁荣稳定；我们要坚持“和平统一、一国两制”方针，为两岸同胞谋福祉。

中国特色社会主义进入新时代，“一国两制”事业也进入了新时代。建设粤港澳大湾区是新时代推动“一国两制”事业发展的新实践。推进粤港澳大湾区建设是习近平总书记亲自谋划、亲自部署、亲自推动的重大国家战略，中共中央、国务院印发《粤港澳大湾区发展规划纲要》是全面贯彻党的十九大精神，全面准确贯彻“一国两制”方针的重大举措，有利于充分发挥粤港澳综合优势，深化内地与港澳合作，支持香港、澳门融入国家发展大局，增进香港、澳门同胞福祉，保持香港、澳门长期繁荣

稳定，进一步提升该地区在国家经济发展和对外开放中的支撑引领作用。

港珠澳大桥建成通车对于推进粤港澳大湾区建设具有重大意义。港珠澳大桥的建设创下多项世界之最，体现了我国的综合国力和自主创新能力，体现了勇创世界一流的民族志气。大桥建成通车，有利于三地人员交流和经贸往来，有利于促进粤港澳大湾区发展，有利于提升珠三角地区综合竞争力，对于支持香港、澳门融入国家发展大局，全面推进内地、香港、澳门互利合作具有重大意义。

2. 基本前提：一个中国原则、“九二共识”

(1)一个中国原则

一个中国原则是在中国人民捍卫中国主权和领土完整的正义斗争中形成的，具有不可动摇的事实和法理基础。其基本含义是：“世界上只有一个中国，台湾是中国的一部分，中华人民共和国政府是代表全中国的唯一合法政府。其核心是维护中国的主权和领土完整。”

一个中国原则是新中国在处理对外关系、维护中国领土与主权完整的斗争中历史地形成的，也是国际社会公认的客观存在。长期以来，两岸在一个中国原则的问题上原本具有基本的共识。但李登辉主政台湾之后，逐步推行分裂路线，企图将台湾从中国分割出去，两岸之间才产生了一个中国的问题。是坚持一个中国，还是搞“两个中国”“一中一台”，已成为中国政府与台湾分裂势力斗争的焦点及两岸关系发展的根本症结。

一个中国原则是实现祖国和平统一的前提和基础。实践证明，在一个中国原则的基础上完全可以找到两岸平等谈判的适当方式。对于一个中国原则的具体内涵，两岸一直存有分歧。为了求同存异，保证事务性商谈的顺利进行，“海峡两岸关系协会”和“台湾海峡交流基金会”曾于1992 年 11 月达成了“海峡两岸均坚持一个中国原则”的共识。2005 年 3 月，鉴于当时反对“台独”分裂势力及其活动这一斗争的严峻性和复杂性，胡锦涛强调坚持一个中国原则决不动摇。随后通过的《反分裂国家法》，强调“坚持一个中国原则，是实现祖国和平统一的基础”，并将一个中国原则的表述调整为“世界上只有一个中国，大陆和台湾同属一个中国，中国的主权和领土完整不容分割”。2008 年 11 月，时任国家主席的胡锦涛会见时任美国总统的布什时强调：“台湾问题涉及中国核心利益，始终是中美关系中最重要最敏感的问题，一个中国原则绝不能改变。”2013 年 2 月，习近平会见国民党荣誉主席连战一行时强调：我们将保持对台工作大政方针的连续性，始终坚持一个中国原则，持续推进两岸交流合作，努力促进两岸同胞团结奋斗，巩固和深化两岸关系和平发展的政治、经济、文化、社会基础。2014 年 9 月，习近平会见台湾和平统一团体联合参访团时表示在涉及国家统一和中华民族长远发展的重大问题上，我们旗帜鲜明、立场坚定，不会有任何妥协和动摇。2015 年 3 月 4 日，习近平参加全国政协十二届三次会议的民革、台盟、台联小组联组会时发表了重要讲话。他强调，两岸关系和平发展是一条维护两岸和平、促进共同发展、造福两岸同胞的正确道路，也是通向和平统一的光明大道，我们应该坚定不移走和平发展道路，坚定不移坚持共同政治基础，坚定不移为两岸同胞谋福祉，坚定不移携手实现民族复兴。

一个中国框架，是两岸和平发展的最新理论成果，是党中央对台政策的最新内涵。党的十八大报告首次提出：两岸双方应恪守反对“台独”、坚持“九二共识”的共同立场，增进维护一个中国框架的共同认知，在此基础上求同存异。

(2)“九二共识”

“九二共识”指 1992 年 11 月“海峡两岸关系协会”与“台湾海峡交流基金会”就解决两会事务性商谈中如何表明坚持一个中国原则的态度问题，所达成的以口头方式表达的“海峡两岸均坚持一个中国原则”的共识。

“九二共识”的核心是坚持一个中国原则，精髓是“求同存异”。在“九二共识”中，双方都表明了“海峡两岸均坚持一个中国原则”和“努力谋求国家统一”的态度；对于“一个中国”的政治含义，“海基会”表示“认知不同”，“海协会”表示“在事务性商谈中不涉及”，做了“求同存异”的处理。换言之，双方在表明坚持一个中国原则态度的前提下，暂时搁置了对“一个中国”的政治含义的分歧。正是在此基础上，“两岸两会”成功地举行了首次“汪辜会谈”，建立了制度化的协商与联系机制，进行了一系列商谈，开启了两岸政治对话，为改善和发展两岸关系发挥了重要作用。

“九二共识”是两岸开展协商、建立互信、推动两岸关系和平发展的重要政治基础。2008 年 3 月，胡锦涛对布什表示，在“九二共识”的基础上恢复两岸协商谈判是我们的一贯立场。2008 年 5 月，胡锦涛与应邀来访的时任国民党主席的吴伯雄会谈时强调，反对“台独”、坚持“九二共识”，是双方建立互信的根本基础。2013 年 7 月，马英九也表示：“1992 年，海峡两岸达成‘各自以口头声明方式表达坚持一个中国原则’的共识。本党自五年前在台湾重返执政伊始，相关部门立即在此项‘九二共识’的基础上，恢复两岸中断近十年的和解与合作，迄今已签署 19 项协议。双方关系的大幅改善，对促进两岸和平与繁荣，提升两岸人民福祉，贡献甚大。”

党的十八大首次将“九二共识”纳入党代会的报告，明确指出“两岸双方应恪守‘台独’、坚持‘九二共识’的共同立场，增进维护一个中国框架的共同认知”。2014 年 2 月 18 日，习近平在会见国民党荣誉主席连战率领的台湾各界人士访问团时强调指出：“两岸关系和平发展对两岸同胞都有利，大家都不希望目前的好局面逆转。为此，两岸双方要巩固坚持‘九二共识’、反对‘台独’的共同基础，深化维护一个中国框架的共同认知。”2015 年 5 月 4 日，习近平在接见国民党主席朱立伦时重申坚持“九二共识”、反对“台独”是两岸关系和平发展的政治基础，其核心是认同大陆和台湾同属一个中国。2016 年 3 月 5 日，习近平参加十二届全国人大四次会议上海代表团审议时，就两岸关系发展发表看法。习近平再次强调“九二共识”重要意义。他指出，“九二共识”明确界定了两岸关系的性质，是确保两岸关系和平发展行稳致远的关键。

3. 具体举措：政党交往、经济交流、惠台措施

(1)积极推动政党交往

两岸政党高层保持良性互动，推动两岸关系不断向前发展。十八大以来，以“习吴会”“习连会”“习宋会”“习朱会”“习马会”等为标志，两岸政党高层会见越来越频繁，两岸进一步深化了巩固“九二共识”、维护“一中框架”、反对“台独”等共同认知。2016 年 11 月 1 日，习近平在京会见中国国民党主席洪秀柱，习总书记首次针对两岸关系发表重要讲话，习总书记再次强调，牢牢把握两岸关系和平发展的正确方向，巩固“九二共识”政治基础，坚决反对“台独”，持续推动各领域交流合作。习总书记指出，“九二共识”的核心是一个中国原则，四个“任何”反对“分裂”，对“台独”零容忍、反“台独”无缝隙、全覆盖，明确提出国共两党可以进行探讨，“在一个中国原则的基础上，协商正式结束敌对状态，达成和平协议。”习总书记肯定国共两党为两岸和平发展作出的贡献，同时提出共同承担起反对“台独”的重责大任。

(2)不断深化经济交流

2016 年，两岸经济关系因民进党重新执政而陷入僵局甚至后退状态。双方制度化沟通协商机制中止，两岸经济贸易萎缩，两岸贸易额有所下降，但台湾经济对大陆的依存局面仍未发生明显变化。

2017 年，大陆积极推动两岸经贸合作交流，两岸经贸稳步增长，大陆仍是台商投资与创业的首选之地。大陆采取多种政策措施，积极推进与台商台企交流合作。例如，组织东部沿海台资企业到中西部地区考察，发掘广袤商机。支援台资企业拓宽发展领域，逐步打通内销市场。举办“台商走电商”启动仪式，建立网上台企名品馆，通过网络让广大台资企业的产品进入大陆的千家万户。鼓励台资企业积极转型升级，不断提高产品质量。在黑龙江哈尔滨成立海峡两岸农业及食品(哈尔滨)科技产业

园，在广西壮族自治区和四川省成立海峡两岸产业合作区，为台资企业向中西部地区转移创造有利条件。继续帮助台商解决融资难融资贵问题，鼓励更多优质台资企业在大陆A股上市。继续大力推动两岸中小企业、农渔业合作，鼓励更多台湾中小企业、基层农渔民等积极参与两岸交流合作，不断扩大两岸经济合作的受益面和获得感。与此同时，赣台(九江)经贸文化合作交流会、鲁台经贸洽谈会、桂台经贸文化合作论坛、浙江·台湾合作周、两岸台企产品展销会、两岸经贸论坛、两岸企业家紫金山峰会、中国西部海峡两岸经贸合作交流会等重大经贸交流活动先后在各省市展开，为深化两岸经贸合作搭建了良好平台，创造了有利条件。

(3)陆续出台惠台措施

为了推动两岸经济交流，缓解台湾经济困境，中共中央、国务院陆续出台了一系列惠台措施，有力地推动了两岸关系的发展。例如，扩大对台产品采购，推动大陆企业赴台投资，加强两岸农业合作平台建设，放宽台湾学生及其他台湾居民在大陆就业的政策，扩大对大陆台资企业的贷款扶持额度等。

十九大报告提出：将扩大两岸经济文化交流合作，实现互利互惠，逐步为台湾同胞在大陆学习、创业、就业、生活提供与大陆同胞同等的待遇，增进台湾同胞福祉。这回应了两岸同胞希望深化交流融合、携手共圆梦想的吁求，台湾各界纷纷点赞。

2018年2月28日，国台办发布《关于促进两岸经济文化交流合作的若干措施》，推出31项惠台措施，给予台资企业、台湾同胞在各领域与大陆企业、大陆同胞同等的待遇，涵盖产业、财税、用地、金融、就业、教育、文化、医疗、影视等多领域，率先同台湾同胞分享经济社会发展机遇和成果，足以体现大陆真诚为台企台胞办实事、办好事的善意。此外，这份文件也是两岸民众双赢的推手，是对党的十九大报告中提出的“两岸一家亲”理念的贯彻落实。这还为深化两岸民众的利益和情感联结奠定了政策基础，有助于逐步淡化分歧，拉近心灵距离，促进心灵契合。

(二)维护台海和平，不断推进两岸关系继续发展

1. *反对“台独”*

“台独”就是主张把台湾从中国分裂出去，以建立“台湾共和国”为目标的分离中国疆土的分裂运动。李登辉上台后，“台独”分裂势力在台湾地区逐步增强；陈水扁在执政台湾期间，顽固坚持“台独”立场，导致“台独”势力迅速膨胀。“台独”势力是两岸关系和平发展的最大威胁，是阻碍中国实现完全统一的主要因素。

尽管“台独”势力近年来受到重创，但仍需要对其保持足够的警惕。中共十八大报告明确提出“和平统一最符合包括台湾同胞在内的中华民族的根本利益”，旗帜鲜明地揭示了两岸关系和平发展的最终目标，立场坚定地宣示：“我们坚决反对‘台独’分裂图谋。中国人民绝不允许任何人任何势力以任何方式把台湾从祖国分割出去。”这对于尚存有一丝幻想的“台独”势力是一记有力的警醒，粉碎了岛内个别势力在和平发展新形势下燃起的“和平独立”的迷梦。

2013 年 6 月，习近平就“坚定不移走两岸关系和平发展道路”提出的四点意见中强调，“台独”分裂势力及其分裂活动仍然是对台海和平的现实威胁，必须继续反对和遏制任何形式的“台独”分裂主张和活动，不能有任何妥协。

2014 年 5 月 7 日，在台湾“反服贸”运动的背景下，习近平接见到访的亲民党主席宋楚瑜一行时表示，希望亲民党坚持一个中国立场，继续反对“台独”分裂图谋，同台湾各界人士一道，坚定维护两岸关系和平发展大局，不断增进中华民族整体利益。

2016 年 3 月 5 日，李克强向十二届全国人大四次会议作政府工作报告。谈及两岸关系，他表示，我们要继续坚持对台工作大政方针，坚持“九二共识”政治基础，坚决反对“台独”分裂活动，维护国家主权和领土完整，维护两岸关系和平发展与台海和平稳定。

2016 年 3 月 5 日，习近平在两会上发表关于两岸关系发展的重要讲话，强调坚决遏制与反对“台独”的坚定立场，强烈表达了维护国家主权和领土完整的国家意志与决心，同时对两岸一家亲、两岸同胞骨肉情寄托了深厚情感，对未来两岸关系和平发展与中华民族的伟大复兴表达了衷心的期待与期盼。2016 年 3 月 14 日，全国政协会议将习近平有关两岸关系发展讲话的重要内容写入政治决议：“坚持‘九二共识’政治基础，坚决遏制任何形式的‘台独’分裂行径，持续推进两岸各领域交流合作，增强对命运共同体的认知，维护两岸关系和平发展和台海和平稳定。”

2. 不断推进两岸关系和平发展

未来一个时期，尽管面临台湾岛内“反中”“恐中”气氛的干扰和挑战，但两岸关系总体上将会保持相对稳定发展的局面，机遇大于挑战。

(1)进一步深化政治互信

两岸关系要持续稳步推进，政治互信是关键。进一步增强和推动两岸政治互信，主要工作有：一是两岸双方在坚持“九二共识”、反对“台独”的基础上进一步维护一个中国的框架；二是进一步推动“两岸两会”的制度化协商；三是进一步促进和推动两岸政党高层交往，促使政党交往日益频繁；四是继续举办两岸和平论坛，推动两岸民间层面政治对话良好局面的形成。

党的十九大报告提出："全面准确贯彻'一国两制'方针，牢牢掌握宪法和基本法赋予的中央对香港、澳门全面管治权，深化内地和港澳地区交流合作，保持香港、澳门繁荣稳定。坚持一个中国原则和'九二共识'，推动两岸关系和平发展，加强两岸经济文化交流合作，实现两岸领导人历史性会晤。妥善应对台湾局势变化，坚决反对和遏制'台独'分裂势力，有力维护台海和平稳定。"

(2)进一步加强经济合作

中国经过40年的改革开放已经成为世界第二大经济体。全面深化改革开放的持续推进，将使中国经济保持长期较快发展，市场潜力和空间巨大，机遇无限。努力扩大两岸民众的受益面和获得感，尤其要为两岸基层民众、中小企业、农渔民合作发展、青年创业就业提供更多机会，让两岸同胞参与越多受益越多。习近平在新加坡与马英九会面时提出，"两岸可以加强宏观政策沟通，发挥好各自优势，拓展经济合作空间"。这是两岸在"十三五"规划期间推进经济合作的一个重要原则与思路。台商要参与"十三五"规划，分享更多商机，需要两岸加强宏观政策的了解与沟通，放宽合作视野，不再将两岸经济合作的空间重点仅放在大陆东南沿海地区，而应拓展至更大的发展空间，特别是要抓住"沿海沿江沿线"的"三线"发展战略，选择合适的园、区、带、线等经济发展空间，广泛展开经济合作。

(3)进一步促进两岸社会大交流

青少年、公民团体、基层社团的交流合作将成为今后一个时期大陆对台政策的重点，并将在更大范围内促进两岸社会各阶层的深入交流。为此，两岸双方都需要努力创造环境，破除两岸青年深入互动交流的障碍，共促搭建青年互动交流平台，注重和加强学校、社团之间的持续的互动，让青年群体对两岸和平产生认同感，并在不断深化的交流中解决文化分歧，增强共鸣与互信。青年是国家的未来，民族的希望。两岸的青年寄托着两岸关系的未来，应该是两岸和平发展大局中最不容忽视的一环。

李克强在2018年政府工作报告中提出：扩大两岸经济文化交流合作，逐步为台湾同胞在大陆学习、创业、就业、生活提供与大陆同胞同等待遇。两岸同根，骨肉相亲。

四、党的十九大对台湾问题的六个"任何"

(一)党的十九大对台湾问题的六个"任何"

党的十九大报告对台湾问题提出了六个"任何":"我们绝不允许任何人、任何组织、任何政党、在任何时候、以任何形式、把任何一块中国领土从中国分裂出去。"

(二)党的十九大为台湾问题划出了红线

党的十九大为台湾问题划出了红线和底线。党的十九大报告提出,解决台湾问题、实现祖国完全统一,是全体中华儿女共同愿望,是中华民族根本利益所在。必须继续坚持"和平统一、一国两制"方针,推动两岸关系和平发展,推进祖国和平统一进程。

一个中国原则是两岸关系的政治基础。体现一个中国原则的"九二共识"明确界定了两岸关系的根本性质,是确保两岸关系和平发展的关键。承认"九二共识"的历史事实,认同两岸同属一个中国,两岸双方就能开展对话,就能协商解决两岸同胞关心的问题,台湾任何政党和团体同大陆交往也不会存在障碍。

我们坚决维护国家主权和领土完整,决不容忍国家分裂的历史悲剧重演。一切分裂祖国的活动都必将遭到全体中国人坚决反对。我们有坚定的意志、充分的信心、足够的能力挫败任何形式的"台独"分裂图谋。

(三)党的十九大在台湾地区引起巨大反响和积极回应

党的十九大报告受到台湾各界和社会舆论高度关注,报告涉及两岸关系的内容成为岛内热议焦点。受访专家普遍认为,报告中关于两岸关系的论述体现了大陆方面对台方针政策的延续性,同时更加清晰有力,展示了高度自信。台湾竞争力论坛学会理事长庞建国认为,报告关于两岸关系的论述体系完整、清晰透彻,宣示坚持"和平统一、一国两制"方针不变,同时因应形势变化与时俱进地提出了新理念新主张。特别是针对民进党当局执政后"明独""暗独"层出不穷,报告中六个"任何"的表述,清楚明白地彰显了反对"台独"的决心,不给民进党当局以模糊空间。

2018 年 10 月 19 日出版的台湾主要报纸在头版报道了党的十九大开幕的消息,并用大量版面聚焦十九大报告涉及两岸关系的内容。台湾《中国时报》的分析文章说,报告柔中带硬,既有针对"台独"的明确警告,也有强化两岸情感联系与融合的诉求,这将成为未来五年中共对台政策基调。《旺报》在社评中提出,对台湾当局来说,当务之急是抛弃不切实际的幻想,认真面对两岸关系的症结问题,努力找到两岸恢复政治互动的交集。党的十九大报告展现了大陆的善意和诚意,现在就看台当局领导人有没有勇气和智慧打破僵局。《联合报》刊载台湾学者赵春山的文章说，党的十九大报告涉台部分总结了过去五年的对台工作经验，指出了未来的对台政策方向，具有承先启后的意义。习近平是从中华民族伟大复兴的战略高度来前瞻两岸关系的发展的。他在报告中强调六个“任何”的警语，表明一个中国原则和反“台独”仍是大陆对台政策的底线思维。换言之，大陆对台政策必须和“两个一百年”目标相向而行，不容许造成违背民族大义的负面结果。

党的十九大报告提出：将扩大两岸经济文化交流合作，实现互利互惠，逐步为台湾同胞在大陆学习、创业、就业、生活提供与大陆同胞同等的待遇，增进台湾同胞福祉。这回应了两岸同胞希望深化交流融合、携手共圆梦想的吁求，台湾各界纷纷点赞。不少台湾网友纷纷表示，党的十九大报告充满对台湾的善意。台北大学教授郑又平指出，习近平在报告中对台湾同胞表达了感性召唤和真诚关怀。报告重申“两岸一家亲”理念，提出“逐步为台湾同胞在大陆学习、创业、就业、生活提供与大陆同胞同等的待遇”，说明大陆方面把台湾同胞关心的问题都放在心上。报告还提出要扩大两岸经济文化交流合作，相信未来五年不仅两岸经贸互动会更进一步，推动两岸文化交流、促进同胞心灵契合的工作也将大有作为。台湾学者邵宗海也认为，报告对台湾民众延续了以往的友善，关于反对“台独”的措辞强而有力，整体论述展现出大陆方面对把握两岸关系大局有足够的自信。

此外，台湾《联合报》2017 年 11 月 20 日发布的两岸关系年度调查显示，党的十九大后台湾民众对大陆观感显著好转，好评居多，49%的受访民众对大陆民众印象佳，对中国政府的好感度也比往年高；40%的受访民众表示愿意赴大陆就业，较 2016 年增加了 9 个百分点。岛内各界人士分析认为，党的十九大重申“两岸一家亲”，表达了对台湾同胞的尊重，在赢取台湾民心方面无疑是成功的。

实践证明，要保持两岸关系和平发展方向和良好势头，关键是要巩固反对“台独”、坚持“九二共识”的共同政治基础。有了这个基础，两岸关系就能继续向前发展，两岸民众的权益与福祉就能得到维护和增进。如果这个基础遭到破坏，两岸关系就会重回动荡不安的老路，和平发展成果就会得而复失。蔡英文当局不承认“九二共识”，在两岸关系性质上采取模糊态度，并渐进推动“柔性台独”，使两岸关系和平发展局面受到严重冲击。展望未来，两岸关系发展面临的不确定性因素增加，风险挑战增大。我们将继续坚持体现一个中国原则的“九二共识”，坚持维护两岸关系和平发展的政治基础。坚决反对任何形式的“台独”分裂，坚定维护国家主权和领土完整，维护台海地区和平稳定。

五、习近平总书记发表关于两岸关系的最新讲话

(一)告台湾同胞书发表40周年

1979年元旦，全国人大常委会发表了《告台湾同胞书》，郑重宣示了争取祖国和平统一的大政方针，明确提出了一系列发展两岸关系、促进和平统一进程的政策措施。

2019年1月2日，《告台湾同胞书》发表40周年纪念会在人民大会堂举行。习近平总书记出席纪念会并发表了《为实现民族伟大复兴推进祖国和平统一而共同奋斗——在〈告台湾同胞书〉发表40周年纪念会上的讲话》。习近平强调，历史不能选择，现在可以把握，未来可以开创。新时代是中华民族大发展大作为的时代，也是两岸同胞大发展大作为的时代。前进道路不可能一帆风顺，但只要我们和衷共济、共同奋斗，就一定能够共创中华民族伟大复兴美好未来，就一定能够完成祖国统一大业。在这篇重要讲话中，习近平总书记用五个"70年来"，全面回顾了新中国成立以来特别是和平统一方针实施以来，两岸关系取得的突破性进展；同时提出五点主张，全面阐述了立足新时代、在民族复兴伟大征程中推进祖国和平统一的重大政策主张，可以说是"新时代对台工作的纲领性文件"。特别是五点主张，昭示了两岸关系发展的历史大势，科学回答了在民族复兴新征程中如何推进祖国和平统一的时代命题，具有重大指导意义。

(二)习近平总书记发表最新讲话

2018年7月13日，中共中央总书记习近平在会见中国国民党前主席连战率领的台湾各界人士参访团时发表重要讲话，在海峡两岸引起广泛反响。这是党的十九大后，习近平总书记首次就两岸关系重大问题发表长篇讲话。讲话深刻揭示两岸关系发展的主流和大势，明确指出推动两岸关系和平发展、推进祖国和平统一进程的方向、路径、任务和目标，对两岸同胞全面认识当前台海形势、坚定信心推动两岸关系发展、共同致力中华民族伟大复兴，具有重大指导意义。习近平总书记强调"四个坚定不移"，从四个方面揭示了近40年来两岸关系发展的主流和大势，强调我们对两岸关系未来充满信心。

其一要"坚定不移坚持'九二共识'、反对'台独'"。这既是我们一贯原则立场，更具有很强的现实针对性。民进党当局拒不承认体现一个中国原则的"九二共识"，严重破坏两岸关系的政治基础，顽固推行"去中国化""渐进台独"，阻挠限制两岸交流合作，打压认同"九二共识"、反对

"台独"、支持祖国统一的政党、团体和人士，挟洋自重制造麻烦，在危险的道路上越走越远。岛内"台独"势力图谋借所谓"奥运正名""制宪""公投"等等搞分裂活动。这些行径损害中华民族的根本利益和两岸同胞的共同利益。我们坚决维护国家主权和领土完整，决不容忍任何形式的"台独"分裂图谋和行径，决不容许外部势力在台海兴风作浪。两岸关系发展和祖国统一是大势所趋、人心所向，是不可阻挡的历史潮流。"台独"分裂势力妄图逆流而动，只会走上绝路。

其二要"坚定不移扩大深化两岸交流合作"，讲出了两岸同胞的共同心声。尽管当前，民进党当局蓄意阻挠限制两岸各领域交流合作和人员往来，但近40年来两岸关系发展历程表明，两岸关系向前推进、向上提升、走近走好，是不可阻挡的大势。两岸关系好，台湾老百姓才会好，台湾才有前途。我们深入贯彻习近平总书记重要讲话精神，坚持扩大深化两岸各领域交流合作和人员往来，不断把交流合作推向更高水平，增进同胞福祉，促进心灵契合。

其三要"坚定不移为两岸同胞谋福祉"，体现了我们为人民谋幸福、为民族谋复兴的初心和使命，体现了以人民为中心的发展思想，体现了我们对广大台湾同胞的关爱。台湾同胞是我们的骨肉天亲，两岸同胞是命运共同体。2019年2月，我们发布实施了促进两岸经济文化交流合作的31条措施，不少省市还出台了具体落实措施。这些举措已见成效，备受台胞肯定。我们会把实事办实、把好事办好，让台湾同胞在祖国大家庭中有更多获得感。

其四要"坚定不移团结两岸同胞共同致力民族复兴"。"共圆中国梦"，是党的十八大以来习近平总书记多次对台湾同胞发出的号召。两岸同胞同属中华民族，对民族复兴有共同的追求和期盼。台湾同胞是民族复兴的参与者、推动者、获益者。中国梦包含着台湾同胞对美好生活的向往，复兴路上两岸同胞携手奋斗，复兴成果两岸同胞共同分享。我们将继续本着"两岸一家亲、共圆中国梦"的精神，团结广大台湾同胞顺应历史大势，共担民族大义，共谋民族复兴，共创中华民族光辉灿烂的美好未来。

（三）习近平总书记提出祖国统一最新主张

第一，携手推动民族复兴，实现和平统一目标。习近平总书记指出，"一水之隔、咫尺天涯，两岸迄今尚未完全统一是历史遗留给中华民族的创伤。"因此，"两岸中国人应该共同努力谋求国家统一，抚平历史创伤"，特别是，"台湾前途在于国家统一，台湾同胞福祉系于民族复兴"。我们相信，"台湾问题因民族弱乱而产生，必将随着民族复兴而终结!"

第二，探索"两制"台湾方案，丰富和平统一实践。"和平统一、一国两制”是实现国家统一的最佳方式，体现了海纳百川、有容乃大的中华智慧，既充分考虑台湾现实情况，又有利于统一后台湾长治久安。习近平总书记强调，“制度不同，不是统一的障碍，更不是分裂的借口”。“两岸同胞是一家人，两岸的事是两岸同胞的家里事，当然也应该由家里人商量着办。”总之，“以对话取代对抗、以合作取代争斗、以双赢取代零和，两岸关系才能行稳致远”。

第三，坚持一个中国原则，维护和平统一前景。统一是历史大势，是正道。“台独”是历史逆流，是绝路。习近平总书记强调，坚持一个中国原则，两岸关系就能改善和发展，台湾同胞就能受益。背离一个中国原则，就会导致两岸关系紧张动荡，损害台湾同胞切身利益。因此，“中国人不打中国人”，但我们不承诺放弃使用武力，这针对的是外部势力干涉和极少数“台独”分裂分子及其分裂活动，绝非针对台湾同胞。

第四，深化两岸融合发展，夯实和平统一基础。“亲望亲好，中国人要帮中国人。”习近平总书记指出，我们对台湾同胞一视同仁，将继续率先同台湾同胞分享大陆发展机遇，为台湾同胞台湾企业提供同等待遇，让大家有更多获得感。特别是，和平统一之后，台湾将永保太平，民众将安居乐业，有强大祖国做依靠，台湾同胞的民生福祉会更好，发展空间会更大，在国际上腰杆会更硬、底气会更足，更加安全、更有尊严。

第五，实现同胞心灵契合，增进和平统一认同。人之相交，贵在知心。习近平总书记指出，两岸同胞同根同源、同文同种，中华文化是两岸同胞心灵的根脉和归属。“不管遭遇多少干扰阻碍，两岸同胞交流合作不能停、不能断、不能少。”亲人之间，没有解不开的心结。久久为功，必定能达到两岸同胞心灵契合。

◎背景知识

“一纲四目”

1963 年，周恩来将对台政策归纳为“一纲四目”。“一纲”即台湾必须统一于中国。“四目”为：(1)台湾统一于祖国后，除外交上必须统一于中央外，台湾之军政大权、人事安排等悉委于蒋介石。(2)台湾所有军政及经济建设一切费用不足之数，悉由中央政府拨付(当时台湾每年赤字约 8 亿美元)。(3)台湾的社会改革可以从缓，必俟条件成熟，并尊重蒋之意见，协商决定后进行。(4)双方互不派特务，不做破坏对方团结之举。

毛泽东曾一再表示，台湾当局只要一天守住台湾，不使台湾从中国分裂出去，大陆就不改变目前的对台政策。

(资料来源：《周恩来的“一纲四目”》，http://news.xinhuanet.com/taiwan/2004-12/17/content_2346414.htm，2018-05-06)

“台独”

“台独”即“台湾独立建国”的简称，其产生有着复杂的国际及国内因素。在台湾岛内外，主张“台独”的分裂势力也有一个较长的发展演变过程。20世纪90年代以来，由于李登辉逐步推行以“两个中国”“一中一台”为核心的分裂路线，并利用手中权力对“台独”势力极力纵容与扶持，使得“台独”势力恶性膨胀，发展成为一股阻碍两岸关系发展与祖国和平统一的反动逆流。但是，岛内绝大多数民众不赞成“台独”，国际社会不支持“台独”，包括海外侨胞在内的全体中国人绝不坐视“台独”，“台独”注定是一条没有任何前途的死路。

两岸经济合作框架协议

两岸经济合作框架协议，原称为两岸综合性经济合作协定或两岸综合经济合作协定(CECA，Comprehensive Economic Cooperation Agreement)。

“框架协议”是指签署正式协议之前所拟订的纲要，仅先定架构及目标，具体内容日后再协商。因为协商签署正式协议旷日持久，缓不济急，为了考量实际需要，故先签署纲要式的“框架协议”，并针对攸关生存关键之产业，先进行互免关税或优惠市场开放条件之协商，协商完成者先执行。

早在2005年4月，时任中共中央总书记的胡锦涛与时任中国国民党主席的连战在北京共同发布“两岸和平发展共同愿景”，其中就提出两党将共同促进两岸经济全面交流，建立两岸经济合作机制。其后，两岸各界有识之士不断探讨和呼吁，两岸应以签署协议的方式建立两岸经济合作机制，实现两岸经济关系正常化，推动经济合作制度化。

(资料来源：《何为ECFA?》，http：//tw.people.com.cn/GB/26741/195777/，2018-05-06)

“服贸协议”

所谓“服贸协议”，是《海峡两岸服务贸易协议》的简称。该协议由海协会会长陈德铭与海基会董事长林中森于2013年6月21日在上海“两岸两会领导人第九次会谈”期间签订。同时，该协议也是“两岸两会”领导人于2010年6月29日签订的《两岸经济合作框架协议》的后续协议之一。

《海峡两岸服务贸易协议》正文分为4章、24条，有两个附件，分别为《服务贸易具体承诺表》《关于服务提供者的具体规定》。简单地说，根据附件一《服务贸易具体承诺表》，该协议的核心内容是，双方开放承诺共144条，涉及100多个服务行业，范围涵盖商业、通信、建筑、分销、环境、健康和社会、旅游、娱乐文化和体育、运输、金融等。其中，大陆方面开放承诺 80 条，台湾方面开放承诺 64 条。考虑到两岸经济规模存在差异等情况，大陆向台湾开放的 80 条承诺均超过大陆在世界贸易组织的承诺；而在台湾开放的 64 条承诺中，其中有 22 项低于世界贸易组织的标准。

（资料来源：《“服贸协议”》，http：//zqb.cyol.com/html/2014-03/26/nw.D110000zgqnb_20140326_3-04.htm，2018-05-06）

粤港澳大湾区建设

粤港澳大湾区（英文名称 Guangdong—Hong Kong—Macao Greater Bay Area，缩写 GBA），是一个发展中的城市群概念。该城市群是由香港、澳门两个特别行政区和广东省广州、深圳、珠海、佛山、惠州、东莞、中山、江门、肇庆（珠三角）九个地市组成，总面积 5.6 万平方公里，2018 年末总人口已达 7000 万人，是中国开放程度最高、经济活力最强的区域之一，在国家发展大局中具有重要战略地位。推进粤港澳大湾区建设，是以习近平同志为核心的党中央作出的重大决策，是习近平总书记亲自谋划、亲自部署、亲自推动的国家战略，是新时代推动形成全面开放新格局的新举措，也是推动“一国两制”事业发展的新实践。推进建设粤港澳大湾区，有利于深化内地和港澳交流合作，对港澳参与国家发展战略，提升竞争力，保持长期繁荣稳定具有重要意义。2017 年 7 月 1 日，习近平出席《深化粤港澳合作 推进大湾区建设框架协议》签署仪式。2019 年 2 月 18 日，中共中央、国务院印发《粤港澳大湾区发展规划纲要》。按照规划纲要，粤港澳大湾区不仅要建成充满活力的世界级城市群、国际科技创新中心、“一带一路”建设的重要支撑、内地与港澳深度合作示范区，还要打造成宜居宜业宜游的优质生活圈，成为高质量发展的典范。以香港、澳门、广州、深圳四大中心城市作为区域发展的核心引擎。

《告台湾同胞书》发表 40 周年

《告台湾同胞书》为中华人民共和国成立后政府、民主党派、全国人民代表大会等组织机构对台湾发表的公开信，被视为是中央政府对台湾的政策文件，其在中国历史上总共发表五次。其中，以 1979 年 1 月 1 日由中华人民共和国全国人民代表大会常务委员会发表的最为著名，其内容主要为商讨结束两岸军事对峙状态、并提出两岸三通、扩大两岸的交流。2019 年 1 月 2 日，《告台湾同胞书》发表 40 周年纪念会在人民大会堂举行。中共中央总书记、国家主席、中央军委主席习近平出席纪念会并发表重要讲话。习近平就推动两岸关系和平发展、实现祖国统一提出 5 点主张：第一，携手推动民族复兴，实现和平统一目标；第二，探索“两制"台湾方案，丰富和平统一实践；第三，坚持一个中国原则，维护和平统一前景；第四，深化两岸融合发展，夯实和平统一基础；第五，实现同胞心灵契合，增进和平统一认同。

◎相关链接

1. 中共中央台湾工作办公室、国务院台湾事务办公室官方网站：http：//www. gwytb. gov. cn。

2. 中国台湾网：http：//www. taiwan. cn。

3. 人民网台湾频道：http：//tw. people. com. cn。

4. 中新网台湾频道：http：//www. chinanews. com/taiwan。

5. 新华网台湾频道：http：//www. xinhuanet. com/tw/。

6. 今日中国台湾频道：http：//www. chinatoday. com. cn/chinese/tgaq/tw/。

◎深度阅读

1.《台湾问题与中国的统一》，载《人民日报》，1993-09-01。

2.《〈一个中国的原则与台湾问题〉白皮书发表》，载《人民日报》，2000-02-22。

3.《反分裂国家法》，载《人民日报》，2005-03-15。

4. 习近平：《共圆中华民族伟大复兴的中国梦》，载《人民日报》，2014-02-19。

5.《习近平提"四不原则"定调两岸关系》，载《参考消息》，2014-05-08。

6.《两岸发展要给年轻人愿景》，载《参考消息》，2014-05-16。

7. 刘季冬：《中国梦理论是和平统一中国的伟大理论——学习习近平总书记关于台湾问题的重要论述》，http：//www. qstheory. cn/laigao/2015-05/15/c _ 1115302194. htm，2018-04-13。

8. 任成琦：《台选举后两岸关系将何去何从》，载《人民日报海外版》2016-01-18。

9. 王敏：《2015 年两岸经贸关系回顾与展望》，载《两岸关系》，2016(3)。

10. 邱枫：《2016 年两岸经贸关系综述》，载《两岸关系》，2017(1)。

11. 董玉洪：《2016 年两岸关系发展情况综述》，载《现代台湾研究》2017(1)。

12.《台湾各界热议中共十九大报告 聚焦涉两岸关系论述》，http：//tw. people. com. cn/n1/2017/1019/c14657-29597161. html，2018-04-13。

13.《习近平出席开通仪式并宣布 港珠澳大桥正式开通》，《人民日报》2018 年 10 月 24 日。

14.《会见香港澳门各界庆祝国家改革开放40周年访问团时的讲话》,《人民日报》2018年11月13日。

15.《为实现民族伟大复兴 推进祖国和平统一而共同奋斗——在〈告台湾同胞书〉发表40周年纪念会上的讲话》,《人民日报》2019年1月3日。

16.《中共中央国务院印发〈粤港澳大湾区发展规划纲要〉》,《人民日报》2019年2月19日。

◎重点难点问题思考

1. 如何理解“和平统一、一国两制”构想的基本内容与重大意义?

2. 新形势下如何努力推动两岸关系的和平发展?

第十一讲　当前世界经济形势与发展趋势

导语：在当前的世界经济形势下，中国的对内改革和对外开放都面临着新的突破。从国际来看，金融危机后，欧美市场需求明显减弱，中国以出口为主的外向型经济发展受到了一定制约，与此同时，欧美发达国家不断通过对贸易结构的调整及对贸易规则的重塑，试图从多方面限制中国的发展。从国内来看，随着人口红利用尽，成本上升，利润下降，中国经济的结构性矛盾和产能过剩已形成了新的压力，中国面临着经济结构转型与升级的挑战。为适应国际经济新格局的新变化，中国正在明确对外开放的新路径，寻找中国经济新的增长点。

关键词：世界经济形势　世界经济发展趋势　中国的原则和举措

一、当前世界经济发展总体形势和最新动向

(一)经济增速出现下行迹象，世界经济形势呈弱复苏态势

继 2017 年和 2018 年上半年的强劲增长之后，全球经济活动在 2018 年下半年开始，显著放缓，大多数国家出现了经济增速回落，反映了影响主要经济体的多重因素的综合作用。全球的失业率仍然保持在低位，充分就业状况和大宗商品价格上涨促使各国通货膨胀率有所提高。同时，世界经济还表现出国际贸易增速放缓、国际直接投资活动低迷、全球债务水平持续提高和金融市场出现动荡等特征。与此同时，经济扩张的均衡性已经下降，一些主要经济体的增长速度可能已经触顶。中国增速下降，加上与美国的贸易紧张局势加剧。欧元区经济增长势头的减弱程度超出预期。其他地区，自然灾害打击了日本的经济活动，贸易紧张局势日益损害商业信心，金融市场情绪因此恶化。2018 年，脆弱的新兴市场

的金融条件收紧，发达经济体下半年也出现收紧，导致全球需求承压。

2019 年世界经济增速下行的可能性较大，金融市场可能进一步出现剧烈动荡，各主要国家应对下一轮经济衰退的政策空间受到限制，贸易战和逆全球化趋势还会带来较大负面影响。预计 2019 年世界经济增长率最大的威胁来自于美国引起的全球贸易紧张局势。美国最近宣布的提高关税政策以及来自贸易伙伴的反制措施，有可能使紧张局势持续升级，从而对资源配置和生产率产生直接影响，也将导致全球经济增长下降。

表 11-1　世界主要国家近年 GDP 数据图　　（单位：亿美元）

亿美元	2012	2013	2014	2015	2016	2017	2018
美国 GDP	161556.6	166631.2	173482.7	179682.4	186979.8	193621.3	205130
中国 GDP	85605.5	96072.3	104823.7	110646.7	111909.9	122377	134572.7
日本 GDP	59843.9	49207	50191.1	51194.9	52218.8	53263.2	50706.26
德国 GDP	35439.8	37525.1	38906.1	33756.1	34778	36774.4	40291.4
英国 GDP	26620.9	27398.2	30228.3	28855.7	26508.5	26224.3	28088.99

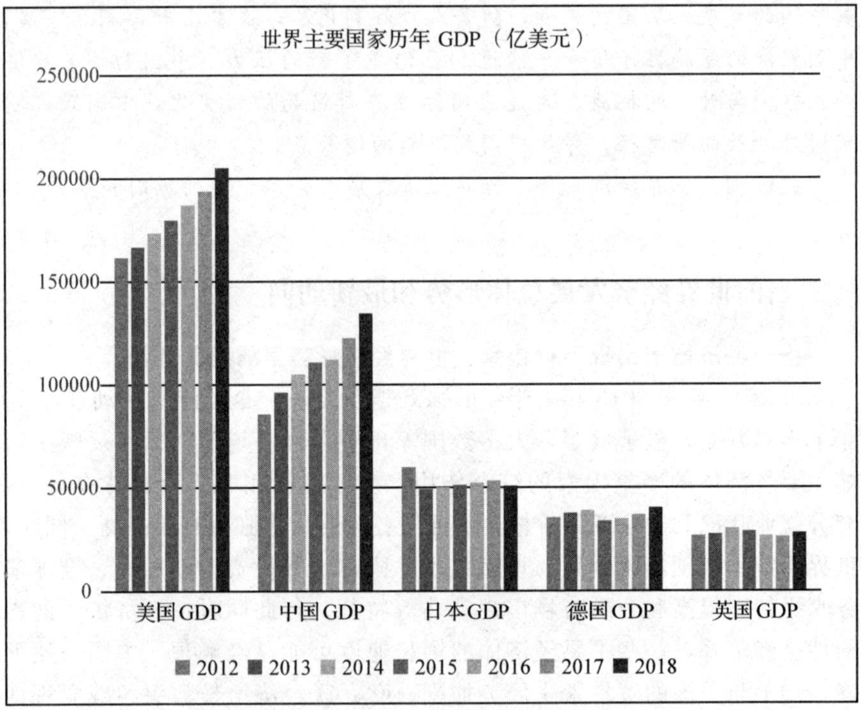

图 11-1　世界主要国家历年 GDP(亿美元)

资料来源：世界银行各国近年 GDP 数据库整理

在美国，随着财政刺激继续扩大以及近几年来美联储通过“加息+缩表”方式加快推进货币政策正常化，美国经济增长势头略显强劲，但鉴于最近宣布的贸易措施，掀起与中国的贸易战，包括对从中国进口的2000亿美元商品征收关税，严重影响了中美之间的正常贸易往来，美国面临新的经济下行压力。美国商务部2019年3月公布的最终修正数据显示，2018年第四季度美国国内生产总值(GDP)按年率计算增长2.2%，增幅低于此前预估的2.6%，更远低于去年第三季度的3.4%和去年第二季度的4.2%，表明美国经济增长势头大幅放缓，重新回到金融危机后增长2%左右的“新常态”。自2009年6月美国走出本轮经济衰退以来，美国年均经济增速一直保持在2%左右水平，远低于第二次世界大战后到本轮金融危机前年均3.4%的增速。将美国经济增速提升到3%以上是特朗普政府的重要执政目标。美联储上周发布的季度经济预测显示，今明两年美国经济增长预期中值分别为2.1%和1.9%。美国全国商业经济协会近日发布的前景调查报告预计，美国经济增速将从2018年的2.9%放缓至2019年的2.4%和2020年的2%。美国经济增长前景的变化也令美联储货币政策立场发生转变。2019年3月，美联储宣布将联邦基金利率目标区间维持在2.25%至2.5%不变，并暗示今年内不再加息。值得一提的是，近期美国国债市场出现短期国债收益率反超长期国债收益率的倒挂现象，反映出投资者对美国经济增长前景感到担忧，市场对美联储降息的预期也逐渐升温。

2018年，在全球经济换挡的大环境下，日本经济将面临被动的增长习惯换挡。全球政策边际收紧的情形下，靠“强宽松+高赤字”组合刺激经济的模式将日益孤立。在被动换挡的过程中，日本内生增长势头将进一步衰减，通胀预期的下调和经济增速的滑坡也难以避免。日本2018年经济增长率约为0.7%，通胀率约为0.5%。被动的换挡也将削弱金融市场的相对吸引力。2018年，地缘政治压力回潮、金融市场内生不稳定的风险可能会驱动避险情绪阶段性反弹，但在日本经济仍缺乏内生动力、美联储进一步收紧带来强美元预期的情形下，日元长期偏弱仍是主基调。日本总务省发表的最新数据显示，截至2018年10月，连续8年负增长。人口负增长带来的各种经济社会问题正深刻困扰着日本，或将长期拖累日本经济发展。近几年来，日本经济有所回暖，并有望出现二战后最长复苏期。不过，受自然灾害和全球贸易紧张局势影响，2018年日本实际国内生产总值(GDP)增幅从上年的1.9%大幅下滑至0.7%。同时，由于经济增速始终在1%上下波动，无论是对日本经济学家，还是对普通国民来说，这一轮经济复苏都很难提振对未来的信心。经济合作与发展组织(OECD)日前发布的《日本经济调查报告》指出，日本经济正在经历二战后最长的扩张阶段，但也面临人口老龄化和高额债务等挑战，政府亟须采取有效措施确保经济可持续和包容性增长。

欧元区许多经济体的增长率下滑。总体欧元区的增长率从2017年的2.4%下降到2018年的1.8%，预计2019年将再下探至1.6%(比去年秋季预计的低0.3个百分点)和2020年的1.7%。许多经济体的增长率被下调，特别是德国(原因是私人消费疲软，实行新的汽车排放标准后工业生产下滑，以及外部需求不振)、意大利(原因是国内需求疲弱，主权债券收益率居高不下导致借款成本上升)以及法国(原因是抗议活动和工业行动带来的负面影响)。值得注意的是，德国在应对短期下行风险的同时，更着力提升经济的长期竞争力。2018年9月，德国政府出台《高科技战略2025》，2019年2月，德国政府发布《国家工业战略2030》，旨在促进科研和创新，有针对性地扶持重点工业领域，计划到2030年将工业产值占GDP的比例提高至25%，以确保德国工业在欧洲乃至全球的竞争力。美国是欧盟最大的贸易伙伴和出口市场，2018年双边贸易额超过6700亿欧元。布鲁塞尔欧洲与全球经济研究所副所长玛利亚·德梅齐认为，来自美国的关税威胁是欧盟经济当前面临的最直接风险。

2018年上半年以来，英国整体经济表现欠佳。究其原因，英国经济增速明显放缓缘于“脱欧”拖累。英国经济较2008年第一季度即危机前的顶峰高出10.7%；英国经济的潜在情况是整个国家经济增长缓慢且不平衡；第四季度经济增速得益于服务业和制造业，但消费行业仍疲软。英国国家统计局公布的最新统计显示，2018年12月—2019年2月，英国国内生产总值(GDP)环比增长0.3%，好于市场预期。尽管英国“脱欧”期限已延长至今年10月31日，但“脱欧”协议僵局尚未打破，“无协议脱欧”风险依然很高。IMF警告，“无协议脱欧”是全球经济主要下行风险之一，将严重扰乱供应链并提高贸易成本，可能对英国和欧盟经济产生严重且持久的负面影响。

2018年中国总体保持了良好的增长。按照国家统计局发布的数据，2018年中国GDP总值90.0309万亿元，按可比价格计算，同比增长6.6%。分季度看，一季度同比增长6.8%，二季度增长6.7%，三季度增长6.5%，四季度增长6.4%。分产业看，第一产业增加值64734亿元，比上年增长3.5%；第二产业增加值366001亿元，增长5.8%；第三产业增加值469575亿元，增长7.6%。2018年中国经济交出了一份稳中有进的成绩单。经济总量迈上90万亿元人民币台阶，经济运行符合外界预期。分析人士认为，在错综复杂的环境下，中国经济仍是全球经济增长的最大贡献者，未来增速有望继续保持在合理区间。尽管贸易摩擦带来了一些不利影响，但中国的就业形势依然保持稳定，城镇新增就业人数已连续 6 年超过 1300 万人。随着整体 GDP 增速放缓，2019 年消费增速可能小幅下行，2020 年有望企稳。

2019 年，随着美联储释放出更宽松货币政策取向的信号，市场对中美两国达成贸易协议的态度更加乐观，金融条件有所放松，但相比去年秋季，金融条件的限制程度仍略有增强。2019 年 1 月，世界银行发布世界经济年度报告，标题是《全球经济展望 2019：阴霾渐至》，预测世界经济增长将在 2019 年下滑至 2.9%。这预测依然比其他国际经济组织更加悲观。国际货币基金组织(IMF)2019 年 1 月发布的《世界经济展望》报告，将 2018 年全球经济增速预测上调到 3.7%，这低于 2017 年 3.8%的增长水平，与 2018 年 10 月《世界经济展望》预测一致。IMF 指出：全球扩张已经减弱。尽管一些经济体增长减缓，特别是在欧洲和亚洲。预计全球经济 2019 年将增长 3.5%，2020 年将增长 3.6%，分别比去年 10 月的预测低 0.2 和 0.1 个百分点。2019 年 4 月《世界经济展望》进一步下调了 2019 年和 2020 年的全球增长预测，部分原因是美国和中国当年早些时候实行的提高关税措施的影响。去年 10 月以来的进一步下调，在一定程度上反映了 2018 年下半年和 2019 年第一季度增长势头减弱产生的影响。

表 11-2　全球经济增长率曲线图

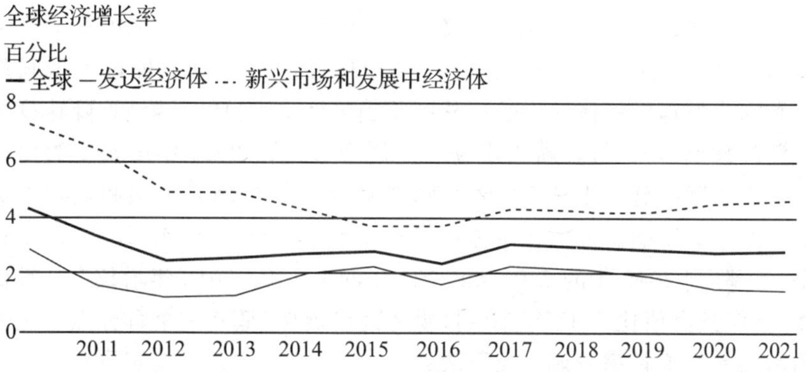

注释：共同区域代表预测增长率。总增长率以按照2010年美元不变价格计算的GDP权重计算。2018—2021年数据为估算数据。
Source:世界银行

资料来源：世界银行(WB)

从总体而言，2019 年全球增长将减缓，全球增长面临的风险偏于下行。贸易紧张局势的升级可能超出增长预测已经体现的程度，这仍是经济前景面临的一个主要风险。金融状况自去年秋季以来已经收紧，除了贸易紧张局势升级外，其他一系列触发因素可能引起风险情绪的进一步恶化，对经济增长产生不利影响。这些潜在触发因素包括，接近年底时，对美国政府“关门”的担忧进一步影响了金融部门的情绪。主要国家的中央银行看来也采取了更谨慎的方法。美联储虽然去年12月将联邦基金利率的目标区间提高到2.25%—2.50%，但其表示2019年和2020年将放慢加息步伐。欧洲中央银行去年12月结束了净资产购买，但也证实货币政策将保持足够宽松，至少在2019年夏季之前不提高政策利率，并在第一次加息之后较长时间内还将继续对到期证券全额再投资。避险情绪增强，加上对增长前景的看法恶化，以及政策预期的变化，导致主权债券收益率下降，特别是美国、德国和英国的国债。在欧元区经济体，意大利与欧盟的预算僵局得到化解，使其主权债券利差截至今年1月仍处在270个基点的高水平。其他欧元区经济体的利差在此期间内大体保持不变。除主权证券外，美国公司债券的信用利差扩大，反映了乐观情绪的减弱以及油价下跌引起的对石油部门的担忧。各国共同面对的政策重点是，以合作方式迅速化解贸易分歧及其带来的政策不确定性，而不是进一步提高有害的贸易壁垒，破坏已在放缓的全球经济。所有经济体都必须采取措施促进潜在产出增长，加强包容性，并在债务负担重、金融状况收紧的环境下增强财政和金融缓冲。

目前估计2018年全球增长率为3.7%，与去年秋季预测一致，但2018年下半年增长减缓迹象已导致一些经济体预测下调。2018年下半年的经济疲弱将延续到今后几个季度，预计全球增长率2019年将下降到3.5%，2020年将小幅上升到3.6%。全球经济之所以呈现这种增长趋势，是因为发达经济体的增长率从高于趋势的水平持续下降(下降速度快于先前的预期)，并且，新兴市场和发展中经济体2019年增长率暂时下降，反映了阿根廷和土耳其的经济收缩以及贸易措施对中国和其他亚洲经济体产生的影响。发达经济体的增长率预计将从2018年2.3%的估计水平，下降到2019年的2.0%和2020年的1.7%。2018年增长率估计值和2019年预测值比2018年10月《世界经济展望》低0.1个百分点，主要是因为欧元区增长率下调。见下表：

表 11-3 《世界经济展望》各国和地区增长情况概览表

（百分比变化，除非另有说明）

	年同比								
	估计值		预测		与2018年10月《世界经济展望》预测的差异[1]		第四季度同比[2]		
							估计值	预测	
	2017	2018	2019	2020	2019	2020	2018	2019	2020
世界产出	3.8	3.7	3.5	3.6	−0.2	−0.1	3.5	3.6	3.6
发达经济体	2.4	2.3	2.0	1.7	−0.1	0.0	2.1	1.9	1.7
美国	2.2	2.9	2.5	1.8	0.0	0.0	3.0	2.1	1.5
欧元区	2.4	1.8	1.6	1.7	−0.3	0.0	1.2	1.9	1.5
德国	2.5	1.5	1.3	1.6	−0.6	0.0	0.9	1.7	1.5
法国	2.3	1.5	1.5	1.6	−0.1	0.0	1.0	1.6	1.5
意大利	1.6	1.0	0.6	0.9	−0.4	0.0	0.2	1.2	0.6
西班牙	3.0	2.5	2.2	1.9	0.0	0.0	2.3	2.1	1.6
日本	1.9	0.9	1.1	0.5	0.2	0.2	0.6	0.0	1.6
英国	1.8	1.4	1.5	1.6	0.0	0.1	1.3	1.5	1.6
加拿大	3.0	2.1	1.9	1.9	−0.1	0.1	2.0	1.8	1.9
其他发达经济体[3]	2.8	2.8	2.5	2.5	0.0	0.0	2.8	2.3	2.9
新兴市场和发展中经济体	4.7	4.6	4.5	4.9	−0.2	0.0	4.7	5.0	5.0
独立国家联合体	2.1	2.4	2.2	2.3	−0.2	−0.1	2.4	1.8	1.9
俄罗斯	1.5	1.7	1.6	1.7	−0.2	−0.1	2.2	1.4	1.7
俄罗斯以外的独联体国家	3.6	3.9	3.7	3.7	0.1	0.0	…	…	…
新兴和发展中亚洲	6.5	6.5	6.3	6.4	0.0	0.0	6.3	6.4	6.3
中国	6.9	6.6	6.2	6.2	0.0	0.0	6.4	6.2	6.2
印度[4]	6.7	7.3	7.5	7.7	0.1	0.0	7.1	7.6	7.7
东盟五国[5]	5.3	5.2	5.1	5.2	0.1	0.0	5.1	5.1	4.7
新兴和发展中欧洲	6.0	3.8	0.7	2.4	−1.3	−0.4	1.3	2.1	1.6
拉美和加勒比地区	1.3	1.1	2.0	2.5	−0.2	−0.2	0.3	3.0	1.9
巴西	1.1	1.3	2.5	2.2	0.1	−0.1	1.9	2.4	2.2
墨西哥	2.1	2.1	2.1	2.2	−0.4	−0.5	2.1	2.3	2.1
中东、北非、阿富汗和巴基斯坦	2.2	2.4	2.4	3.0	−0.3	0.0	…	…	…

续表

（百分比变化，除非另有说明）									
	年同比								
	估计值		预测		与2018年10月《世界经济展望》预测的差异[1]		第四季度同比[2]		
							估计值	预测	
	2017	2018	2019	2020	2019	2020	2018	2019	2020
沙特阿拉伯	−0.9	2.3	1.8	2.1	−0.6	0.2	4.1	1.0	2.2
撒哈拉以南非洲	2.9	2.9	3.5	3.6	−0.3	−0.3	…	…	…
尼日利亚	0.8	1.9	2.0	2.2	−0.3	−0.3	…	…	…
南非	1.3	0.8	1.4	1.7	0.0	0.0	0.5	0.9	2.2
备忘项									
低收入发展中国家	4.7	4.6	5.1	5.1	−0.1	−0.2	…	…	…
按市场汇率计算的世界经济增长	3.2	3.1	3.0	2.9	−0.1	0.0	2.9	2.9	2.8
全球贸易量（货物和服务）[6]	5.3	4.0	4.0	4.0	0.0	−0.1	…	…	…
发达经济体	4.3	3.2	3.5	3.3	−0.1	−0.1	…	…	…
新兴市场和发展中经济体	7.1	5.4	4.8	5.2	0.0	0.1	…	…	…
大宗商品价格（美元）									
石油[7]	23.3	29.9	−14.1	−0.4	−13.2	4.0	11.3	−9.7	−0.7
非燃料（根据世界商品出口权重计算的平均值）[8]	6.4	1.9	−2.7	1.2	−2.0	0.9	−0.9	0.1	1.4
消费者价格									
发达经济体	1.7	2.0	1.7	2.0	−0.2	0.0	2.0	1.8	1.9
新兴市场和发展中经济体	4.3	4.9	5.1	4.6	−0.1	0.0	4.5	4.1	3.7
伦敦银行同业拆借利率（百分比）									
美元存款（6个月）	1.5	2.5	3.2	3.8	−0.2	−0.1	…	…	…
欧元存款（3个月）	−0.3	−0.3	−0.3	0.0	−0.1	−0.1	…	…	…
日元存款（6个月）	0.0	0.0	0.0	0.1	0.1	0.0	…	…	…

注：假设实际有效汇率保持在2018年10月29日至11月26目的水平不变。经

济体按照其经济规模列示。加总的季度数据经季节调整。

1. 差异是基于当前和 2018 年 10 月《世界经济展望》预测的四舍五入后的数据。按购买力平价权重衡量，相较 2018 年 10 月《世界经济展望》的预测，预测有调整的国家占到全球 GDP 的 90%。

2. 对于世界产出，季度估计和预测占按购买力平价权重计算的世界年产出的 90%左右。对于新兴市场和发展中经济体，季度估计和预测占按购买力平价权重计算的新兴市场和发展中经济体年产出的 80%左右。

3. 不包括七国集团(加拿大、法国、德国、意大利、日本、英国、美国)和欧元区国家。

4. 对于印度，数据和预测是按财政年度列示，2011 年及以后年份的 GDP 基于按市场价计算的 GDP，2011/2012 财年作为基年。

5. 印度尼西亚、马来西亚、菲律宾、泰国和越南。

6. 进出口量(货物和服务)增长率的简单平均。

7. 英国布伦特、迪拜法塔赫和德国克萨斯中质原油的简单平均。2018 年以美元计算的石油平均价格为 68.58 美元/桶；根据期货市场情况(截至 2018 年 11 月 27 日)，假设 2019 年和 2020 年的石油价格分别为 58.95 美元/桶和 58.74 美元/桶。

8. 自 2019 年 1 月《世界经济展望》最新预测起，国际货币基金组织大宗商品价格指数及其分指数已更新且覆盖面扩大。

数据来源：国际货币基金组织(IMF)，《世界经济展望》，2019 年 4 月

(二)国际市场大宗商品价格出现动荡，销售规模下滑

2017—2018 年上半年，世界经济呈现全面复苏的良好态势，贸易投资回升，商品需求回暖。部分商品去产能取得阶段性成效，供需状况改善，大宗商品价格在 2016 年触底反弹基础上，保持相对稳定态势，部分品种价格进一步上涨。2018 年下半年开始，全球经济负重前行，大宗商品和通货膨胀，贸易保护主义抬头，以中美贸易摩擦为代表的全球贸易摩擦日趋升温，美联储持续收紧货币政策，特朗普减税引致美元升值，全球债务水平继续提高，地缘政治冲突不断发生。面临种种困境和挑战，世界经济复苏强度明显减弱且走向分化。美国经济进入筑顶阶段，欧元区和日本经济放缓趋势明显，一些新兴市场国家经济下滑并出现金融市场动荡。原油价格自 2018 年 8 月以来波动不定，反映了供给方面的影响，包括美国对伊朗石油出口的政策，以及最近对全球需求疲软的担忧。截至 2019 年 1 月初，原油价格为每桶 55 美元左右，市场预计价格在未来四至五年内将大体维持在这一水平。金属和农业大宗商品的价格自 2018 年 8 月以来略有下降，一定程度上是由于中国需求低迷。在发达经济体，消费者价格通胀近几个月普遍仍然受到抑制。但在美国，经济增长继续超过趋势水平，通胀已小幅上升。在新兴市场经济体，随石油价格下跌，通胀压力在缓解。但在其中一些经济体，通胀压力的缓解在一定程度上被货币贬值向本国价格的传导效应抵消。

表 11-4　2011—2018 年世界银行国际市场大宗商品价格波动表

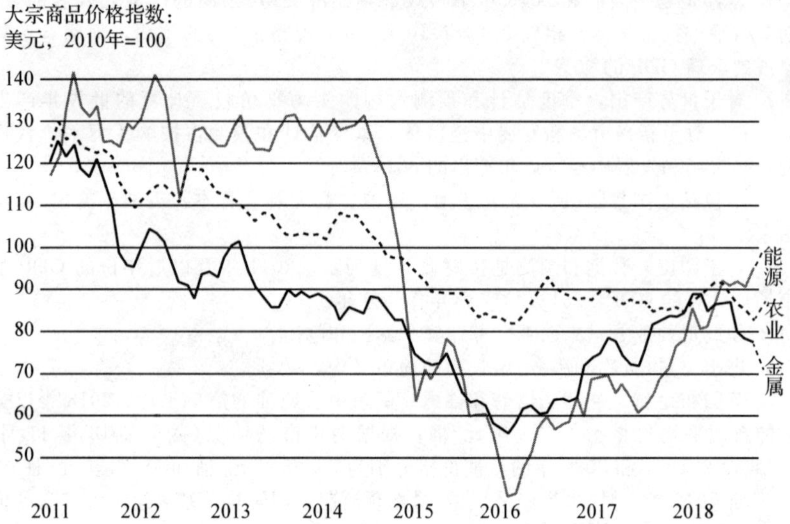

表 11-5　2014—2019 年世界银行国际市场大宗商品名义价格指数和预测修订表

名义价格指数(实际和预测)和预测修订										
	价格指数(2010＝100)						变化(%)		修订[2]	
	2014	2015	2016	2017	2018f[1]	2019f[1]	2017—18	2018—19	2018f	2019f
能源	118	65	55	68	91	92	33.3	1.3	9.3	10.8
非能源	97	81	79	84	85	86	1.6	1.0	−2.4	−1.8
农产品	103	88	87	87	86	88	−0.4	1.6	−2.9	−2.7
饮料	102	94	91	83	78	80	−5.8	1.6	−4.4	−4.0
粮食	107	88	89	90	90	91	0.3	1.5	−3.1	−2.9
油料和粗粉	109	84	98	87	85	87	−2.0	2.2	−7.9	−7.4
谷物	104	87	81	81	88	90	9.7	1.4	1.8	1.7
其他粮食	107	95	99	102	98	99	−3.8	0.7	−1.3	−1.2
原材料	92	83	80	81	82	83	0.7	1.8	−1.5	−1.4
化肥	101	98	78	74	81	83	9.3	2.0	5.6	5.4
金属矿产	85	67	63	78	82	82	5.4	−0.2	−2.5	−0.9
贵金属[3]	101	91	97	98	96	96	−1.5	−0.7	−4.1	−3.7
备忘录项目										
原油($/桶)	96	51	43	53	72	74	36.4	2.8	7.0	9.0
黄金($/盎司)	1.266	1.161	1.249	1.258	1.259	1.245	0.1	−1.1	−41.0	−37.1

数据来源：世界银行：《大宗商品市场展望：油价温和上涨，贸易存在不确定性》

表 11-6　2018 年大宗商品市场综合价格涨跌幅走势

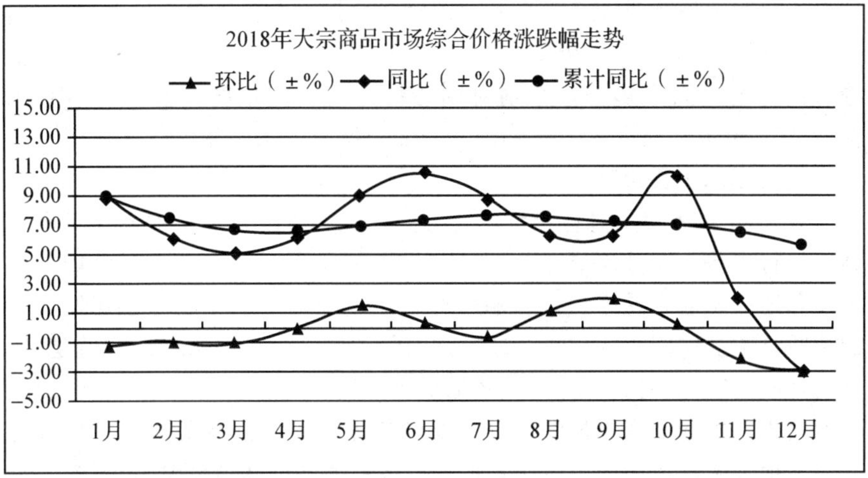

数据来源：科技信息部(2019 年 1 月 30 日)

大宗商品在 2018 年受到严重冲击，从石油、铜到咖啡、糖等所有产品都遭受了大幅下挫，在此背景下，大宗商品市场销售规模增速也有明显下滑。据初步估算，2018 年全年，大宗商品销售总额达到 72.8 万亿元，可比价同比增长 4.6%，增速较上年同期下降 0.7 个百分点。从全年走势来看，四个季度平均增速分别为 5.1%、4.3%、4.5%和 1.5%，呈明显下行趋势。国际大宗商品价格从 2017 年 10 月到 2018 年 9 月出现了较大的涨幅。在此期间，以美元计价的全球大宗商品综合价格指数上涨了 19.9%。大宗商品价格上涨主要由燃料价格上涨所引起。2017 年 10 月至 2018 年 9 月期间，全球燃料价格指数上涨了 38.2%，燃料以外的大宗商品价格指数反而下降了 7.6%。其中食物类大宗商品价格指数从 2018 年 4 月开始回落，至 2018 年 9 月，价格指数同比下降了 9.1%；农业原料价格指数从 2018 年 2 月开始下降，至 2018 年 9 月，价格指数同比下降了 0.5%；矿物与金属类大宗商品价格指数从 2018 年 3 月开始下降，至 2018 年 9 月，价格指数同比下降了 7.9%。

原油价格于 2018 年 10 月初达到近期高点，此后有明显下降。布伦特原油现货价格于 2018 年 10 月 4 日达到 87.28 美元/桶，迪拜原油现货价格曾于 2018 年 10 月 3 日达到 83.13 美元/桶，美国西德克萨斯轻质原油现货价格 10 月 3 日 76.41 美元/桶，此后原油价格快速下降，至 2018 年 12 月 21 日，布伦特、迪拜和西德州原油现货价格分别下降至 51.48 美元/桶、52.72 美元/桶和 45.59 美元/桶。

2019 年，国际大宗商品价格可能宽幅波动，给国际贸易和各国经济运行带来复杂影响。2018 年国际油价高开低走，考虑到世界经济有望继续增长、国际原油供需基本平衡，国际油价持续大幅下挫的可能性不大；但受石油输出国组织(OPEC)与非 OPEC 国家博弈、美元汇率波动、地缘政治冲突等因素影响，个别时期还将出现一定幅度的波动。IMF 预测，2019 年国际油价将下降 14.1%，非能源类大宗商品价格下降 2.7%。

(三)国际贸易形势改善

2018 年世界经济总体延续增长态势，但二季度以来，世界经济出现高位下行走势，全球制造业、贸易和投资都有所减弱。美国对全球多个国家和地区发起贸易摩擦，影响全球贸易增长，对世界经济稳定发展造成威胁。不少国际机构列举全球经济面临的风险，排在第一位的就是“贸易政策改变”。同时，世界经济政治形势更加错综复杂，一些结构性问题仍然突出，国际竞争更加激烈，主要经济体宏观经济政策调整溢出效应凸显，地缘政治风险此起彼伏，世界经济复苏基础并不稳固。

表 11-7　世界商品贸易量和实际 GDP 增长，2011—2020 年度变化百分比

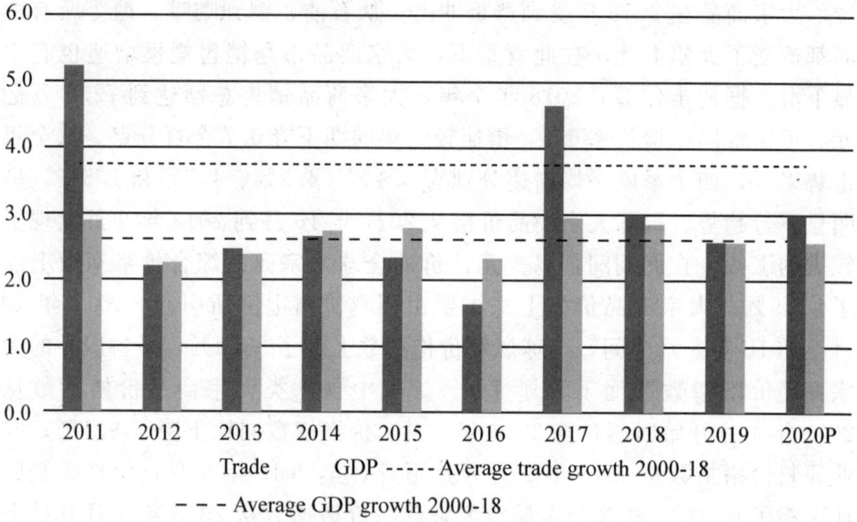

注：GDP 按市场汇率计算。2019 年和 2020 年的数据是预测。

资料来源：世界贸易组织(WTO)：《世贸组织和贸发会议贸易，对国内生产总值的一致预测》，2019 年 4 月 2 日

2016 年全球跨国直接投资(FDI)复苏遭遇挫折。联合国贸发会议(UNCTAD)预计，2017 年全球跨国直接投资流量增长 5%，达 1.8 万亿美元；世界贸易组织(WTO)最新公布的 2018 年贸易统计显示，中国货物贸易进出口总额达到 4.623 万亿美元，折合约 30.51 万亿元人民币。这也是中国连续两年位居世界第一。但由于 2018 年贸易增长受到若干因

素的影响，因此 WTO 估计世界 GDP 增长率从 2018 年的 2.9%放缓至 2019 年的 2.6%。中国对外出口的商品总额约为 2.48 万亿美元，增长 9.9%；进口 2.14 万亿美元，增长 15.8%。而据美国商务部数据显示，2018 年美国的货物贸易进出口总额只是约 4 万亿美元左右。过去的 2018 年是中国加入世界贸易组织的第 17 年。从 1978 年至 2017 年，我国进出口总额从 355 亿元提升至 27.8 万亿元，贸易规模扩大 782 倍，年均增速高达 18.6%。这说明了中国贸易不仅仅是实现了跨越式发展，最重要的是中国经济的稳健增长造就了中国贸易的繁荣。尽管中国贸易在过去的 2018 年表现不错，但其他国家的表现就相对逊色了一些。数据显示，2018 年商品贸易量增长放缓基础广泛，主要是发达国家和发展中国家的进口需求减弱。在出口方面，放缓主要是由于发达国家的出货量减少，2018 年四季度中有三个季度同比减少。在进口方面，发达国家全年增长缓慢。美国总统挑起的“全球性风险”，发达国家所受到的冲击反而是最大的。

(四)主要经济体与新兴经济体经济总体加快，但增速有所放缓

2018 年美国经济保持相对稳健增长，受前期减税、基建投资等因素提振，美国经济保持稳健增长，制造业稳中有升，劳动力市场改善，私人消费扩张。欧元区经济增长势头趋于放缓，欧元区综合采购经理人指数 2017 年 12 月达到阶段性高点 60.6，之后开始回落，2018 年 9 月已降至 54.1。三季度，欧元区经济温和增长，失业率缓步下行，企业投资有所上升。但受英国脱欧迟迟未达成协议、意大利预算赤字问题发酵等影响，金融市场信心不稳。消费者信心指数也出现大幅下滑，居民消费支出增长减速，因此 2018 年欧元区经济增长势头有所放缓。日本经济增长疲弱且不稳定。2018 年日本经济增长并不稳定，第一、三季度均出现负增长，日本内阁府初步统计数据显示，全年实际增长 0.7%，增幅比 2017 年下降 1.2 个百分点；物价走势依旧疲弱，但失业率持续保持在 2.5%以下的较低水平。近期日本消费者信心指数和商业信心指数不断下行，私人消费和商业投资疲软，企业利润下滑，加上人口老龄化严重、结构性改革推进困难、高债务压缩宏观经济政策空间等难题，2019 年的经济形势也不乐观，季度间仍可能出现较大波动。IMF 预测，2019 年日本经济增长 1.1%。

展望 2019 年，世界经济增长仍存隐忧。2018 年底处于低谷，2019 年的上半年企稳之后，下半年将会有所回升。以美国为首的发达国家老龄化加剧，生产力提升放缓，通胀普遍趋于下行，需求增长动力不足。发达国家货币政策正常化步伐加快，财政整固任务艰巨，宏观政策对经济增长的支撑力度减弱。发展中国家经济分化态势加剧，一些新兴经济体资本流入减少，货币贬值风险上升。全球新一轮产业竞争日益激烈，“逆全球化”思潮仍可能再兴波澜，地缘政治局势错综复杂。

表 11-8　2016 年至 2020 年主要经济体增长趋势预估图表

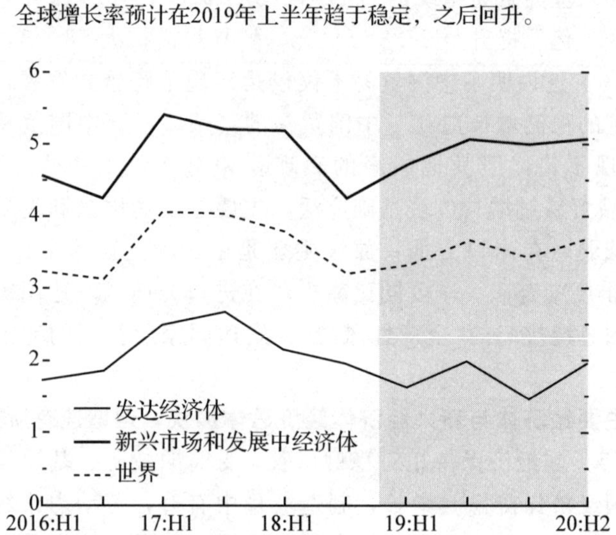

来源：国际货币基金组织(IMF)，引自 IMF：《世界经济展望：增长放缓，复苏不稳》，2019 年 4 月

(五)中国因素在全球经济中越来越重要，将成为激发世界经济活力、重塑全球经济规则的关键力量

中国在全球经济中的作用可以用中国力量、中国方案、中国榜样、中国动力、中国风范五个词来概括。

一是中国力量。近年来中国经济一直保持快速增长，GDP 已从 2012 年的 8.6 万亿美元增长到 2016 年的 11.2 万亿美元，五年间经济总量增加了 2.6 万亿美元，2018 年我国 GDP 继续增长 6.6%，中国经济总量首次突破 90 万亿人民币大关，比上年增加了近 8 万亿元。按平均汇率折算，经济总量达到 13.6 万亿美元，中国的 GDP 占据了全球的六分之一。中国已成为全球第二大经济体、最大货物出口国、第二大对外直接投资国和最大外汇储备国。据美联社数据，2006 年中国仅是全球 70 个国家的最大贸易伙伴，美国这一数字为 127 个，而现在中国已成为 130 个国家的最大贸易伙伴，美国则降至约 70 个。中国制造业占全球的 25%，贸易占全球的 15%，人民币占 SDR 货币篮子的比重达到 10.98%。

表 11-9　近年中国经济占世界经济比重情况表

世界银行数据:2008 年到 2017 年全球及中美日三国 GDP 及占全球比重(单位:万亿美元)							
时间	全球 GDP	美国		中国		日本	
		GDP	占全球比重	GDP	占全球比重	GDP	占全球比重
2008 年	63.433	14.719	23.204%	4.598	7.249%	5.038	7.942%
2009 年	60.138	14.419	23.977%	5.110	8.497%	5.231	8.698%
2010 年	65.957	14.964	22.688%	6.101	9.250%	5.700	8.642%
2011 年	73.297	15.518	21.171%	7.573	10.332%	6.157	8.400%
2012 年	74.966	16.155	21.550%	8.561	11.420%	6.203	8.274%
2013 年	77.051	16.692	21.664%	9.607	12.468%	5.156	6.692%
2014 年	79.131	17.428	22.024%	10.482	13.246%	4.850	6.129%
2015 年	74.843	18.121	24.212%	11.065	14.784%	4.395	5.872%
2016 年	75.937	18.624	24.526%	11.191	14.737%	4.949	6.517%
2017 年	80.684	19.39	24.032%	12.238	15.168%	4.872	6.038%

数据来源：世界银行(WB)

2018 年，全球 GDP 总量达到 84 万亿，同比 2017 年增加 3.4 万亿美元，其中，美国继续稳居第一，从 2017 年的 19.39 万亿增长至 20.5 万亿，占世界 GDP 比重维持在 24%。中国 GDP 占世界 GDP 的比重，从 2017 年的 15.2%，增加到 2018 年的 16%。

表 11-10　2018 年主要国家占全球 GDP 的比例图表

单位：百万美元	
全球	84,835,462
美国	20,513,000
中国	13,457,267
日本	5,070,626
德国	4,029,140
英国	2,808,899
法国	2,794,696
印度	2,689,992
意大利	2,086,911
巴西	1,909,386
加拿大	1,733,706
韩国	1,655,608
其他	26,086,231

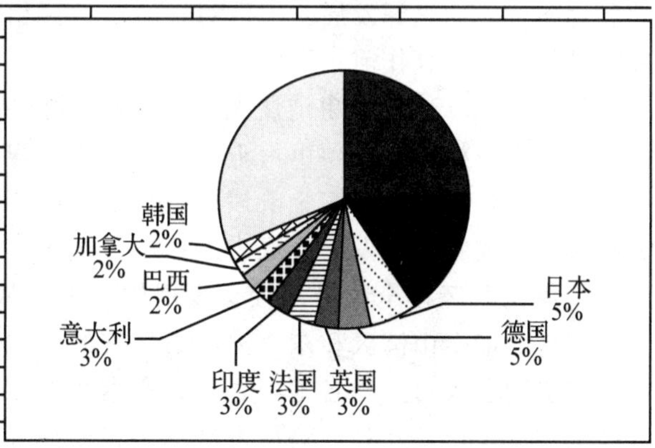

数据来源：世界银行(WB)

二是中国方案。2013 年中国提出“一带一路”倡议，2017 年 5 月 14

日在北京召开"一带一路"国际合作高峰论坛，来自全球的 138 个国家、70 多个国际组织、1300 多位代表与会，习近平主席在论坛上做了重要讲话，系统总结和回顾了四年来"一带一路"建设取得的丰硕成果。目前中国已和 74 个国家和国际组织签署了"一带一路"合作协议，在高峰论坛上，联合国秘书长安东尼奥·古铁雷斯说，中国提出来的"一带一路"和联合国 2030 年可持续发展计划的宏观目标是相同的，是中国向全世界提供的公共品。2019 年 4 月 25 日在北京举行的第二届"一带一路"国际合作高峰论坛，展示了五年来"一带一路"合作的丰硕成果。

商务部发布《2018 年中国对外投资发展报告》的数据显示，"一带一路"倡议提出五年以来，已经在实践中取得了一系列丰硕成果，重点基础设施合作稳步推进，贸易交往更加畅通，多边互信合作初见成效。在顶层设计、重大项目、规划对接、互联互通和企业行动等五个方面取得积极成果。一是顶层设计初步完成，"一带一路"建设成效显著；二是包括蒙内铁路、雅万铁路等一大批重大项目落地；三是范围进一步扩大，已与 150 多个国家和国际组织签署共建"一带一路"协议；四是"一带一路"相关国家企业在电子商务、人文交流等多个领域展开合作，取得成果；五是互联互通不断得到巩固，在中国与"一带一路"相关国家经济合作方面，跨境直接投资是一个关键和核心的领域，2013—2018 年，中国对"一带一路"相关国家的累计贸易额达 6 万亿美元，对外投资超过 800 亿美元，投资行业日趋多元化，同时并购持续活跃，项目金额大幅增加。在全球经济复苏的大背景下，"一带一路"倡议的逐步推进将通过加强区域合作为世界经济的发展提供重要的动力，同时为中国及相关国家的发展提供新的机遇。预计未来，在各国高层的不断推动下，"一带一路"建设将行稳致远，向纵深发展。中国对"一带一路"相关国家的直接投资规模将会持续上升，合作前景更加广阔。

2019 年 2 月 18 日，《粤港澳大湾区发展规划纲要》(以下简称《规划纲要》)正式公布，标志着这项由习近平总书记亲自谋划、亲自部署、亲自推动的国家战略进入全面实施阶段。这充分体现了以习近平同志为核心的党中央对港澳在国家发展大局中发挥不可替代作用的肯定和支持，彰显了粤港澳大湾区在全国经济社会发展中的重要战略地位。长期以来，以纽约湾区、旧金山湾区和东京湾区为代表的全球三大湾区，犹如巨大磁铁一样吸附着来自全球各地的企业、资本和人才，均已形成了以现代服务业为主导，产业互补、错位发展的多核格局和多样化、综合性、产业链齐全的城市群体系，这些湾区的核心城市逐渐发展成国际金融中心。与此同时，纽约湾区、旧金山湾区和东京湾区也分别形成了以"金融＋服务”、“金融＋科技”、“金融＋产业”为特色的金融综合服务体系和发展模式。中国的粤港澳大湾区积极吸收世界湾区经济建设的成功经验，以“金融＋”推动粤港澳大湾区建设，打造连接中国与世界的纽带与沟通枢纽。

三是中国榜样。随着中国经济实力的不断壮大，中国也正在承担越来越多的国际责任。比如到2020年，中国将全面建成小康社会，实现全国零贫困，2019年1月5日国务院扶贫办主任刘永富在国务院新闻办举行的新闻发布会上向世界展示了中国的扶贫减贫成就：2017年底，贫困人口在3000万左右。相较于2012年底，我国现行标准下的贫困人口是9899万人，五年来累计减贫6600万人以上，现行标准下的贫困人口在这五年时间里减少了三分之二以上，2019年要确保再减少农村贫困人口1000万以上，实现300个左右贫困县摘帽，基本完成“十三五”易地扶贫搬迁规划建设任务。这是中国为世界减贫事业做出的重大贡献。

四是中国动力。近年来，中国在经济、科技、国防及综合国力等方面实现了快速发展，在高铁、核电、互联网、电子商务、智能支付、共享经济等领域已取得了举世瞩目的成就。中国交通运输部公布的数据显示，截至2018年8月，“中欧班列”开行突破10000列，国际道路客货运输线路开通356条，增加国际航线403条，与沿线43个国家实现直航，每周约4500个直航航班。此外，“丝路电商”正在成为国家间经贸合作的新渠道。中国已经和17个国家建立了双边电子商务合作机制，在金砖国家等多边机制下，形成了电子商务合作文件，企业对接和品牌培育等实质性步伐加快。同时，跨境电商等新业态、新模式也为“一带一路”贸易畅通提供了新的动力。自改革开放以来，中国已持续了40年的高速增长，如果再保持10年5％以上的中高速增长，中国快速增长就将持续半个世纪，这在全世界历史上都是绝无仅有的，是世界经济发展的奇迹。2019年4月12日，世界银行和国际货币基金组织春季年会在美国华盛顿召开，国际货币基金组织亚太部主任李昌镛在发布会上表示，国际货币基金组织认为，亚太地区仍将是未来全球最有活力、经济增长势头最强劲的地区，预计亚太地区在2019年和2020年的经济增速均为5.4％，对全球经济增长的贡献率超过60％，其中，中国的贡献率超过30％。

五是中国风范。习近平总书记在十九大报告中提到，“中国无论发展到什么程度，永远不称霸，永远不搞扩张”，“中国秉持共商共建共享的全球治理观，倡导国际关系平等化、民主化和共享化，坚持国家不分大小、强弱、贫富一律平等”，“走对话而不对抗、结伴而不结盟的国与国交往新路”。中国的倡议和做法是站在人类道德、道义的制高点，顺应时代潮流的大国胸襟，这和关起门来搞孤立主义、封闭主义、保守主义、本国优先是完全不同的思想境界和处事风范。

二、国际社会应对世界经济变化的主要举措与效果

2008 年下半年以来为应对国际金融危机和经济增长疲软的影响，各国及国际组织发布了一系列的“救市”政策，这些政策可以进行如下分类。

(一)大幅度降低利率，加强财政支出管理

从 2008 年 10 月直到现在，美联储下调利率到 0.55%，处于一个历史性的低水平；欧洲央行基准利率下调至 0，达到该行成立以来的最大限度的单一税率削减范围。日本银行两次削减银行间无担保隔夜拆借利率至 0.1%，接近零利率的水平。与此同时，英国、加拿大、澳大利亚、南非、新西兰、匈牙利、韩国、土耳其、瑞典、丹麦、印度、印度尼西亚和以色列也多次进行基准利率的削减。

以欧债危机中问题最为严重的希腊为例，为了加强对财政支出的管理，希腊在 2010 年 1 月 15 日向欧盟委员会提交计划来削减赤字，同时提出于 2010 年赤字占 GDP 的比重将下降 4.0%，到达 8.7%。之后，在 2011 年下降到 5.6%，2012 年降至 6.2%，2013 年下降到 2.1%。同时，2011 年希腊宣布了一系列措施，其中包括政府 2012 年停止招聘新公务员，公务员工资削减 10.0%，削减国家福利、政府工作人员和公共机构等。因为税收管理方面的不足，针对这一情况虽然已经采取了诸多措施，但并没有得到令人满意的结果，所以政府采取削减开支为核心的新举措。2011 年 10 月 20 日，希腊议会通过了以裁减国有企业员工和增加房产税为内容的新的紧缩政策。根据新的紧缩政策，将会有三万名公共部门员工被临时解雇，公共部门工人的福利和工资将进一步削减，税收会相应增加。紧缩措施包括降低工资、改革工会集体谈判制度等。希腊政府将冻结政府的养老金计划，削减公共部门的员工 12%的假日补贴，政府部门员工的奖金将减少 30.0%。希腊政府财政紧缩政策的实施将带来 48 亿欧元的政府收入，规模相当于希腊 GDP 的 2.0%，约占希腊承诺 2011 年削减赤字数额的一半。

(二)保证金融系统正常运行

2009 年 2 月，美国财政部已经宣布新的“金融稳定计划”，用新一轮的银行资产评估来确定哪些银行仍然需要补充资本；提出由政府和私人资本投资，设立投资基金收购银行的“有毒资产”。英国设立 500 亿英镑为高质量的银行债券基金，扩大货币发行量来购买政府债券和私人部门的资产，并再次购买苏格兰皇家银行股份，政府迄今已经拥有银行 95%的股权。日本宣布大规模银行收购不良贷款的计划，从 2009 年 2 月中旬

到2010年2月下旬，用1万亿日元来购买商业银行股份。2009年2月，俄罗斯计划向国有银行和私营银行注资400亿美元。在为银行业输送援助资金的同时，给予市场对银行业的信心，减少挤兑现象发生，同时让银行业进行有序的债务重组并进行合并改革。引导金融系统的投资方向，增强金融系统的盈利率。2010年，欧元区17个成员国共同决定创立欧洲金融稳定基金。其机构职责是向申请援助并得到批准的欧元区成员国提供紧急贷款。以欧元区成员国的信用作为抵押发行债券融资。2011年举行的欧洲峰会批准了一项有关欧洲稳定机制(ESM)的协议，它由800亿欧元现金及6200亿欧元通知即缴资本组成。2011年底，资金规模增长至7800亿(可贷资金约4400亿)欧元。此外，2015年10月发布的《全球金融稳定报告》也强调，全球金融稳定面临的风险上升。需要采取进一步的措施，实施一套更平衡、更有效的政策组合(解决三重全球性挑战)，以改善增长和通胀前景，并保证金融系统正常运行。

2018年10月2日，国际货币基金组织发布了最新一期的《全球金融稳定报告》。报告认为，今年4月以来，全球金融稳定面临的风险有所上升，贸易紧张局势加剧可能会进一步推升金融稳定风险。但金融状况总体上依然宽松，仍有利于近期经济增长。若新兴经济体面临的压力上升或贸易紧张局势加剧，风险可能急剧增加。报告指出，全球金融稳定和经济增长面临的中期风险依然高企，多年来积累的一些问题可能因金融状况的突然急剧收紧而暴露。发达经济体主要的金融脆弱性包括非金融部门杠杆水平较高且不断上升，信贷发放标准持续恶化，以及一些主要市场的资产价格过高。而多数新兴经济体的外部借款继续增加，也面临外部融资风险和贸易紧张局势的冲击。基于这样的现实状况，国际货币基金组织建议为进一步提高全球金融体系的韧性，应完成金融监管改革议程，并避免改革出现倒退。应当更加积极主动运用金融监管，以充分应对潜在系统性风险。同时，监管机构必须关注新风险，包括网络安全、金融科技等可能给金融稳定造成的威胁。对于近年来不断上升的贸易争端和贸易保护主义，全球各大组织也纷纷表示担忧。国际货币基金组织(IMF)、世界银行和世界贸易组织日前联合发布报告，呼吁各经济体继续推动全球贸易一体化改革，重振多边贸易体系，以更好适应现代世界经济形势发展变化的需要。

2017年是中国金融监管年，习近平强调，金融安全是国家安全的重要组成部分，准确判断风险隐患是保障金融安全的前提。他强调了金融安全在国家安全中的重要地位。“深化金融体制改革，增强金融服务实体经济能力，提高直接融资比重，促进多层次资本市场健康发展。健全货币政策和宏观审慎政策双支柱调控框架，深化利率和汇率市场化改革。健全金融监管体系，守住不发生系统性金融风险的底线。”2018 年 3 月，十三届全国人大一次会议宣布组建中国银行保险监督管理委员会。为“防范金融风险”，完善金融监管机构改革的步伐不断深化，从而加速形成新的金融监管体制，以期带来一个更加现代化的金融市场。2019 年，中国政府提出实施稳健的货币政策要松紧适度。使得广义货币 M2 和社会融资规模增速要与国内生产总值名义增速相匹配，以更好满足经济运行保持在合理区间的需要。深化利率市场化改革，降低实际利率水平。完善汇率形成机制，保持人民币汇率在合理均衡水平上的基本稳定。

(三)重组金融行业，向商业银行提供安全保障

为提高金融行业管理水平，改善外部股权的融资渠道，同时保持灵活性和现有的储蓄银行模式，西班牙对金融行业进行了重组，鼓励银行合并融合。西班牙中央银行已经投入了 75 亿欧元对储蓄银行进行整合，重组整个银行业。经过一系列的重组，西班牙的 45 家储蓄银行最终整合为 17 家。在改进和加强监督，使用外部股权，同时保持自身灵活性和活期储蓄银行模式方面有一定的成果。但西班牙银行存在不确定性，对银行系统的债务重组所需资金可能多至 500 亿欧元，这个数字高于西班牙政府预计的 200 亿欧元，也超出了穆迪在 2010 年底估计的 170 亿欧元，重组成本导致这个国家的主权信用评级发生变化。

为保障商业银行利益及金融系统安全，2008 年下半年，美国政府宣布对花旗银行总计 3060 亿美元的贷款和证券提供安全保障。德国政府通过“金融稳定计划”，计划对银行相互之间的贷款提供 4000 亿欧元的债务保证，以 800 亿欧元设立一个基金来帮助银行提高资本持有量，并对其第二大商用房地产信贷机构“房地产金融抵押贷款银行”提供 120 亿欧元的债务担保。荷兰、瑞典、澳大利亚和其他国家也宣布提高对个人银行和个人银行存款账户保证行动的限制。

(四)增加就业机会，提供失业保障

为应对国际金融危机，德国政府对非全职工作计划作了一些修改以延长其作用。德国《雇佣促进法》规定，政府应该对非全职工人进行补贴，避免他们的工作收入因为时间短而大幅减少。英国政府设立的“未来就业基金”是一项涉及 10 亿英镑的基金计划，从 2009 年 10 月至 2011 年 3 月在英格兰、苏格兰和威尔士创造 17 万个就业岗位以解决长期失业的年轻人的就业问题。同时，该基金对 18～24 岁申请 6 个月就业补贴的失业年轻人做至少 6 个月培训。2015 年，英国的失业率为 2.325%，比 2014 年下降 0.750 个百分点。俄罗斯制定了地方振兴经济和反危机计划，其中也包括就业项目。在当地就业项目预算拨款中超过80%用于公共项目。其中包括提供社会工作和增加临时工人工作，促进小企业和创业者的发展。韩国从2009年财务预算中拨出约40.6亿韩元对15.2万名求职者进行培训，以及在老年人服务业和职业母亲服务业创造出15000个新的工作岗位。日本通过推动制造业企业提高员工休息日、取消加班、缩短工作时间并相应减少报酬的方法来保持就业。2015年日本的失业率为3.36%，比2014年降低0.22个百分点。

2017年12月美国非农部门新增就业岗位14.8万个，2017年非农部门一共新增206万个就业岗位。数据显示，新增就业岗位主要来自医疗、建筑和制造等行业。其中，医疗行业2017年12月新增3.1万个就业岗位，建筑行业新增3万个就业岗位。美联社认为，美国就业市场在2017年12月的表现较为“温和”，但依然延续了此前的积极态势。根据美国劳工统计局(U. S. Bureau of Labor Statistics)最新的全国就业情况报告(The Employment Situation)，全美平均失业率降低至3.7%，达到了十八年来的最低水平，这也是特朗普上台后坚持“美国优先”、重振美国制造业的积极表现。

(五)大力推行经济刺激计划

每个国家采取经济刺激计划的依据是不同的，但是一般来说可以归纳为以下几种：通过政府担保提供贷款，以确保原始正常的生产；减税降低企业负担；增加资金短期流动性，并提供长期信贷来支持金融体系。俄罗斯、日本、意大利、英国和其他国家还制订了应对危机的具体计划，引导企业和社会正确处理危机，促进经济复苏。德国在2008年10月到2010年9月，采取了相应的刺激反应计划和辅助措施。从投资规模上看，德国政府和企业共投资1000亿欧元，估计相当于德国2008年GDP的4.0%。俄罗斯2016年的经济刺激计划，规定了120项措施，计划分为两大类。第一大类是紧急措施，其目标是扶持那些遇到困难但有很大增长潜力的部门，如汽车工业、轻工业、交通机器制造部门、农业机器制造部门及建筑部门。第二大类是中期措施，立足2017年之后，计划进行结构性改革，包括扶持中小企业、改革司法体系、优化国家开支等。

(六)大规模减少税收

2009年2月美国国会推出耗资7870亿美元的经济刺激计划，大约有2860亿美元用于实现减税计划，每个美国纳税人大约可获得400美元的退税。目前美国国会正在研究向购房者实施税收抵免计划。这项计划还将向生产和投资太阳能、风能和其他可再生资源的企业提供税收减免。2017年12月22日，美国总统特朗普在白宫正式签署税改法案——《减税和就业法》(*Tax Cuts and Jobs Act*)，降低联邦公司所得税和个人所得税税率，根据这份法案，美国联邦企业所得税率将从现在的 35%降至 21%。在个人所得税方面，大部分税率有所下降。提高征税标准和抵免额度，免除美国企业从持股 10%以上海外子公司的股息税，对美国企业汇回海外累计利润给予一次性减免征税，并且规定了打击税基侵蚀措施。该税改法案于 2018 年 1 月 1 日起实施，标志着美国税改全面落地。

自 2008 年底以来，德国决定支付所得税和减税 180 亿欧元，鼓励企业保持员工的数量，强制医疗保险费的非利息收入比增加 0.6%至 14.9%，并将降低所得税利率 1%至 14%。英国自 2008 年 12 月起暂时将商品服务增值税税率削减到 15%，于 2010 年再回升至 17.5%。日本宣布的经济刺激计划为减税房主、减少失业保险费用支付标准，同时减少高速公路收费站。印度的经济刺激计划也包括降低增值税的内容。2015 年，美国众议院通过了一项包含延长数以十亿美元企业税赋优惠，以及扩大政府预算赤字的大规模法案，该法案是多年来民主共和两党达成的最接近大规模税赋和解的一项议案。

2016 年，中国政府也承诺将比改革前减轻企业和个人负担约 5000 亿元。根据《2019 年国务院政府工作报告》显示，中国将实施更大规模的减税。普惠性减税与结构性减税并举，重点降低制造业和小微企业税收负担。深化增值税改革，将制造业等行业现行 16%的税率降至 13%，将交通运输业、建筑业等行业现行 10%的税率降至 9%，确保主要行业税负明显降低；保持 6%一档的税率不变，但通过采取对生产、生活性服务业增加税收抵扣等配套措施，确保所有行业税负只减不增，继续向推进税率三档并两档、税制简化方向迈进。抓好年初出台的小微企业普惠性减税政策落实。这次减税，着眼“放水养鱼”、增强发展后劲并考虑财政可持续，是减轻企业负担、激发市场活力的重大举措，是完善税制、优化收入分配格局的重要改革，是宏观政策支持稳增长、保就业、调结构的重大抉择。全年减轻企业税收和社保缴费负担近 2 万亿元。

(七)构建有效的经济治理平台

在 2008 年因全球经济危机而上升为峰会合作形式以后，二十国集团逐渐承担起越来越重要的全球经济治理重任。相比其他全球经济治理平台，二十国集团在危机应对、政策协调、改革规划、领导人督促方面依然具有其自身优势。二十国集团也是现阶段唯一能够做到兼顾议事效率效力和南北共同利益的全球性大国共治型经济治理平台。2013 年至今，随着全球经济复苏的不平衡性和复杂性愈益加强，刺激性经济政策退出、长期增长的问题成为二十国集团的主要议题。二十国集团开始向长期增长治理转型，对投资与基础设施、国际税收合作的重视度开始逐步提高。

2016 年 9 月，二十国集团领导人峰会在杭州成功举办。中国在此次二十国集团领导人峰会上提出八项重点内容，分别是：促进全球经济增长；维护金融稳定；改善全球经济治理，增强公平、公正、包容性和秩序；通过给予新兴国家和发展中国家更多代表性和话语权，提高联合国与有关组织在全球治理中的作用；政策协调；反对贸易保护主义；将所有国家纳入中国的“一带一路”基础设施倡议；促进结构调整、创新、技术革命和产业转型，实现可持续的经济增长。

2016 年 11 月，“一带一路”倡议首次写入联合国大会决议。2017 年 3 月，联合国安理会通过第 2344 号决议，首次载入“构建人类命运共同体”理念，呼吁通过“一带一路”建设等加强区域经济合作。2017 年 5 月，中国在北京成功主办“一带一路”国际合作高峰论坛。这既是各方共商共建“一带一路”、共享互利合作成果的国际盛会，也是加强国际合作、对接各方发展战略的重要合作平台。2018 年 11 月 4 至 10 日，首届中国国际进口博览会在国家会展中心(上海)举行。通过引进全世界的新产品、新技术、新服务、新模式、新业态，让国内企业了解行业前沿，借鉴发展经验，从而进一步倒逼改革，提升服务水平，提高生产效率，增强创新能力。

(八)创建技术性政府，缔结政府间条约

“经济是政治的基础”，在欧洲债务危机上得到了证明。欧洲债务危机席卷葡萄牙、希腊、意大利和西班牙等国家，让其意识到政府需要作出改革。意大利前总理西尔维奥·贝卢斯科尼辞职后，著名的经济学家，曾在欧盟委员会负责竞争事务的马里奥·蒙蒂被任命为新总理。这体现了面对危机，选择“专家治国”的思想。马里奥·蒙蒂是一个技术官僚，同时也是著名的经济专家，他的任命对于改变贝卢斯科尼时期经济停滞不前的情况有积极意义。但更换政权缓解国内政治动荡，同时面对严重的债务危机继续实行财政紧缩，平衡公共财政、恢复经济增长、促进社会财富的公平分配，是对每个政府的挑战。新领导人如果处置不当，也可能成为政治上的“替罪羊”。

欧元区国家和非欧元区国家缔结政府间条约。例如，条约要求有关国家的宪法中包括实现预算平衡的内容，国家有关预算提交欧盟委员会审核，对违反了财政纪律的国家进行处罚。这样有助于加强欧元区国家财政纪律，防止债务危机蔓延，重塑欧元区信心。欧盟成员国放弃通过修改《里斯本条约》来加强财政纪律，而选择签署另一个条约，这促进欧元区朝着财政联盟的方向发展。新条约在本质上被视为一个长期的治本措施，尤其是德国在此条约上的强硬态度，表明了欧元区国家希望以此根除欧元区体制缺乏这一问题。

(九)实施系列政策方案

欧盟和欧元区成员国领导人在第二次峰会上在扩大欧洲金融稳定工具(EFSF)、银行资本重组、解决希腊债务问题以及加强财政监督等方面达成共识。第一，将现有的欧洲金融稳定基金从4400万欧元的规模扩大至1万亿欧元；第二，到2014年12月底，欧洲银行资本率增加到约15.4%；第三，欧洲领导人与私营银行、私人投资者达成协议，同意在“自愿”基础上将所持希腊债务减少50.0%；第四，加强金融监管，建立跨境合作机制，明确破产救济程序，以降低金融机构的系统性风险。2016年3月底，欧洲主要银行的核心资本充足率将提高到9.0%，欧洲央行基准利率降至0%。一揽子政策有效应对欧元区债务危机以及欧元区主权衰退和威胁，但是由于该协议缺乏细节方案，依然存在不确定性。

(十)坚持推进经济全球化和自由贸易

特朗普于2017年1月23日签署行政命令，正式宣布美国退出跨太平洋伙伴关系协定，中止了自由贸易的脚步。美国的贸易保护主义抬头引发了全球的担忧。美国新一届政府上台以来，不仅在贸易事务方面屡屡任命鹰派官员，还签署了两项行政令，要求对美国贸易赤字的原因以及其他国家是否倾销问题进行研究。而在法国等国，极端右翼政党也发出了抵制经济全球化和自由贸易之声。2017年4月12日，国际货币基金组织总裁拉加德在比利时布鲁塞尔的一场演讲中亦表示，随着世界经济增长势头加强，我们也看到，至少在某些发达经济体中，存在着对经济一体化惠益的怀疑，存在着对70多年来支撑世界经济“建筑”本身的怀疑。

中国作为经济全球化和自由贸易的拥护者，作为新兴大国扛起了反对贸易保护主义的大旗，习近平在达沃斯论坛上有力回击贸易保护主义，提出中国承诺将坚持对外开放的发展战略，中国始终对世界打开大门。习近平在演讲中公布的一组数据也被外媒认为有利于稳定世界经济：中国在未来五年预计将进口8万亿美元的商品、吸收6000亿美元外来投资，对外投资总额将达到7500亿美元，出境旅游则将达到7亿人次。2017年9月1日在第九届东北亚合作高层论坛开幕式上，中国国务院副总理汪洋表示，“中国近40年快速发展，得益于对外开放；今后无论发展到什么水平，都将坚定不移扩大开放”。这再次确定了中国始终如一支持经济全球化和贸易自由化的立场。2018年11月5—10日，中国在上海举办了首届中国国际进口博览会，中国国家主席习近平发表了“让各国人民共享经济全球化和世界经济增长成果”的主旨演讲，习近平主席在演讲中强调，中国国际进口博览会不仅要年年办下去，而且要办出水平、办出成效、越办越好，让中国与世界一起发展，让世界各国搭上新时代中国发展的快车，这正是中国推动建设开放型世界经济的实际行动。

三、中国应对世界经济变化的原则和举措

(一)中国应对世界经济变化的原则

1. 深化供给侧结构性改革，推动中国经济高质量发展

在新的发展规划中，深化供给侧结构性改革被列为2018年八项重点经济工作之首。当前，结构性矛盾的根源是要素配置扭曲，因而根本途径在于深化要素市场化配置改革。我国经济平稳增长的压力较小，因此我们不能一味地追求经济的高速发展，而应该更多地将重心放在发展的质量上，积极通过“破”“立”“降”的方式来实现要素市场化配置的改革。在发展动能上破除无效供给，推动化解过剩产能，培育新动能，强化科技创新，推动传统产业优化升级，从而提升整体供给体系的质量；在发展要素中降低经济发展成本，在全球性减税的现实背景下，切实深入研究制定我国普遍性减税和完善税制的应对之策。只有大力推进供给侧结构性改革，才能使中国经济从高速度发展转变为高质量发展。

2. 着力带动科技创新发展，积极跨越“中等收入陷阱”

在过去短短几十年里，中国经济发展创造出了奇迹。中国由低收入国家快速发展到了中高收入国家。如今在经济结构改革的关键阶段，中国要想跨越发展的鸿沟，规避“中等收入陷阱”，并且真正成为高收入发达国家，就必须重视科学技术的发展。“科学技术是第一生产力”，目前世界经济也正处于科技革命向商业化转化的关键期，科技创新发展成为许多国家打破发展瓶颈的核心力量。科技创新的发展在行业发展中具有“领头羊”的作用，占领行业生产链的高端位置，能带动一个国家在技术标准的制定中取得强大的竞争优势，从而使其在国际市场中立于不败之地。

3. 坚持开放型发展，继续推进“一带一路”进程

从改革开放成功实践的几十年的经验来看，我们清晰地意识到以开放促改革、促发展是中国经济改革不断取得新成就的重要依据。党的十九大作出的新部署，要求我国未来的发展更主动地参与到经济全球化发展的进程中，从经济全球化的受益者转变为经济全球化的推动者，向更高层次的开放型经济方向发展中国经济，从而推进人民币国际化的进程。同时，我们也要与其他国家一道，深入推进“一带一路”建设，增添共同发展新动力，真正实现构建人类命运共同体的伟大创举。

(二)中国应对世界经济变化的举措

当前国际形势复杂多变，国际政治不断发生改变，中国也正处于实现“两个一百年”奋斗目标的关键时期。面对严峻的发展环境和敏感的发展时期，中国经济的发展面临着重大的考验，因此必须制定行之有效的经济发展举措来加以应对。

1. 高度关注世界经济中的风险

当前，国际形势复杂多变，我们在把握经济发展机遇的同时，也要充分认识世界经济中的不确定性，密切关注发展中会遇到的风险，做好对经济发展的风险评估，建立健全防范机制，密切跟踪国际经济和国际金融市场变动，以及可能引发的大规模国际资本流动，合理应对外部冲击与动荡。例如，面对特朗普政府对中国不断发起的贸易挑战，中国政府应不断调整相关贸易政策，鼓励出口企业增强创新能力，提高国际竞争力，减少进口贸易依存度，提高供给的质量水平，改变传统经济发展模式，建立以生产高端产品为主的产业群，提高面对世界经济动荡的抵抗力，降低外部经济因素产生的冲击。

2. 推进人民币区域化进程

要想有效提高国际竞争力，有效抵抗世界政治经济环境冲击，就势必要将人民币区域化进程提上经济发展的日程。如果人民币在区域和国际市场上的认可度不高，那么在不断增长的外贸活动中，就无形增加了国家的外汇储蓄，政府就需要额外发行人民币来满足人民的生活需求。因此，外贸活动的增多无形中增加了人民币的供应量，使得发展的速度跟不上通货膨胀的速度。而“一带一路”倡议的提出和亚投行的成立，在促进经济贸易发展的同时，也将增强人民币的流动性，使得人民币在欧亚市场上被更多人使用，境外人民币也可通过在中国进行投资和购买人民币债券等方式而回流至国内，从而形成人民币的区域循环流动。长此以往，将不断加深人民币的区域化水平，这对探索新的经济发展道路和促进国内经济发展都将发挥重要作用。

3. 提高贸易投资自由化

坚持改革开放，发展开放型经济，是中国必须长期坚持的经济发展方式。我们必须进一步打开外贸市场，大力引进外来资本和人才技术，进一步提高贸易投资自由化、便利化水平，推动大幅减少市场准入的限制，稳定外商投资和经营的预期，扩大服务业对外开放，保护外商投资合法权益。在已经成立的自由贸易区、贸易港的发展中，要进一步推进改革试点的工作，总结之前的工作经验和成果，赋予自由贸易区、贸易港更大的改革自主权，不断调整发展政策，稳妥有序推进自由贸易区、贸易港的相关工作从而有效提高自由贸易区、贸易港的建设质量。在与其他国家的合作发展中，要加快同有关国家商定自由贸易协定和投资协定，推动建设亚太自由贸易区，推动区域全面经济伙伴关系协定，构建面向全球的自由贸易区网络，使得外贸活动更加顺畅有序。中国坚定维护经济全球化和自由贸易，积极参与世贸组织改革。加快构建高标准自贸区网络，推进区域全面经济伙伴关系协定、中日韩自贸区、中欧投资协定谈判，继续推动中美经贸磋商。中国秉持互利合作、共赢发展，一贯主张通过平等协商解决贸易争端。我们对作出的承诺认真履行，对自身合法权益坚决维护。

4. **促进外贸稳中提质，加大吸引外资力度**

促进外贸稳中提质。推动出口市场多元化。扩大出口信用保险覆盖面。改革完善跨境电商等新业态扶持政策。推动服务贸易创新发展，引导加工贸易转型升级、向中西部转移，发挥好综合保税区作用。优化进口结构，积极扩大进口。办好第二届中国国际进口博览会。加快提升通关便利化水平。

加大吸引外资力度。进一步放宽市场准入，缩减外资准入负面清单，允许更多领域实行外资独资经营。落实金融等行业改革开放举措，完善债券市场开放政策。加快与国际通行经贸规则对接，提高政策透明度和执行一致性，营造内外资企业一视同仁、公平竞争的公正市场环境。加强外商合法权益保护。赋予自贸试验区更大改革创新自主权，增设上海自贸试验区新片区，推进海南自贸试验区建设、探索建设中国特色自由贸易港。支持国家级经开区、高新区、新区开展自贸试验区相关改革试点，增强辐射带动作用，打造改革开放新高地。中国投资环境一定会越来越好，各国企业在华发展机遇一定会越来越多。

5. **优化金融市场结构**

近年来，金融领域蕴藏“灰犀牛”风险，一些市场主体行为出现异化，道德风险明显上升，而金融监管体制机制尚不适应。面对这样的严峻形势，国家应该优化金融市场结构，推进适合不同对象、不同阶层和不同阶段时期所需的多层次资本市场发展，引导资金更多地投向实体经济，使金融转型与实体经济转型协调和同步，积极使用公司股票、股指期货、企业债券、商业票据等直接融资工具来确保国家金融体系的稳定性。这样不仅有利于分散金融风险，而且可以尽最大可能有效利用民间的闲置资金，拓展直接融资渠道，优化金融资源配置，解决“融资难”的问题，助力民营企业的发展，为一些有发展潜力的企业提供资金支持，推动经济发展。同时，政府也要不断完善现有的金融监管体系，为金融市场的高效运行和金融系统的持续稳定提供坚实的后盾。我国财政金融体系总体稳健，可运用的政策工具多，我们有能力守住不发生系统性风险的底线。

6. 推进体制改革，完善收入分配制度

加快国资国企改革。聚焦突出矛盾和关键环节，推动相关改革深化，健全与高质量发展相适应的体制机制，把市场活力和社会创造力充分释放出来。加强和完善国有资产监管，推进国有资本投资、运营公司改革试点，促进国有资产保值增值。积极稳妥推进混合所有制改革。完善公司治理结构，健全市场化经营机制，建立职业经理人等制度。依法处置“僵尸企业”。深化电力、油气、铁路等领域改革，自然垄断行业要根据不同行业特点实行网运分开，将竞争性业务全面推向市场。国有企业要通过改革创新、强身健体，不断增强发展活力和核心竞争力。

为促进经济社会稳定发展，政府也需要不断推进收入分配制度的改革进程，一方面政府要更加注重初次收入分配的公平性，处理好资本要素所得与劳动报酬间关系，另一方面也要加快调整垄断行业收入分配机制，推行有效的竞争机制，不断促进税收制度改革。同时，国家也要严厉打击消除非法收入，并通过健全社会保障体系促进社会收入公平分配。这样不仅能有效促进社会经济平稳健康发展，而且也能在一定程度上帮助我国成功跨越“中等收入陷阱”。

7. 增强技术创新能力

当前，世界经济正处于科技革命向商业化转化的关键期，世界经济正在发生更深层次的变化，面临着增长动能的深刻转变。我们要紧紧抓住世界经济转型机遇，推动增长动力显著转换，坚定不移地把创新作为引领发展的第一动力，把科技创新摆在国家发展全局的核心位置。一方面，政府要加大力度推动大众创业、万众创新。围绕推动制造业高质量发展，强化工业基础和技术创新能力，促进先进制造业和现代服务业融合发展，加快建设制造强国。打造工业互联网平台，拓展“智能＋”，为制造业转型升级赋能。支持企业加快技术改造和设备更新，将固定资产加速折旧优惠政策扩大至全部制造业领域。强化质量基础支撑，推动标准与国际先进水平对接，提升产品和服务品质，让更多国内外用户选择中国制造、中国服务。积极推进“中国制造 2025”和“互联网＋”行动计划，促进新产品新服务快速成长。促进新兴产业加快发展。深化大数据、人工智能等研发应用，培育新一代信息技术、高端装备、生物医药、新能源汽车、新材料等新兴产业集群，壮大数字经济。坚持包容审慎监管，支持新业态新模式发展，促进平台经济、共享经济健康成长。例如，推动平台经济、分享经济、协同经济等新经济模式广泛渗透到人民群众的生活中，并带动跨境电商、智慧家庭、智能交流等新经济发展方向迅速成长，为经济提质增效不断注入新的强劲动力。例如，推动平台经济、分享经济、协同经济等新经济模式广泛渗透到人民群众的生活中，并带动跨境电商、智慧家庭、智能交流等新经济发展方向迅速成长，加快新旧动能之间的转换，为经济提质增效不断注入新的强劲动力。另一方面，政府要加大教育和科研开发的投入，促进基础教育的普及以及教育水平的改善，为科技创新提供坚实的人才教育基础，从而提升科技支撑能力。加大基础研究和应用基础研究支持力度，强化原始创新，加强关键核心技术攻关。抓紧布局国家实验室，重组国家重点实验室体系。完善重大科技项目组织管理。健全以企业为主体的产学研一体化创新机制，支持企业牵头实施重大科技项目。加快建设科技创新资源开放共享平台，强化对中小企业的技术创新服务。扩大国际创新合作。同时，完善科技创新体系，突破产业技术瓶颈，为中国企业走出国门并在国际市场上提高竞争力提供坚实基础。

◎背景知识

美国301条款

“301条款”是美国《1974年贸易法》第301条的俗称。该条款授权美国贸易代表可对他国的“不合理或不公正贸易做法”发起调查，并可在调查结束后，建议美国总统实施单边制裁，包括撤销贸易优惠、征收报复性关税等。该条款包括一般301条款、超级301条款、特殊301条款。于2017年8月启动的“301调查”，调查重点在于中国企业是否涉嫌侵犯美国知识产权和强制美国企业作技术转让，以及美国企业是否被迫与中方合作伙伴分享先进技术等议题。这属于特殊301条款，是美国继1991年4月、1991年10月、1994年6月、1996年4月、2010年10月之后，第六次对中国动用301条款。

达沃斯论坛

达沃斯论坛即世界经济论坛(World Economic Forum)，是以研究和探讨世界经济领域存在的问题、促进国际经济合作与交流为宗旨的非官方国际性机构，总部设在瑞士日内瓦。其前身是1971年克劳斯·施瓦布创建的“欧洲管理论坛”。

1987年，“欧洲管理论坛”更名为“世界经济论坛”。论坛会员是遵守论坛“致力于改善全球状况”宗旨，并影响全球未来经济发展的1000多家顶级公司。由于该论坛在瑞士小镇达沃斯首次举办，所以日后也称其为达沃斯论坛。

◎相关链接

1.《习近平在博鳌亚洲论坛2018年年会开幕式上的主旨演讲》，http：//sh. xinhuanet. com/2016-03/18/c _ 135200400. htm，2018-04-10。

2. 李克强：《政府工作报告——2018年3月5日在第十三届全国人民代表大会第一次会议上》，http：//www. gov. cn/zhuanti/2018lh/2018zfgzbg/zfgzbg. htm，2018-04-18。

3.《2017年中央经济工作会议公报》，http：//news. ifeng. com/a/20171220/54356351 _ 0. shtml，2018-04-18。

4. 姚枝仲：《2017—2018年世界经济分析与展望》，http：//www. sohu. com/a/211676689 _ 166202，2018-04-18。

5.《改变世界的融与合 中国与世界经济关系四大变化》，http：//news. 163. com/17/1016/16/D0SQMA0R00018AOQ. html，2018-04-18。

6.《习近平在达沃斯论坛开幕式上的主旨演讲》，http：//www. china. com. cn/opinion/theory/2017-01/18/content _ 40126943. htm，2018-04-18。

◎深度阅读

1. 习近平：《决胜全面建成小康社会 夺取新时代中国特色社会主义伟大胜利》，北京，人民出版社，2017。

2. 张宇燕：《2018年世界经济形势分析与预测》，北京，社会科学文献出版社，2018。

3. 陆燕：《当前世界经济形势新变化与中国的应对——2018年度评析与展望》，载《国际经济合作》，2018(1)。

◎重点难点问题思考

1. 如何看待当前世界经济发展的总体特点和趋势？

2. 如何认识当代中国和世界经济的联动性？

3. 如何看待2018年中美贸易战？

第十二讲　当前世界政治的基本形势与最新趋势

导语：世界多极化、经济全球化、社会信息化深入发展，大国关系经历新一轮深刻调整。各主要大国根据全球战略环境深刻变化，着眼增强综合国力和国际竞争力，纷纷推进对外战略调整，在政治上分化重组、经济上融合竞争、文化上交流交锋，形成既竞争制约又合作协调的大国关系态势。存在着复杂大国关系的俄罗斯与美国、欧盟之间，在叙利亚、乌克兰、欧洲反导系统等诸多国际问题上的博弈还在继续。未来相当长时期内，世界仍将处于动荡不安的大国关系深刻调整与世界政治格局重构过程中。近年来，美式民主越来越从炫耀对象变成问题本身。实践证明，美式民主并非十全十美，每个国家都必须选择符合自己国情的发展道路。

关键词：政治多极化　霸权主义　强权政治

一、国际体系变革调整

国际体系也就是在国际社会中，国际行为主体之间由于相互影响、相互作用而形成的有机统一整体。其中，国际行为主体分为国家和非国家两类。相互影响与相互作用主要表现为行为主体之间的相互冲突、相互竞争、相互合作和相互依存。

（一）国际体系调整变革

当今国际体系是近代欧美主权国家体系全球扩张的结果。当前，国际体系演变加快，世界格局中各重大力量对比的变化尚处在从量变到质变的过程之中，还没有出现拐点，西方发达国家在其中仍然占据主导地位，但已经朝着有利于新兴力量的方向加速发展，并展现出新的特点。

第一，和平性与渐进性。当前国际体系仍处于冷战结束后的过渡期，由于冷战是以和平方式终结的，故新体系的形成必然是一个漫长的过程。加之经济全球化导致各国相互依存不断加深，相互核威慑使得大国间战争难以承受，美国依旧占据“唯一超级大国”的特殊地位，使得国际体系演变在总体上呈现和平与渐进的特征。

第二，均衡化与多极化。随着冷战的结束，国际体系发生了结构性变化，政治多极化、经济全球化、文化多元化成为世界发展的潮流。世界主要大国的力量对比朝着相对均衡化方向发展，国际体系的“非西方色彩”有所增加。国际力量重组史无前例地冲击着西方国家对国际体系的主导权，西方掌控的传统格局正在被打破，新兴力量与传统力量共同主导将逐步取代西方单独主导。

第三，深刻性与复杂性。推动当前国际体系加快演变的根源是多极化、全球化与信息化的交织与深化。国际体系的无政府本质虽然不变，但其组织性、规范性与有序性在不断增强。国际体系演变的深刻复杂性在于：首先，在世界政治经济发展不平衡规律的作用下，老牌大国与新兴大国各方权力、利益与地位面临重组，演变殊为不易。其次，随着经济全球化向纵深发展，全球性问题与跨国问题日益突出，国际关系的内涵与本质发生变化，即以民族主权国家为本位的传统的“国际政治”受到削弱，致力于人类共同利益、强调通过多边合作以实现“全球治理”的“世界政治”不断增强，但传统国际政治的合理性与“惯性”依然极为强大。

(二)各国抢抓全球治理主导权

面对冲突、战争、环境污染、贸易纠纷、金融危机、网络安全、恐怖主义、气候变化等全球性问题，单一的民族国家已难以应对，需要建立国际机制、国际规则等来解决这些难题。然而，不论是以美国为主导的布雷顿森林体系，还是由七国集团联合主导的治理体系，这些“西方治理”模式已无法有效完成这一使命，推进全球治理体制变革成为大势所趋。

大国或强国都非常重视全球治理的参与权与主导权。19 世纪，英国以强大的经济实力为后盾，建立起“日不落帝国”为中心的世界体系。作为近代全球体系的缔造者，英国曾在全球治理中处于绝对主导地位。第二次世界大战后，在诸多国际组织如联合国、世界银行、国际货币基金组织、世界贸易组织的创立过程中，作为全球经济及军事霸主的美国牢牢掌握着主导权，一举取代欧洲传统强国成为国际政治经济秩序的主宰者。尽管冷战后世界出现多极化趋势，俄罗斯、欧盟、中国成为全球治理体系中的重要力量，但美国在全球治理体系中的垄断地位短期内仍难以改变。但是，抓住时代机遇，参与并主导全球治理，对于大国或强国来说是符合国家利益的必然选择。

总体来看，各大国或强国在抢抓全球治理主导权方面的表现为：美国实行全球化战略重心东移，继续谋求世界霸主地位，欲继续“领导世界100年”。欧盟支持并参加国际机制的非根本性改革，以整体身份谋求在国际事务中的代表权和话语权，提高整体军事行动能力，通过提供全球公共产品而担当全球公益领域治理的主导者。日本欲求以“正常国家”身份参与国际事务，在历史问题上推行历史修正主义，在经济问题上谋求国际经济主导权，在政治上推行政治军事大国战略。俄罗斯珍视和努力再塑自己的大国地位，致力于建立平衡的多极化世界。印度积极推动和平共处五项原则的落实，奉行和平中立、不结盟政策，支持多极化主张，推动建设合作、均衡的多极化世界。

党的十八大以来，中国着眼于外交全局工作，坚持互利共赢的对外开放战略，秉持“共商、共建、共享”的全球治理核心理念，在全球治理各领域主动作为，积极推动国际治理体系朝着更加公正、合理的方向改革，提升广大发展中国家的全球话语权和规则制定权，为促进世界政治经济发展以及完善全球治理贡献了中国智慧、中国方案，展现了大国风采，取得了举世瞩目的成就。在参与治理的过程中，从融入者向建设者的转变，从某种程度上来说，既是中国自身发展的需要使然，也是国际社会对中国作为大国发挥更大作用的一种期许。

（三）联合国框架下通过《2030年可持续发展议程》

在前述情况下，全球治理体系迎来了更加多元化的时期。全球治理的主体从国家政府扩展到国际组织、跨国公司和国际社会，治理的主导力量从欧美国家扩展到全球共同参与，治理的重心从安全治理、经济治理向发展治理等诸多领域转移。

联合国193个会员国在2015年9月举行的历史性首脑会议上一致通过了《2030年可持续发展议程》。该议程于2016年1月1日正式启动。该议程呼吁各国采取行动，为15年内实现17项可持续发展目标而努力。这些目标涉及发达国家和发展中国家人民的需求并强调不会落下任何一个人。议程范围广泛且雄心勃勃，涉及可持续发展的三个层面——社会、经济和环境，以及与和平、正义和高效机构相关的重要方面。每年在联合国举行的可持续发展问题高级别政治论坛将评估全球层面上取得的进展，确定差异和新出现的问题，并提出补救行动。联合国还将利用一整套全球性指标来监测和审查该议程中的17项可持续发展目标和169项具体目标，并把这些目标编入年度可持续发展目标进度报告。

中国是世界第二大经济体和最大的发展中国家，二十国集团是发达国家和发展中国家共同参与、平等对话的机制和平台。中国充分发挥南北之间的桥梁作用，在2016年9月举办的二十国集团领导人杭州峰会上，推动各方承诺积极落实《2030年可持续发展议程》，并制定了《二十国集团落实2030年可持续发展议程行动计划》，为全球可持续发展事业注入新的动力。2016年4月，中国发布《落实2030年可持续议程中方立场文件》；同年7月，参加了联合国首轮国别自愿陈述；同年9月，率先发布了《中国落实2030年可持续发展议程国别方案》。

（四）巴黎气候变化大会通过《巴黎协定》

2015年12月12日，《联合国气候变化框架公约》缔约方会议第21次大会在法国巴黎圆满闭幕，195个缔约方国家通过了具有历史意义的全球气候变化新协定，即《巴黎协定》。这一协定也成为历史上首个关于气候变化的全球性协定。协定共29条，包括目标、减缓、适应、损失损害、资金、技术、能力建设、透明度、全球盘点等内容。时任联合国秘书长的潘基文指出："《巴黎协定》对于人类、地球和多边主义而言是一次胜利。世界各国均承诺控制排放、加强适应能力，并在国际和国内层面上采取行动应对气候变化，这是有史以来第一次。解决气候变化问题也是在推进《2030年可持续发展议程》。"根据协定，各方将以自主贡献的方式参与全球应对气候变化的行动。发达国家将继续带头减排，并加强对发展中国家在资金、技术和能力建设方面的支持，帮助后者减缓和适应气候变化。从2023年开始，每五年将对全球行动总体进展进行一次盘点，以帮助各国提高力度、加强国际合作，实现全球应对气候变化长期目标。中国是第一批向联合国交存《巴黎协定》批准文书的国家。中国承诺在2030年实现减排65%的目标，并将绿色发展理念纳入"十三五"规划。

2017年6月1日，特朗普在华盛顿白宫发表讲话，宣布退出《巴黎协定》，推翻了奥巴马政府的环保政策。联合国称美国的退出令人极其失望。

（五）美国宣布退出TPP谈判

近年来，亚太地区经济整合进程明显加快，形成了"10+1"（东盟十国、中国）、"10+3"（东盟十国、中国、韩国、日本）、"10+6"（东盟十国、中国、日本、韩国、印度、澳大利亚和新西兰）等经贸合作机制。2010年1月1日，有19亿人口和8万亿美元GDP的中国—东盟自由贸易区正式建成，对亚太经济一体化进程产生重要影响。为了防止在新一轮经济整合中被边缘化，确立和强化美国在亚太经济格局中的主导权，奥巴马政府着力在双边渠道和地区层次上拓宽与亚太地区各国的经济联系，打造以美国为主的亚太经济圈。2015 年 10 月，美国等 12 个国家达成跨太平洋伙伴关系协定(Trans-Pacific Partnership Agreement，TPP)，这一自贸协定被认为是奥巴马执政期间的重要成果之一。不过，该协定直至奥巴马任满仍未获得美国国会的批准，从未正式生效。

2016 年 11 月 9 日，特朗普当选美国第 58 届总统。特朗普在竞选期间承诺把流向海外的制造业就业机会重新带回美国，上任伊始便要废除跨太平洋伙伴关系协定。2017 年 1 月 23 日是特朗普就任美国总统后的首个完整的工作日，他签署行政命令，正式宣布美国退出跨太平洋伙伴关系协定。特朗普认为，诸如跨太平洋伙伴关系协定、北美自贸协定等多边贸易协定严重损害了美国工人的利益。他更倾向于美国与他国进行双边贸易谈判，这样可以使美国在最大程度上获益。

二、当前的大国关系正处于新一轮深刻调整中

大国关系历来是牵动世界和平与发展的重要因素。冷战结束后，尤其是 2008 年国际金融危机以来，经济全球化、社会信息化、世界多极化深入发展，大国关系经历新一轮深刻调整。

(一)特朗普当选美国总统后的新变化

奥巴马政府强力推进全球战略重心东移，综合利用政治、经济、军事、外交等手段，全方位移师亚太，要在该地区应对“中国崛起”、平衡“中国影响力”，发挥“领导作用”，力争全面主导亚太政治、经济和安全秩序调整的主动权。奥巴马政府对华战略基本框架虽一直未变，但在策略上出现明显变化，由“示好”以“拉”住中国，更多地转向“示警”以“拖住”中国。中美关系的竞争性、对抗性因素逐渐增多。

特朗普在竞选美国总统期间将自己的外交政策核心思想归纳为“美国第一”，准备以强硬姿态维护美国利益。其主要有以下基本观点：一是目前美国所有的问题都是外部世界的“他者”带来的，因而要阻断这些“非本土”因素的牵扯或介入；二是将美国的外部责任看成是负担，认为美国过度地承担了国际安全的责任；三是认为美国在战后多边自由贸易体系中吃亏，倾向于以“零和”视角审视国际关系特别是国家间的经济关系；四是强调“以实力求和平”，同时认为大国是国际关系中最重要的行为者，且能够基于理性达成良好关系；五是不迫使他人接受美国的生活方式，对推广美国的价值观不感兴趣。

特朗普上台后，虽然不会完全兑现竞选承诺，但其对外政策初见端倪，可能出现以下走向：一是在一定程度上放弃自第二次世界大战以来

美国历届政府坚持的国际自由主义“道统”，即维护美国的领导地位、维护自由主义的国际秩序；二是在战略态势上继续进行适度战略收缩，更多地将施政的重心放在国内；三是外交议题将紧紧围绕经济、移民和反恐展开；四是在处理与各国的关系中“抓大放小”，更加重视处理与大国的关系，争取实现大国协作；五是在安全议题上，强调重建美国军力，并将打击恐怖主义和极端主义放在突出位置；六是在贸易政策上强调“公平贸易”，重双边而轻多边；七是在全球化和全球治理问题上“踩刹车”甚至“开倒车”。

2017 年 3 月，时任美国国务院代理助理国务卿的董云裳在谈到特朗普政府的亚太政策时表示，奥巴马时期的“亚太再平衡”战略已经正式结束，但美国还将增强其在亚太地区的参与度。特朗普政府的亚太政策将可能有新的呈现方式，美国将同中国发展一个“以结果为导向”的关系。

(二)美国与伊朗、古巴的关系

美国和伊朗曾在 19 世纪中叶有过友好关系，但随着伊朗在中东地区影响力的上升，伊朗与美国产生不可调和的矛盾。1979 年伊朗伊斯兰革命之后两国断绝了外交关系，此后美国一直对伊朗采取遏制打压和军事威胁的不友好政策。奥巴马政府开始和伊朗谋求就核问题达成和解。2015 年 7 月 14 日，伊朗核问题六国(美国、英国、法国、俄罗斯、中国和德国)与伊朗在经过一年半多时间的谈判后，终于达成了历史性的全面解决伊朗核问题的协议。由此，美国及西方国家与伊朗的关系逐渐缓和。但美国总统特朗普上任后，出于美国全球霸权的需要，特朗普完全不顾及美国的国际信誉，宣布退出好不容易得来的伊核协议，并扬言要重新制裁伊朗，这不但遭到了俄罗斯、中国、英国、法国、德国的强烈反对，也理所当然遭到了伊朗的反对，美伊关系急转直下，又处于高度紧张状态，为中东的不稳定增加了新的难题。

古巴是美国的近邻。1898 年，古巴脱离西班牙统治，此后一直为美国所控制。1959 年古巴革命胜利后，美国于 1961 年与古巴断绝外交，随后关闭使馆。次年，“古巴导弹危机”爆发，美国宣布对古巴实施经济封锁、金融封锁和贸易禁运。布鲁金斯学会 2008 年指出，美古关系是美拉关系的核心问题，美国对古巴强硬不仅损害了其在拉美地区的形象，也阻碍了美国同该地区其他国家的建设性合作。奥巴马上台后意识到需要改变这种局面。2014 年 12 月，两国宣布将就恢复外交关系展开磋商；2015 年 7 月 20 日，美国和古巴正式恢复外交关系。但自特朗普 2017 年 1 月就任美国总统以来，美国政府宣布收紧对古政策，并自 2017 年以来以所谓美驻古巴外交人员遭到“声波攻击”为借口，驱逐在美古巴外交官并撤回六成美驻古巴外交人员，使双边关系倒退。

(三)美国支持日本突破“和平宪法”

日本于1946年制定的“和平宪法”第九条言明：“永远放弃把利用国家权力发动战争、武力威胁或行使武力作为解决国际争端的手段，为达此目的，日本不保持陆、海、空军及其他战争力量，不承认国家的交战权。”而右倾保守的安倍政权的终极目标是使日本“摆脱战后体制”，为此，其一直不遗余力地推动“解禁”集体自卫权。

2015年7月，日本众议院和参议院先后表决通过了新安保法案。日本政府在2016年3月的内阁会议上正式决定，将于该月29日起实施解禁集体自卫权的新安保法案。法案由《和平安全法制整备法案》《国际和平支持法案》两个部分组成，其中《和平安全法制整备法案》涵盖《武力攻击事态法》《周边事态法》《联合国维和活动协力法》等10部法案。《武力攻击事态法》修法之后改名为《武力攻击暨存亡危机事态法》，将行使集体自卫权的条件写入其中，把“日本或与日本有密切关系的国家遭到武力攻击，日本存亡受威胁、存在国民权利被彻底剥夺的明显危险”的情况，定义为“存亡危机事态”，在此情况下即使日本没直接受到攻击，也可对他国行使武力。《周边事态法》1999年立法时，作了朝鲜半岛有事发生的设想，因此适用范围是“日本周边”，修法之后改名为《重要影响事态法》，由此自卫队对美军及别国军队的支持将取消地理限制，不再局限于日本周边范围。而《国际和平支持法案》则授权日本政府在获得国会批准的情况下随时向海外派遣自卫队，支持外国军队。至此，安倍政权实质上已突破了“和平宪法”，从而为日本军国主义“战车”注入了新动力。

美国是安倍政权铤而走险的“幕后推手”，扮演了极不光彩的角色。美国之所以纵容日本复活军国主义，是出于它长久做世界霸主的考虑。近年来，美国政治实力和经济实力下降，眼看着自己难以独力称霸世界，只好让它在世界各地的盟友打先锋，它自己在背后支持。日本利用美国“借船出海”，打破战后禁区。“潘多拉魔盒”一旦打开，不仅给中、韩等周边国家带来安全隐患，而且会给世界和平与发展，特别是亚洲地区蒙上军国主义战争的阴影。

(四)俄罗斯与美国、欧盟的主要矛盾

1989年柏林墙倒塌，俄罗斯和美欧开启了一段以合作为基调的时期，俄罗斯甚至还进行过以它所希望的方式并入或者说融入西方世界的一次尝试，尽管没有成功。2008年，美俄因俄格冲突、科索沃独立等问题发生激争。奥巴马上台后美俄关系一度回暖，双方在导弹防御、欧洲安全、合作解决热点问题等方面推进合作，甚至还成立了双边总统委员会开展全面合作。然而，自2012年普京再次出任俄罗斯总统以来，美俄在裁军、导弹防御和人权问题上龃龉不断。2013年底以来，美俄更是围绕乌克兰问题发生冷战以来最激烈的地缘政治博弈。俄罗斯的政策包括鼓励并组织声势浩大的要求克里米亚重归俄罗斯怀抱的群众运动，遇到了美国及其盟国强烈的负面反应。美国及其盟国对俄罗斯的官员、公司实施了一波又一波的制裁，欧盟降低了与俄罗斯的关系，并将俄罗斯逐出了由主要工业化国家组成的八国集团。

2018年以来，俄美关系仍继续走低，普京与特朗普之间的对话并未给两国关系带来转机。在叙利亚、乌克兰、伊朗、委内瑞拉等问题上，俄美关系继续紧张，美国对俄罗斯的制裁仍在继续。俄美之间的军演则愈演愈烈，且更具针对性。特别是作为非正式北约国家的乌克兰，和北约一起在俄罗斯门口大张旗鼓搞军演，并让美军战斗机进驻乌克兰。尽管北约称其军演没有针对性，但俄罗斯方面仍表示，北约的军演具有明确的“反俄倾向”。为此，俄罗斯针锋相对地举行了多次军事演习，包括展示其核打击能力的演习。

此外，乌克兰危机也使欧美俄之间的能源关系发生复杂变化。这次危机再度凸显欧洲高度依赖俄罗斯能源的战略困境。美国宣布将加快对欧洲出口天然气步伐。俄罗斯也在能源多元化方面迈出更大步伐，加快能源出口重心东移，加紧开拓亚太地区和新兴市场国家的能源市场。

三、世界政治发展面临的主要问题及其基本走向

(一)世界政治发展面临的主要问题

1. 霸权主义与强权政治

“霸权主义”一词源于古希腊，本意指个别大城邦对其他城邦的支配和控制，后来演变成为指称某些国家凭借实力，蹂躏、干涉别国内政的主权与独立，以谋取主宰世界(或地区)事务的权利的主张、政策和行动。近年来，以美国为首的西方国家打着“民主”的旗号，大肆鼓吹“新干涉主义”，利用目标国家的社会矛盾和政治危机而干涉其内政，支持一些国家的反对派发动“颜色革命”，制造国家分裂或推翻合法政权，妄图建立由西方价值观主导的世界，剥夺各国人民按照本国国情选择社会制度和发展道路的权利，这是当今霸权主义与强权政治新的表现形式。

近年来，以美国为首的西方势力利用他国的民族矛盾和社会矛盾，扶植反政府武装，促使其发动社会抗议、街头抗争，进行政策更迭和国家分裂的颠覆活动。反对派通常采用一种特别的颜色或者花朵来作为“革命”的旗帜或标志，因而其进行的颠覆活动被称为“颜色革命”，如1989

年捷克斯洛伐克的“天鹅绒革命”，2003年格鲁吉亚的“玫瑰革命”，2004年乌克兰的“橙色革命”，2005年吉尔吉斯斯坦的“郁金香革命”，2010年突尼斯的“茉莉花革命”及其所引发的“阿拉伯之春”，2014年春乌克兰的“二次颜色革命”，等等。“颜色革命”的实质就是通过所谓“和平”“非暴力”示威的方式向执政者施压，通过绑架民意要挟政府从而变更政权，达成他们的政治诉求。综合分析，经济发展缓慢和政权腐败是“颜色革命”爆发的社会条件，地区矛盾与族群对立是“颜色革命”爆发的历史文化条件。

欧美国家的“扩展民主”战略是“颜色革命”爆发的外部条件。欧美国家以推动目标国家政权“民主化”为幌子，对独联体国家以及中东、北非等地区的国家进行赤裸裸的政治干预。欧美国家不仅给这些国家的反对派提供人员培训和“道义”声援，制造有利于反对派的国际舆论，鼓舞反对派发动“革命”的热情；而且给予资金、技术、武器装备的援助，以扶植新西方力量，通过使这些国家疏远与俄罗斯的关系来挤压俄罗斯的影响，最终导致这些国家持久的社会对立和社会动荡。据美联社报道，美国每年用在所谓“推动全球民主”方面的总支出高达10亿美元。从这个意见上讲，“颜色革命”是西方国家披着民族和自由的外衣以争夺地缘政治利益的一种手段。虽然“颜色革命”都以“非暴力”的形式出现，但均不可避免地给所在国带来社会全方位的撕裂、对抗甚至流血冲突。同时，由于通过“颜色革命”赢得政权的反对派大多都有西方背景，他们执政后必然向西方国家出卖本国政治和经济等各方面利益，沦为西方国家事实上的傀儡，致使本国经济长期萧条、政权频繁更迭、社会环境恶化以及国际政治地位严重下滑。

2. 地区动荡与局部战争

当今世界国际局势总体上趋向缓和，但地区冲突和局部战争此起彼伏。据瑞典斯德哥尔摩国际和平研究所(SIPRI)统计，21世纪以来平均每年发生45场局部战争和武装冲突，远多于冷战期间的年均2.5场和冷战结束后的10年的年均10.5场。由于武装叛乱、领土争端、民族矛盾等问题具有内在延续性，不可能在短期内销声匿迹，近几年全球地区热点问题仍延续此前的突发、易发、多发态势。特别是中东、东北亚、南亚和黑海周边等地区仍然是安全形势最为复杂严峻的地区。

2019年以来，委内瑞拉也陷入政治危机。马杜罗领导的左翼党派在2015年议会选举中失去议会多数席位。马杜罗2017年5月启动制宪大会、重新制定宪法。委内瑞拉议会主席、反对派领导人瓜伊多指认制宪大会非法，要求马杜罗下台。2019年1月23日，瓜伊多自任“临时总统”，得到美国、欧洲和拉美多个国家承认。为逼迫委总统马杜罗下台，美方不断通过经济制裁和外交孤立施压，委内瑞拉政府则不断谴责美方做法。委内瑞拉已成为继叙利亚之后一个新的地区热点，紧张局势在美俄角力的背景下愈演愈烈。

2月23日，瓜伊多不顾委内瑞拉最高法院的离境禁令出国，前往哥伦比亚边境城市库库塔试图帮助美国将“人道主义援助”物资运送至委境内。2月25日，他出席由14个拉美国家和加拿大组成的“利马集团”会谈，并与美国副总统彭斯会面。之后，他连续访问哥伦比亚、巴西、巴拉圭、阿根廷和厄瓜多尔5国，极力争取外部支持。目前，除墨西哥外的13个“利马集团”成员国都已正式承认其“临时总统”的合法性。得到美国、加拿大和其他大多数拉美国家的撑腰站台和安全保证后，瓜伊多于3月4日高调回国，发动其支持者开启新一轮街头运动。反对派在全国各地组织“援助和自由委员会”，深入到工会、学校、社区等基层组织进行宣传，呼吁委民众发动“自由行动”。

马杜罗政府虽然面临巨大困境，但现阶段仍掌握着国家权力机器并得到军方支持，得以调动国内资源有针对性地对反对派和外部干预势力予以回击。马杜罗将瓜伊多定位为“帝国主义的傀儡”，将国内发生的大规模停电事件归因于反对派勾结外国势力、蓄意攻击电力设施的行为，争取国内民众支持。3月24日，马杜罗在讲话中曝光了反对派对自己的刺杀计划，并在掌握大量证据后，逮捕瓜伊多的幕僚长马雷罗。3月28日，委内瑞拉总审计长宣布，禁止瓜伊多在15年内担任政府公职，原因是其“个人财务信息与支出记录不符、与其收入水平不符”，违反委内瑞拉《反腐败法》和《审计法》的规定。4月1日，最高法院法官马伊克尔·莫雷诺说，瓜伊多违反最高法院1月针对他颁布的出国禁令、涉嫌借助街头示威煽动暴力和从国外收受非法资金，最高法院继续禁止瓜伊多出国，同时向制宪大会申请剥夺他的司法豁免权。4月2日晚，委内瑞拉制宪大会一致通过法令，剥夺瓜伊多享有的议员司法豁免权，放行司法部门着手对他提起诉讼。

目前，马杜罗政府同以瓜伊多为首的反对派仍在激烈对峙，形势十分焦灼，已逼近武力冲突的边缘。国际社会则呼吁以外交和政治手段和平化解委政治危机。中国政府在委内瑞拉问题上的立场一贯明确，我们坚决维护国际法和国际关系基本准则，反对干涉别国内政，主张委内瑞拉朝野通过和平对话寻求政治解决方案。中方将继续本着平等互利、合作共赢、共同发展的原则，推进中委关系和双方在各个领域的合作。

(二)世界政治发展的基本走向

1. 和平与发展仍然是当今世界的政治主流

从20世纪80年代邓小平提出和平与发展是当今世界两大主题以来，世界经历了许多深刻变化，发生了许多重大事件。但是，时代的主题没有变。世界要和平，人民要合作，国家要发展，社会要进步，已成为不可抗拒的时代潮流或世界主流。“和平与发展成为时代主题”的命题，应从两方面理解：一是指和平与发展代替战争与革命成为当代世界面临的两个重大课题，并不意味着这两个问题已经解决，“问题”或“主题”本身就包含了有待解决的意涵；二是和平与发展是大势所趋、人心所向。人类和平与发展的崇高事业虽面临着挑战，但各国人民求和平、谋发展的愿望有增无减，和平与发展仍然是时代的主流和发展方向。

第一，世界形势总体趋缓。冷战结束后，虽然世界上地区性冲突和局部战争不断，但新的世界大战在可预见的时期内是可以避免的。越来越多的国家愿意坐下来进行谈判协商，以解决纠纷。政治多极化虽然步履艰难，但仍然为各国所追求，世界范围内和平因素的增长超过了战争因素的增长。

第二，世界各国的共同利益明显增多。在经济全球化背景下，整个世界越来越紧密地联系在一起，世界各国利益的相互关联和相互依赖日益加深。

第三，重视发展战略已成为各国的主要政策取向。一个国家和民族在世界舞台上能不能站稳脚跟，能否对人类发展有所贡献，关键取决于经济和社会发展程度。不论发达国家还是发展中国家，不论资本主义国家还是社会主义国家，都意识到综合国力特别是经济实力在国际关系中的重要作用。发展不但关系国计民生和国家长治久安，也关系世界的和平与安全。

第四，和平与发展是解决世界许多问题的根本途径。在全球性问题中，除了和平与发展问题之外，还有诸如人口急剧增长、资源开发盲目无序、生态环境日趋恶化等其他问题。这些问题的解决归根到底都要取决于和平与发展这两大问题的解决。

第五，和平与发展是世界各国人民的普遍愿望。维护世界和平、促进共同发展是世界人民共同的心愿，是人类不懈追求的目标。解决和平与发展这两大问题的进程仍然坎坷曲折。

2. 对话与协商是解决国际政治问题的主要途径

当今世界仍然很不安宁，霸权主义和强权政治依然存在，局部冲突和热点问题此起彼伏，传统安全威胁和非传统安全威胁相互交织，世界和平与发展面临诸多难题和挑战。虽然如此，越来越多的国家已经意识到，对话和协商是解决国际政治问题的必由之路和主要路径。首先，对话与协商原则符合绝大多数国家的根本利益。在政治多极化和经济全球化的今天，大多数的国际争端涉及多方国家利益，只有对话和协商才能解决问题。贯彻对话与协商的原则，要求各国在处理国际关系的时候政治上相互信任、平等协商，经济上相互合作、优势互补，文化上相互借鉴、求同存异，安全上相互信任、加强合作，环保上相互帮助、协力推进。其次，无数解决国际政治问题的历史实践表明，暴力和军事手段解决不了问题，反而会使问题复杂化，会导致离解决问题的方向越来越远。中国政府在国际事务中反对动辄使用或者威胁使用武力，一贯主张通过对话协商，以和平方式实现朝鲜半岛无核化、化解乌克兰危机，继续支持联合国发挥斡旋主渠道作用，推动叙利亚各方通过日内瓦和谈尽快达成各方均可接受的政治解决方案。

近年来，南海陷入国际舆论的漩涡。美国的战略转移、相关国家的利益驱动，多重因素叠加，再加上一些国家在南海问题上的刻意“搅局”，使问题错综复杂。在此，有必要进一步厘清中国在南海的权利主张的内涵，其主要包括三个方面，即主权、海洋权利和历史性权利：中国对南海诸岛的主权基于发现和先占而取得，虽然主权在历史上曾一度被外国侵略者剥夺，但第二次世界大战后中国又根据一系列国际条约予以收复。2013 年 1 月以来，菲律宾执意单方面提起并推进南海仲裁案。挑战中国对南海诸岛主权就是挑战战后国际秩序。根据《联合国海洋法公约》规定：如果缔约国已协议自行选择和平方法解决争端，只有在这种方法未得到解决以及争端各方之间的协议并不排除其他程序的情况下，才适用第三方争端解决程序。如果缔约国之间对公约的解释或适用发生争端，应迅速就以谈判或其他和平方法解决争端一事交换意见。中国和菲律宾之间从未就菲律宾所提诉求进行任何实质意义的谈判。菲律宾单方提起仲裁，违反了中菲双方早已在双边文件中达成的协议，即通过双边谈判解决南海争议。这本身就已违反《联合国海洋法公约》第二百八十条、第二百八十一条的规定，即由于中菲之间已就争端解决方式作出明确选择，公约规定的第三方争端解决程序不适用，侵犯了中国的合法权利。中国于 2006 年就已根据公约第二百九十八条规定作出排除性声明，将涉及海域划界等争端排除在强制争端解决程序外，提出应由直接当事国通过对话协商解决领土和海洋权益争议。

四、美式民主的实质是霸凌主义

(一)金钱政治是美式民主的核心

美式民主主要由选举制、两党制、议会制和三权分立制等制度组成，是美国社会历史发展的产物。美国一直宣扬其政治体制以人人平等为基础，即“一人一票”，其民主模式常被看成西方民主的典范。然而，美国国内的政治现实与其宣称的民主有着巨大差异。在实行自由市场经济的美国，社会财富与经济资源在社会成员中的分布是极不均衡的。每届美国大选，上至总统，下至州、郡、市的决策阶层大多通过竞选产生，这些候选人是否当选，表面上由选民决定，实质却是垄断资本和政治联盟交易妥协的结果。企业财团和民间组织都通过政治捐款来影响选举进程。富人大力资助自己选定的候选人，或是两面下注，同时对两党投资。在选举过程中，财富与经济资源的运用可间接地影响政治活动及其结果，金钱使选举成为一个受控的政治过程。

在美国，竞选是一项耗资巨大的活动，没有钱就绝对不可能走上竞选的舞台。对于多数美国总统参选人来说，吸纳资本大鳄和大财团出钱为竞选活动买单，是顺利参选的重要保障。美国民主党人杰西·马文·昂鲁有一句名言，即“金钱是政治的母乳”，形象地概括了美国政治与财富之间日益紧密的关系。美国 2016 年的选举是其最高法院给政治募捐上限松绑以来的首次总统选举。据《今日美国》披露，至少有 11 个白宫候选人联盟成立了超级政治行动委员会以筹集无限额捐款来支持竞选，向支持 2016 年总统候选人的团体提供百万美元以上资金的捐款者数量大大超过此前历届选举。美国联邦选举委员会数据显示：特朗普与共和党一共筹集到了 7.9 亿美元，希拉里与民主党一共筹集到了 12.3 亿美元。根据美国独立机构“响应政治中心”的统计，2016 年美国大选一共花费了 66.0 亿美元，使该届大选成为美国史上“烧钱”最多的政治选举。同样，90.0%以上的美国国会选举都是由获得最多资金支持的候选人赢得。其结果便是美国的政策反映政客及其资金提供者的利益，却对广大国民造成损害。富人通过金钱选举得到了更多的政治话语权，形成了“寡头政治”，极大地扭曲了“一人一票”这一现代选举的基本准则，玷污了民主的精神实质。

“金钱政治”让更多的美国民众不再相信美国民主。随着金钱对美国政治的影响日益直接、广泛和深入，美国民众对政治体制的信任程度同步下降。2016 年美国总统大选点燃了美国普通民众新一轮的抗议热潮。2016 年 4 月 11 日开始，美国民众在全美 30 多座城市举行抗议活动，他们高喊“金钱滚出政治”“赢回人民的信任”等口号，要求国会立即采取行动，“结束政治中的金钱腐败，保证自由公正的选举”。在要求抗议者离开遭拒后，警方使用塑胶手铐将一些抗议者带走。国会警察局在随后的一份声明中证实，400 多名抗议者因“非法示威、集会、妨碍司法”被逮捕。此次爆发的反“金钱政治”示威，正是美国普通民众对利益集团和富人阶层利用巨额政治献金操纵美国政治所作的愤怒、无奈和失望的表达，暴露了“美国腐败的选举体制和虚伪的选举法”。一场闹剧式的大选向世界充分表明，美国从来不是也不可能成为全球民主的制度模板。美式民主在政治实践中，掺杂着复杂的意识形态、权力角逐、资本操控和利益冲突，民主因此异化为工具性的政治表象，这就是美国式民主陷入危机的内在痼疾。

（二）美国的选举制度并非真正民主

选举是美国式民主的集中体现和最常见的政治实践。然而，在权力和金钱控制的美国政治生活中，选举早就异化成了各政党、族裔、社会阶层、利益集团之间权力较量和利益博弈的政治工具。理性的公民早已对参加选举失去了兴趣，但权势阶层仍然乐此不疲地进行着这一“民主游戏”，各取所需地从中牟取自己的私利。

2016 年，特朗普获得 306 张选举人票而赢得了美国总统大选，但他所得的普选票比希拉里少了约 290 万张，这是美国历史上第四次入主白宫的总统候选人在全民投票上落后于对手。可见，“一人一票”的平等投票原则在美国总统选举中并不能得到真正实现，获得全国普选票少数的总统候选人可以因获得过半数的选举人票而当选总统。这种矛盾甚至在一定程度上威胁着现代民主及选举制度的合法性。

（三）美式民主的主要特点是三权分立与两党制

三权分立是西方资本主义国家的基本政治制度。这一制度的核心内涵就是行政权、立法权和司法权相互独立、相互制衡，防止国家权力滥用。在美国，行政权、立法权和司法权分别是由政府、国会和法院行使的，三权之间相互合作、相互制约。三权分立学说作为西方资产阶级反对封建专制斗争的理论武器，在确立和发展资本主义民主制度过程中曾经起到了进步的历史作用。但是，当资产阶级巩固了自己的统治之后，三权分立便逐渐从反封建的“阶级分权”转化为资产阶级独占统治下的职权分工，成为调整资产阶级内部关系、巩固资产阶级专政、美化资本主义民主、欺骗劳动人民的精巧工具之一。因此，三权分立是同资本主义经济和政治特征相适应的基本政治制度，本质上是占社会少数的资产阶级所享有的民主形式；广大的人民群众在这种制度内的作用和影响是无足轻重的。它并非像许多西方政治家和思想家所宣传的那样是一种抽象的、超越社会制度的、可以到处套用的甚至是唯一的民主模式。

两党制同样是美国不时炫耀的民主标志。所谓两党制，是指美国两个主要的资产阶级政党——民主党和共产党交替执政的制度。资产阶级各个集团通过两党制，围绕政府的控制权，既相互争斗，又相互协调，把政府置于整个垄断资产阶级的监督之下，防止政府仅为某一个集团服务。美国的政党制度历史可以追溯至18世纪90年代。从联邦党—民主共和党时代，到民主党—辉格党时代，再到民主党—共和党时代，两党制在美国一直处于主导地位。在选举制度中，两大政党为确保本党政治利益和体系稳定，通常利用主政地方之机，出台一系列涉及被选举人资格或选票列名的规定，以限制其他政党活动以及防止本党党员在党内选举落败后“出走”他党。这些规定，客观上也刺激了美国政治的两极化以及两党内部的极端化倾向。政治两极化和党内极端化是导致近年来美国党争愈演愈烈的直接原因。党争严重掣肘改革，美国的政治制度运转越来越困难，民主党与共和党之间的相互抵制，美国社会的撕裂，让美国正变得越来越难以治理。人们的政治认同进一步碎片化，两党制已经远远无法涵盖人们的多元政治价值和民主诉求，一些小党或独立候选人虽然不可能在大选中获胜，但因能满足部分特定人群的政治诉求而从两党候选人那里分走大量的选票。近年来兴起的茶党便以小政府和自由市场、政府限制开支、降低税收等新主张而显示出强劲的发展势头，被普遍认为是对传统两党政治认同的挑战。

（四）美式民主的“后遗症”是阶级对立

迄今为止的西方国家都是精英统治，但这种精英统治在过去主要是对底层社会大众进行防范和统治，属于阶级压迫的范畴，西方国家对于这种阶级防范已经累积了相当丰富的经验。但是，当目前西方国家的阶级问题、贫富问题已经跟种族问题、宗教问题、移民和难民问题交织在一起时，问题就变得非常复杂。20余年来，美国每年要接收数十万到一百多万的移民和难民，加之美国的失业状况长期难以改善，这些新移民和“带连字符的美国人”成为新的歧视对象，使美国的社会分裂和种族对立问题变得更加棘手和复杂。

在美国过去的100多年，自由派和保守派之争一直是政治纷争的主轴，这也是民主党与共和党轮流执政的政治基础。2016年美国大选的一个重要特点是候选人的政治分野发生了根本性的变化，传统的精英统治很难再像过去那样主导美国社会。“特朗普现象”的出现就是这种社会变化的结果：希拉里在大选中虽然掌握了丰厚的竞选资金和社会话语权，得到了美国精英联盟在经济、政治、媒体和文化上的大力支持，这并不一定就意味着在选举中稳操胜券；由于民主党“共和党”化，被两党主流忽视的美国中下层阶级以多年来少见的爆发性政治参与，将精英集团竭力要阻止的特朗普送进了白宫。特朗普的胜选，不同于以往大选中的两党轮换，而是标志着美国政治的结构性变化，美国的精英统治在与草根阶层的冲突中遭遇重大打击。社会的两极分化和平民大众的抗争不再像过去那样孤立存在，而是跟族裔间的利益冲突、宗教派别间的价值冲突相互交织在一起，民粹主义成了一种方兴未艾的巨大力量。

五、党的十九大对世界政治形势的最新判断

党的十九大指出：世界正处于大发展大变革大调整时期，和平与发展仍然是时代主题。世界多极化、经济全球化、社会信息化、文化多样化深入发展，全球治理体系和国际秩序变革加速推进，各国相互联系和依存日益加深，国际力量对比更趋平衡，和平发展大势不可逆转。同时，世界面临的不稳定性不确定性突出，世界经济增长动能不足，贫富分化日益严重，地区热点问题此起彼伏，恐怖主义、网络安全、重大传染性疾病、气候变化等非传统安全威胁持续蔓延，人类面临许多共同挑战。

中国将高举和平、发展、合作、共赢的旗帜，恪守维护世界和平、促进共同发展的外交政策宗旨，坚定不移在和平共处五项原则基础上发展同各国的友好合作，推动建设相互尊重、公平正义、合作共赢的新型国际关系。

我们呼吁，各国人民同心协力，构建人类命运共同体，建设持久和平、普遍安全、共同繁荣、开放包容、清洁美丽的世界。要相互尊重、平等协商，坚决摒弃冷战思维和强权政治，走对话而不对抗、结伴而不结盟的国与国交往新路。要坚持以对话解决争端、以协商化解分歧，统筹应对传统和非传统安全威胁，反对一切形式的恐怖主义。要同舟共济，促进贸易和投资自由化便利化，推动经济全球化朝着更加开放、包容、普惠、平衡、共赢的方向发展。要尊重世界文明多样性，以文明交流超越文明隔阂、文明互鉴超越文明冲突、文明共存超越文明优越。要坚持环境友好，合作应对气候变化，保护好人类赖以生存的地球家园。

◎背景知识

跨太平洋伙伴关系协定

《跨太平洋伙伴关系协定》的前身是《跨太平洋战略经济伙伴关系协定》(Trans-Pacific Strategic Economic Partnership Agreement)，是由亚太组织合作会议成员国中的新西兰、新加坡、智利和文莱等四国发起，从2002年开始酝酿的一组多边关系的自由贸易协定。2008年2月美国宣

布加入，并于当年3月、6月和9月就金融服务和投资议题举行了三轮谈判。2009年11月，美国正式提出扩大跨太平洋伙伴关系计划，澳大利亚和秘鲁同意加入。美国借助TPP的已有协定，开始推行自己的贸易议题，全方位主导TPP谈判。自此，《跨太平洋战略经济伙伴关系协定》更名为《跨太平洋伙伴关系协定》。2011年11月12日，在夏威夷举办的APEC非正式领导人会议上，美国宣布与8个国家(澳大利亚、文莱、智利、马来西亚、新西兰、秘鲁、新加坡、越南)达成TPP框架协议。2011年11月10日，日本正式决定加入TPP谈判。2013年9月10日，韩国也宣布加入TPP谈判。2016年11月10日，日本通过了TPP协定。2017年1月20日，美国新任总统特朗普就职当天宣布退出TPP。

◎相关链接

1. 熊洁、张波：《国际体系改革与中国战略选择》，http：//www.cssn.cn/dzyx/dzyx_llsj/201508/t20150820_2127847.shtml，2018-04-21。

2. 姚洋：《中美会争夺全球治理主导权吗?》，http：//www.chinavalue.net/Finance/Blog/2017-3-3/1377461.Aspx，2018-04-21。

3. 战略网：http：//www.chinaiiss.com。

4. 环球网：http：//www.huanqiu.com。

5. 中国社会科学院世界经济与政治研究所：http：//iwep.org.cn。

◎深度阅读

1. 陈志强主编：《当代世界政治经济与国际关系》，上海，格致出版社，2017。

2. 张宇燕主编：《国际形势黄皮书：全球政治与安全报告(2019)》，北京，社会科学文献出版社，2018。

3. 江涛等：《全球化与全球治理》，北京，时事出版社，2017。

◎重点难点问题思考

1. 当前国际体系调整变革呈现哪些新特点?

2. 世界主要大国关系调整的新态势是什么?

3. 美式民主有哪些主要特点? 其实质是什么?

4. 为什么说和平与发展仍然是当今世界的政治主流?

第十三讲 全球治理与中国方案

导语： 作为世界第二大经济体，中国在全球治理中参与的广度和深度不断加强，由谨慎参与向全面参与再向深度参与、有所作为的方向发展。与之相应，中国在全球治理中的身份也发生了巨大变化，由全球治理体系的融入者、建设者进一步发展为全球治理机制变革的推动者。中国积极推动和倡导全球治理机制改革，发起金砖银行、亚投行和丝路基金建设，提出"一带一路"倡议等都体现了其自觉主动与历史担当。中国参与全球治理，顺应了时代需求，反映了国际公意。今后，全球治理的中国方案、中国主张和中国倡议会越来越多。当然，中国参与全球治理也面临诸多的困难与挑战。

关键词： 全球治理　中国方案　"一带一路"倡议　亚投行

一、全球治理的含义和发展

（一）什么是全球治理

全球治理理论是顺应世界多极化趋势而提出的旨在对全球政治事务进行共同管理的理论。联合国全球治理委员会在1995年最早提出全球治理的概念，认为全球治理是未来需要实现的目标，是国际秩序改革的努力方向。这种规范意义下的全球治理就是各种公共的或私人的或个人和机构管理全球共同事务的诸多方式的总和。它是使相互冲突或不同的利益得以协调并采取联合行动的持续的过程。这既包括有权迫使人们服从的正式制度和规则，也包括各种人们同意或以为符合其利益的非正式的制度安排。全球治理基于全球公民意识和全球友邻关系的伦理道德，充分遵循平等、民主和法制原则，使人类组织地球生活的努力向前迈进。

它必须是大家一致赞同的全球性框架，必须建立在磋商、透明度和负责任的原则上。总之，世界事务的治理在可持续的将来符合所有人的利益，遵循基本的人类价值，使全球性组织符合世界多样性的现实。

目前，国内外学术界对于全球治理还没有形成确定的、共识的概念与定义。中国著名学者俞可平认为，所谓全球治理是指通过具有约束力的国际规制解决全球性的冲突、生态、人权、移民、毒品、走私、传染病等问题，以维持正常的国际政治经济秩序。

全球治理的核心要素包括五个方面。一是全球治理的价值。这是指在全球范围内所要达到的理想目标，它应当超越国家、种族、宗教、意识形态、经济发展水平等。二是全球治理的规制。这是指维护国际社会正常秩序的规则体系，包括用以调节国际关系和规范国际秩序的所有跨国性的原则、规范、标准、政策、协议、程序等。三是全球治理的主体。这是指制定和实施全球规制的组织机构，主要有三类：各国政府、政府部门，以及亚国家的政府当局；正式的国际组织，如联合国、世界银行、世界贸易组织、国际货币基金组织等；非正式的全球公民社会组织。四是全球治理的客体。这是指已经影响或者将要影响全人类的、很难依靠单个国家得以解决的跨国性问题，主要包括全球安全、生态环境、国际经济、跨国犯罪、基本人权等问题。五是全球治理的效果。这涉及对全球治理绩效的评估，集中体现为国际规制的有效性，具体体现在国际规制的透明度、完善性、适应性、政府能力、权力分配、相互依存和知识基础等方面。有学者把上述五个核心要素转化成五个问题，即为什么治理、如何治理、谁治理、治理什么、治理得怎样。

(二)西方治理的实质

第二次世界大战结束后，以战胜国为主的欧美国家主导成立的涉及政治、经济、安全等领域的国际秩序，形成了自第二次世界大战结束至冷战结束较长一段时间的西方治理体系。全球政治安全治理主要以联合国为中心，全球经济治理则以布雷顿森林体系和七国集团为核心。但是在冷战的背景下，美苏两国在全球范围内争霸，约束了联合国应有作用的发挥。显然，西方治理是一种由欧美国家主导的，以西方国家的价值理念为基础的，包括中国在内的发展中国家缺乏应有的话语权，导致经济全球化的发展出现不平等、不均衡的局面的治理。当前全球性挑战日益凸显，全球经济持续低迷，全球贫富差距日益拉大，恐怖主义、地区动荡等影响国际安全的因素日趋多样，生态危机等人类可持续性发展问题更加突出。西方治理体系明显已经不适应时代的要求，全球治理体制变革正处于历史转折点上。

随着冷战的结束，世界格局发生了结构性变化，政治多极化、经济全球化、文化多元化成为世界发展的潮流，西方治理失去了维系其合理性的基础，全球治理体制不得不进行变革调整。全球治理的主体从国家政府扩展到国际组织、跨国公司和国际社会，治理的主导力量从欧美国家扩展到全球共同参与，治理的议题从安全治理、经济治理向发展治理等诸多领域延伸。

（三）中国参与全球治理的发展历程

随着我国国家发展和改革开放的深入，中国对于参与全球治理的认识、态度和角色定位发生改变，从消极被动向积极主动转变，从融入者和参与者向建设者和引领者转变。中国参与全球治理的发展历程，可以大致归结为三个阶段。

第一阶段是从新中国成立至20世纪70年代初，其特征是西方对中国敌视、排斥，中国事实上是主流国际制度的局外人。在此阶段由于中国在意识形态上长期为西方国家所排斥，因而也被排斥在联合国、国际货币基金组织、世界银行等国际治理机构之外。在1971年之前，中国主要专注于国内事务，对参与国际机制的态度比较消极，中国实际上是世界主流国际制度的局外人、旁观者，甚至是对抗者。

第二阶段是从1971年到2000年前后，其特征是中国对全球问题从谨慎参与向全面参与转变，中国逐渐成为国际制度的主要参与者。1971年，中国恢复在联合国的合法席位，中国开始出现在国际机制的舞台上。但此时从远离国际机制到重返国际社会，中国尚不熟悉国际机制和规制的运行，所以更多的是学习和适应。随着中国在世界银行、国际货币基金组织、世界贸易组织中成员国地位的恢复，随着中国改革开放的不断深入、中国经济持续的增长以及全球治理的兴起，中国逐渐将自身的发展与国际形势关联起来，开始积极参与国际机制的谈判、会议和行动，并且在广度和深度上不断提升。

第三阶段始于21世纪初，其特征是中国参与全球治理的程度不断深化并日益有所作为。党的十八大以来，在以习近平同志为核心的党中央的领导下，中国特色的全球治理理念在实践中逐渐形成。首先，践行正确义利观，推动构建以合作共赢为核心的新型国际关系，携手构建人类命运共同体，打造遍布全球的伙伴关系网络，倡导共同、综合、合作、可持续的安全观等理念，这些理念得到国际社会广泛欢迎。其次，中国作为国际体系的成员，坚定维护以联合国宪章和原则为核心的国际秩序和国际体系，维护和巩固第二次世界大战的成果，积极维护开放型世界经济体制，旗帜鲜明地反对贸易和投资保护主义。再次，中国推动变革全球治理体制中不公正、不合理的安排，推进全球治理规则民主化、法制化，努力使全球治理体制更加平衡、反映大多数国家的意愿和利益。最后，面对日益复杂的全球性问题，中国竭尽全力与国际社会合作应对，降低这些问题对全球发展构成的威胁和风险。加强国际社会共同应对能源安全、粮食安全、网络信息安全、气候变化，打击恐怖主义，防范重大传染性疾病等全球性挑战的能力。

在日益深化参与全球治理的同时，中国已经从国际制度的参与者转向现有制度的建设者和改革者，以及新型国际制度的建构者和引领者。主要表现在两个方面：第一，中国在现有的国际制度中的作用不断增强。中国在联合国承担的日常费用与维和费用的比例连续提高，在国际货币基金组织和世界银行增资扩股，在联合国解决叙利亚、利比亚、伊朗和朝鲜半岛等问题时积极发挥作用，在二十国集团中表现更加积极，在全球气候谈判中发挥建设者和改革者的作用。第二，通过创建新的国际制度来填补原有国际制度的空间，并从整体上补充、完善国际制度体系。例如，中国倡导并发起组织了上海合作组织、金砖银行、亚信会议、中国与中东欧国家“16＋1 合作”模式、亚洲基础设施投资银行、“一带一路”建设框架等。

中国参与全球治理的实践历程表明，中国在参与国际制度和全球治理中的身份发生了巨大变化，逐渐从国际合作的旁观者转变为积极的参与者，从被动的适应者转变为主动的介入者，从承担较小责任的“搭便车者”转变为负责任的建设者、改革者和有所作为者。

二、党的十九大提出“全球治理”的基本方案

在 2016 年新年贺词中，习近平总书记说：“世界那么大，问题那么多，国际社会期待听到中国声音、看到中国方案，中国不能缺席。”中国坚持互利共赢的对外开放战略，秉持“共商、共建、共享”的全球治理核心理念，积极推动国际治理秩序朝着更加公正合理的方向变革，提升广大发展中国家的全球话语权和规则制定权，为促进世界政治经济发展以及完善全球治理贡献了中国方案和中国智慧。进入新时代的中国，对世界经济的贡献开始由量变增到质变，对全球治理的贡献将由硬实力向软实力转变，包括全球治理的理论创新、制度创新和实践创新。同时，中国将进一步发挥负责任大国作用，力所能及为全球提供更多公共产品，完善全球治理体系，贡献中国智慧和中国方案，与各国人民一道，推动人类命运共同体建设，共同创造人类繁荣和美好未来。

（一）中国提出“全球治理”的经济治理方案

1. 提出“一带一路”重大方案并推动实施

“一带一路”是“丝绸之路经济带”和“21世纪海上丝绸之路”的简称。“一带一路”贯穿欧亚大陆，东边连接亚太经济圈，西边进入欧洲经济圈。“一带一路”倡议着眼于“构建新型大国关系”和“共筑周边命运共同体”的战略构想，既是适应我国经济发展新趋势的客观要求，同时也是深化改革、构建开放型经济体制的主动选择。“一带一路”倡议利用网络时代互联互通的优势，注入强大的共同利益驱动力，更好地发出中国声音，展示中国魅力，实现“中国梦”与“世界梦”的有机衔接，是深受国际社会关注的重大发展战略。

2013年9月7日，习近平在哈萨克斯坦纳扎尔巴耶夫大学发表演讲时表示：为了使各国经济联系更加紧密、相互合作更加深入、发展空间更加广阔，我们可以用创新的合作模式，共同建设“丝绸之路经济带”，以点带面，从线到片，逐步形成区域大合作。

2013年10月3日，习近平在印度尼西亚国会发表演讲时表示：中国愿同东盟国家加强海上合作，使用好中国政府设立的中国—东盟海上合作基金，发展好海洋合作伙伴关系，共同建设“21世纪海上丝绸之路”。

在不到一个月的时间里，习近平先后分别提出建设“丝绸之路经济带”和“21世纪海上丝绸之路”两大倡议，强调相关各国要打造互利共赢的“利益共同体”和共同发展繁荣的“命运共同体”。这是中国领导人在世界政治经济版图上自信而从容写下的重要一笔。这个全新的宏伟战略构想，从历史深处走来，跨越时空，融通古今，连接中外，顺应和平、发展、合作、共赢的时代潮流，承载着丝绸之路沿途各国发展繁荣的梦想，赋予古老的丝绸之路以崭新的时代内涵。

“一带一路”倡议是中国为世界提供的最大的公共产品，也是其为全球经济治理创造的最具影响力的中国方案。这一倡议自2013年提出以来，得到大多数周边国家的支持与参与。以“共商、共建、共享”为基本原则的合作理念深入人心，至2018年3月，已有100多个国家和国际组织参与，已有80个国家和国际组织与中国签署了合作协议。

“一带一路”倡议为全球经济治理提供了国际合作的新理念与新模式。中国携手“一带一路”沿线国家在自愿、平等、互利原则的基础上，包容互鉴、共谋发展，以实现重振全球经济的目标。“一带一路”建设是开放包容的模式，以贸易和投资便利化和自由化为纽带，以互联互通、产能合作、人文交流为支柱，以金融互利合作为重要保障，创造了多领域多主体的互利合作新模式。

“一带一路”倡议为全球经济治理体系提供了全新的国际金融机制。中国倡导建立金砖银行、主导建立亚投行、设立丝路基金，用务实的态度更加关注发展中国家的发展和金融需求，用实际行动参与全球金融治理，推动国际货币体系改革。

“一带一路”倡议是促进区域共同发展、实现共同繁荣的合作共赢之路，是增进理解信任、加强全方位交流的和平友谊之路。“一带一路”倡议秉持和平合作、开放包容、互学互鉴、互利共赢的理念，以政策沟通、设施联通、贸易畅通、资金融通、民心相通为主要内容，全方位推进务实合作，打造政治互信、经济融合、文化包容的利益共同体、命运共同体和责任共同体。共建“一带一路”符合国际社会的根本利益，彰显人类社会的共同理想和美好追求，是对国际合作以及全球经济治理新模式的积极探索，将为世界经济发展增添新的活力。

“一带一路”倡议，既是对我国传统“丝绸之路”遗产的继承，也是对和平发展理念的弘扬，是促进区域和平发展的有力举措。习近平指出：“一带一路建设不是空洞的口号，而是看得见、摸得着的实际举措，将给地区国家带来实实在在的利益。”2017 年 5 月，中国成功举办“一带一路”国际合作高峰论坛，29 位外国元首和政府首脑以及来自 140 多个国家和 80 多个国际组织的负责人和各界代表出席论坛。中国本着务实高效的原则同有关国家制订多项行动计划，展示了“一带一路”合作平台强大的行动力和实效性。论坛达成了 5 大类、76 大项、270 多项具体合作成果，再一次证明了“一带一路”倡议成效惠及世界。截至 2018 年 1 月，中国已同 30 多个国家开展了机制化产能合作，在沿线 24 个国家推进建设 75 个境外经贸合作区，中国企业对沿线国家投资累计 500 亿美元，创造了近 20 万个就业岗位。“一带一路”实现了从理论设想到创新实践的重大跨越，进入了全面展开的新阶段。

2. 主导成立亚洲基础设施投资银行

亚洲基础设施投资银行，是一个政府间性质的亚洲区域多边开发机构，重点支持基础设施建设，总部设在北京。筹建亚投行的倡议最初是由习近平于 2013 年 10 月提出的。中国筹建亚投行的倡议得到广泛支持，许多国家积极响应。2014 年初以来，中方牵头与亚洲域内、域外国家进行了广泛沟通。经过多轮多边磋商，域内各意向创始成员国就备忘录达成了共识。2014 年 10 月 24 日，包括中国、印度、新加坡等在内的首批意向创始成员国的财长和授权代表在北京签约，共同决定成立亚洲基础设施投资银行，总部设在北京，法定资本 1000 亿美元。这标志着这一中国倡议设立的亚洲区域新多边开发机构的筹建工作进入新阶段。

2015年12月25日，由中国倡议成立、57个国家共同筹建的亚洲基础设施投资银行正式成立，全球迎来首个由中国倡议设立的多边金融机构，这在国际经济治理体系改革进程中具有里程碑意义。亚投行初期投资重点领域包括能源与电力、交通和电信、农村和农业基础设施、供水与污水处理、环境保护、城市发展以及物流等。

2016年1月16日，亚投行开业仪式暨理事会和董事会成立大会在北京举行。亚投行作为第一个由发展中国家提倡并主导成立的多边国际金融机构，其成立与开业标志着发展中国家在构建新型的全球金融体系的道路上迈出了至关重要的一步。目前，亚投行创始成员国为57个，遍及全球。2016年10月，亚投行的成员国数量已超过80个，这已超过由美日主导的亚洲开发银行。

对于亚投行来说，筹建成功只是万里长征的第一步，作为一家基础建设投资银行，如何满足各成员国利益诉求，未来将如何发展，这些都是外界最为关注的问题。“亚投行不是中国一家说了算，”习近平在接受路透社采访时表示，“亚投行是一个国际性的金融机构，其规章制度和运作要由各成员国协商决定”。习近平表示，亚投行项目采购面向全球所有国家，不局限于成员国，这同其他一些区域性多边开发银行不同。习近平还表示，目前，各意向创始成员国正按照协定的规定和精神协商制定具体的业务政策和规章。亚投行同现有多边开发银行是合作互补关系，未来将在知识共享、能力建设、联合融资等方面积极开展合作。

亚投行的成立，给亚洲基础设施建设提供了强大的资金支持，加快促进了基础设施互联互通，推动了区域经济合作，为亚洲经济发展注入了新动力。习近平在亚投行开业仪式上致辞时指出：“亚投行正式成立并开业，将有效增加亚洲地区基础设施投资，多渠道动员各种资源特别是私营部门资金投入基础设施建设领域，推动区域互联互通和经济一体化进程，也有利于改善亚洲发展中成员国的投资环境，创造就业机会，提升中长期发展潜力，对亚洲乃至世界经济增长带来积极提振作用。”

亚投行的一大创新点是，发展中国家占多数且拥有较大话语权。这既顺应了国际经济格局的发展变化，也彰显了发展中国家携手推进亚洲区域发展的信心与决心。亚投行57个创始成员国，涵盖亚洲、大洋洲、欧洲、非洲、拉丁美洲等五大洲，以发展中成员国为主体，同时包括大量发达成员国，这一独特优势使其能够成为推进南南合作和南北合作的桥梁和纽带。

亚投行不仅激励国际金融体系变革，而且致力于开创21世纪全球治理新路径——精益、清洁、绿色(lean, clean, green)，并且将“遵循‘公开、透明、择优'原则遴选管理层"这一内容明确写入协定——这是一项区别于现有主要多边开发银行的创新之举，反映了亚投行一贯坚持的现代治理理念。正如习近平指出的，"亚投行正式成立并开业，对全球经济治理体系改革完善具有重大意义，顺应了世界经济格局调整演变的趋势，有助于推动全球经济治理体系朝着更加公正合理有效的方向发展"。此外，亚投行的创立，极大地鼓舞了"一带一路"的全球效应，增强了人们对"一带一路"建设的信心。亚投行把"一带一路"建设融入欧亚大陆经济发展中，使之与亚洲各国经济紧密相连，从而形成了一个经济共同体，增强了抵御各种经济危机的能力，促进世界经济的复苏和发展，共筑世界繁荣梦想。

第一，亚投行的成立，有利于加快推进亚洲的基础设施建设和互联互通建设。当前及今后一段时期是亚洲地区加大基础设施建设、推动结构调整、实现经济增长的最佳时期。亚洲国家特别是新兴市场和发展中国家的基础设施建设融资需求巨大，特别是近年来面对经济下行风险增大和金融市场动荡等严峻挑战，要动员更多资金进行基础设施建设，以保持经济持续稳定增长，促进区域互联互通和经济一体化。成立亚洲基础设施投资银行，专注于亚洲区域内最具全局性的重大的关系民生利益的基础设施项目的投融资业务，为当地经济社会发展提供高效而可靠的中长期金融支持，可以有效缓解亚洲发展中国家经济实力和自身可用财力有限、资本市场发展滞后、融资渠道少、资金短缺等严重制约互联互通建设的问题，从而加快亚洲地区互联互通建设。

第二，亚投行的成立，有利于提升中国在亚洲地区的国际地位和影响力。1997 年亚洲金融危机发生后，中国保持人民币不贬值，并采取一系列的积极措施和政策，体现了中国作为一个亚洲国家的全局意识与高度责任感。中国为制止金融危机的进一步发展与蔓延、为亚洲经济的快速恢复和重新发展做出了自己的贡献。当前，亚洲国家经济发展迅速，基础设施落后制约经济发展的矛盾日益显露出来。中方倡议成立亚投行，显示中国推动亚洲国家加强区域间经贸联系的愿望更加积极，用实实在在的行动帮助亚洲国家解决基础设施建设迫切需要的资金问题，推动当地经济发展，推动更紧密的经贸合作，让中国的经济发展"福利效应"更多、更好地惠及亚洲发展中国家，更加体现中国负责任的大国形象，从而提高中国在亚洲的国际地位和影响力。

第三，亚投行的成立，有利于推进人民币国际化进程。2009 年，中国正式启动跨境贸易人民币结算功能，人民币国际化快速发展。

第四，亚投行的成立，有利于亚洲国家共同应对国际金融危机、经济转型升级和经济稳定增长等问题。近年来，亚洲一些国家出现金融波动，加强和完善多层次区域金融安全网建设势在必行，重点是强化各国外汇储备、区域外汇储备库和双边货币互换机制建设。成立亚投行可以增强中国与亚洲各国之间区域经济发展的内生动力，维护区域金融稳定，维护亚洲地区金融和经济稳定。此外，扩大投资、加强基础设施建设，是世界各国应对经济危机的普遍做法和基本经济工作规律。亚洲国家深刻地认识到，在后金融危机时代应该把扩大投资和加强基础设施建设作为保增长、调结构的重大举措。设立亚洲基础设施投资银行向亚洲各国提供基础设施建设资金，加快解决这一地区的基础设施投资建设问题，有利于这一地区从容应对国际金融危机的不利影响，实现经济成功转型升级和稳定增长。

第五，亚投行的成立，有利于加速亚洲经济一体化进程。建立亚投行有利于推动以亚欧大陆桥、泛亚铁路、泛亚公路等重点基础设施项目为龙头的区域互联互通建设，推进南宁—新加坡经济走廊、孟中印缅经济走廊、中巴经济走廊建设，加快大湄公河次区域经济合作、东北亚区域合作、东盟一体化建设、上海合作组织等区域合作发展，加快亚洲经济一体化进程。

3. 推动二十国集团在后金融危机时代向长效治理机制转型

2008 年以来，二十国集团领导人峰会的发展历程可以说是全球经济治理运行史的缩影，也见证了中国积极推动二十国集团领导人机制化建设的努力和智慧。近年来，二十国集团领导人机制对全球经济走出动荡、重返增长之路作出了重大贡献。其中，中国作为负责任的大国积极参与二十国集团领导人事务，致力于推动二十国集团领导人从危机应对机制向长效治理机制转型，引领国际经济、金融秩序的优化与重建，为全球经济发展和经济治理提出中国主张，贡献中国智慧。

2016 年 9 月 4 日至 5 日，二十国集团领导人第十一次峰会在浙江杭州举行。会上，习近平把脉世界经济，给出了“中国方案”。杭州峰会一大战略目标是推动二十国集团领导人机制转型，即进一步从危机应对机制向长效治理机制转型，从侧重短期政策向短中长期政策并重转型。在中国的引领下，各国终于在二十国集团领导人平台上再度达成共识，建设创新、活力、联动、包容的世界经济。中国引导杭州峰会形成一系列具有开创性、引领性、机制性的成果，为世界经济指明了方向，为全球经济增长注入了活力。这次峰会，首次把创新作为核心成果，首次把发展问题置于全球宏观政策框架的突出位置，首次形成全球多边投资规则框架，首次发布气候变化问题主席声明，首次把绿色金融列入二十国集团议程。杭州峰会是一个起点，是实现全球经济治理制度化的新开始。习近平指出："二十国集团承载着世界各国期待，使命重大。我们要努力把二十国集团建设好，为世界经济繁荣稳定把握好大方向。"因此，杭州峰会成为二十国集团领导人协商机制由短期应对危机向中长期政策制定和全球经济治理转型的分水岭。

2017 年 5 月和 2019 年 4 月，中国成功举办了两届"一带一路"国际合作高峰论坛。2019 年 4 月 25 日至 27 日，第二届"一带一路"国际合作高峰论坛在北京举办，共 40 个国家和国际组织领导人出席圆桌峰会，围绕"共建一带一路、开创美好未来"的主题，就推进互联互通、加强政策对接以及推动绿色和可持续发展等议题深入交换意见，完善了合作理念，明确了合作重点，强化了合作机制，为高质量共建"一带一路"达成了广泛共识。本次峰会共达成了 6 大类、283 项务实成果，签署了 640 多亿美元的项目合作协议，又一次证明了"一带一路"倡议成果惠及世界。

2018 年 11 月 30 日，G20 领导人第十三次峰会在阿根廷布宜诺斯艾利斯举行。国家主席习近平出席第一阶段会议并发表题为《登高望远，牢牢把握世界经济正确方向》的重要讲话，强调二十国集团要坚持开放合作、伙伴精神、创新引领、普惠共赢，以负责任态度把握世界经济大方向。并提出了四点意见：第一，坚持开放合作，维护多边贸易体制。第二，坚持伙伴精神，加强宏观政策协调。第三，坚持创新引领，挖掘经济增长动力。第四，坚持普惠共赢，促进全球包容发展。

4. 推动国际货币基金组织改革

国际货币基金组织份额是其资产的主要组成部分，由成员国认缴。当一国加入国际货币基金组织时，会分配到一个初始份额，而这个初始份额与在经济总量、经济特征上和该国大致可比的现有成员国的份额相当。国际货币基金组织利用份额公式评估一个成员国的相对地位。份额以国际货币基金组织的记账单位特别提款权计值，份额对于成员国意义重大。成员国的份额决定了其向国际货币基金组织出资的最高限额及其投票权，并关系到可获贷款的限额。换言之，成员国认缴的份额越多，相应的投票权越大，可获得国际货币基金组织贷款的额度也越大。历史上 IMF 总共完成了 14 次份额总检查。

2015 年，人民币正式加入国际货币基金组织特别提款权(SDR)货币篮子，成为后布雷顿森林体系时代第一个真正新增的篮子货币，也是第一个来自发展中国家的 SDR 货币，在国际货币体系发展史上具有里程碑意义，增强了国际货币储备的稳定性。世界银行也通过投票权改革，中国的投票权从 2.77%提高至 4.42%，发达国家向发展中国家转移 3.13%

的投票权，发展中国家的投票比重占到47.19%。

2015年12月1日，中国接任二十国集团主席国后重启了国际金融架构工作组。重启国际金融架构工作组后，二十国集团在主权债务重组机制、扩大特别提款权的使用、国际货币基金组织份额和治理的改革方面推动相关工作。2016年9月5日下午，二十国集团领导人杭州峰会闭幕，习近平出席记者会时指出，在落实国际货币基金组织2010年改革方案基础上，我们同意继续推进国际金融机构份额和投票权改革，期待国际货币基金组织朝着按时完成新一轮份额改革方向努力。期待世界银行按照达成一致的路线图和时间表实施股份审议，逐步实现平等投票权，增加新兴市场国家和发展中国家代表性和发言权。

5. 整合地区自由贸易谈判架构，推动世界经济一体化

2016年9月27日下午，中共中央政治局就二十国集团领导人峰会和全球治理体系变革进行第三十五次集体学习。习近平强调，要把能做的事情、已经形成广泛共识的事情先做起来。当前，要拓展杭州峰会成果，巩固和发挥好二十国集团全球经济治理主平台作用，推动二十国集团向长效治理机制转型。要深入推进"一带一路"建设，推动各方加强规划和战略对接。要深化上海合作组织合作，加强东亚峰会、东盟地区论坛等机制建设，整合地区自由贸易谈判架构。曾经对中国经济迅速崛起有所担忧的周边国家和地区，都已从中国经济的高速发展中得到好处，开始以积极的态度，推动与中国的双边和多边经贸合作，推动世界经济一体化。中国在全球携手应对金融和经济危机的努力中自始至终发挥着重要作用，用实际行动树立了负责任的国际形象。

中国目前在建自贸区19个，涉及32个国家和地区，已签署自贸协定14个，涉及22个国家和地区。正在谈判7个，涉及22个国家。区域全面经济伙伴关系协定(RCEP)是亚洲参与成员最多、规模最大的区域贸易安排，自2012年11月启动以来取得重要进展，2014年APEC峰会正式启动亚太自由贸易区进程，中国已同韩国等国家签订了自贸协定，以双边贸易关系推动多边。2019年4月24日，国家主席习近平在同智利总统皮涅拉举行会谈时指出，"中方支持智方主办今年联合国气候变化大会和亚太经合组织领导人非正式会议，共同推动亚太自由贸易区建设，维护多边主义和多边贸易体制"。

6. 努力打造平等、公正、高效的周边区域治理方案

习近平于2014年6月28日在和平共处五项原则发表60周年纪念大会上的讲话中指出，和平共处五项原则的精髓，就是所有国家主权一律平等，反对任何国家垄断国际事务。这为广大发展中国家捍卫国家主权和独立提供了强大思想武器，成为发展中国家团结合作、联合自强的旗帜，加深了广大发展中国家相互间的理解和信任，促进了南南合作，推动了南北关系的改善和发展，也为打造平等、公正、高效的周边区域治理方案奠定了基础。

公平正义是世界各国人民在国际关系领域追求的崇高目标。2014 年 7 月 15 日，习近平在巴西福塔莱萨举行的金砖国家领导人第六次会晤上发表了题为《新起点 新愿景 新动力》的讲话。习近平在讲话中指出："坚定不移提高道义感召力。金砖国家主持公道、弘扬正义，致力于建设公平公正的美好世界，是国际关系中的正能量。我们应该放大这种正能量，在国际事务中共同提出方案，伸张正义，践行平等。"可见，中国无论与邻国交往还是与周边国家合作，都遵循这种正确的义利观，建立以合作共赢为核心的新型国际关系。中国愿致力于通过自身发展继续为周边、亚太乃至世界各国创造发展机遇，与周边国家和亚太地区打造利益和命运共同体，努力打造平等、公正、高效的周边区域治理方案。

(二)中国提出"全球治理"的发展治理方案

1. 全力推进全球可持续发展

2016 年 9 与 19 日下午，李克强在主题为"可持续发展目标：共同努力改造我们的世界——中国主张"的座谈会上，全面阐述中国对全球发展问题的看法，提出强化全球发展伙伴关系的倡议，推动各国在落实《2030 年可持续发展议程》、加强南南合作方面拿出具体务实的举措。这就向全世界阐明了中国作为最大的发展中国家，在推进可持续发展进程方面的"共赢"理念。李克强指出，要将消除贫困和饥饿等目标作为首要任务，推动把经济强劲、可持续、平衡、包容增长作为支撑，在经济、社会、环境三大领域形成良性循环，走出一条经济繁荣、社会进步、环境优美的可持续发展之路。他强调指出，强化全球发展伙伴关系，携手推动可持续发展，不仅是国际社会的道义责任，而且将极大地提升全球整体发展水平。要坚持南北合作的主渠道地位，发达国家应落实援助承诺，支持发展中国家探索符合自身国情的发展道路。发展中国家之间应深入推进南南合作，努力实现联合自强。

二十国集团领导人杭州峰会，作为主席国的中国不仅将包容和联动式发展列为峰会四大重点议题之一，而且推动二十国集团领导人杭州峰会在发展领域实现了三个"第一次"，即第一次把发展问题置于全球宏观政策框架的突出位置，第一次就落实联合国《2030 年可持续发展议程》制定《二十国集团落实 2030 年可持续发展议程行动计划》，第一次集体支持非洲和最不发达国家工业化，并制定《二十国集团支持非洲和最不发达国家工业化倡议》。这些旨在推动全球包容、联动式发展的举措，无疑是中国为推动联合国可持续发展议程落实而作出的重大贡献。

中国作为负责任大国，在自身推进《2030年可持续发展议程》的同时，将一如既往地积极参与国际合作，真正让“一个都不能少”的全球可持续发展目标落在实处。中国展现的和衷共济的大国担当，兼济天下的世界情怀，令世界称道。联合国秘书长2030年可持续发展议程特别顾问戴维·纳巴罗说：“在落实可持续发展目标的道路上，我看到中国领导层作出了实质性的且深思熟虑的努力。”

2. 支持和帮助发展中国家实现谋求发展的愿望

中国对广大发展中国家摆脱贫困、谋求发展的愿望感同身受，一直努力予以支持和帮助。截至2015年底，中国累计向166个国家、国际组织、区域组织提供4000多亿元人民币的援款，为发展中国家培训各类人员1200多万人次。到2020年，中国对联合国有关发展机构的年度捐款总额，将在2015年的基础上增加1亿美元。除此之外，成立中国国际扶贫中心，宣布给予同中国建交的39个最不发达国家部分商品零关税待遇，免除49个最不发达国家和重债国的债务。今后，中国将继续加强与发展中国家的合作，对非洲国家和最不发达国家给予力所能及的帮助，实现共同发展繁荣。

3. 助推全球应对气候变化行动取得重大进展

2015年11月30日，在气候变化巴黎大会开幕式上，习近平发表了《携手构建合作共赢、公平合理的气候变化治理机制》的重要讲话，敦促巴黎大会达成一个“全面、均衡、有力度、有约束力”的气候变化协议，提出“公平、合理、有效”的全球应对气候变化解决方案，探索人类可持续的发展路径和治理模式。中国就“国家自主贡献”方面提出将于2030年左右使二氧化碳排放达到峰值并争取尽早实现；设立200亿元人民币的中国气候变化南南合作基金，继续推进清洁能源、防灾减灾、生态保护、气候适应型农业、低碳智慧型城市建设等领域的国际合作，支持发展中国家应对气候变化挑战。在此次大会上，中国最终促成了具有历史意义的气候变化全球协议《巴黎协定》。中国承诺到2030年实现减排65%的目标，并将绿色发展理念纳入“十三五”规划。作为最大的发展中国家，中国克服自身的发展困难，带头履行应对气候变化的大国责任。

4. 推动国际人权合作

2016年3月，中国代表在联合国人权理事会第31次会议上就国际人权交流与合作提出四点原则性建议：第一，各国应恪守《联合国宪章》宗旨和原则。国不分大小，民不分贫富，一律是国际社会平等成员。人权交流与合作必须尊重各国主权、独立和领土完整，遵循国际法基本准则。第二，应该尊重各国人民的自主选择。各国国情不同，人权保护手段各有差异。世界上没有放之四海而皆准的发展模式，也没有一成不变的发展道路。治国理政并非只有一条道路可走。发展人权要始终坚持从实际出发，从人民意愿出发。第三，应该建设性地处理分歧。“物之不齐，物之情也。”东西方人权观念各有千秋。要开展平等和建设性的对话与合作，通过务实合作增进利益汇合，增强互信，缩小分歧，共同寻求促进人权保障的有效途径。“点名羞辱”、政治化和双重标准只会激化矛盾，于事无补。第四，平衡推进两类人权。民生和民主是人权的两个方面。公民的政治权利、经济社会文化权利和发展权互相促进、相互依存，不可分割、不可孤立。各国应根据本国国情，将人权的普遍性和特殊性结合起来，统筹个人权利和集体权利，兼顾权利和义务的平衡。

(三)中国提出“全球治理”的安全治理方案

1. 加大对联合国的支持

联合国是各国维护和平、共谋发展、增进合作、实现共赢的不可替代的平台，也是世界各国人民团结互助、共同进步的大家庭。面对经济全球化的挑战和世界形势的变化，国际社会对联合国的期待更高了。中国坚定不移地推进以联合国为核心的全球治理体系不断完善，支持联合国与时俱进，积极回应国际社会期待，更好地履行《联合国宪章》赋予的职责。中国加大了对联合国的经费和人员支持。2015 年 12 月，中国将缴纳会费比例提高到 7.921%，仅次于美国的 22%和日本的 9.68%，位居世界第三位；中国缴纳的维和预算比例也提高到 10.29%，首次超过日本，成为仅次于美国的第二大维和经费贡献国。

中国一贯积极倡导、支持并践行多边主义，支持联合国在国际事务中发挥更大作用，坚决维护联合国的地位和权威。中国将继续坚定支持《联合国宪章》的宗旨和原则，深化同联合国的合作关系，更加积极地参与联合国各领域工作，推动联合国更加重视发展中国家的利益，为建设持久和平、共同繁荣的和谐世界作出更大贡献。

2. 中国支持用和平方式解决世界政治热点问题

党的十八大报告指出：“中国主张和平解决国际争端和热点问题，反对动辄诉诸武力或以武力相威胁，反对颠覆别国合法政权，反对一切形式的恐怖主义。中国反对各种形式的霸权主义和强权政治，不干涉别国内政，永远不称霸，永远不搞扩张。中国将坚持把中国人民利益同各国人民共同利益结合起来，以更加积极的姿态参与国际事务，发挥负责任大国作用，共同应对全球性挑战。”党的十九大报告提出了中国在新时代的外交战略与蓝图设计，即“坚持和平发展道路，推动构建人类命运共同体”。强调“中国将高举和平、发展、合作、共赢的旗帜，恪守维护世界和平、促进共同发展的外交政策宗旨，坚定不移在和平共处五项原则基础上发展同各国的友好合作，推动建设相互尊重、公平正义、合作共赢的新型国际关系”。例如，在解决叙利亚的问题上，中国主张以和平的方式解决其内部冲突。在南海问题上，目前中国和南海周边有关国家都支持通过“双轨”思路解决南海问题，即中国同有关直接当事方通过磋商谈判和平解决争议，同时，中国同东盟国家共同维护区域和平与稳定。在朝鲜半岛问题上，中国坚持实现半岛无核化目标，坚持维护半岛和平稳定，主张通过和平方式解决问题。中国认真执行安理会涉朝决议，鼓励半岛局势相关方开展对话协商。2018 年 4 月 27 日，朝韩领导人会晤，半岛和平迎来新起点。中国对此表示祝贺和欢迎，因为中国一贯支持朝韩通过对话协商建立相互信任，改善彼此关系。韩国国会议员、青瓦台秘书室前室长朴智元认为，半岛问题的最终解决需要韩、朝、中、美等各方的共同参与。朝美间的互信和协商是关键，而中国的参与最为重要。对于解决半岛问题，中国提出的“双暂停”倡议和“双轨并行”思路是目前的最佳方案。

3. **高度重视核安全问题，反对恐怖主义**

中国核安全观，是习近平在国际会议上，首次全面阐述的关于核安全问题的思想、原则的简称。中国是世界上第一个提出“核安全观”概念的国家。中国是核能发展大国，一贯高度重视核安全问题，不断提高自身核安全能力，积极参与有关国际合作。中国自 2010 年核安全峰会以来，在增强国家核安全能力、积极开展核安全合作等方面作出了积极努力。在核安全问题上，习近平连续在第三届和第四届核安全峰会上提出了理性、协调、并进的中国核安全观，提出了构建公平、合作、共赢的国际核安全体系的主张，以及强化政治投入、强化国家责任、强化国际合作、强化核安全文化的四项具体措施，获得各方赞誉。

在反恐问题上，中国一贯反对一切形式的恐怖主义。当前，恐怖主义蔓延态势“全球化”，恐怖分子本土化，策划手段高端化，袭击形态“独狼”化。面对日益猖獗的恐怖主义，中国政府越来越重视反恐工作，采取积极措施严厉打击恐怖主义。《中华人民共和国反恐怖主义法》于 2016 年 1 月 1 日起施行。在二十国集团领导人杭州峰会上，习近平多次向世界传递中国反对恐怖主义的坚强决心。从习近平的一系列表态可看出“中国方略”的四大原则：一是要反对一切形式的恐怖主义；二是要充分发挥联合国的主导作用，组成反恐统一战线；三是要多种手段并用，注重标本兼治；四是不要搞双重标准。“中国方略”体现了中国的责任与担当。恐怖主义是人类文明的毒瘤，是全人类的公敌，面对恐怖主义的威胁，任何一个国家都不可能独善其身。全世界需要携起手来，进行真诚、切实的国际合作。

三、中国参与全球治理面临的挑战

（一）中国参与全球治理的能力有待提高

目前，中国真正成为全球治理体系重要参与者、建设者的时间不长，对于国际机制仍然需要学习和适应。并且，中国参与全球治理的软实力没有跟上硬实力提升的速度。中国在向国际社会提供中国理念、中国方案的同时要增强自身能力，包括增强规则制定能力、议程设置能力、舆论宣传能力、统筹协调能力等。需要培养和储备一大批熟悉党和国家方针政策、了解我国国情、具有全球视野、熟练运用外语、通晓国际规则、精通国际谈判的专业人才，从而为我国参与全球治理提供有力的人才支撑。否则，中国参与全球治理的形象和合理性会受到质疑。

（二）中国参与全球治理的阻力非常强大

虽然全球治理体系正在朝着更加公平、更加民主的方向变革，但是当前西方发达国家仍然具有优于发展中国家和新兴国家的主导力量，中国在国际机制中的决策权也有待进一步提升。在全球治理体系的变革中，势必会存在守成力量和新兴力量之间的矛盾，也存在治理观念的博弈。中国作为发展中国家代表，处在全球治理体系变革的最前线，在为发展中国家争取更多权利时，肯定要承受来自发达国家阻碍变革的强大力量。在具体的全球治理事务中，如何平衡发展中国家和发达国家在全球治理中存在的政策和价值取向的差异，如何实现全球治理参与各方的最大利益的协调，将是不可回避的问题。

（三）中国参与全球治理的环境动荡不安

全球治理需要进行国际合作与协调，因而国际环境对全球治理的推进和实现效果影响深远。冷战结束以来，全球范围内大国间的直接矛盾冲突有所缓和，但是大国在地缘政治敏感地带博弈引起间歇性紧张。在世界总体和平的大背景下，中东地区热点问题发酵，叙利亚、伊拉克都深陷动荡，欧洲西部爆发难民危机，欧洲东部爆发乌克兰危机，亚洲地区的朝核、南海、阿富汗等热点问题也一度升温，中国参与全球治理的环境动荡不安。

（四）中国参与全球治理的价值主张有待彰显

目前，世界经济持续低迷，发达国家较之过去滞后的发展速度，引发民众对现状的不满，民粹主义兴起。政治上反精英、经济上反贸易自由主义、体制上反政府的"三反"思潮正在全世界范围内扩散，名义不可捉摸，共识难以达成，最终以英国脱欧和美国大选等"黑天鹅事件"表现出来。如何遵循各国均能接受的价值共识实现有效的全球治理？这当然不是以一国之力可以实现的，中国需要从多元而凌乱的价值取向中折中，提出中国的价值主张，做到既不违背中国原则又能引起其他国家共鸣。

正如习近平所言，随着全球性挑战增多，加强全球治理、推进全球治理体制变革已是大势所趋。这不仅事关应对各种全球性挑战，而且事关给国际秩序和国际体系定规则、定方向；不仅事关对发展制高点的争夺，而且事关各国在国际秩序和国际体系长远制度性安排中的地位和作用。目前，面对全球治理的挑战，中国理应迎难而上、攻坚克难，扩大中国理念在全球治理中的影响力，使得中国方案为世界各国欣然接受，将中国智慧注入全球治理的发展进程。

◎背景知识

从"西方治理"到"东西方共治"

2015 年 3 月 28 日，习近平在博鳌亚洲论坛开幕式上发表重要讲话，阐述中国对亚洲经济一体化和"一带一路"建设的构想，突出"合作共赢"建立亚洲命运共同体的中国理念，彰显中国的大国担当和胸怀，其中特别指出亚洲基础设施投资银行筹建已经迈出实质性步伐。随后，世界各国加入亚洲基础设施投资银行的热情如火如荼，远远超出预期。这从一个侧面反映出世界金融格局正在发生深刻的变化，新的全球金融秩序露出雏形，布雷顿森林体系独木难支的局面开始改善，全球治理从"西方治理"开始转入"东西方共同治理"。

身为世界上最大的发展中国家，中国希望自身发展成果能够惠及世界各国，希望走共同发展、共同富裕的新路。

各方对亚洲基础设施投资银行的筹建过程从反应谨慎甚至有些疑虑，到热烈欢迎、踊跃参与。这从一个侧面反映出国际社会对中国资本走向世界的认知过程。"中国模式"不仅在发展模式上，而且在资本走向世界方面，也越来越有吸引力和竞争力。

亚洲基础设施投资银行的筹建与实施将推动全球金融体系的改革和货币体系的多元化，在金融领域逐步实现"西方治理"向"东西方共治"的转变。

从全球治理高度来看，"一带一路"倡议以及与之配套的亚洲基础设施投资银行和亚洲经济一体化思想异曲同工，而且涵盖地域和内容更为广泛，是中国对全球治理顶层设计的"中国智慧之贡献"，将造福沿线各国人民。

中国推动筹建亚洲基础设施投资银行，充分体现大国担当，希望亚洲基础设施投资银行作为世界银行和亚洲开发银行的补充，为亚洲国家基础设施建设筹集资金、填补缺口。亚洲基础设施投资银行在为亚洲国家基础设施建设融资过程中，还可以带动人民币等亚洲国家货币的更多使用，既降低资金成本，又减少依赖美元体系可能产生的金融风险，可谓好处多多。

亚洲基础设施投资银行作为世界银行的补充，成为现有国际金融体系的有机组成，对各国尤其是发展中国家只有好处，没有坏处。全球金融格局和秩序的变化、中国等新兴经济体的发展，需要金融领域的全球治理从“西方一统天下的治理”逐步转变为“东西方共同治理”。

◎相关链接

1. 张伟、冯武勇：《全球治理的中国印记》，http://www.xinhuanet.com/world/2016-11/22/c_1119967410.htm，2018-04-26。

2.《习近平在中共中央政治局第二十七次集体学习时强调推动全球治理体制更加公正更加合理为我国发展和世界和平创造有利条件》，http://www.gov.cn/xinwen/2015-10/13/content_2946293.htm，2018-04-26。

◎深度阅读

1. 王义桅：《树立全球治理的中国自信与自觉》，载《北京日报》，2016-11-28。

2. 靳诺等：《全球治理的中国担当》，北京，中国人民大学出版社，2017。

3. 何亚非：《从“西方治理”到“东西方共治”》，载《财新周刊》，2015(13)。

◎重点难点问题思考

1. 为什么全球治理体系需要改革？

2. 什么是公正合理的全球治理体系？

3. 中国参与全球治理面临的挑战有哪些？

第十四讲　中国坚持和平发展道路，推动构建人类命运共同体

导语：2014年11月28日至29日中央外事工作会议在北京召开，中共中央总书记、国家主席、中央军委主席习近平在会上发表重要讲话，强调要高举和平、发展、合作共赢的旗帜，统筹国内国际两个大局、统筹发展安全两件大事，牢牢把握坚持和平发展促进民族复兴这条主线，维护国家主权、安全、发展利益，为和平发展营造更加有利的国际环境，维护和延长我国发展的重要战略机遇期，为实现“两个一百年”奋斗目标，实现中华民族伟大复兴提供有力保障。习近平总书记在党的十九大报告中指出，中国特色大国外交就是要推动构建新型国际关系，推动构建人类命运共同体，中国特色大国外交进入新时代。

关键词：中国特色大国外交　新型国际关系　人类命运共同体

一、中国当前总体外交态势

外交是内政的延伸。在实现中华民族伟大复兴的过程中，中国必须首先认清复杂多变的国际国内环境，从而确定符合本国国家利益和发展需要的清晰外交战略。

(一)大国外交

1. 中美关系

几十年来，中美之间既有对抗也有缓和，既有合作也有竞争，经受了国际风云变幻的考验，但中美关系仍然克服了各种困难和障碍，在惊涛骇浪中向前发展。

(1)中美关系的重要性和复杂性。经过两国40多年的共同努力，中美关系已经成为当今世界最重要、最有活力的双边关系之一。中美关系

发展的根本原因和主要动力在于中美之间不断扩大的共同利益，以及两国在维护世界和平、促进全球经济可持续发展和应对全球性挑战方面肩负的共同责任。中国是世界上最大的发展中国家，美国是世界上最大的发达国家，两国都是联合国安理会常任理事国。中美建交 40 年来，一方面两国关系发展深受世界总体形势、各自国内政治文化因素以及台湾、人权、经贸等问题的牵制和影响；另一方面，随着全球化的推进，作为世界上最大的两个经济体，中美两国的关系，直接影响到世界经济的发展。21 世纪人类社会在多领域面临的各种复杂棘手的挑战和问题需要双方加强沟通与协调，在携手应对各种挑战和问题中实现互利合作、共同发展。目前的中美关系不同于昔日的英美关系，也不同于冷战时代的美苏关系，是一种既简单又复杂，既割舍不开又带有一定排斥性的关系。一方面，中国和美国都有自己的发展目标。中国坚持改革开放，科学发展，力争成为一个富裕强大文明的国家，造福于中国人民和世界人民，同时坚持独立自主外交，维护世界和平。美国的目标则致力于建设一个强大的美国，实现美国梦，以及建立以美国为核心的世界新秩序。同时两国的社会制度、历史背景、文化传统、发展阶段也有诸多不同，因此，中美两国必然存在着不少的矛盾和分歧。另一方面，中美两国之间存在着广泛的共同利益。中美两国在贸易和经济上的依存度已日趋加深，另外，在反恐、全球公共治理、核不扩散、维持地区和平等政治层面，美国也需要获得中国的大力支持。需要看到的是，中美两国之间关系紧密则拳脚碰撞的机会也会增多，但并不会对彼此的生存造成危机，因为双方均会避免“两败”与“俱伤”的可能。

(2)特朗普上台与中美关系走向。2017 年美国总统特朗普上台后，以“美国优先”为口号大力推行单边主义和经济霸权主义，对中国的贸易顺差、技术转让、高科技发展等作出一系列不实指责。2018 年 3 月，特朗普政府不顾中方反对，执意签署相关法令掀起了又一轮的中美贸易争端。此后，美国政府不断提高对中国输美产品关税的加征幅度，导致两国经贸摩擦不断加剧。2018 年 12 月 1 日，中美两国元首在二十国集团(G20)阿根廷峰会期间举行会晤，同意暂停加征新关税，从而使经贸摩擦激化的态势得到遏制。中美两国元首指示双方谈判团队继续加紧协商，以便达成相互均可接受的、取消现有加征关税措施的、实现互利双赢的新协议。

总体看来，中美经贸摩擦是美国内政外交政策综合作用的结果。面对特朗普政府挑起的经贸摩擦，中国严守底线意识，有理有力有节地回应美国的非理性行为，管控好分歧并将负面影响降至最小，同时从更加宏大的视角研判经贸摩擦，提出应对之策，积极寻求合作共赢。一是从更广阔的战略视野加强与美国的沟通协调。推动特朗普政府充分认识到，中美这对世界上最重要的双边关系对于两个国家、两国人民的重要性，以及对于世界繁荣发展、人类未来走向具有特殊意义；中美两国只有合作才能实现双赢，对抗的结果就是两败俱伤。二是以改革开放新实践推动中美新型大国关系的发展。面对美国发起的经贸摩擦，中国坚定战略自信，按照自己的步骤和节奏，在大幅度放宽市场准入、创造更有吸引力的投资环境、加强知识产权保护、主动扩大进口等方面踏实推进新时代的改革开放。三是运用元首外交渠道做好高层沟通。习近平主席通过与特朗普总统"海湖庄园会"、接待特朗普访华、在G20峰会与特朗普会晤等双边和多边场合交往及多次电话沟通，已经建立起稳健有效的个人关系和沟通渠道，不仅极大增进了特朗普对中国的了解，也为引领中美关系在正确的轨道上良性发展以及解决当今许多全球性问题指明了方向。中美两国元首的直接沟通对两国关系发展有着其他交往无法替代的重要作用和战略价值，应进一步发挥元首外交的引领作用和一锤定音作用，在处理两国经贸摩擦的关键节点为两国谈判团队指明前进方向，确保双方最终达成互利共赢的共识。

2. 中欧关系

(1)中欧关系现状。1975年5月，中国才与当时的欧洲经济共同体正式建交。近年来，中欧关系呈现出良好的发展势头，欧盟已取代美国、日本成为中国最大的贸易伙伴，特别是自2007年起，欧盟成为我国的第一大出口市场。同样，越来越多欧洲国家已离不开"中国制造"。中欧双方领导人互访频繁，接触密切，加强了双方的合作与交流。中欧之间现今至少有50多个对话机制与平台，双方的相互了解在不断加深，这都有利于构筑长期稳定的战略伙伴关系。同时，中国也仅次于美国成为欧盟的第二大贸易伙伴，欧盟于中国还是全球第四大投资方和最大的技术设备供应方。中欧间的经济互补性十分明显，欧洲拥有资本和技术优势，中国拥有人力和市场优势，使中欧之间相互取长补短、互惠互利、共同发展。这些无疑是中欧关系保持健康稳定发展的核心动力。

(2)中欧关系存在的主要问题。中欧经贸关系的迅速扩大并不意味着中欧关系的发展不存在问题。中方贸易顺差有待缩小、欧盟反倾销立案数量增加、知识产权争端日益增多等都是中欧经贸关系中的待解难题。其中对中欧关系最具有负面影响的两大问题是欧盟拒绝承认中国市场经济地位和拒绝解除对华武器禁售。

影响中欧关系的发展有一些深层次的问题，主要表现在中欧关系存在不对称性。首先，经济发展水平的不对称。欧盟是由一些工业最发达的国家组成的“综合实力雄厚的国家联合体”；而中国是世界上最大的发展中国家，正在致力于全面建设小康社会。中国的人均收入和农业人口等和欧盟相比都是不可同日而语。在基础设施、社会保障等许多领域与欧盟相比仍存在很大差距。中欧之间的经济体制的差异和经济发展水平的差距都能影响双方经贸关系的发展。其次，政治和社会制度不对称。中国和欧盟分属两种不同的社会制度，虽然没有根本利益的冲突，但是这些不对称还是有可能对中欧战略伙伴关系的发展产生不利影响。再次，历史文化的不对称。历史文化的差异，使得欧盟国家的价值观与中国不同，人权问题是中欧之间最大的分歧。此外，主权、西藏、环保等问题上存在的差异都影响了中欧关系的发展。

(3)中欧关系发展前景。虽然中欧之间的不对称造成的误解等问题仍然存在，但是中欧关系的发展仍然是潜力巨大，前景广阔。中国与西欧国家在维护世界和平与安全方面有许多共同点，在经济上拥有各自的优势，互有需要，双方在许多国际重大问题上能够相互理解和支持，经济技术合作有着广阔前景。多种共同利益和联系已将双方紧密联系在一起。中国始终从战略高度看待并处理与欧盟关系。如今，中欧关系正处在新的历史阶段，中国与欧盟本身及我们所处的国际环境发生了巨大而深刻的变化。从双方多年交往的成果中可以看出，中欧全面合作是互利互惠的，符合双方长远根本利益，应当共同努力继续加以扩大深化。总之，中欧利益交融，全面深化战略伙伴关系，符合时代的主流、人民的利益。

3. 中俄关系

中俄互为最主要、最重要的战略协作伙伴，深化中俄全面战略协作伙伴关系，在两国外交全局和对外关系中都占据优先的战略地位。两国重点加大相互政治支持，坚定支持对方维护国家主权、安全、发展利益的努力，走符合本国国情的发展道路；全面扩大务实合作，把两国高水平的政治关系优势转化为实际成果；密切在国际和地区事务中协调配合，维护联合国宪章宗旨和原则及国际关系基本准则，维护二战成果和战后国际秩序，维护国际公平正义，促进世界和平、稳定、繁荣。中俄关系已达到前所未有的高水平，为大国间和谐共处树立了典范，在当今国际关系中为促进地区乃至世界和平与安全发挥着重要的稳定作用。

进入21世纪以来，能源安全问题凸显。从世界能源发展的规律和趋势看，目前和今后相当长的时间内，石油和天然气仍将是最为重要的能源资源。但世界油气资源地域分布的不均衡性和稀缺不可再生性，赋予了其浓厚的地缘政治色彩。作为经济蓬勃发展的发展中大国，能源问题是中国完成现代化、建设小康社会和实现第三步战略目标及21世纪经济和社会可持续发展、构建社会主义和谐社会的重要物质基础。21世纪以来，中国面对的资源和环境压力比过去任何时候都要严峻，能源短缺危机与环境约束压力同时并存成为我国能源面临的严重问题。因此，如何稳定和安全地获取境外优质能源是关系到中国现代化建设成败的战略性问题。中国的能源尤其是石油安全存在着两个不稳定因素：第一，20世纪从90年代后半期开始，中国市场对进口石油的依赖程度不断上升；第二，中国是石油进口严重依赖波斯湾地区的高风险国家，海上运输线路漫长且安全系数低。因此，中国能源外交的首要任务在于实现能源进口渠道和能源运输线路的多元化。

从20世纪90年代中后期开始，中国明显加强了与俄罗斯在双边基础上的能源合作。作为当今世界的能源超级大国，俄罗斯在世界油气供应地缘政治不断变动的总体形势下，全面运筹能源外交，逐渐显露出其全球最大能源供应商的地位。从地缘政治的角度看，由于中俄互为最大的邻国，与油气资源丰富的俄罗斯开展能源合作有助于中国能源供应来源多元化战略格局的形成，从而降低对中东产油国不断上升的依赖性。与世界其他地区相比，从地理位置相对较近的俄罗斯进口能源，对中国来说将会是更加实惠和可靠的。此外，中俄在能源领域的有效合作还可以进一步促进地区能源安全体系的建立，对于迫切希望改善能源安全现状的中国而言，俄罗斯和中亚各国都是最理想的候选国家。

从俄罗斯方面看，中国快速发展的能源市场无疑对俄罗斯的能源企业具有巨大的吸引力，而且俄罗斯在出口能源产品的同时，还可带动相关设备、技术、工艺和服务的出口。更重要的是，通过在远东和西伯利亚实施针对中国的大型国际能源合作项目，俄罗斯将能够吸引到巨额的外国投资，这些资金不仅可以用来发展本国的能源产业，而且还可以促进这些地区社会经济的发展和交通基础设施的建设。对于俄罗斯来说，扩大对中国的能源出口，对实现俄能源出口地区多元化和降低对欧洲能源市场的过分依赖也具有重要意义，俄罗斯在东西方同时拥有稳定的石油和天然气销售市场符合其作为能源出口国的国家利益。据此，因经济快速发展而成为能源消费大国的中国和作为能源大国的俄罗斯均认为，使稳固的能源合作成为两国间长期战略协作伙伴关系的基础符合双方的地缘政治经济利益。

如果把中俄关系上升至国际层面，从冷战结束后的地缘政治格局看，两国周边的安全环境并不十分乐观：在西面，以美国为首的北约极力向东扩展，挤压俄罗斯的战略空间；在东面，美日同盟不断强化，并从其地缘战略利益出发，通过各种手段对中俄输油管道项目施加影响，力图打开油气运输的太平洋路线；在南面，美国借阿富汗战争进入中亚地区触及俄罗斯的传统势力范围，并事实上危及为中国西部输送中亚石油的输油管计划。

可见，美国在中亚的直接军事存在对于中俄都是严重的地缘政治挑战。鉴于中俄能源合作具有很强的互补性，那么以能源为突破口提升两国间及在地区层面上的合作水平，如在上海合作组织(SCO)框架内探讨深化与中亚成员国能源合作的可能性，促进地区能源安全体系的建立，这将使中俄在未来国际政治经济关系中拥有更多的回旋余地，从而提高它们各自在国际舞台上的地缘政治影响。

4. **中日关系**

中日关系问题的实质是中日关系的结构性矛盾，即由于中日两国处在国际体系结构中的不同地位以及两国不同的利益需求和文化认同所造成的难以根除的矛盾和分歧。这些矛盾根植于两国历史与现实，并随着两国国力的上升和国际体系的演变，成为两国关系中难以搁置和隐藏的问题。

中日关系结构性矛盾主要体现在国家利益之争、地区主导权之争、国际地位之争、文化观念之争等方面。

(1)关于台湾问题。中国政府白皮书《一个中国的原则与台湾问题》提出，解决台湾问题，实现中国完全统一，是中华民族的根本利益。台湾问题反映了中国的核心国家利益，是关乎民族生死存亡的根本问题。

对于日本而言，台湾问题并不仅仅是其牵制中国的手段，而是与其战略利益密切相关。台湾海峡是中日共同的海上战略通道，日本对其依赖程度不亚于中国对马六甲海峡的依赖程度。加之日本国内资源匮乏，大部分资源和能源都依赖于进口，对于海上航道的重视程度可想而知。从经济上看，经台湾周边的西南航线承担着日本70%的运输量，是粮食和能源的主要航线，所以日本认为西南航线一旦受阻，将严重威胁其生存利益。从安全上看，台湾是日本对华进行防御的前沿阵地，是中日两国的战略缓冲带，也是日本保证其西南诸岛安全的关键因素。介入台湾问题作为日本战略利益的实现手段，在长时期内将不会改变。

(2)关于历史问题。历史问题体现了日本对战争的历史认识和对战争责任的态度，从国内来说会对其国家战略、内政方针政策产生指导作用，从国际上来说是其能否服从国际审判、履行国际条约的重要表现。日本对战争性质采取回避态度，从表面看是其国内右翼势力兴风作浪的结果，但其实质是日本的大国战略在发挥主导作用。它深刻反映了日本通过否认侵略战争、甩掉战争责任包袱来实现其政治大国和军事大国的战略目标，以此抑制中国崛起，归根到底是中日两国的国际地位之争。此外，钓鱼岛问题也是历史问题，是中日两国重建近代亚洲史的一个较量。对中国来说，捍卫钓鱼岛主权同样牵涉到对过往中国和亚洲历史的判断，它的意义当然不仅仅在于领土和海洋权利，还意味着对近代耻辱被殖民史的一个洗涤，是民族国家成熟的标志。因此，在处理包括钓鱼岛问题在内的中日复杂关系中，中国仍要坚持从大局着眼，避免两国关系的进一步恶化和因钓鱼岛问题牵动中国的整个战略布局，而将稳定两国关系作为重要追求，表达中国捍卫钓鱼岛主权的决心，避免其得寸进尺。

中日关系的结构性矛盾是根植于国际体系结构和中日两国国家利益及社会历史文化的深层次矛盾，这些矛盾的化解是两国长期艰巨的任务。在维护自身核心利益，尊重对方战略需求原则下，通过增强政治互信、扩大共同利益、加强地区合作、促进交流谅解，两国关系将会有新的发展，两国结构性矛盾的化解也将有新的突破。

(二)周边外交

在所有大国的成长过程中，周边问题都在不同程度上起着重要作用，对于中国来说尤其如此。三十多年来，在全球化和地区化的时代背景下，随着综合国力的不断提升，国际影响力的不断扩大，周边问题，尤其是周边安全问题已经成为中国发展过程中既具有长远意义，又具有现实紧迫性的时代命题。它不仅吸引了中国决策层的充分关注，而且也得到了中国社会的空前聚焦。只有通过在理论和现实层面的深入研究，制定和实施恰当的周边战略，才能够把握中国发展的历史机遇，实现中国与周边的深入持久合作与全面和谐发展。

1. 中国周边的概念及其对中国的重要意义

“周边”这一范畴实际上已经成为中文语境中约定俗成的重要政治和学术术语。然而，尽管“周边”的说法已经获得了普遍接受，但“周边”作为一个范畴或者概念的内涵和特点却还没有获得完整而充分的表述。这种现象的出现有多方面的原因，最为重要的无疑是这一概念自身的复杂性。我们只有通过政治、经济、历史、社会等多学科对于周边问题的全面描述、对比和分析来解读“周边”，才可能对这一领域的知识进行较为综合而系统的理解。

“周边”是一个综合性的概念或范畴，既包含地理的因素，又有政治、经济和文化的意指。目前学术界所讲的“周边”已经不仅仅是传统意义上“邻国”或者“邻海”的范围，也远远超越以传统民族国家为单位的地理概念，而是在给定国家政治经济实力的前提之下，相对于一个国家的战略纵深地带而言，与国家战略利益高度相关、国家力量可以控制和辐射的边境地区，与外部国家或力量直接相邻或关联的环陆海空间以及此空间中多种政治、经济、文化、军事、地理环境等要素的相互联系与组合。因此，“周边”研究不同于传统的国别和区域研究，其视野不仅仅局限于某个或某几个地区与国家，而是指涉对于一个国家而言所有上述相关区域的复杂多变的集合。作为一个研究范畴而言，中国的“周边”研究至少包括以下四个层次的内容。一是地理的周边。即有着明确地理学规定性的周边范畴。这一层次的周边主要指的是中国的环陆海空地区。二是政治的周边。主要是从宪政和国际条约所确认的主权与边界的角度出发而界说的层次。这里主要指的是，就民族主权国家而言、或者就帝国而言的边远地区。三是经济的周边。即与中国国家经济利益直接相关的海上、陆上、空中的航运通道、能源通道、贸易通道，包括军事通道。通道所涉及的范围往往已经超越了地理上的周边，它与国家的发展和成长密切相关，属于国家利益区域的延伸。四是文化的周边。是指在世界文明发展进程中，那些具有主导性影响的国家和地区在其主体政治单位之内的文化传播所及的边远部分；或者虽处于政治边疆之外，但依然存在有该主体文化不同程度影响的相邻地区。就中国而言，中华文化圈、邻近的中国移民聚居区等方面的议题都属于这一层次。

地理周边、政治周边、经济周边、文化周边各项共同构成了“周边”的内容，其意义始终是多元的，它既是客观的，又是主观的；既有固定的内涵，又是动态的、历史的、变化的范畴。在地理条件的客观基础上，“周边”的范围会随着一个国家在国际体系中实力与地位、与外部世界的关系的不断变化而变化。尤其是对于高速发展的中国而言，这种运动和变化所产生的影响无疑极为深刻。随着中国的不断成长，周边安全问题已经越来越成为影响中国未来发展的重要时代命题。通过比较世界主要大国对于周边的理解，与中国周边安全环境的特点进行综合分析，可以为中国认识和处理周边问题提供借鉴。总的说来，中国的周边问题具有复杂性、功能性、整体性和全球性的特点，对于中国的现代化进程具有重要的影响。尽管目前在中国周边地区出现了很多突发的热点事件和冲突，但从历史的全面的视角来看，近年来中国与周边国家在经济合作、交通运输、非传统安全合作以及人文教育合作等多个领域都取得了积极的进展，存在着巨大的合作空间和发展机遇。只要坚持共同发展、合作共赢的理念，在新的全球化形态下，中国与周边国家必将共同构建长期稳定的周边合作新局面。

2. 中国周边外交面临的形势与任务

审视我国的周边形势，周边环境发生了很大变化，我国同周边国家的关系也发生了很大变化：经贸联系更加紧密、互动空前密切，我国周边充满生机活力，有明显发展优势和潜力；周边环境总体上是稳定的，睦邻友好、互利合作是周边国家对华关系的主流。

同时，我国周边安全压力急剧上升。从传统安全威胁来看，未来五至十年，中国最大的安全压力来自美国亚太战略调整带来的结构性压力。自 2009 年以来，美国启动“重返亚洲”战略，不断强化与韩国、日本、菲律宾、泰国、澳大利亚的盟国关系，频频举行军事演习，加强在亚太地区的军事存在推动跨太平洋伙伴关系计划，推销美国的自由民主价值观，制造了亚太地区的紧张态势。同时，地区动荡频繁发生，热点问题此起彼伏。朝鲜半岛局势充满不确定性，黄海、东海和南海地区争端联动。从非传统安全威胁来看，随着中国与世界相互依赖程度的加深，中国海外利益加速拓展，新安全问题层出不穷。在党的十九大报告的不同部分都提到了大量非传统安全问题，如大规模传染病、严重自然灾害、国际恐怖主义、国际金融危机、重大突发事件、气候变化与生态安全、粮食安全、能源资源安全、网络安全等，诸如此类的新安全问题如果处置不当，均可能上升为影响中国和平发展全局的总体威胁。

3. 中国周边外交战略

2013 年 10 月，中共中央举办周边外交工作座谈会，习近平总书记发表重要讲话，会议确定了今后五年至十年中国周边外交的战略目标、基本方针、总体布局，明确了中国解决周边外交面临的重大问题的工作思路和实施方案。我国周边外交的战略目标，就是服从和服务于实现“两个一百年”奋斗目标、实现中华民族伟大复兴，全面发展同周边国家的关系，巩固睦邻友好，深化互利合作，维护和用好我国发展的重要战略机遇期，维护国家主权、安全、发展利益，努力使周边同我国政治关系更加友好、经济纽带更加牢固、安全合作更加深化、人文联系更加紧密。我国周边外交的基本方针，就是坚持与邻为善、以邻为伴，坚持睦邻、安邻、富邻，突出体现亲、诚、惠、容的理念。发展同周边国家睦邻友好关系是我国周边外交的一贯方针。要诚心诚意对待周边国家，争取更多朋友和伙伴。要本着互惠互利的原则同周边国家开展合作，编织更加紧密的共同利益网络，把双方利益融合提升到更高水平，让周边国家得益于我国发展，使我国也从周边国家共同发展中获得裨益和助力。要倡导包容的思想，强调亚太之大容得下大家共同发展，以更加开放的胸襟和更加积极的态度促进地区合作。这些理念，首先我们自己要身体力行，使之成为地区国家遵循和秉持的共同理念和行为准则。

习近平指出，做好新形势下周边外交工作，要从战略高度分析和处理问题，提高驾驭全局、统筹谋划、操作实施能力，全面推进周边外交。要着力维护周边和平稳定大局。走和平发展道路，是我们党根据时代发展潮流和我国根本利益作出的战略抉择，维护周边和平稳定是周边外交的重要目标。(1)要着力深化互利共赢格局。统筹经济、贸易、科技、金融等方面资源，利用好比较优势，找准深化同周边国家互利合作的战略契合点，积极参与区域经济合作。要同有关国家共同努力，加快基础设施互联互通，建设好丝绸之路经济带、21 世纪海上丝绸之路。要以周边为基础加快实施自由贸易区战略，扩大贸易、投资合作空间，构建区域经济一体化新格局。要不断深化区域金融合作，积极筹建亚洲基础设施投资银行，完善区域金融安全网络。要加快沿边地区开放，深化沿边省区同周边国家的互利合作。(2)要着力推进区域安全合作。我国同周边国家毗邻而居，开展安全合作是共同需要。要坚持互信、互利、平等、协作的新安全观，倡导全面安全、共同安全、合作安全理念，推进同周边国家的安全合作，主动参与区域和次区域安全合作，深化有关合作机制，增进战略互信。(3)要着力加强对周边国家的宣传工作、公共外交、民间外交、人文交流，巩固和扩大我国同周边国家关系长远发展的社会和民意基础。要全方位推进人文交流，深入开展旅游、科教、地方合作等友好交往，广交朋友，广结善缘。要对外介绍好我国的内外方针政策，讲好中国故事，传播好中国声音，让“命运共同体”意识在周边国家落地生根。

(三)发展中国家外交

1. 中国与发展中国家关系的世界意义

中国与其他发展中国家一样，是伴随着西方的侵略而步入近代历史的。这种共同的历史经历使中国对发展中国家所遭受的历史屈辱与苦难感同身受，对他们的人民掀起的反帝和反殖斗争给予了深切同情和坚定支持。回顾新中国外交半个多世纪的历程，不难发现，中国一直宣称自己属于发展中国家，始终支持发展中国家的正义斗争和振兴民族经济的努力，一贯强调加强与发展中国家的团结与合作是中国外交的基本立足点。

1974 年 2 月，毛泽东主席在会见外宾时提出了“第三世界”理论，他说：“我看美国、苏联是第一世界。中间派，日本欧洲、加拿大，是第二世界。咱们是第三世界。”“第三世界人口很多。亚洲除了日本都是第三世界。整个非洲都是第三世界，拉丁美洲是第三世界。”第三世界包括发展中的社会主义国家和被压迫的民族国家。中国是社会主义国家，同时也是第三世界的国家。把民族主义国家同社会主义国家放在一类国家中，注重发展同第三世界各国的团结和友好合作，成为中国对外关系的基本出发点。“三个世界”的战略划分显示出，中国已经在相当程度上超越了此前对世界各国进行阶级分析的长期做法，即把世界各国分成帝国主义国家、一般资本主义国家、民族主义国家和社会主义国家的传统做法，而是开始根据各国在国际政治经济体系中的实力、地位及外交倾向进行敌我友的分类。这一划分标准，用“第三世界”这一概念把中国与广大发展中国家拉到了一起。“三个世界”理论在相当长时期成为中国对外政策的基石，也是中国与发展中国家关系的指导方针。邓小平对毛泽东“第三世界”的理论进行了更加详细的说明。邓小平指出：“中国的对外政策，到 80 年代，实际上到 90 年代，甚至到 21 世纪，主要是两句话，一句话是反对霸权主义，维护世界和平。另外一句话是中国永远属于第三世界。中国现在属于第三世界，将来发展起来，仍然属于第三世界。中国和所有第三世界国家的命运是共同的。中国永远不会称霸，永远不会欺负别人，永远站在第三世界的一边。”

2. 新时期中国与发展中国家关系的总体状况

第一，与发展中国家关系的基础地位没有改变。20 世纪 80 年代后，与发展中国家的关系一直被认为是中国整体对外关系布局的基石。十八大后，习近平即出访了坦桑尼亚、南非和刚果共和国，提出了中国对非合作要“真、实、亲、诚”的四字箴言。随后，习近平又出访了特立尼达和多巴哥、哥斯达黎加和墨西哥，并与八个加勒比海地区国家的领导人展开会谈，表达了中国愿与加勒比海地区国家建立和发展全面和合作的伙伴关系的愿望。通过参加金砖国家、20 国集团、亚太经合组织、上海合作组织、中国与东盟地区领导人以及东亚峰会等一系列峰会，中国更加积极地参与到现有国际体系，坚持“尊重主权，反对干涉；维护和平，反对侵略；坚持对话，反对暴力；支持平等，反对强权”。在参与解决全球和地区热点问题上，积极主动，仗义执言，立场更鲜明，作用更突出。第二，全面深化与发展中国家的关系。在上海世博会(2010 年)、中非合作论坛等活动开展的基础上，中非合作友好关系又上一台阶。中国全面深化和非洲国家的共同发展理念，不断推进中非之间产业合作，加大投资、注重全球性问题的合作是首要。目前，中国对非投资存量已达到 150 亿美元，在非企业超过 2000 家，涉及农业、电信、能源、加工制造及餐饮服务等诸多领域，中非在国际和地区事务中的合作不断扩大亦在加大。在不干涉内政原则的基础上，加大建设性介入非洲和平与安全事务，倡导平等、协作、互信、互利的新安全观，支持非洲国家更多地通过对话解决争端。在应对国际金融危机、气候变化等全球性问题上，中非保持着紧密沟通和配合，维护发展中国家共同利益，取得积极成效。在文化交流方面，中非双方以孔子学院的设立为主要内容，互相派遣留学生，扩展人文及教育平台，中非来往人数不断增多。为改善非洲的医疗条件，自1963年起中国就开始向非洲国家派遣医疗队，大大降低了非洲人口由于疟疾等疾病引起的死亡率。

2014年5月，李克强总理再次访问非洲时进一步提出“461”的中非合作框架，即坚持平等相待、团结互信、包容发展、创新合作等四项原则，推进产业合作、金融合作、减贫合作、生态环保合作、人文交流合作、和平安全合作等六大工程，完善中非合作论坛这一重要平台。2014年7月，习近平主席的拉美之行，分别对巴西、阿根廷、委内瑞拉、古巴进行国事访问，并出席中拉领导人会晤，为中拉合作的进一步深入打下了坚实基础。中拉关系正处于快速发展的重要机遇期。

(四)多边外交

1. 中国日益重视多边外交

党的十九大报告深刻地指明了我国外交发展方向。高举和平、发展、合作、共赢的旗帜，恪守维护世界和平、促进共同发展的外交政策宗旨，坚定不移在和平共处五项原则基础上发展同各国的友好合作，推动建设相互尊重、公平正义、合作共赢的新型国际关系。秉持共商共建共享的全球治理观，倡导国际关系民主化，坚持国家不分大小、强弱、贫富一律平等，支持联合国发挥积极作用，支持扩大发展中国家在国际事务中的代表性和发言权。中国将继续发挥负责任大国作用，积极参与全球治理体系改革和建设，不断贡献中国智慧和力量。

2. 联合国等国际组织是中国开展多边外交的重要舞台

在当前中国的总体外交布局中，发展同大国的合作关系是战略关键，维护同周边国家的睦邻友好关系是战略重点，加强同发展中国家的关系是战略基础，参与多边外交则是战略平台。联合国是多边外交的主要场所，中国认真履行安理会常任理事国的职责，在联合国舞台上发挥了重要作用。中国积极参与国际秩序和国际法规的制定，提升发展中国家在国际社会中的地位和话语权，推进联合国的发展。

二、构建合作共赢新伙伴，打造人类命运共同体

2015年9月26日，国家主席习近平在纽约联合国总部出席联合国发展峰会并发表题为《谋共同永续发展 做合作共赢伙伴》的重要讲话。就世

界 2015 年后该如何发展提出了中国理念、中国方案，为国际社会如何实现合作共赢指明了清晰的思路。20 世纪 50 年代以来，我们长期讲和平共处，用来处理同周边国家、同世界各国的关系。现在我们已经进入或者说接近于世界舞台的中心，要同世界上各种类型的国家打交道，与不同文明背景的国家发展关系，仅靠和平共处还不够，还要高举合作共赢的旗帜。合作共赢是新时期我国外交思想中最核心的理念。习近平主席指出："我们要坚持合作共赢，推动建立以合作共赢为核心的新型国际关系，坚持互利共赢的开放战略，把合作共赢理念体现到政治、经济、安全、文化等对外合作的方方面面。"建立以合作共赢为核心的新型国际关系，是我们党立足时代发展潮流和我国根本利益作出的战略选择，反映了中国人民和世界人民的共同心愿。面对国际形势的深刻变化和世界各国同舟共济的客观要求，各国应该共同推动建立以合作共赢为核心的新型国际关系，各国人民应该一起来维护世界和平、促进共同发展。

我们强调世界各国合作共赢，是建立在独立自主发展的坚实基础之上的。习近平主席明确地说过："我们要坚持走和平发展道路，但决不能放弃我们的正当权益，决不能牺牲国家核心利益，任何外国不要指望我们会拿自己的核心利益做交易，不要指望我们会吞下损害我们主权、安全、发展利益的苦果。"这"两个决不能""两个不要指望"恪守的就是独立自主原则。习近平又指出："当今世界，人类生活在不同文化、种族、肤色、宗教和不同社会制度所组成的世界里，各国人民形成了你中有我、我中有你的命运共同体。"所谓命运共同体，是指存在着诸多差异的国家、民族所组成的命运攸关、利益相连、相互依存的国家集合体。命运共同体说到底是利益共同体，也就是说，世界各国之所以能成为命运共同体，关键在于各国之间具有共同利益、整体利益。而在具有共同利益、整体利益的世界各国之间，存在着"荣损与共"、利益相连的"连带效应"。"共同发展""和平发展"的理念和主张，是"命运共同体"思想中的重要内容。共同发展的主张，就是既要让自己过得好，也要让别人过得好的一种共荣、共进的理念；和平发展的理念，是指要和平不要战争、要合作不要对抗，在追求本国利益的同时要兼顾别国利益关切的一种主张。"内和乃求外顺，内和必致外和。"中国提出建设"命运共同体"是为中国谋，更是为世界谋。这是中国作为一个对世界负责任的"利益攸关者"的价值追求，也是中华民族作为一个底蕴深厚的古老民族对全人类长远发展的智慧贡献。

(一)建立平等相待，互商互谅的伙伴关系

习近平指出，我们要争取公平的发展，让发展机会更加均等，各国都应成为全球发展的参与者、贡献者、受益者。不能一个国家发展，其他国家不发展，一部分国家发展，另一部分不发展，各国能力和水平有差异，在同一目标下，应该承担共同但有区别的责任。要完善全球经济治理，提高发展中国家代表性和发言权，给予各国平等参与规划制定的权利。

(二)营造公平正义、共建共享的安全格局

当今社会正在发生深刻复杂变化，一大批新兴市场国家和发展中国家走上发展的快车道。各国相互联系、相互依存的程度空前加深，人类生活在同一个地球村里，越来越成为你中有我、我中有你的命运共同体。同时，世界仍然不太平，人类依然面临诸多难题和挑战。国际金融危机深层次影响还未消除，形形色色的保护主义又明显升温。地区热点此起彼伏，霸权主义、强权政治和新干涉主义有所上升。军备竞争、恐怖主义、网络安全等传统安全威胁和非传统威胁相互交织，维护世界和平、促进共同发展，营造公道正义、共建共享的安全格局任重道远。在这个过程中，中国必须和发展中国家一道改变不合理的国际经济秩序，必须为发展中国家争取更多的发展空间。但是，由于各国经济发展状况不同，生产力发展水平存在差异，要想促进各国共同发展，必须坚持正义的原则，让发达国家承担更多的义务，这样才能促进世界各国均衡发展。

习近平指出，在消除贫困、保障民生的同时，要维护社会公平正义。面对世界多极化、经济全球化深入发展如文化多极化、社会信息化持续推进，更应努力构造合作共赢新型国际关系。各国和各国人民应该共同享受尊严、共同享受发展成果、共同享受安全保障。各国要同心协力，妥善应对各种问题和挑战，共同变压力为动力、化危机为生机，谋求合作安全、集体安全、共同安全。

(三)谋求开放创新，包容互惠的发展前景

习近平指出，我们要坚持开放的发展，让发展成果惠及各方。在经济全球化时代，各国要打开大门搞建设，促进生产要素在全球范围内更加自由便捷地流动。各国要共同维护多边贸易体制，构建开放型经济，实现共商、共建、共享，要尊重彼此的发展选择，相互借鉴发展经验，让不同发展道路交汇在成功的彼岸，让发展成果为各国人民共享。他指出，我们要促进创新发展，让发展潜力充分释放。创新带来生机、创新产生动力。发展中的问题只有通过发展才能解决。各国要以改革创新激发发展潜力，增强增长动力，培育新的核心竞争力。

(四)构筑尊崇自然，绿色发展的生态体系

党的十八大以来，习近平总书记站在谋求中华民族长远发展、实现人民福祉的战略高度，围绕建设美丽中国、推动社会主义生态文明建设，大力促进实现经济社会发展与生态环境保护相协调进行了相关阐述。首先，良好生态环境是最普惠的民生福祉。人与自然是相互依存、相互联系的整体，对自然界不能只讲索取不讲投入，只讲利用不讲建设。保护自然环境就是保护人类，建设生态文明就是造福人类。其次，保护生态环境就是保护生产力。习近平总书记在中央政治局集体学习时指出，“要正确处理好经济发展同生态环境保护的关系，牢固树立保护生态环境就是保护生产力，改善生态环境就是发展生产力的理念”。再次，要实行严格的生态环境保护制度。习近平总书记指出：“只有实行最严格的制度、最严密的法治，才能为生态文明建设提供可靠保障。”必须建立完整的制度体系，用制度保护生态环境，推动生态文明建设。

三、党的十九大对中国外交形势与对外政策的总体布局

(一)党的十九大对中国外交形势的最新判断

党的十九大报告指出，世界正处于大发展大变革大调整时期，和平与发展仍然是时代主题。世界多极化、经济全球化、社会信息化、文化多样化深入发展，全球治理体系和国际秩序变革加速推进，各国相互联系和依存日益加深，国际力量对比更趋平衡，和平发展大势不可逆转。同时，世界面临的不稳定性不确定性突出，世界经济增长动能不足，贫富分化日益严重，地区热点问题此起彼伏，恐怖主义、网络安全、重大传染性疾病、气候变化等非传统安全威胁持续蔓延，人类面临许多共同挑战。

(二)党的十九大对中国对外政策的核心要求

党的十九大报告指出，我们要坚持和平发展道路，推动构建人类命运共同体。

中国将高举和平、发展、合作、共赢的旗帜，恪守维护世界和平、促进共同发展的外交政策宗旨，坚定不移在和平共处五项原则基础上发展同各国的友好合作，推动建设相互尊重、公平正义、合作共赢的新型国际关系。中国坚定奉行独立自主的和平外交政策，尊重各国人民自主选择发展道路的权利，维护国际公平正义，反对把自己的意志强加于人，反对干涉别国内政，反对以强凌弱。中国决不会以牺牲别国利益为代价来发展自己，也决不放弃自己的正当权益，任何人不要幻想让中国吞下损害自身利益的苦果。中国奉行防御性的国防政策。中国发展不对任何国家构成威胁。中国无论发展到什么程度，永远不称霸，永远不搞扩张。中国积极发展全球伙伴关系，扩大同各国的利益交汇点，推进大国协调

和合作，构建总体稳定、均衡发展的大国关系框架，按照亲诚惠容理念和与邻为善、以邻为伴周边外交方针深化同周边国家关系，秉持正确义利观和真实亲诚理念加强同发展中国家团结合作。加强同各国政党和政治组织的交流合作，推进人大、政协、军队、地方、人民团体等的对外交往。中国坚持对外开放的基本国策，坚持打开国门搞建设，积极促进“一带一路”国际合作，努力实现政策沟通、设施联通、贸易畅通、资金融通、民心相通，打造国际合作新平台，增添共同发展新动力。加大对发展中国家特别是最不发达国家援助力度，促进缩小南北发展差距。中国支持多边贸易体制，促进自由贸易区建设，推动建设开放型世界经济。中国秉持共商共建共享的全球治理观，倡导国际关系民主化，坚持国家不分大小、强弱、贫富一律平等，支持联合国发挥积极作用，支持扩大发展中国家在国际事务中的代表性和发言权。中国将继续发挥负责任大国作用，积极参与全球治理体系改革和建设，不断贡献中国智慧和力量。

我们呼吁，各国人民同心协力，构建人类命运共同体，建设持久和平、普遍安全、共同繁荣、开放包容、清洁美丽的世界。

四、全面推进中国特色大国外交，构建人类命运共同体

（一）携手构建人类命运共同体，为解决全球治理难题贡献中国智慧与中国方案

中国始终是世界和平的建设者、全球发展的贡献者、国际秩序的维护者。中国摈弃“零和博弈”“赢者通吃”的思维模式，提出“以合作取代对抗，以共赢取代独占”，构建人类命运共同体，为当代国际关系发展与国际秩序的重建提供了全新的理念。

习近平总书记特别指出，中国倡导的新机制新倡议，不是为了另起炉灶，更不是为了针对谁，而是对现有国际机制的有益补充和完善，目标是实现合作共赢、共同发展。中国对外开放不是要一家唱独角戏，而是要各方共同参与；不是要谋求势力范围，而是要支持各国共同发展；不是要营造自己的后花园，而是要建设各国共享的百花园。“一带一路”是中国构建“利益共同体、责任共同体、命运共同体”的重要实践。政策沟通、设施联通、贸易畅通、资金融通和民心相通，是“一带一路”建设的核心内容。“一带一路”建设现正在向落地生根、深耕细作、持久发展的新阶段迈进。在全球化时代，各国现代化发展进程中面临着许多相同或相似的问题。中国共产党始终把为人类作出新的更大贡献作为自己的使命。为应对人类面临的各种挑战，习近平总书记提出了构建人类命运共同体的中国方案。因此，在中国实践基础上产生的中国方案，具有了

超越国界的理论和现实意义。中国秉持共商共建共享的全球治理观，旨在谋求本国发展中促进各国共同发展，共同创造人类美好的未来。

(二)推进中国特色大国外交，凸显民族复兴历史进程中的外交担当

中国特色社会主义进入新时代，作为国际体系中的负责任大国，中国前所未有地走近世界舞台中央，前所未有地接近实现中华民族伟大复兴的中国梦，前所未有地具有实现这个目标的能力和信心。站在新的历史起点上，以习近平新时代中国特色社会主义思想为指引，中国特色大国外交必将呈现新气象、展现新作为、体现新担当。一是坚持大国自信，坚决维护国家的主权安全和发展利益。一方面，中国坚定奉行独立自主的和平外交政策，尊重各国人民自主选择发展道路的权利，维护国际公平正义，反对把本国的意志强加于人，反对干涉别国内政，反对以强凌弱。另一方面，中国决不会以牺牲别国利益为代价来发展自己，始终做世界和平的建设者、全球发展的贡献者、国际秩序的维护者。二是完善外交布局，打造全球伙伴关系网络。针对大国关系，中国将不断扩大同各国的利益交汇点，推进大国协调和合作，构建总体稳定、均衡发展的大国关系框架。针对周边邻国，中国提出了亲诚惠容理念和与邻为善、以邻为伴的周边外交方针，推动深化同周边国家关系。针对发展中国家，中国强调守望相助，共同进步，提出了真实亲诚的对非工作方针和中非全面战略合作伙伴关系的新定位、“五位一体”的中拉关系新格局，同阿拉伯国家、太平洋岛国发展战略伙伴关系，实现同发展中国家整体的合作机制全覆盖。三是推进“一带一路”建设，深化全方位对外开放格局。作为一项以“对接”和“联通”为主要手段的“没有机制的机制”，“一带一路”正在成为国际合作新平台，推动全球化进程的新引擎。四是参与全球治理，积极引导国际秩序变革方向。近年来，中国支持联合国发挥积极作用，组建常备成建制维和警队及8000人规模的维和待命部队，支持扩大发展中国家在国际事务中的代表性和发言权，为推动达成气候变化《巴黎协定》、制定2030年可持续发展议程发挥了重要作用。五是深化体制机制改革，加强外交人才队伍建设。新时代中国特色大国外交对外交工作本身提出了更高的要求，深化外交体制机制改革是提升国家治理能力的重要要求。新形势新变化要求外交工作必须具有战略性和前瞻性，既要妥善统筹国内国际两个大局，又要驾驭复杂多变的国际局势，有效应对对外工作中的新问题新挑战。加强外交人才培养，打造一支政治过硬、业务精湛、勇于担当、忠诚干净的外交外事干部队伍，为国际组织和全球治理输送优秀人才，也为增强中国外交的规则制定能力、议程设置能力、舆论宣传能力、统筹协调能力储备智力资源。

◎**背景知识**

“两个构建”

“两个构建”就是构建新型国际关系和构建人类命运共同体。2017 年 10 月，党的十九大胜利召开。大会把习近平新时代中国特色社会主义思想确立为党必须长期坚持的指导思想，对新时代中国特色社会主义发展作出了战略安排。大会明确了进入新时代中国外交努力的总目标：推动构建新型国际关系，推动构建人类命运共同体。

构建新型国际关系，就是要走出一条国与国交往的新路，其核心内涵是相互尊重、公平正义、合作共赢。构建人类命运共同体，就是要提出应对各种全球性挑战的思路，其努力目标是建设持久和平、普遍安全、共同繁荣、开放包容、清洁美丽的世界，这既是中国“五位一体”总体布局在国际层面的延伸，也顺应了人类发展进步的潮流。“两个构建”重要论断的提出，源自 5000 多年中华文化天下为公的优良传统，源自 60 多年来新中国和平外交的核心价值，源自中国共产党人把中国与世界人民福祉融为一体的世界情怀。

◎**相关链接**

1. 人民网：http：//www. people. com. cn
2. 新华网：http：//www. xinhuanet. com
3. 中华人民共和国外交部：http：//www. fmprc. gov. cn

◎**深度阅读**

1.《习近平谈治国理政》第 2 卷，北京，外文出版社，2017。

2. 王毅：《开辟新时代中国特色大国外交新境界》，《求是》2018 年第 1 期。

3. 杨洁勉：《当前国际形势的特点和展望——着眼于中国定位与应对的讨论》，《国际展望》2019 年第 1 期。

◎**重点难点问题思考**

1. 谈谈当前中美关系面临的主要问题及应对措施。
2. 如何构建“人类命运共同体”？